第51卷

民商法论丛

CIVIL AND COMMERCIAL LAW REVIEW VOL. 51

梁慧星/主编

法律出版社
LAW PRESS CHINA

目　录

【调查报告】

【判解研究】

【国际私法】

【欧盟法】

【美国法】

【资料】

劳动法问题

日本过劳自杀法律救济之借镜

——从富士康“跳楼门”事件之反思谈起

郑晓珊

目　　次

(二)打破"人道补偿"之窘境——立足于雇主安全照顾义务的契约法思辨

(三)借镜之社会基础权衡——从"事件主义"到以慢性压力积累为主的整体性考量

结语

引言:从富士康"跳楼门"看孤立于法律保护之外的中国式"过劳"悲剧

2010年,富士康将"过劳自杀"这样一个陌生的词汇带进了中国人的视野:从2010年1月23日的"第一跳"起至11月5日,不到一年的时间里,富士康园区内竟连续发生了14起员工跳楼事件。在媒体热切的追踪、关注之下,这14"连跳"很快成了"过劳死"、"过劳自杀"乃至"企业社会责任"的代名词,"红"遍全国。

在多维度的观察、探究里,社会学家首先为我们"揪出"暗藏在"连跳"背后的"罪魁祸首"——雇主方强加于员工身上的惊人的业务压力:据调查,2009年富士康员工平均每月加班117小时,有的甚至高达140小时。表面上,无休止的加班似乎只是出于劳动者的"自主"选择,实则为生存逼迫之下的无奈,且这种超负荷加班也绝非富士康一家的事情,而是正在悄然形成的一种畸形的社会现象:2009年深圳进出口企业员工平均每天的工作时间为10.59小时,每周工作65.94小时,每月平均加班时间达到120.94小时。[①] 在这样的大背景下,富士康的十几"连跳"也就不难理解了:长期过劳对劳动者形成了强大的身心压力,而人在长期强烈的生理、心理负荷之下迟早会崩溃,最终造成精神疾病以及源自精神疾病的自杀。

此时,紧跟着社会学家的真相"挖掘"与"因果"梳理之后,接踵而至的应该是法律人的责任与背负:在富士康震撼式的"过劳—自杀"模型里,劳动者正当权益的法律救济究竟"路在何方"? 然而尴尬的是,

① 数字源自2009年深圳当代社会观察研究所对富士康及深圳另外17家进出口企业(6000人)员工工资与加班时间进行的社会调查,参见卢肖红:"富士康工资条秘密:超负荷加班抵消五次涨底薪",载《第一财经日报》2010年6月18日。

即便面对这样一起起处处烙印着超强工作压力、业务起因性赫然的伤亡事件,法律人竟仍然无从下手。劳动者所能"祈求"的"最佳"结果似乎只能被定位在每人几万元且没有任何法律约束力的"人道补偿"之上,而补偿的初衷则不外乎企业方"息事宁人"、"破财免灾"的经营对策思维,并非法律强加于其身的应负之责!这也正是现行法的悲哀与困境之所在:面对一而再、再而三的"连跳",即便遗属主张劳动者自杀前曾面临强大的业务压力,以致造成严重心理负荷可能直接引发精神障碍及自杀后果,雇主方所要承担的也不过是超时加班、[①]劳动安全卫生等方面的行政责任。[②] 遗属方难以找到直接的法律依据索要相应的赔偿(甚至补偿)。

首先,工伤保护路径因《工伤保险条例》第 16 条第 3 款的"自杀排除"设计(存在"自杀或者自残的"情形的"不得认定为工伤或者视同工伤")而"大门紧锁"。[③] 在这里,立法者将重心定位在自杀的故意性之上,即作为劳动者自己决定、自己实施、结束自己生命的"个人行为",自杀的业务关联性很难得到充分的证明,雇主本身似乎也很难控制这样的风险,更毋论责任的承担。显然,当时立法者并未将过劳与源于过劳的精神障碍所导致的自杀考虑在内。作为一种排除"个人意志"并"满载"业务起因的职业灾害形态,过劳自杀也未曾得到应得的正视,而是一直徘徊在在工伤保护的整体框架之外,无"家"可归。

其次,"连跳"背后的劳动者权利救济的另一道高墙乃是雇主方的

---

① 《劳动法》第 41 条:用人单位由于生产经营需要,经与工会和劳动者协商后可以延长工作时间,一般每日不得超过一小时;因特殊原因需要延长工作时间的,在保障劳动者身体健康的条件下延长工作时间每日不得超过三小时,但是每月不得超过三十六小时。

② 参见《劳动法》第 43 条:用人单位不得违反本法规定延长劳动者的工作时间。第 90 条:用人单位违反本法规定,延长劳动者工作时间的,由劳动行政部门给予警告,责令改正,并可以处以罚款。

③ 在划定工伤保护范围之时,我国立法采用了"三步走"的格式:分别以《工伤保险条例》第 14 条"应当认定为工伤"、第 15 条"视同工伤"和第 16 条"不得认定为工伤或视同工伤"(工伤排除)的情形次第推进,力求构建一个相对完整且客观合理的工伤保护图景。劳动者的"自杀"作为典型的被"排除"事项,位列第 16 条的末尾,被严格圈在工伤保险的救济范围之外。

民事责任被“高高挂起”。在工伤认定路径遇“堵”之后,劳动者无法通过诉讼途径获得数额确定、有所保障的民事赔偿,即便在这样的过劳里雇主违反安全照顾义务的事实已明显可证,且过错赫然。在职业灾害领域,现行法完全排除了民法调整的作用空间,直接规定雇主应“按照工伤保险条例的工伤保险待遇项目和标准支付费用”,即《工伤保险条例》乃是唯一可适用的法,且必然适用、无可选择。与之相对应的是,民事领域亦将用人单位可能对劳动者承担的侵权责任完全剔除出去。之前最高人民法院《关于审理人身损害赔偿案件适用法律若干问题的解释》中虽提及“雇员在从事雇佣活动中遭受人身损害,雇主应当承担赔偿责任”,但“属于《工伤保险条例》调整的劳动关系和工伤保险范围的”却言明“不予适用”。到《侵权责任法》时甚至连上述规定都不知所踪,仅剩下第34条、第35条概括性的雇主替代责任,加之学者根据第35条在“个人之间形成劳务关系”中解读而出的“劳务接受者对劳务提供者之工伤应承担过错责任”的注释,劳动法上的用人单位亦不适用。至此,发生于劳动者与用人单位之间的人身损害纠纷,已被完全隔离于民法保护之外,由过劳而生的十四连跳自然也投“诉”无门。

至此,被孤立于工伤保护与民事赔偿两道大门之外的中国式过劳悲剧,最终的“归途”也只能是法外的平息——在个案的谈判、劳雇双方力量的对比、权衡、博弈中努力求得人道立场的“怜悯”与“施舍”。然而,这种缺少法律支撑、施舍式的“人道补偿”,不仅范围与标准难以界定,甚至下一“跳”能否得到这个“人道待遇”都全属未知。毕竟于法无据的请求,补偿与否所仰赖的也只能是雇主的“慈悲”与“恩典”,而这种“慈悲”显然是不大靠得住的东西。此时我们的反思在于:法律调整应该挑起的重担不该就此落在个案谈判的力量博弈之上。一方面,立足于个体之雇主,作为劳动关系的一方当事人,因劳动合同所附随之安全照顾义务的疏于履行,其民事赔偿责任应得到法律上的重视;另一方面,立足于团体之雇主,社会保险机制(工伤保险)的吸纳能力实应为解决从过劳到自杀的劳动者权益救济的根本之策。

在这里,日本作为一个典型的“自杀大国”,①其过劳自杀的劳动者保护制度经过战后六十余年的坎坷发展,日渐丰满并最终成型,稳稳屹立于民事赔偿与行政补偿(工伤保险)这两根坚强柱石双重、有力的支撑之上。日本法的成长经验,从历史轨迹到立法成果直至制度之间的沟通与协调,对我国相关制度的构建及完善都具有很强的借鉴价值。尤其是20世纪90年代以降日本经济状况变动引发的大量解雇与过劳自杀风潮的激烈冲击下,由社会运动与司法审判合力推动而出的“由心理负荷所导致的精神障碍之业务上外判断指针”(1999年)(以下简称“指针”),在整个过劳工伤认定领域具有里程碑式的意义。它不仅是过劳工伤领域的“先行者”,而且具有特定时期社会变动、社会心理潜在“转型”的特色印记,在立法技术上,在与其他相关制度的协调、融合上,以及在之后的普遍适用上,对中国工伤立法的解释与调整皆具有很强的借鉴意义。而在民事角度日本法则以雇主安全照顾义务之违反为视点切入,经由因果关系的调整,使之成为工伤保险无法涵盖之范围的最后兜底,弥补行政认定留下的保护“缝隙”,完型过劳自杀法律救济的全貌。本文仅围绕民事赔偿与行政补偿(工伤保险)这两大奠基柱石,对日本过劳自杀之法律救济制度予以引介,并以比较法之视角,审视我国背景下这块“他山之石”的可用性及其调整空间。

一、日本过劳自杀法律救济之发展历程

日文语境下的过劳自杀,其本义乃是由业务原因所引发之自杀,尤指因过重业务导致精神障碍病发,并在病发情形下所实施的自杀行为;其中“过劳”一词,乃因延续20世纪70年代以降轰轰烈烈的“过劳死”运动而得名。此后,理论上进一步将发作于身体上难堪重负的死亡(通常以心脑血管相关之基础性疾病发作为前提)划归“过劳死”范畴,只有发作于心理上不堪重负、精神崩溃之死亡(通常以精神障碍病发为前提)才属于“过劳自杀”。在此前提下,“过劳自杀”认定之核心乃

① [日]川人博:《過労自殺と企業の責任》,旬报社2006年版,第87页。依据日本警察厅2005年的统计数据,日本已连续八年年自杀人数超过3万,自杀比率超过欧美国家平均值的2倍。

集中于是否具有强烈的精神压力,包含了急性责任事件等所带来的心理负担,而不只限单纯的业务量、工作时间定义下的"过劳"。此时,其救济可以通过两种途径予以实现:一种是劳动者灾害补偿保险(工伤保险)的遗族补偿给付和障碍给付,它仅以劳动者之生活保障为目标,不以雇主过失为给付前提;另一种则是直接针对雇主提起的民事损害赔偿之诉,以雇主之安全照顾义务的违反为要件,乃属典型的过错责任。二者在适用与发展上一路盘绕,相辅相成,相互影响,共同推动过劳自杀法律救济的成型与完善。

战后早期的行政认定实务,并没有严格区分业务关联与否,对于劳动者的自杀也是采用统一的"故意"原则,强调由自由意志导致的死亡与业务之间的因果关系自然中断。① 即在自杀的情形下,劳动者乃是根据自己的意志作出决定,并自己采取行动,对自己身体进行的伤害,此时仅适用《日本劳动者灾害保险法》第12条第2款第(一)项之规定:"劳动者故意造成自身的负伤、疾病,残疾或死亡,以及以劳动者的故意为直接原因而产生的事故,该事故导致前述结果的",工伤保险不予给付。同时,对于作为例外情形的给付特例——精神异常或心神丧失状态下的自杀,也以行政解释的形式附以严格的条件要求。②

从1948年"因业务上伤病疗养中之劳动者自杀"判定指引(劳动省基收1931号),到1957年基收688号附加通告、1965年《劳灾保险法》改正、一直到1968年基收5065号附加通告,劳动省对自杀的工伤认定均仅限于"因工作原因造成的负伤或疾病而引发精神异常,且在心神丧失状态下实施的自杀",并且还同时要求"该(心神丧失)状态必须是仅以此业务上的负伤或疾病为原因"之情形才能认定,即仅限于与工作相关联的外因性精神障碍。后经1984年中央劳基属远藤设计技术者反应性抑郁症自杀未遂事件(日本交通技术事件)的影响,劳动省逐渐开始考虑其他(心因性)精神障碍纳入工伤保护范畴,但仍以非

① [日]西村健一郎:"業務上·外認定基準",载日本労働法学会编《現代労働法講座12》,综合劳研1983年版,第150页。

② [日]岡村親宜:《過労死·過労自殺救済理論と実務》,旬报社2002年版,第332~333页。

常严苛的要件予以限制。[①] 粗略总结,其必须符合以下要求:第一,必须有明确的医学诊断,可资证明"因业务负荷引发劳动者精神障碍",且该障碍已陷入发病状态。如果仅仅为遗书中表明自杀是由工作原因导致,不足以获得工伤补偿。第二,精神障碍必须达到"失去辨识能力"的程度,即因精神障碍而心神丧失。第三,业务负荷较之于其他原因,应为促发精神障碍的那个"相对有力的原因"。[②] 同时,具体认定中还会苛以"有与业务相关联的足够强度的精神负担存在"、"没有可导致发病的业务以外的精神负担存在"、"没有精神障碍的既往病史(排除个人原因)"等严格限制。[③] 1999 年以前,由于没有相应的认定基准,加之"故意"主义的认定原则,工伤补偿成功的概率自然极低,过劳自杀的劳动者遗属想获得工伤补偿,可谓难之又难。1983 年到 1997 年,在 79 件认定申请中,仅有 6 件获得补偿,认定比率仅为 7.6%,加上遗属申请审查、再审查、行政诉讼……经过层层关卡最终获得支持的也只有 10 件;而同时期(1983 ~ 1996 年)因"工作问题"而引发自杀的案件却有 16,117 件之多(依据警察厅公布数字),可见工伤认定的路径在当时并不乐观。[④]

---

① 参见 1984 年 2 月 14 日付通达,基收 330 号之 2。本案中被灾劳动者为从事东北・上越新干线上野地下站设计业务的技术人员(日本交通株式会社员工),在接受心因性精神障碍忧郁症的精神科治疗过程中,于出勤时突然从月台上跳下,导致双脚截肢,自杀未遂。劳动省肯定了被灾劳动者所从事的业务具有特殊性、技术困难性以及确保完成期限的难度很大,认可他承担着"充分、强烈的精神负担"足以促发该精神障碍;且相较于个人性格因素,业务压力为导致该病发的相对有力原因;没有业务以外的精神压力可被认定;有多位专业医生诊断证明被灾劳动者患有反应性忧郁症。并由以上各点综合认定被灾劳动者所从事的业务与精神障碍的形成、病发及自杀间均具有相当因果关系,准予工伤认定。另见[日]岡村親宜:《過労死・過労自殺救済理論と実務》,旬报社 2002 年版,第 332 ~ 335 页。

② [日]川人博:《過労自殺》,岩波社 2004 年版,第 107 ~ 108 页。

③ [日]岡村親宜:《過労死・過労自殺救済理論と実務》,旬报社 2002 年版,第 337 页。

④ [日]川人博:《過労自殺》,岩波社 2004 年版,第 104 ~ 106 页。

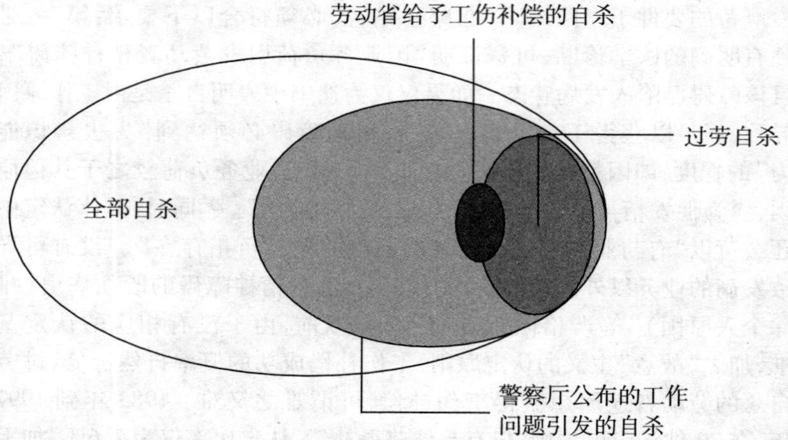

图1　1999年认定基准颁布以前过劳自杀工伤认定状况①

表1　精神障碍与自杀的工伤认定(冈村亲宜作成)②

业务与精神障碍以及自杀之间因果关系	类型	工伤(是|非)
自杀	1	非
业务——负伤——自杀	2	非
业务——负伤——精神障碍——自杀	3	是
业务——疾病——自杀	4	非
业务——疾病——精神障碍——自杀	5	是
业务——精神障碍——自杀	6	是

90年代中后期,一系列判决给过劳自杀的行政认定带来了强烈的冲击力。从1996年神户地方法院撤销加古川劳基属“业务外”认定结

① [日]川人博:《過労自殺》,岩波社2004年版,第125页。

② [日]岡村親宜:《過労死・過労自殺救済理論と実務》,旬报社2002年版,第338页。

论的神户制钢所事件[①]开创行政诉讼获得工伤补偿的先例起，法院显然开始采纳比以往行政认定更为弹性化、宽松化的评价态度。之后长野地方法院在Sunco掘金工厂事件[②]中进一步突破传统，以超越行政解释的姿态主张：即便没有明确的医学诊断，只要依一般社会认知可认定"业务负荷达到促发精神障碍的危险程度"，即可以得出"业务上"的判断。加之民事领域电通自杀事件[③]的再次撼动，传统、保守的行政认

① 参见神户地判平成8(1996)年4月26日，《劳働判例》695号，第31页。本案中被灾劳动者被雇主派往海外煤矿视察，一到当地即发生宿舍费用问题，自责既无法妥善处理亦无法及时与公司取得联系，并因此精神状况一度很差。且曾被同事建议及时就医。后该劳动者在未及就医之前，即跳楼身亡。法院在该案判决中肯定海外劳动的精神障碍发病可能性高于在国内工作，并综合考察业务因素，业务外因素以及个人性格因素，肯定业务过重性与精神障碍发病之间的相当因果关系。从事实认定到法律评价，均采用比行政解释更为宽松的态度。另外在本案中，法院在处理劳动者性格倾向的影响之时，还引入了"同种劳工"的比较，承认被灾劳动者的"执着性格并未超过一般可容忍的限度"，从而否定个体因素对发病的影响力。

② 参见长野地判平成11(1999)年3月12日，判例タイムズ1059号，第144页。本案因被灾劳动者晋升班长后，除仍需负责原有业务外，还进一步承担了相关部门的管理事务，业务量突增，重压之下精神崩溃，在自家车库中自杀。本案中并没有专业医生的"精神障碍"诊断证明，此时法院转而采用一种更为宽松、弹性化的态度，考量到医学认定的局限性，认为法律上的因果关系认定仅需建立在社会通念的基础之上，达到精神障碍病发之"高度盖然性"的程度即可。

③ 一审为东京地判平成8(1996)年3月28日判例タイムズ906号，第162页；二审为东京高判平成9(1997)年9月26日タイムズ990号，第86页；三审为最二小判平成12(2000)年3月24日第小二法廷判例タイムズ1028号，第80页。案件主要事实为被灾劳动者进入雇主单位工作前，家庭状况正常，性格爽朗、朴实、具有责任感，不嗜酒，人缘很好。入社后经常早出晚归，约六个月后已逐渐对工作产生困扰，并向上司寻求帮助；约一年后，其精神状况明显大不如前，脸色常常很差，并不如以往重视着装。自杀前四天，死者曾深夜回家，但很快又为处理未完成的工作（迟延完成）而出门，此间并未回家。四日后，死者于死亡当日早上才首次回家，并在四小时后在家中自杀身亡。死者父母主张死者因业务过重而导致罹患忧郁症，自杀乃是因为该病病发。并依据民法第415条、第709条之规定向雇主请求损害赔偿。

该案的一审判决即全面承认劳动者方面的主张，承认企业对过劳自杀应负责任。之后，经过二审、三审，一直都是维持劳动者方的胜诉。本案的重要意义在于对雇主安全照顾义务违反之民事责任的肯定，对劳动者个人因素（如性格倾向）给予过失相抵（二审）的理性思辨。随着过劳运动的进一步推演，三审判决再次否定了二审将个人性格倾向作为"与有过失"，对损害赔偿进行减额的做法，恢复对劳动者方请求之全面支持。该案经过媒体多方报道，影响甚广，以致影响到其后关于过劳自杀的一系列民事诉讼，裁判所开始正面承认雇主方的责任，同时行政认定的案例也开始积累。甚至因此案称1996年为"过劳自杀元年"。

定原则("故意"原则)在一波又一波司法判例的强烈冲击下逐渐瓦解。在电通自杀事件之后,遗属更愿意在申请工伤补偿的同时一并提起民事诉讼,当民事判决(较之行政程序通常较快)先行确定了雇主责任后,行政认定再将其作为既定事实后续跟随。由此,过劳自杀的工伤认定比例也一再提升。[①] 加之90年代以后经济状况恶化,大量解雇带动着过劳自杀,一度成为风潮。在这样的大背景下,媒体的报道、社会的关注、过劳死辩护团在全国范围内的联络与游说等都在各方施加着压力,推动"从过劳到自杀""业务上"的认定趋势逐渐形成并日趋定型。

借着这一动力,1999年,过劳自杀第一个认定基准——"由心理负荷所导致的精神障碍之业务上外判断指针"也得以正式出台。该基准的核心在于明确过劳自杀乃是"因精神障碍明显地阻碍了行为人的认知能力、行为选择能力以及对自杀行为的抑制力,才最终导致了自杀的发生",并在此基础上具体判断业务与自杀之间的关联性。这样的判断方式可谓对传统故意原则认定理念的一次彻底颠覆。"指针"颁布后,过劳自杀的工伤认定比例大幅增加,从1998年的10%到2004年的37%,同时精神疾病的工伤认定也从1998年的9.5%提升到了2004年的30.6%,并一直维持在30%左右的认定率。[②]

此后,因应日本劳动环境的一些具体变化,司法判决亦以超脱既有行政规章束缚的姿态作出引领性的解释与适用,在基准劳动者的设定上,在因果关系的力度、取舍上,乃至在与有过失的微妙处理上为行政认定的进一步柔化开辟道路。以丰田劳基署长事件[③]为例,其一审法院即沿袭了电通自杀事件三审民事判决之思路,指出基准劳动者的选择应考虑到受雇(劳动者)群体中个体"性格倾向本身之多样性",立足

---

① 但尚存的一点疑虑在于,如此一来行政认定存在的意义又将何在?二者之间的协调,即便在日本法上其实也仍有空间值得进一步的讨论。参见[日]岩出誠:"過労死・過労自殺をめぐる近年の判例動向",2005年《季刊労働法》209号,第71~84页。

② [日]川人博:《過労自殺と企業の責任》,旬报社2006年版,第123页。

③ 一审为名古屋地判平成13年(2001)6月18日,《労働判例》814号,第64页;二审为古屋高判平成15年(2003)7月8日,《労働判例》856号,第14页。

表2 精神障碍工伤认定状况总结(1999~2005年)[①]

(单位:件)

区分	年度	1998	1999	2000	2001	2002	2003	2004	2005
精神障碍	请求件数	42	155	212	265	341	447	524	656
	认定件数	4	14	36	70	100	108	130	127
忧郁症自杀(包含未遂)	请求件数	29	93	100	92	112	122	121	147
	认定件数	3	11	19	31	43	40	45	42

(注1):认定件数并不仅限于当年的请求(案件)。

(注2):1999年颁布认定指针。

出处:劳动省劳动基准局补偿课职业病认定对策室。

于工伤保险之社会保障性本旨,应选取"同种劳动者[②]中性格倾向最弱者为判断基准"(性格最脆弱者标准),而在被灾劳动者的性格倾向"未超出正常人的通常范围"之时,则应以该被灾劳动自身为样本来定位基准劳动者(本人标准)。[③] 同时,在精神疾病与身心负荷之间的相当因果之证明程度上,判决强调只需达到"高度盖然性"即可,[④]并以"社会通念"作为具体的参照系,并不坚守严格的医学视角,[⑤]进而将

① [日]川人博:《過労自殺と企業の責任》,旬报社2006年版,第123页。

② 此处同种劳动者乃指在职种、职场地位、年龄经验等方面均具有类似性,且面对同样的日常业务,无需采取特别措施予以减轻,亦能妥善执行(完成)的健康状态的劳动者。

③ 该案中,一审判决即采用本人标准对业务上以及业务外之心理负荷进行综合评价,确证其充足的业务起因性,并由工伤保险予以给付。二审法院进一步肯定了一审对业务与精神障碍病发间具有相当因果的判断,但在基准劳动者的选择上却反对使用"性格最脆弱者标准"。此处,二审法院虽然并未针对基准劳动者的选取提出意见,但却指出"性格最脆弱者标准"本身与"指针"1999年所采用的"同种劳动者基准"(或平均人基准)并无太大差异,只是一种操作上的具体化。进而采用与"指针"一致之基准进行判断。

④ 这种盖然性乃是以社会通念为具体准则,判断被灾当时,劳动者所承受的业务负荷是否达到可促使精神障碍病发的"一定程度以上的危险性",如存在这种危险,则劳动者可依工伤之规定获得相应补偿。

⑤ 实因精神障碍与身心负荷之间的因果关系判断,难免会受到劳动者个体因素以及其他因素的复杂影响,在医学上亦尚无法获得完全清楚的解释。

"降低认定标准"①之变革继续推进下去。

此后,劳动省又于2009年4月对"指针"进行了部分修正,即基于对压力评价进行委托研究的具体成果,尤以精神医学研究为根据,将心理负荷评价表进一步加以完善,但基本框架及考量方式维持不变。

二、日本过劳自杀工伤认定的理论与实践

(一)行政认定基准之引介

作为过劳自杀之行政认定基准,"指针"的适用首先应建立在明确精神障碍是否发病的基础之上,对基于业务而生的心理负荷、业务外心理负荷以及劳动者个人方面的因素等进行整体考量,并依上述因素与该劳动者精神障碍发病之间的关联性考察作出综合判断。其中,对心理负荷之评价采客观化的"多数一般人"标准,程序上则沿以下流程推进:(1)判断是否存在精神障碍发病之情形,以及该发病是否具有业务关联之可能;(2)对业务性心理负荷进行评价;(3)对业务外心理负荷进行评价;(4)检讨劳动者个人因素;(5)在前述评价基础之上,进行综合判断。

1. 认定要件

(1)符合WHO(世界卫生组织)ICD.10第Ⅴ章之分类的精神障碍(对象疾病)发病。

(2)对象疾病发病前6个月内,有因业务而产生的强烈的心理负荷能客观地被认定为可导致该精神障碍发作。

(3)无业务以外的心理负荷以及劳动者个人方面的原因被认定为可引发该精神疾病的发病。

(4)被灾劳动者因罹患业务性精神障碍而自杀。

2. 对象疾病之精神障碍

认定"指针"中的对象疾病,乃是特指以WHO国际疾病分类标准第十次修正(ICD.10)第Ⅴ章"精神类障碍"之分类中的精神疾病。而"其中以业务关联为主要发病可能性的精神障碍"则主要指ICD.10中

---

① [日]安西愈、西村健一郎、玉木一成:"精神疾患による自殺の労災認定と企業の損害賠償責任",载《労働判例》第924号(2007年1月)第8页。

的“F0 包含症状性的器质性精神障碍”(外因性精神障碍)、“F1 基于精神作用或物质作用之精神行为障碍”(如酒精或药物依赖)、“F2 精神分裂症、分裂病型障碍及妄想型障碍”、“F3 情绪‘感情’障碍”(如躁郁症、忧郁症)以及“F4 神经症性障碍,压力关联性障碍及身体表现性障碍”(如强迫症、恐慌性不安障碍等)这些类型的精神障碍。

3. 因业务而产生的心理负荷强度之评价

前述要件中提及的“因业务而产生的心理负荷强度之评价”,应以“指针”附表 1(职场对心理所造成的负荷程度评价表)为指标进行。且除了对可产生心理负荷的事件进行评价以外,还必须结合伴随该事件而产生的变化及其持续程度等,进行综合检讨。

首先从附表 1(职场心理负荷程度评价表)“(1)平均心理负荷强度”栏的记载出发,“判断‘可认定的与发病相关的事故’一般会达到怎样强度的心理负荷”,再结合同表“(2)修正心理负荷强度之角度”栏位记载的注意事项,“斟酌事故个别状况,就该事故的内容等修正心理负荷的强度”,综合评价“‘可认定的与发病相关的事故’是属于Ⅰ、Ⅱ、Ⅲ中哪个等级”。然后从同表“(3)检讨事故所伴随之变化持续程度等之角度”出发,“对事故所伴随的变化等此后在多大程度上持续、扩大或改善作出评价”。最后才是对以上各点的总体评价(弱、中、强)。

事故或灾害的体验,即(2)的评价等级为Ⅲ,且(3)的评价等级为“相当程度之过重(与同种劳动者相比较业务内容困难、业务量过大)”;或前述(2)的评价为Ⅱ,且(3)的评价为“特殊过重”(与同种劳动者相比较业务内容困难、经常性的超长时间劳动,且有承担重大责任,缺少支援、协助等特别困难)之时,其综合评价为“强”,此时可认为“因业务而产生的心理负荷要件”已得满足。而“弱”与“中”的综合评价则意味着该要件未得满足。

被平均定位为“强”心理负荷的特定事故类型中,在依附表 1 之(2)进行“因业务而造成之心理负荷强度评价”之时,只要有下列三项(A、B、C)事实之一存在,不管依前述考察结果如何,其综合评价皆应为“强”。

A. 依附表 1(2)“修正心理负荷”被评价为Ⅲ(强)的事故中“生死攸关的事故或遭遇等造成的极度心理负荷”。

B."因业务上的疾病,治疗时间超过六个月的劳动者,精神障碍发病"之时,"有病症急速恶化,伴随有极度痛苦等符合前述A中描述的程度的"。

C.超长时间的劳动,如数周连续长时间劳动,以至于连生理必需之最小限度的睡眠时间都无法得到保证,由上述情况造成身心极度疲惫,消耗殆尽,这些已构成自杀症发病的危险因素的。

另外,下表中(2)、(3)两栏对"修正"、"变化"的检讨,"并非以被灾劳动者本人的主观感受为标准,而是以同种劳动者(职种、职场地位或经验类似的劳动者)为标准,即必须是对同种劳动者一般会受到的影响为立足点进行修正"。

4.业务以外的心理负荷强度之评价

业务以外的心理负荷强度评价,乃是依据"指针"附表2(职场外心理负荷程度评价表),以"个案、具体事故中的具体情况,对心理负荷强度作出判断"(在对事故具体内容进行勘察的基础上,得出平均心理负荷的变更强度),"Ⅰ、Ⅱ、Ⅲ"为"该强度在客观上是否足以构成精神障碍发病的危险因素(发病原因)"的综合评价结论。考察方法与附表1相同。

5.劳动者个人因素之评价

劳动者"个人因素"有:(1)精神病既往病史;(2)过去的生活史(社会适应状况);(3)酒精等依赖状况(酒精、药物依赖);(4)性格倾向(但应该是通过生活史进行考察,且仅就个人因素在社会适应状况中就特殊问题所发挥的作用进行必要的考察)。就以上各项"在将个人因素作为应予考虑的点而被承认"的情况之下,"对其强度在客观上能否足以构成精神障碍发病的危险因素进行探讨"。

6.工伤与否的判断

(1)在可认定"除因业务而造成的心理负荷以外不存在其他特定的心理负荷或个体因素"的场合,如"因业务而导致的心理负荷强度"被综合评价为"强",则可以认定为工伤。

(2)"因业务而导致的心理负荷强度"综合评价为"强"(Ⅲ),但"业务以外的心理负荷评价的强度"也为"强"(Ⅲ)的事故,当确定"所有这些业务以外的心理负荷并非导致精神障碍发病的有力之因(主要原因)"之时,不妨碍业务起因性的判断,可认定为工伤。

职场心理负荷程度评价表(日本过劳自杀行政认定“指针”附表1)

事故类型	(1)平均心理负荷强度				(2)修正心理负荷强度之角度	(3)检讨事故所伴随的变化持续程度等之角度(进行综合评价后的观点)	
	具体事故	心理负荷强度			修正时的注意事项	事故所伴随的问题，对变化的处理等	检讨持续状况之注意事项
		Ⅰ	Ⅱ	Ⅲ			
①事故或灾害的体验	严重的疾病或负伤			☆	被灾的程度、后遗症的有无、程度、复归社会的困难度	▲工作量(劳动时间等)的变化及持续状况 * 规定工作之外的劳动、节假日上班等增加的程度 * 工作密度的增加程度	1. 发生长时间劳动事件之后； 2. 工作繁忙，无法在规定时间内完成工作，加班增多； 3. 假日加班增加； 4. 工作时间内追加工作任务； 5. 其他(关于工作量、工作时间等的变化)
	悲惨的事故或灾害的体验(目击)		☆		事故或灾害的严重性、恐怖感和异常性程度		
②事业上的失败，发生过重的责任	交通事故(重大人身事故，重大事故)之引发			☆	事故的严重性、加害的程度以及处罚的有无等		
	与工伤事故(重大人身事故，重大事故)的发生直接相关			☆	事故的严重性、加害的程度以及处罚的有无等		
	影响公司经营的重大失误			☆	失败的程度、重大性，损害的程度，处罚的有无等		
	因公司发生的事故(事件)被追究责任的		☆		事故的内容，与此相关的责任程度，社会的反响程度等		
	无法完成工作指标		☆		指标的内容，困难性、强制性、达成率的程度，处罚的有无，截止期限变更的可能等		
	强制要求从事违法行为		☆		对于行为内容、强行要求有无拒绝的自由，强制性的程度，对社会的影响以及有无处罚		

续表

事故类型	(1)平均心理负荷强度				(2)修正心理负荷强度之角度	(3)检讨事故所伴随的变化持续程度等之角度(进行综合评价后的观点)	
	具体事故	心理负荷强度 Ⅰ	心理负荷强度 Ⅱ	心理负荷强度 Ⅲ	修正时的注意事项	事故所伴随的问题,对变化的处理等	检讨持续状况之注意事项
	因自身原因造成大额损失		☆		损失的内容、程度,责任程度,有无处罚	▲工作内容、责任的变化后的持续状况 ＊工作的内容、责任的变化程度,与经验、适应能力之间的关系等	1. 不允许出错、需要注意力非常集中的业务; 2. 没有相关经验,需要新知识、新技术; 3. 包含夜班等不规则轮班制; 4. 需要24小时保持联络,要求即时就劳的状态; 5. 需要比先前业务更高的知识和技术; 6. 其他(工作量、责任变化后的持续状况)
	背负难以达成的定额任务		☆		定额任务完成的困难性、强制性强度、有无处罚以及无法完成的影响等因素		
	承担新项目,或公司的重建		☆		个人在项目中的地位,项目的困难性程度,以及个人能力与任务内容之间的差距		
	遭到客户的无理要求		☆		客户的地位与要求的内容		
	遭到客户的索赔		☆		客户的地位、公司会受到的损害之内容与程度等		
	强制要求参加研修、会议等	☆			研究与会议等内容、及其与业务之间的差异、强制性程度、有无惩罚		
	在大型说明会或正式场合承担发表任务	☆			说明会之规模,以及发表内容与业务之间的差异程度,强制性程度及有无责任	▲工作裁量性的欠缺 ＊他律之劳动,强制性等	1. 独自工作且工作单调之情形; 2. 无法决定自身工作顺序与方法; 3. 工作上无法运用自身的知识与技能; 4. 其他(如欠缺工作裁量性)
	代行新业务	☆			业务内容与责任的程度,代行期间、与本来业务之间的差异		
③工作的量与质的变化	工作内容或工作量有大的变化之事件		☆		业务的困难度,能力、经验、工作内容之间的差距及责任变化之程度		
	发生工作时间或拘束时间被延长化之事件		☆		工作或拘束时间之变化的程度、困难度等		
	工作形态的变化	☆			轮班制业务、夜班等变化的程度		

续表

事故类型	(1)平均心理负荷强度				(2)修正心理负荷强度之角度	(3)检讨事故所伴随的变化持续程度等之角度(进行综合评价后的观点)	
	具体事故	心理负荷强度			修正时的注意事项	事故所伴随的问题,对变化的处理等	检讨持续状况之注意事项
		Ⅰ	Ⅱ	Ⅲ			
	有工作进度、活动上的变化	☆			变化的程度、强制性等	▲职场的人、物环境变化之后的持续状况 * 噪音、高温、潮湿、寒冷等变化的程度 * 职场的人际关系变化	1. 持续的人际关系上的麻烦; 2. 在职场中被孤立; 3. 未在职业场所、居住场所的状况; 4. 职场气氛恶劣; 5. 职场工作环境(噪音、温度、湿度、换气、气味等)恶劣; 6. 其他(关于职业场所、人的环境变化)
	职场自动化的引进	☆			培训的程度,强制性等		
④身份的变化等	强制退职			☆	强制解雇或退职的经过,强制的程度,代偿措施的内容等		
	强制借调		☆		在籍、迁籍的差别,借调的理由,经过,不利益的程度等		
	降职		☆		降职的理由、身份、职种、职制的变化程度等		
	因非正规雇员为由而受到工作上差别的、不利益的对待		☆		差别、不利益的程度等		
	成为早期退职的对象	☆			对象选定的合理性以及代偿措施的内容		
⑤担当职务、地位等的变化	调职		☆		职种、职务的变化程度,迁居的有无,单身赴任的有无等		
	原来有多人承担的业务变为由一人负责时		☆		业务变化的内容以及程度等		
	岗位调动		☆		职种、职务的变化程度,合理性的有无等		
	晋升、升职	☆			职务、责任变化的程度等		
	部下的减少	☆			在职场中任务、位置的变化,以及业务变化的内容与程度		

续表

事故类型	(1)平均心理负荷强度				(2)修正心理负荷强度之角度	(3)检讨事故所伴随的变化持续程度等之角度(进行综合评价后的观点)	
	具体事故	心理负荷强度			修正时的注意事项	事故所伴随的问题,对变化的处理等	检讨持续状况之注意事项
		Ⅰ	Ⅱ	Ⅲ			
	部下的增多	☆			教育、指导、管理的负担的程度等	▲公司的支援措施的具体内容、实施时期等 ＊对求助的应对、照顾的状况等 ＊依照前述观点的调查结果,对于客观问题有没有适当的应对、处理	1. 未改善工作方法、未建立对求助的应对、支援体制,未分散责任、欠缺支援、协力等; 2. 欠缺对职场内麻烦事项的应对处理; 3. 其他(欠缺职场支援、协力措施等状况)
	在同一工作场所内所属部门的统合或取消	☆			业务变化的内容、程度		
	本职业务以外担当非正规职员的经营与教育	☆			教育、指导、管理的负担程度		
⑥对人关系上的烦扰	受到厌恶、欺负或暴行			☆	厌恶、欺负与暴行的内容、程度等		
	受到感情上的困扰		☆		感情内容与程度		
	与上司之间有矛盾		☆		矛盾的程度,被欺负的内容程度等		
	与同事之间有矛盾	☆			同上		
	与部下之间有矛盾		☆		同上		
⑦对人关系的变化	要好的朋友(同事)调动工作	☆				▲其他(1)中派生出来的变化所持续的程度	
	上司变动	☆					
	晋升机会被抢先	☆					
	同事的晋升、升迁	☆					

注＊(1)中具体事故造成的平均心理负荷强度以☆来代表,但这种强度乃是平均值。且强度Ⅰ为依据日常经验一般问题所引起的心理负荷程度。强度Ⅲ为人生中极少会达到的强心理负荷。而强度Ⅱ则居于两者之间。

＊(2)中“修正心理负荷强度之角度”是指在把握事故的具体状况、产生经过等的基础上,依据“修正之时的注意事项”中的平均心理负荷强度,作出“强”、“弱”评价的角度。

＊(3)“(1)中检讨事故所伴随的变化之角度”中“事故所伴随的变化”是对之后的持续程度、扩大或者改善进行具体考量的角度。各个项目都是对(1)中具体事故所作之评价。

＊“综合评价”是对基于(2)、(3)两项考察得出的精神压力的总量(由此所造成的精神负荷),在客观上是否达到可使精神障碍发病的危险程度作出评价。

综合评价		
Ⅰ	Ⅱ	Ⅲ
弱	中	强

职场外心理负荷程度评价表(日本过劳自杀行政认定“指针”附表2)

事故类型	具体事故	心理负荷的强度		
		Ⅰ	Ⅱ	Ⅲ
①自身的事故	离婚或夫妻分居			☆
	自身重病、重伤或流产			☆
	自身在生病或负伤		☆	
	夫妻之间有矛盾,不和	☆		
	怀孕	☆		
	到退休年龄	☆		
②家族、亲属的事故	配偶、子女、父母亲、兄弟姐妹死亡			☆
	配偶、子女重病或负伤			☆
	近亲中有人在社会上曝出丑闻			☆
	亲族之间关系不好,感觉痛苦		☆	
	家族中婚约或此类事情的实现(具体化)	☆		
	子女考试、升学或开始准备应试	☆		

续表

事故类型	具体事故	心理负荷的强度		
		Ⅰ	Ⅱ	Ⅲ
	亲子关系不和，子女有问题行为、不良行为	☆		
	家族扩大（子女生产）或家族缩小（子女离家独立）	☆		
	配偶开始工作或者辞职	☆		
③金钱关系	发生大额的财产损失或者突然有大额支出			☆
	收入减少		☆	
	还贷迟延、经济困难		☆	
	产生房贷或消费借贷	☆		
④事件、事故或灾害的体验	发生天灾、火灾等灾害或被卷入犯罪行为			☆
	住宅被盗		☆	
	发生交通事故		☆	
	实施了轻度的违法行为	☆		

续表

事故类型	具体事故	心理负荷的强度		
		Ⅰ	Ⅱ	Ⅲ
⑤居住环境变化	噪音或住家周围的环境(包含人文环境)恶化		☆	
	搬家		☆	
	买卖住宅、土地或有买卖的具体计划	☆		
	家族以外的人(熟人或寄宿者等)一起住进自家	☆		
⑥与他人之间的关系	受到朋友、前辈背叛的打击		☆	
	亲近的朋友、前辈死亡的		☆	
	失恋或异性关系纠缠不清		☆	
	邻里矛盾		☆	

注:心理负担的强度从Ⅰ到Ⅲ,与“附表1”相同。

(3)"因业务而导致的心理负荷"被综合评价为"强",即便"个人因素上存在问题"(可被认定),但如果"这些可被认定的'精神障碍既往病史、生活史、酒精依赖状况、显著的性格倾向问题'从程度上、内容上可判断并非导致精神障碍发作的有力之因",此时,亦应认定为工伤。即在处理原因竞合问题之时,日本劳动省所采纳的仍然是"相对有力的原因说"。

7. 自杀的处理

"ICD-10的F0~F4疾病分类中多数为精神障碍,而作为精神障碍的病态表现——自杀念头出现的高可能性乃是被医学界所公认的。被确定是基于业务上的心理负荷而导致前述精神障碍发病的患者图谋自杀之场合,乃是因精神障碍显著地阻碍了(破坏了)患者自身正常的意识及行为选择能力,此时患者的自杀行为可被推定为是在抵制自杀念头的精神抑制力被显著阻碍的状态下实施的,"并非出自行为人自身的自由意志所作出的选择,故原则上其业务起因性仍然成立,即由工伤制度予以保护。①

(二)行政认定基准之评鉴:开放与理性的同行

总体而言,"指针"将过劳自杀从故意原则的囚牢中彻底解放出来,修正扩张为对"因精神障碍导致正常认识、行为选择能力受到显著阻碍"情形下具体化的认可。并对精神障碍之工伤认定作出客观评价,大幅拓宽过劳自杀工伤认定的标准,②具有开放性的固有特质,亦可谓具有原则例外逆转之效果。③ 且"指针"以一定强度的职场压力要因为工伤认定标准的判断前提,合理区分工伤补偿对象与一般作业关联疾病,大抵来说是妥当、理性之设计。④

首先,在认定思路上,"指针"立足于对精神障碍之下自杀是否当

① 参见"心理的負荷による精神障礙等に係る業務上外の判斷指針について",指针原文载日本厚生劳动省官方网站,http://www.mhlw.go.jp/bunya/roudoukijun/rousaihoken04/090316.html。

② [日]岩出誠:《労務労働法講義》,民事法研究会2004年版,第417页。

③ [日]山口浩一郎:《労災補償の諸問題》,有斐閣2002年版,第100页。

④ [日]安西愈、西村健一郎、玉木一成:"精神疾患による自殺の労災認定と企業の損害賠償責任",载《労働判例》第924号(2007年1月),第8页。

真出于故意的反思而深耕细作，在因果关系到底切断与否上综合权衡，左右思量。这里，所谓可切断因果的“故意”必是“出于行为人的自由意志”——日本法学家将其理解为具有“自律性”：能够理性地根据自己规定的规范，脱离其他束缚，独立行动的性格。在此“自律性”的基础上创设出新的因果关系才是“故意”为之。也就是说，作为“中断”前提的“故意”乃行为人在“可预知行为结果的情况下，以行动实现该结果的意思”，如若有这种“故意”存在，那么前述“死、伤、病”是基于行为人的自由意志为之，自然导致“因果关系中断”之后果，无法涵盖于工伤保护之下。但如果劳动者自杀当时是处于“不正常的精神状态”(unsound mind)之中，且这种“不正常的精神状态”乃是由工作过度所引发的精神沮丧——处在深刻沮丧之下，精神状况极不稳定(精神障碍发病)，以致无法抵抗结束自己生命的冲动，也无法真正地根据应有的“自由意志”决定自身的生或死。此种状态之下的自杀，不能简单地以故意原则来作出判断。①

搭建在此种因果思辨的理论基础之上，“指针”还进一步引入 WHO 精神障碍疾病分类 ICD－10 作为标准，将“不正常的精神状态”加以清晰化、可操作化。同时，这也是行政认定之中，首次正面直视“心因性”精神障碍，摆脱以往“犹抱琵琶半遮面”的忸怩状态，以量化的方式正式拓宽行政认定的大门。②

不仅如此，“指针”还进一步肯定了精神障碍罹患者自杀的业务起因性推定，采纳“若可判断劳动者已罹患某种特定的精神障碍(对象疾病)，那么其自杀的意图即可推定是产生于该精神障碍的发病”，而非出自自身意志的选择。③ 因这些精神障碍的发病本身就伴随有强烈的

① Obata, F. Karojisatsu-Suicide as a result of overwork. Japan Labor Bulletin(2000), 39(11), 6－10.

② 一方面，“指针”采用 WHO 精神障碍疾病分类 ICD－10，将全部精神障碍均纳入工伤保护的可能之中。这也就意味着，认定机构在面对被灾劳动者的申请之时，无需再强调“外因性”与“心因性”的区分，绕开了以往行政解释中对“心因性”精神障碍的诸多“芥蒂”，力求“一视同仁”。

③ [日]岡村親宜：《過労死・過労自殺救済理論と実務》，旬报社 2002 年版，第393～395 页。

自杀企图,这一点早已由医学研究证明。

其次,在结构设计中,"指针"还引入"压力—脆弱性理论"为其指导思想,强调对被灾劳动者所受心理压力的全面考察,而不再仰仗精神障碍之简单分类(内因性、外因性、心因性)而区别对待。[①] 在这里,立法者充分关注到通常状况下,精神障碍的发病大多并非仅由独一的起因而生,其背后往往潜藏着复杂的环境因素、身体因素以及心理因素,这些复杂的因素都应当作为判断的基础被考虑进来,进而根据个体对所处环境所生的压力与个体反应性、脆弱性之间的关系来综合判断是否会产生精神绝望。[②] 此时,"指针"开创性地融合了附表1针对因业务而生的心理负荷考察、附表2针对业务以外的心理负荷衡量,甚至劳动者的精神病既往病史、过去生活史、酒精依赖以及性格倾向等复杂的个人因素,强调一种综合的、全面性的评价。

再次,立足于工伤本旨之定位,它还进一步将关注点集中于一种"相当因果"的明确:从细节上具体衡量业务外因素、个人因素的"分量",并与业务上因素"而产生的心理负荷强度"加以比较。当后者重于前者之时,判断业务与自杀之间具有相当因果(业务是导致自杀的那个相对有力的原因),此时对于"自杀"造成的损害工伤保护应予涵盖;而如果后者弱于前者,则作出业务与自杀之间不存在相当因果关系的判断,自然排除在工伤保护之外。"指针"拟定下的这种比较是从量到质的一种衡量——先在"量"上"称重",而后才在"质"上定论。即以一定强度的职场压力要因为工伤认定标准的判断前提,合理区分工伤补偿对象与一般作业关联疾病,大抵来说是妥当之设计。[③]

最后,在技术处理环节,"指针"则以事件为中心,将由业务而产生的心理负荷之评价以明确列表的方式予以客观化、量化,进一步去其模糊,利其认定,便其操作。评价表以医学研究成果为根据,为一定时期

---

① 相对于"指针"颁布之前,从仅承认外因性精神障碍的业务性到逐渐认可。

② 根据这一理论,如果精神压力非常大,那么即便个体脆弱性很小,也可能引起精神障碍;反之,如果脆弱性很大,即便精神压力小,也可能造成精神绝望。

③ [日]安西愈、西村健一郎、玉木一成:"精神疾患による自殺の労災認定と企業の損害賠償責任",载《労働判例》第924号(2007年1月),第8页。

内(6个月内)所发生的事件以及预想事件之心理负荷做平均值定位(定性),并在此基础上具体考虑事件的性质、程度、内容等因素而进行必要的修正(定量),最后再检讨事件所伴随的变化持续程度,作出综合评价(强、中、弱)。客观化、量化的制表,一方面明确了认定机构应予考量的事项,质、量兼备,另一方面也在一定程度上增加了过劳自杀工伤认定的可操作性。

由此,"指针"的出台乃是行政机关在认定"风向"上从"保守"到"开放"的一个重要转折点,不仅在处理思路上具有先进性,在技术环节上亦处处关注实践中的可操作性,在整个过劳自杀工伤认定的发展史上,足以得到高度的评价。

(三)司法实践中的"破"与"立":以工伤认定撤销之诉为线索

"指针"颁布后,随着过劳自杀认定申请的增多,对于"业务外"(非工伤)之认定结论的行政诉讼也难以避免。虽然撤销的判例并不如过劳死那么多,但在对这些判例的详尽梳理之中,却也足以看到日本法框架下行政认定与司法裁判之间的"沟壑",以及司法角度跨越"沟壑"对工伤构成解读的"破"与"立":"指针"作为过劳自杀的认定基准,其颁布机关乃是劳动行政机关;而裁判所作为典型的司法机构,其行使司法权的行为,并不必然受上述行政认定基准之约束。司法程序中,它乃根据个案的具体情况,以独立姿态,作出应然的判断;站在独立司法之角度,这样的处理方式,当属无可指摘。[①] 在此基础上,司法裁判所采用的乃是与行政认定截然不同的处理框架与处理思路。

其一,在因果关系的定位上,司法领域更强调业务与精神障碍发作之间的相当因果必须建立在"社会通念"的基础之上。即依社会通念之认同,该精神障碍发病、恶化的危险,在一定程度上,必须是业务本身所内在或通常伴随的危险;此时,它的发病或恶化,仅是该内在风险的外部化、现实化。而在因果关联的程度上,则与"指针"基本保持一致,

① [日]上田達子:"ストレス関連疾患の法的救済——補償と賠償の課題",载《労働者の健康と補償.賠償》(日本労働法学会誌第109号),法律文化社2007年版,第43页。

强调业务起因的“相对有力”性,共同原因在要件层面并不足以确认工伤。[①]

其二,在业务内在危险的判断之上,裁判所更倾向于对“业务”的概念做扩张解释。并且,这种引发精神障碍的业务内在危险,也未必以业务所特有的压力为其要因,以致一些合法的海外出差命令、上司不经意的个人言行或意见,甚或劳动者之间的苛待(いじめ)[②]事件,亦可以包含其中。如沿着此思路前行,职场之内所发生的一切事态或许均可涵纳在“业务”这一概念之中。也就是说,职场中,基于劳动者个人的人际关系而生的,或即便没有业务命令但基于个人责任感的要求,本人亦必须承担的工作任务等,这些五花八门的压力因素,大抵均可作为生于职场的“业务内在危险”来加以理解。在这一点上,裁判所更倾向于从抑郁症本身的病理(压力脆弱性理论)出发,承认即便业务压力不大(或许只是合法的业务命令或正常的惩戒处分等,发生于职场的一般情况所引发的精神压力),但如果个体具有很强的脆弱性,亦可引发精神障碍之发病。[③] 由此反观,因精神障碍而申请工伤给付的案例逐年增多,倒也不足为奇了。

其三,在具体考察内容的框定上,裁判所虽亦尊重行政认定基准的有效性,但在具体事件的处理中,二者的精细化程度、个体化程度却有明显差异。比如在丰田劳基署长事件(TOYOTA 汽车事件)名古屋高裁判决中,就明确指出原认定虽系依据“指针”之规定而作出,但“在心理负荷强度的评价上,仅以‘指针’作为明确的基准”,作出“非工伤”的行政决定,“理由并不充足”;还必须“充分考虑本人所处的具体立场、状况,把握事故的意义,并在此基础上,作出客观的评价。”[④]这一表述进而成为此后相关司法审判的重要处理思路,被后续的地裁判决广泛

① 総合病院土浦協同病院事件:劳判981号,第41页(判决确认构成工伤)。

② 原文いじめ的含义是:在肉体或精神上的折磨,欺负、虐待、苛待。

③ 参见三井造船玉野事業所事件:劳判901号,第31页(判决确认构成工伤);中部電力事件:劳判918号,第14页(判决确认构成工伤)。

④ 参见劳判814号,第64页(判决确认构成工伤);.劳判856号,第14页(判决确认构成工伤)。

援引。[①]

其四,在基准劳动者的选择上,二者也尚存分歧:到底是应该采用客观的"标准化(平均化)"设置,还是应做相应拓宽,抑或是采以柔软的"具体化"考量取而代之,尚难以定论。"指针"在基准劳动者的设置上,并未将劳动者的个体差异性考虑进来,仅采用客观化(或者说平均化)的一般人标准作为判断基点,而将个人方面的因素(如性格的脆弱性)作为否定工伤的必要考察因素加以评价。但在司法判决中,裁判所则引入"从事同种业务且身心健康者"、[②]"在职场中地位、年龄、经验接近,且能执行日常业务的健康劳动者"[③]作为标准对"指针"加以限定和柔化。有些判决甚至借"同种劳动者"概念的语义空间,将自杀者的经历、职历、性格等均作为基准劳动者定位的必要因素加以理解,更类似"本人标准"。[④] 此时,若仅从具体裁判结果来观察,局面难免显得庞杂,既有以"通常情况下可从事该业务的平均劳动者"为标准否定补偿的案例,[⑤]也有以"同种劳动者中性格倾向最为脆弱者"为标准认可补偿的案例,[⑥]司法中尚未形成某种定式。但随着实践的发展,后者渐显优势。该观点多考虑到劳动者性格本身的多样性,强调即便被灾劳动者具有压力亲和性格,但只要该性格未超出通常人可预想的正常范围,

---

① 参见三井造船玉野事業所事件:労判 901 号,第 31 页(判决确认构成工伤);中部電力事件:労判 918 号,第 14 页(判决确认构成工伤)。

② 参见三田劳基署长事件,2003 年 2 月 12 日,労判 848 号,第 27 页(判决确认构成工伤)。

③ 参见丰田汽车设计主任忧郁症自杀事件,2001 年 6 月 18 日,労判 814 号,第 64 页。

④ "本人标准"主张从工伤保护的制度目的出发,为给予被灾劳动者及其遗属最基本的生活保障,应将被灾劳动者本人对特殊事件的心理承受能力考虑其中。参见[日]石井保雄:"過労自殺の業務上負荷の判断は「誰」を基準とするのか",载《労働法律旬報》2002 年第 1537 期。[日]岡村親宜:《過労死・過労自殺救済理論と実務》,旬报社 2002 年版,第 395 页。并由此强调"指针"所采用的"一般人基准"易陷入"不予认定"之倾向。参见[日]玉木一成:"過労自殺の労災認定基準と新指針'心理的負荷による精神障礙等に係る業務上外の判斷指針'について",载《労働法律旬报》第 1467 号(1999 年 1 月)第 9 页。

⑤ ローレル.バンクマシン事件:労判 848 号,第 27 页(判决否认构成工伤)。

⑥ 中部電力事件:労判 918 号,第 14 页(判决确认构成工伤)。

就不能作为否定工伤认定的判断理由。

其五,在“复数业务原因”的处理上,裁判所亦十分留意弥补“指针”的不足之处。“指针”在“业务影响”的判断上,很难实现心理负荷的累加,而只能从中择一,加以定性。但现实生活中,复数事件同时(或先后)作用在同一个人身上,其影响却必然是累加的,此时分散、择一的处理方式难免有欠周全与公正。在这一点上,司法判决秉承应“充分斟酌劳动者所处的具体立场和情况”考量“各个事故之间的关系”,最终的影响力应当是一种“乘积”式的总体评价。① 相较于行政认定的择一而定,这种总体效应显然更加全面,也更富理性。此处也恰恰体现出司法判决与行政认定在其各自所追求的价值体系上的细微差别,后者所在意的“迅速及整齐划一”与前者立足于个案正义追求上的综合判断、具体衡量,二者之间到底应如何协调,仍为法律人探寻中未尽的问题。

其六,在“过重”的考察空间上,裁判所更强调一种切实的“全面覆盖”,除特殊事件外,慢性压力也同样该位列其中。即在确定业务到底过重与否时,应综合考量一系列复杂的因素,包括特殊、专门性业务的内在过重性;长时间劳动;休息日加班;业务实态上的过重;劳动者对新岗位、新业务的生疏、不习惯;人际关系压力以及突发事件等。再对所有这些因素所造成的心理负荷进行全面考量,以作出一个整体评价。但在这一点上,“指针”几乎将评价的核心全部集中在与业务紧密相关的“事件”之上,以事件为中心评价心理负荷的等级与程度,且更关注因这些“事件”而产生的“急性压力”,对“长期连续忙碌、单调、孤独的操作作业以及单身赴任、交替勤务”等持续状态下所产生的“慢性压力”则过于轻忽;它仅仅将“慢性压力”作为例外的发病之因,放诸急性压力强度修正的注意事项,②难免有“沦为形式之虞”。此外,这种慢性压力评价的“空洞化”还体现在对“劳动时间”的

① [日]上田達子:“ストレス関連疾患の法的救済——補償と賠償の課題”,载《労働者の健康と補償.賠償》(日本労働法学会誌第109号),法律文化社2007年版,第43页。

② [日]《労働者の健康と補償.賠償》(日本労働法学会誌第109号),法律文化社2007年版,第102页。

考量欠缺上。即便当下我们在“指针”的字里行间亦能找到有关“劳动时间”的一些描述，但这些描述、设计质言之仍采传统的“事件主义”作风，即要达到“超长劳动时间”、“连生理必需的最小限度睡眠时间都无法得到保证”的“极度疲惫”程度，此种要求显然过于苛刻。且它一般仅限于事故发生“前几周”内的短时考察，对“慢性压力”的衡量而言并无太大价值。在这一点上，司法所审查的视角显然要宽阔得多。在司法思维的延续之下，有学者甚至更进一步指出，“指针”应充分尊重并关注慢性压力的积累，甚或参见过劳死认定基准之设定，将过长劳动时间或拘束时间作为“过重业务”的基本判断标准之一，且此处的两大基准在过劳工伤的认定上应保持一致，即以发病前一个月内加班时间超过100小时，或病发前2～6个月间每个月平均加班时间超出80小时为标志，定位精神障碍（或心脑血管疾病）发病与过重业务间的强关联性，进而将长期的疲劳积累、压力积累一并纳入“过劳”之考量。①

由此，司法对行政的“破”主要聚焦在“指针”的严苛、僵化与片面性上，“立”则在于从全面性、个体化之角度切入，以摆脱行政立法束缚的独立姿态，由工伤认定的根本原则——业务内在风险的现实化出发，对“指针”现存的具体偏颇予以矫枉，却不过正。司法修正下的过劳自杀行政救济，是柔韧的、灵活的、全角度的。此时的司法，乃是在“破”与“立”之间，重塑工伤保险制度之应有价值，回归社会法所坚守之实质正义，并以此对“指针”的调整方向、完善方向加以有力的影响与导引。

三、日本过劳自杀之民事赔偿

与行政救济并行的另一条过劳自杀法律救济路径是对雇主的民事求偿。作为后者的起始与地标，1996年电通自杀事件的一审判决即明确指出“劳动者在超出常轨的长时间工作情形下，身心俱疲，在这种情况之下，自杀乃是可预测的，但雇主却没有采取适当的措施，明显违反了安全照顾义务”，②并以此为基础，全面支持了劳动者的主张，由企业

① ［日］川人博：《過労自殺と企業の責任》，旬报社2006年版，第124～126页。

② 东京地判平成8（1996）年3月28日、判例タイムズ906号，第162页。

方承担过劳自杀的民事责任，自此开创了过劳自杀民事赔偿之先河。此后，大量案件的判决均难免受其影响，甚至扩大到对行政认定基准的推进。

在民事赔偿层面，过劳自杀之诉讼大多以债的不完全履行切入，进而将核心概念定位于雇主之安全照顾义务，围绕着这一义务的具体界定、违反与否的证明等，拓展出若干个相对集中的“焦点”，并辅之以侵权之诉与之并行，[①]自成一套相对完整的体系。其中，违约责任以下列条件为前提：其一，劳动者过劳自杀之时，雇主没有履行其安全照顾义务，违反了安全照顾之责。其二，该义务的违反与劳动者过劳自杀之间具有相当因果关系。其三，雇主违反安全照顾义务有其归责事由存在。而侵权责任（使用者责任）则要求雇主对于劳动者的过劳自杀存在过失（注意义务的违反），该过失与过劳自杀之间具有相当因果关系以及雇主方没有免责事由；如果以上三点要件可得满足，雇主的侵权责任亦应成立。只是这样的成立背后，仍隐含着因劳动者自身问题所带来的“过失相抵”之适用。

(一)在安全照顾义务的轮廓之下探讨雇主对过劳自杀的防止之责

“安全照顾义务”一词，溯其原文本为“安全配慮義務”，其中“配慮”之含义不仅仅指传统的“安全保护”，还含有关照、关怀、照顾、照料之意，此时，对义务人的要求自然也高过单纯的“保护”。关于这一义务，在日本法上并未有明确的条文对之予以规定，现下的定义语出最高裁判所昭和五十年（1975年）二月二十五日自卫队员事件之判决，后被一系列判例所引用、追随，最终在判例法上得到确立。在广义层面，它可表述为“基于一定契约关系或特别的社会接触，当事人一方或双方对相对方所负担的一种义务，即对由该法律关系而对相对方产生损害之危险予以防范，确保相对方当事人生命、身体安全之义务”。[②] 而在

① 以电通自杀事件为例，其一审判决即直接认可了违约与侵权两个并行的请求：一方面，以雇主违反安全照顾义务认定其债务不完全履行之责；另一方面，以管理监督者注意义务之懈怠（过失）为由，根据日本民法第715条认可其侵权责任。以此，判决雇主方承担总额达1亿2588万元之损害赔偿。

② ［日］高橋眞：《安全配慮義務の研究》，成文堂1992年版，第137页。

狭义上，则更多限定于雇主照顾义务，即“雇主对为实施劳务设置的场所、设施或器具等进行管理，或者是对劳动者按雇主或上司的指示执行的劳动进行管理时，为保护劳动者的生命和健康免受危险，而应当进行照顾的义务”。[①] 过劳自杀之民事赔偿，即以该义务的违反为前提。

从性质上来说，安全照顾义务并非工伤保险制度下的补偿义务，而是立足于债法之上，以损害填补为目的发展而出的义务。一方面，若从内容观之，则判例法上早已将它理解为以人、物等各种条件之配置为内容的手段债务。此时的安全照顾义务具有一种特殊的媒介作用，通过这一媒介，将《劳动（基准）法》、《劳动安全卫生法》上的劳动条件基准转化为契约上的债务，赋予其私法上的效果。[②] 另一方面，最高院的裁判则依据契约法下的诚实信用原则为其寻根溯源。这一义务虽系参照《德国民法典》第617条、第618条而设，但学者却更愿意把它作为劳动契约的附随义务来加以理解。[③] 此时雇主除支付报酬（劳动契约之主给付义务）外，还必须就其为劳动者提供的工作场所、设备、器具及其对劳动者执行业务的指示、命令，对劳动者的生命、身体等承担保护、照顾义务。这种义务乃是附随于雇主权利行使的诚信原则下的义务，即劳动者在雇主的命令指挥下劳作，而由雇主受领该劳动给付，附随于上述权利，雇主必须同时负担之义务。[④] 就其本质而言，它既非契约上的

---

① ［日］宫本健藏：“日本的安全照顾义务论的形成与展开”，金春龙译，载《清华法学》第4辑。

② ［日］三柴丈典：《労働安全衛生法論序説》，信山社1999年版，第72～73页。

③ ［日］我妻荣：《债权各论》（中卷二），中国法制出版社2008年版，第56页以下。

④ 对于这一表述，学界亦有纷争：镰田教授认为，日本法在用语上即有混淆“照顾义务”与“保护义务”之嫌，照顾义务乃是由传统人格法中的共同体理论衍生而来，与劳动者的忠实义务相对应，是劳使双方基于诚实信用原则之一般价值，所应互负的一对基本义务。详言之，一方面在他律（非自律）下基于劳动契约而执行职务的劳动者，其所执行之职务不应侵害雇主的正当利益，并在可能的范围内负有维护雇主利益之忠仆义务；与之相对应的另一方面，雇主亦非仅仅负有支付工资之主义务，在此之外还承担各种各样的照顾义务。这些照顾义务包揽了从保护劳动者生命健康到保护其实体经济利益，再到保护其人格。出于劳动契约之上，维护劳动者作为体面人所应具有的正当权益之考虑，在可能的范围内回避（排除）不利益的义务亦应包含其中。参见和田肇：《労働契約の法理》，有斐阁1990年版，第115～118页。

特别合意,亦非法律之规定,而是根据劳雇双方在社会力量关系上的差距,站在对弱势劳动者给予保护的角度上提出的。对于处在不利劳动条件下的劳动者,这种保护具有社会法理念之基础价值;也正是在这一理念的作用之下,雇主的安全照顾义务不可以通过当事人双方的约定予以减轻或排除。①

对于安全照顾义务的具体内容,则应根据劳动者的"职种、地位及与安全照顾义务相关之问题的具体情况"具体判断,在不同场合之下,雇主和其履行辅助人应予"注意"之实际内容亦有不同。此时,该义务具有两个层面:抽象层面为"明示确保劳动者安全照顾义务之目的",而具体层面则是"为达到这一目的而采取各种各样的措施"。二者并存,前者为目的,后者为手段,其间的差异仅在于具体在哪一个层次上把握安全照顾义务,以及与之相适应的具体化程度。对于已经预想到的具体危险,应预先采取适当的措施,此为一般义务之内容;而对于具体应采取何种措施作为个别指示,则需根据具体情况、所面临的现实危险及程度而定。情况不同,指示内容自然也不尽相同。面对各种各样的具体措施,"究竟应当采用哪种"常常并不需要从一开始就预先特定,而是通过对履行要求的具体交涉,通过对违反义务的特定事实之举证、反证的过程实现具体化。②

一般而言,这样的保护范围不仅包括工作场所、设备、器具的安全,同时还必然包含对劳务给付规律的尊重,对劳动时间与劳动强度的控制等。过劳自杀中雇主的安全照顾之责亦立足于前述基础之上,粗略总结大抵涉及以下各点:③首先,是适切劳动条件之配置义务,即为防止过于繁重的劳动量破坏劳动者的健康而引发过劳自杀,雇主应在劳动时间、休息时间、休息日、劳动密度、休息场所、人员配置以及劳动环境等劳动条件上作出适当的安排。④ 其次,是对劳动者身心健康进行

---

① [日]高橋眞:《安全配慮義務の研究》,成文堂1992年版,第143页。

② [日]高橋眞:《安全配慮義務の研究》,成文堂1992年版,第145~146页。

③ [日]岡村親宜:《過労死・過労自殺救済理論と実務》,旬报社2002年版,第445页。

④ [日]岡村親宜:"過労死と労働契約の法理",载《法学新法》101卷9、10号,第279页。

适当管理之义务,把握劳动者的精神健康状态,寻求相应的心理应对对策,以便在早期发现并控制特定的精神障碍。再次,是适切劳动之配置义务,即对于罹患或可能罹患精神障碍的劳动者,应针对其症状适当减轻其业务量,减少轮班和就业场所的变更,为保护劳动者的健康而采取适当措施,避免使其从事容易(或可能)对精神障碍造成不良影响的工作。最后,对于已经由过度劳动导致精神障碍发病或具有高发病可能的劳动者,雇主应负有适当的看护、治疗义务。由此,若雇主违反上述内容,使劳动者长期超时、超量工作,并因此导致其精神障碍发病进而自杀的,应推定雇主未适当履行安全照顾之义务,并须承担相应的责任。

这些具体化的安全照顾义务,究其实质,乃是透过个案对《劳动基准法》、《劳动安全卫生法》上一些本有但却模糊、粗略的规定,在过劳防范的层面上予以实化、细化。比如,适切劳动条件的配置义务,原出自《劳动安全卫生法》第65条第3款所涉之“作业管理”之责,条文本身虽并未将该责任细化,但在其后却强调雇主具有为之“努力”的义务。此时,站在适用层面,由该条款衍生而出的具体安全照顾义务则将应予“努力”的范围、内容充实化:它应包含“对劳动者连续作业时间、休息时间比例的适当安排,以及与之紧密相关的业务量的管理”,①即“为防止劳动者过度劳动所带来的疲劳、过重压力,而对作业实施的适当管理。”②

在这里,业务的“过重”与否(劳动者“过劳”与否)仍是一个无法绕道的核心问题。在这一问题的判断上,仍应以个案评价为主。电通事件的民事判决将其归结在“超出常规的长时间劳动”之上,此后,过劳死认定基准中专门针对“过劳”而定义的加班时数亦逐渐为民事判

---

① 参见労働省労働基準局安全衛生部編:《労働安全衛生法の詳解》,労働基準調査会1998年版,第624页。

② [日]岡村親宜:《過労死・過労自殺救済理論と実務》,旬报社2002年版,第427页。

决所援引,进而成为一项重要的衡量标准。[①]

然而此时,尚有其他一些问题点,我们应予以其必要的关注:首先,如从过劳自杀的原意出发,它乃是"由业务原因造成精神障碍,并源于该精神障碍发作而引发的自杀"。在这层意思上,对于"业务原因"的考量,实际不应仅仅限于业务量的大小,还需包括与"业务"或"工作"相关的其他因素,与之共同作用。加班时间仅可作为前者,而后者的标准应如何确立却仍成问题。比如虽未超过加班时间的上限要求,但雇主委派给劳动者的工作内容,却显然超出其能力范围,这样的安排同样也会对其身心造成强烈的影响。由此更进一步,源自业务的压力,也未必仅仅限于"业务内容",还有可能是来源于"人际"的因素,如苛待事件。在这样的事件里,雇主的安全照顾义务,还应涵盖"防止职场中上司、同事对其实施苛待(虐待、欺负)行为,保护劳动者生命、身体免受威胁"的具体内容,[②]即职场内人际关系所产生的个人困扰,也应属于雇主安全照顾义务范围之内。对于此点,其实也并非毫无疑义,尤其是与后续预见可能性的问题相关联,但在可预见的范围内,雇主负担上述防止、保护义务,须采取妥善措施予以处理,自当无疑。关于此点,从电通事件的最高裁判决之措辞亦可窥见一二。该案判决强调"雇主对其所雇佣的劳动者实施业务分配管理之际,应对执行该业务所伴随的疲劳、心理负荷等的过度积蓄,不得损害劳动者之身心健康负有注意义务"[③],此时,将职场内人际关系所带来的压力作为"执行业务所伴随的心理负荷"来加以理解,判断思路自然就很容易清晰、明确了。[④] 除此之外,裁判所还进一步在过劳的判断中引入对"劳动者的职场地位、职

---

① [日]上田達子:"ストレス関連疾患の法的救済——補償と賠償の課題",载《労働者の健康と補償.賠償》(日本労働法学会誌第109号),法律文化社2007年版,第45页。

② 参见川崎市水道局事件:横滨地川崎支判平成14.6.27。

③ 参见电通事件之民事判决。

④ [日]上田達子:"ストレス関連疾患の法的救済——補償と賠償の課題",载《労働者の健康と補償.賠償》(日本労働法学会誌第109号),法律文化社2007年版,第49页。

务熟悉程度”等因素的具体考量，个案的个别情形也同样被列入考察。①

（二）“过重业务—精神障碍发病—自杀”中相当因果之判断

民事角度观察下的“过劳自杀”可能涉及两种情形：第一种是典型的“过重业务—精神障碍发病—自杀”，第二种则是劳动者并没有经过精神障碍的发病环节，而是由于业务上的过重负荷而直接选择自杀。在前一种情形里，如果过重业务与精神障碍的发病（罹患）之间具有相当因果关系，那么因为自杀念头乃是精神障碍发病的表现之一，自杀行为亦然，此时过劳与自杀之间的相当因果是显而易见的。但问题在于，过劳与精神障碍之间有无因果关系并没有想象中的那么易于判断：从医学角度上来看，精神障碍本身就有内因性（即便没有外在诱因的存在，也会自然发病）和外因性（以外在压力为诱因而罹患或发病）之别。并且精神障碍发病的诱因也是多种多样的，除了身心的过度疲惫之外，对于工作的过度热心、正义感太强、责任心太强等都可能影响精神障碍的发病；同时患者的体质原因，性格原因也很难排除。因此，精神疾病的发病更容易被视为多重因素共同作用的结果，这些原因可能既包括患者内在的性格，亦包含外界的环境因素，而并非单一因素独立运作。此时，对于“相当因果”，日本法院采以“共同原因”理论，即并不要求因业务造成的过劳压力是导致精神障碍发病（自杀）的最有力或相对有力（与其他诱因相比较）的诱因，而只要是病发的“重要原因”（之一）就足够了（肯定了其他因素之影响力的存在）。这与行政认定上所要求的“相对有力”原因说（与其他原因比较之后的“相对”有力）相比，

① 参见电通事件：东京地判平成 8.3.28（确认赔偿额 12,558 万元，无过失相抵）；东京高判平成 9.9.26（确认赔偿额为 8900 万元，过失相抵 30%）；最二小判平成 12.3.24（取消二审过失相抵）。東加古川幼児園事件：神户地判平 8.5.26（驳回诉讼请求），大阪高判平 10.8.27（确认赔偿额为 574 万元，过失相抵 80%），最小三決平 12.6.27（驳回诉讼请求）。川崎製铁所事件：岡山地倉敷支判 10.2.23，（确认赔偿额为 5200 万元，过失相抵 50%）。協成建設工業ほか事件：札幌地判平 10.7.16（确认赔偿额为 9163 万元，无过失相抵）。オタフクソース事件：広島地判平 12.5.18（确认赔偿额为 11,111 万元，无过失相抵）。エージーフーズ事件：京都地判平成 17.3.25（确认赔偿额为 8032 万元，无过失相抵）。

显然程度有异，证明难度也大不相同。一般而言，在民事赔偿层面，相当因果的证明只需包含下列内容：其一，即便劳动者自杀前并没有明确的病发诱因，但是否可以确定导致病发的原因只有“个人因素”；其二，被灾劳动者在自杀前所从事的业务对其身体、精神造成的负担（压力）是否足以达到致使精神障碍发病、自杀的程度；其三，在业务因素之外，是否还存在其他明确的压力因素足以导致精神障碍的病发。如果前述第一、三点的考察结果为“否”，而第二项为“是”，就可以认定业务与精神障碍病发（自杀）之间存在相当因果关系。①

既往判例中（仅限判例），法院对业务与自杀之间的因果关系判断，往往采取一种相对宽松的态度：如果能够证明存在“过劳”（过重业务）事实，那么只要没有反证足以否定其与精神障碍发病及自杀结果之间的关联即可。对于其他亦可导致自杀的要因，则可通过过失相抵予以处理，一如裁判所对电通事件、加古川幼儿园事件以及川崎制铁所事件等案的处理方式。②

（三）“归责事由”（预见可能性）的判断

雇主对“过劳自杀”的预见可能性是实现损害赔偿的前提。从安全照顾义务的法理观之，一般而言只要雇主对于劳动者的自杀不具备预见的可能，那么在雇主身上当然也就没有归责事由存在的空间，即此时当免除雇主的损害赔偿之责。但此时，如何判断“预见可能”的存在却是另外一个问题。如果雇主已经充分尽到了前面所说的全部安全照顾义务，即已提供适当的劳动条件，健康管理，并已考虑劳动者的自身情况合理配置适当的业务量，以及给予必要的看护、治疗等，但仍可能无法预见某些对劳动者健康状况造成负面影响的因素；仅在此时，才可以作出“不具有预见可能性”的判断，继而对雇主方“归责事由不成立”

---

① ［日］岡村親宜：《過労死・過労自殺救済理論と実務》，旬报社2002年版，第446页。

② 电通事件：东京地判平成8.3.28（确认赔偿额12,558万元，无过失相抵）；东京高判平成9.9.26（确认赔偿额为8900万元，过失相抵30%）；最二小判平成12.3.24（取消二审过失相抵）。東加古川幼児園事件：神户地判平8.5.26（驳回诉讼请求），大阪高判平10.8.27（确认赔偿额为574万元，过失相抵80%），最小三決平12.6.27（驳回诉讼请求）。

的抗辩给予肯定。若雇主仅单纯地主张“自杀是劳动者本人个人选择的结果,对于劳动者个人的(自杀)想法,公司既不能预见也无法阻止”,这样的抗辩则难以获得法院肯定。事实上,在具体裁判中,对于雇主方提出的相关抗辩,法院的态度早已明确:如果雇主对于被灾劳动者“超出常轨的长时间作业与该劳动者的健康状况(包括精神状况)恶化有所知悉”,就应对于劳动者罹患忧郁症等精神障碍,以及由此可能引发自杀的结果有所预见(“具有预见的可能性”),此时法院对“归责事由不存在”的抗辩不予支持。[①] 更进一步,“如果雇主尽到相当之注意,即能对劳动者的精神疾患有所把握”,[②]如知道或可以知道劳动者有不眠不休等异常生活状况或异常言语、行动之时,[③]也应视为“可预见”。

但若以此反推,仅以雇主对于劳动者的健康状况(包括精神健康)恶化不予知悉,而直接判断是“因为雇主对劳动者关心、照顾不足,所以才没有预见”,则有待商榷。此时应视具体情况而定。这里的健康恶化,不仅需要具有业务关联性,而且还需要恶化的状态是表现在外、易被感知的。正如北海道银行事件[④]中札幌地裁判决所述“即便劳动者在业务上感受到很大的压力,但如果没有异常的言语或行动可以让他人得以察觉,也没有因为身体欠佳等原因提出过业务变更的申请”,则自杀等不测事态的发生已超出雇主“可预见”的范围。此时预见可能性不是由业务压力的大小来判断,而是依雇主能否掌握(或可能掌握)劳动者健康状况恶化的具体信息而定。当然,这也并不是说压力的大小并不重要,正相反,在某些特定领域,它亦是预见性判断的核心。比如在苛待事件中,即以压力程度为中心,将“知晓该被苛待的实际状

---

① [日]岡村親宜:《過労死・過労自殺救済理論と実務》,旬报社 2002 年版,第 448 页。

② 参见三洋電機サービス事件:浦和地判平 13.2.2(确认赔偿额为 1310 万日元,个人因素减额 7 成,家属对于劳动者曾定期就医、自杀未遂等情况未及时向雇主报告,减额 5 成);东京高判平成 14.7.23(确认赔偿额为 862 日元,8 成减额)。

③ エージーフーズ事件:京都地判平成 17.3.25(确认赔偿额为 8032 万元,无过失相抵)。

④ 札幌地判平成 17.3.31。

态”与“知晓可能导致自杀的重大事态”分成两个阶段来加以讨论。[①]对于“知晓劳动者被苛待的实际状态”,若以城昇会北共济病院事件[②]为例,则即便只从“劳动者长途出差或出国参加会议”的情况观之,表面证据亦足以推定出“具有知晓的可能性”;但要判断是否“知晓可能导致自杀的重大事态”,则往往要复杂得多。此时,可参见以进修教育问题为由的JR西日本尼崎电车区事件,[③]该案中“劳动者因参加三天日程的研修教育而导致精神状态恶化,并因此而自杀”。在这样的案情中,裁判所主张,即便管理者非常注意,也很难从“三天的研修教育”中预见到劳动者会“因此而自杀”的结果。[④] 此时,“被苛待”(该案中为研修教育过度)的实际程度,俨然已成为判断“可预见性”有无的重要依据。

(四)过失相抵的谨慎适用

民事赔偿与工伤补偿相区别的另一个重要面向就是“过失相抵”。工伤补偿乃是源自雇主对雇员的无过失责任,以保险形式为之,并且严格禁止对劳动者适用“过失相抵”。但在民事赔偿领域,过劳自杀之救济则沿用传统民法法理,以“过失相抵”将损害在两造间进行公平、妥当的分摊;在受害者(劳动者)方面存在可非难的“过失”之时,裁判所在分配损失时应当对该“过失”给予充分考虑,并在此基础上确定赔偿范围——减额赔偿(相对于劳动者无过失状态下的全面损害填补而言),以谋求民法意义上的“实质公平”。但在过劳自杀层面,可相抵的“过失”须严格限定于应受“社会谴责”(可非难)之“过失”,且减额的程度必须严格限定在“过失”的程度(范围)之内,禁止无限度的“减额”。如东京高裁对电通自杀事件的二审裁判中所认定的劳方过失为:(1)被灾劳动者自身的性格为易于患忧郁症的性格,具有强烈的责任感、追求完美主义等;(2)被灾劳动者经常加班却并不申报,上司很

---

① 当然,这样的分类方式本身是否妥当,尚有待商榷。

② さいたま地判平成16.9.24。

③ 大阪地判平成17.2.21。

④ [日]上田達子:“ストレス関連疾患の法的救済——補償と賠償の課題”,载《労働者の健康と補償.賠償》(日本労働法学会誌第109号),法律文化社2007年版,第47页。

难具体把握他的具体劳动量;(3)罹患忧郁症之前和之后,并没有及时就医;(4)对于劳动者的工作状况、生活状况,家属并没有采取妥善措施,亦存在疏忽。并在此基础上判决30%具体减额。

但该案的最高裁判决却将上述内容推翻,并铸就一次大的变流,它指出:"劳动者的性格本身即具有多样性,只要被灾劳动者的性格与从事同种业务的其他劳动者相比,并没有超出通常可想定的范围,就不能以性格原因为理由,主张过失相抵。"这一判词在过失相抵的适用中,几乎成为一大"分水岭"。此前的判决,以劳动者性格因素为由,相抵50%甚至80%的判例都不鲜见,但此后,言明"不能以性格为由实施过失相抵"的案件次第增多,虽非通例,却也渐为主流。只有当劳动者性格中的抑郁亲和倾向已超出"通常可想定的范围"之外时,才可以之为理由,主张相抵。比如在苛待案件中,就不乏以劳动者心理因素为由的相抵判决,川崎市水道局事件①即为一例;此外,在三熊野农协事件②和尼康熊谷制作所事件③的判决中,也曾以家庭成员对劳动者的异常状况未作适当处理;除业务所带来的心理负担外,劳动者还有其他业务外事由所造成的精神压力;以及从抑郁症发病到劳动者自杀之间的间隔时间非常之短,雇主对自杀结果的回避可能性不高等为理由,分别处以70%和30%的过失相抵。

四、日本法体系下过劳自杀之"保险补偿"与"民事赔偿"的协调与弥合

日本法上对过劳自杀的救济,虽起始自以行政认定为基础的工伤保护,但却由民事诉讼率先引领变革的潮流,突破行政领域传统保守主义的樊篱,为劳动者带来更易实现的保护与救济。在具体定位中,"指针"严格恪守行政认定的边界,并在与民法保护的分工、协调中,形成过劳自杀法律救济的全貌。在日本法体系中,"工伤认定—保险给付"只是半边,另半边则镶嵌在传统的民法框架之中,以雇主安全照顾义务违反之过错责任为根基构建而成,两者相互作用也相互补强。

---

① 东京高判平成15.3.25。

② 和歌山地判平14.2.19:确认赔偿额1804万元,7成过失相抵。

③ 东京地判平成17.3.31:确认赔偿额2488万元,3成过失相抵。

一方面,民法保护在一定程度上弥补了行政认定在复杂性和效率性乃至羁束性上的限制。以1996年神户制钢所事件和Sunco掘金工厂事件两案为例,从最初申请工伤认定—请求行政审查—请求再审查—行政诉讼,到最后地方法院判决胜诉皆花费了十年以上的时间,如果再进一步考虑到之后的上诉、二审、终审,那么所涉的人力、物力、时间成本更容易让人望而却步。程序上的复杂性与操作上的迟缓性需要一种补足,而民事赔偿的快捷反映恰恰满足了这一角度的特有需求。另外,民事领域对保护标准的软化,在劳动者的救济层面也是一场"及时雨"。与行政认定上严格强调"业务必须是导致精神障碍发病(自杀)的相对有力"的原因相比,民事领域的"保护"只要求它是造成自杀的原因之一(共同原因)。这种标准的软化所带来的结果是将一些在行政认定领域被判断为"业务上"与"业务外"两大原因势均力敌因而难以被认定为工伤的自杀事件收纳进来,将劳动者方面受到的伤害放之于民法保护中予以部分地消化,而对业务以外的影响力则用"过错相抵"予以处理。

另一方面,以行政认定为基础的工伤保险给付也弥补着民事赔偿的不足之处:首先,它立足于劳动者之生存保障,且在传统保险理念的统摄中,并不以雇主方存在过错为前提条件,当然也就省却了对于"安全照顾义务"之违反的证明;其次,即便劳动者方面亦存在"过失",比如具有业务以外的影响因素(家庭、邻里等关系上的矛盾等)或者个人方面的不利因素(个人性格与体质上的负面影响),但只要相较之下"业务"是导致自杀的那个相对有力的原因,保险基金就会对劳动者方所受到的全部损害一并给予补偿,对于上述个人"过失"并不做相应的"抵消",这种补偿的全额性是民事赔偿所无法企及的;最后,保险固有的那些传统优势,如相对于单个企业而言给付能力的高保障性,以及有效化解被灾企业的成本危机,在公共体内将风险予以有效分散等,亦是在民事领域难以达成的。

在工伤保险与民事赔偿之间,日本法的道路乃是双剑合璧,各取其利:被灾劳动者或其家属既可以申请行政认定,也可以提起民事诉讼,或者两者并行,其中最后一种方法(两者并行)是实践中最常见的操作方式。遗属在申请工伤认定(保险给付)的同时,一并向法院提起民事赔偿之诉；当民事判决先行确定了雇主责任，行政认定也往往会步其后尘，将民事判决作为既定事实予以认可。此时，保险补偿与民事赔偿在数额上虽是相互抵充的，但程序上却相互独立且相互补强。从及时性到全面性，这样的解决方案似乎都充分顾及了。①

五、借鉴与省察：我国过劳自杀法律救济之进路探寻

（一）《工伤保险条例》"自杀排除"条款之省思——回归"业务关联"之理性定位

以富士康为标志的"连跳"乃源于具有明显业务起因性的"过劳"，这几乎已成为一个公认的事实。为了生存迫于无奈的加班再加班，没有温暖、没有娱乐、没有社区、冷漠的工作环境，毫无人情味的管理，不停歇的重复简单而枯燥的劳作……由此给劳动者造成的强大身心压力，长期淤积，无以纾解。持续累积、压制的强大负荷，终有一日会爆发，引发身体上甚至心理上的崩溃，最终造成精神疾病以及源自该疾病病发的自杀。在诸多相关的报道中，我们可以清楚地看到：富士康式的"连跳"里，到处弥漫着浓重的超强度"业务"压力影响；并且，重压之下，并非出于自身意志选择的精神障碍之作用也无孔不入，这一点从"第一跳"马向前死亡时体内大量的利培酮残留就不难看出。②

即便如此，现行法下的工伤保护仍难将其兼顾。"自杀排除"条款③的"一刀切"式判断，整齐地将"过劳"与"自杀"之间可能存在的业务起因性考量空间完全"切除"。此处，立法者的思考轨迹是鲜明的——充分考虑到"自杀"中行为人的主观"故意"，足以达到切断"死亡"与"业务"之间关联性（因果关系）的程度；此时，即便"自杀"可能发生在"工作过程中"，但起因性的完全阙如，却使它难以融入工伤保

---

① 但尚存的一点疑虑在于，如此一来行政认定存在的意义又将何在？二者之间的协调，即便在日本法上其实也仍有空间值得进一步讨论。参见［日］岩出誠："過労死・過労自殺をめぐる近年の判例動向"，载《季刊労働法》2005 年第 209 号。

② 参见"富士康员工高坠致死　警方不予立案"，载《长春晚报》2010 年 4 月 5 日第 10 版。利培酮为一种临床上用于治疗急、慢性精神分裂症的药物。

③ 《工伤保险条例》第 16 条第 3 款规定：存在"自杀或自残情形的"，"不得认定为工伤或视同工伤"。

护的有限区域。这与日本战后盛行的故意原则可谓异曲同工。

然而,问题在于,在过劳自杀的经典模式“业务—精神障碍(发病)—自杀”中,是否当真存留有这种“故意”甚或让它发挥作用的舞台?在这一点上,日本过劳自杀法律保护之发展、变迁与争鸣,给我们带来了亮光与启示。它以“自律性”(能理性地根据自身意志独立行动之“自律”)为基点,强调只有在“自律性”基础上创设出的新的因果关系才是“故意”为之。此时,对于“经典”过劳自杀,日本法则以“不正常的精神状态”导致被灾劳动者“自律性”丧失为由,而彻底否定精神障碍发病中的自杀“故意”,并以WHO精神障碍疾病分类ICD-10作为标准,对该“不正常精神状态”加以清晰界定,使之具体而易于操作。借此,将盛极一时的故意原则远远地抛在了历史遗迹之中。业务因果之“切断”失了可用之“刀”,自然无从“切”起。

在回顾历史、认清覆辙之后,为辨明前行的方向与路径、矫正步伐,我们更需要回归本位,审慎省思工伤保险制度本身的宗旨与价值——针对因业务而引发之伤害,对劳动者实行保护。在这一价值追求之下,法律将某些死亡、伤残、疾病规定为工伤保险的给付对象,其根本乃在于这些事故本身(死、伤、病)与劳动者所从事的业务之间具有一定的关联性(因果关系),这种“关联性”也恰是问题的症结与中心所在!偏离这一中心,空谈过劳自杀的“工伤与否”难称“正途”。此处,作为先鉴的日本法,立足于起因关联之综合权衡,强调对所有自杀因由的斟酌、考察,并在此基础上进一步引入细节层面的掂量与比较,以“业务上”因素(相较于业务外因素、个人因素)的“优胜”确定工伤保护的“有效范围”,而将无法取得该“优胜”的情形排除于工伤之外,并借此划定工伤保护所应涵盖的具体范畴,亦印证了工伤保险制度本身的核心价值与宗旨。

由此反观,我国《工伤保险条例》所采用的“一刀切”,相对日本法显然是简便易行的,但却因简便放弃了对过劳自杀劳动者的工伤保护,以实质正义的缺失作为简化的最终代价。同时,这种简易的背后还潜藏着一种武断——一种对“自杀”一词理解上的武断与对“工伤保险”之保护宗旨理解上的武断。尤其是在“跳楼门”事件之中,富士康模式的“过劳”业已是一种被普遍认可的现实,由此而给劳动者带来的心理负荷自然也无法忽略，在这种具有明显业务起因的心理压力之下，对于劳动者的自杀应做进一步探讨：其一，在自杀前有无强有力的业务外原因足以导致劳动者“自杀”（或精神障碍病发）；其二，自杀时及自杀前劳动者精神状态是否正常。更进一步，由此引发的深层次问题乃是：对于《条例》第16条第3款之自杀排除条款后，是否应并附有一个具体的但书，言明“过劳自杀”之例外，即“因业务而产生过重的心理负荷，并由这种心理负荷导致劳动者精神障碍发作，最终引发自杀的，不在此列”。同时，以具体的量化方式将其判断细节加以明确（乃至表格化），[①]并引入日本式的综合“掂量”与“比较”，于业务关联（业务所带来的心理压力，为引发劳动者精神障碍病发乃至自杀的那个相对有力的原因）的基础之上，将其重新收归工伤保护的范畴之内。立足于工伤保险所固有的宗旨与价值追求，笔者认为这种态度不仅是需要的，而且是必须的，这也正是过劳自杀劳动者权利救济的根本途径所在。一个又一个飞跃而下的生命，已在用最惨烈的方式作出证明。

最后，在“排除条款”所遗留的空隙与残缺之下，亦可发挥司法能动之有生力量，在“工伤”构成的深入解读中，实现过劳自杀社会法保护的“破”与“立”。在日本过劳自杀的判例背后，我们可以摸出一条隐约存在却迥异于行政认定思路的崭新路径。在这条路径之下，裁判所以摆脱行政立法束缚的独立姿态，从“业务内在风险之现实化”（业务关联性）这一核心原则出发，矫正行政认定所固有的僵化、严苛、片面等倾向。并在这种“破”的同时，能动地反作用于行政认定，吸引行政环节（为避免否定性司法评价而）改进判断思路，此可谓“立”。即在司法的修正下，实现更柔韧、更灵活、更周全的过劳自杀法律救济。反思我国，在“跳楼门”所处的尴尬境地里，司法亦应有所肩负，发挥其能动、有生力量，尝试突破工伤“排除条款”之僵局而后生，借镜日本式思维，在“破”与“立”之间，重塑工伤保险制度的应有价值，回归社会法所坚守之实质正义，并以此对过劳自杀行政认定理路之调整与完善给予方向上的指引。

---

① 引入日本过劳死与过劳自杀认定基准的具体量化设置，参见本文第二部分“主要评鉴”中关于“以事件为中心”和“对慢性压力的关注”之论述。

(二)打破“人道补偿”之窘境——立足于雇主安全照顾义务的契约法思辨

“跳楼门”背后,劳动者权利救济的另一道高墙,是雇主方的民事责任被“高高挂起”,在工伤认定路径被“堵”之后,劳动者只能“乞求”雇主慈悲为怀的“人道补偿”,而无法通过诉讼途径获得数额确定、有所保障的民事赔偿,即便在这样的“过劳”中雇主违反安全照顾义务的事实已明显可证,且过错赫然。这恰恰从另一个侧面透视出我国职业灾害中劳动者权利救济的“单边”与“瘸腿”,也正是日本法体系的完整、周延性所在:以公法与私法的有机结合实现对劳动者的全面保护。一面以工伤保险框定公法意义上的保障范围,实现过错不予相抵的全额“补偿”;另一面则以民事赔偿定义私法下的“补足”,缓和公法对“相当因果”的过高要求(要达到相对有力之程度),以共同原因理论和允许过错相抵的“赔偿”兜底公法保护中无法触及的“死角”。

然而,反观当下,我国的职业灾害劳动者保护则是全部仰赖于工伤认定的“单边支撑”。在程序上,无论是已加保的还是未加保的劳动者,只要发生职业伤害,客观上都需要先取得工伤认定,而后才能向工伤保险机构申请保险给付(已参保)或向用人单位要求工伤保险待遇(未参保)。即便是未为加保,现行法下也完全排除了民法调整的作用空间,而直接规定雇主应“按照工伤保险条例的工伤保险待遇项目和标准支付费用”,即《工伤保险条例》乃是唯一可适用的法,且必然适用、无可选择。与之相对应的,民事领域亦将用人单位可能对劳动者承担的侵权责任完全剔除出去:《人身损害赔偿司法解释》言明“属于《工伤保险条例》调整的劳动关系和工伤保险范围的”“不予适用”;《侵权责任法》则干脆对职业伤害只字不提,完全回避。这也正是部门立法、部门利益之争的恶果:立法群体为实现新法的通过,不得不小心翼翼地绕过“雷区”,竭力回避各行政主管部门(包括劳动行政部门)的锋芒与“自留地”。规避利益之争的成果在新法得颁,而难以消化的恶果则为一系列重大问题埋下隐患,其中包括整个职业灾害法律救济体系的严重“瘸腿”——传统侵权保护的缺失。

此时,重归过劳自杀之法律救济,继行政路径遇阻之后,侵权保护也随之高举“此路不通”的“免战牌”。在这样的境遇之下,法律人的追寻路径似乎只能沿着“违约”推进，将劳动条件（尤其是安全卫生）之法定义务融入劳动契约之构架，并由此作出诠释。这里的安全卫生，作为一个通用的专有名词，乃是以劳动者的工作环境权益为基点，在规范视角下体现于时间和空间两个维度：其一，在时间维度上以《劳动法》第36条至第43条、《劳动合同法》第31条为基础，为工作时间和休息时间之基准。它要求雇主对劳动时间、休息时间、休息日、劳动密度以及劳动者连续作业时间与休息时间之间比例予以妥善安排，限制雇主以无度地延长工作时间（尤其是剩余劳动时间）、加大工作压力或强度等来追求高额利润，并迫使劳动者付出身心健康的高昂代价。其二，在空间维度，则以《劳动法》第52条至第57条、《劳动合同法》第32条，以及《安全生产法》、职业病防治相关法律法规之规定为基础，形成安全卫生设施基准，包括安全卫生设备、措施及职业健康监护上的雇主职责。尤其是通过对劳动者职业健康的检查与监护，对职场导致的健康异常应及时发现、及时处理、及时调整、及时治疗。

以规范观之，以上两个维度均非劳动合同项下的约定义务，而是源于劳动法、安全生产法等相关立法的明文规定，具有劳动基准的属性，当属法定义务。就其本质而言，亦已超脱纯粹的“私际两造关系”，而具有潜在之公共利益和社会目的，①具有明显的公法化倾向，属于国家严格规制的内容。但如若单纯做公法化处理，难免将重心仅集中在政府监察层面的公权力配置，而难以兼顾微观领域，实施具体到个人的劳动者救济。即便对富士康式逼人“连跳”的大强度、超时加班和高压劳作，行政主管机关亦只能责令改正、给予警告，最多不过罚款。而所有这些，对于已故的劳动者、备受打击的遗属、家庭而言，又有何意义？

此处，援引日本式的违约路径之根本，即在于通过雇主的安全照顾义务，对上述公法性规范做“私法化”处理，即将原本从劳动契约中抽离出来、强制基准化的安全卫生保护（私法公法化之演进路径），再以合同附随义务的形式，重新内化回劳动契约的法律框架之下（公法私法化之应用路径）。详言之，就是以前述劳动法、劳动合同法、安全生

① 郑尚元、李海明、扈春海：《劳动和社会保障法学》，中国政法大学出版社2008年版，第284～314页。

产法、职业病防治法中的相关规范为基础,衍生出雇主安全照顾之责的具体内容,且将这些基准规范作为劳动契约中“劳动条件”(安全卫生)之底线;不低于该底线,是劳动契约附随义务体系之应有内容。它虽不是劳动契约的主给付义务,不同于劳动给付的对价,但违反它却同样会导致契约义务的不完全履行;对于由此给劳动者造成的损害,雇主方亦应承担私法意义上的违约责任。在此构架之下,富士康式的“连跳”背后,超时加班,适切劳动条件配置、适切劳动配置、职业健康监护之缺失上的违约责任将无可逃避。①

这种私法进路,以回归契约之基本理念,对劳动合同中的附随义务体系在纵深两个层面上做具体解析;同时,亦不背离劳动法之社会本位,在权利实现上,以劳动基准为依托,紧紧遵从对劳动者倾斜保护的立法本旨。从某种意义上说,它乃是在劳动条件领域里,连接公法与私法的桥梁。

此时,在公、私法手段的具体联结中,二者之间的角色定位必须进一步厘清:工伤保险(公法救济)为“根本之计”,而“违约之诉”(私法救济)则为“应时之策”。前者为主,后者为辅,二者联手,相辅相成,共同推进对劳动者权益的切实保护。在这里,民事赔偿虽为配角,却身负重任:一方面,它肩负着先行者的使命。在行政认定(法定工伤排除)“松口”之前,应担当起对过劳自杀劳动者进行保护之大任。行政认定作为一种典型的羁束性行政行为,认定机关只能根据法定的要件和标准对既有的事实是否属于工伤进行判断,对于法外条件的考虑将被认为是“不正当”的考虑。但民事领域对于债的不完全履行的注释却始终留有自由裁量的余地。搭建于安全照顾义务之上的民事赔偿责任在行政认定目前尚无法触及的“自杀”领域,则可以以劳动合同的附随义务为基础,吸纳劳动基准与安全卫生保护领域的“法定”义务,并充分

---

① 根据《劳动合同法实施条例》第18条的相关规定,雇主违反上述义务,“未按照劳动合同约定提供劳动保护或者劳动条件”或“违反法律、行政法规强制性规定”(包括相关基准)之时,劳动者本身可采取的措施为“解除劳动合同”。在这样的规定中,我们依契约之法理不难推知:劳动者解除权取得的前提,应为相对方(雇主方)的实质性违约。而在实质性违约的境地之中,除却解除权的产生,违约之损害赔偿亦应为必要。

发挥其灵活性优势，弥补行政程序“过渡期间”的救济空缺。当然，民事赔偿的这种开拓并非是工伤认定的替代模式，而是以先行者的姿态为过劳自杀打开工伤救济的大门。另一方面，它还要担当起兜底与补充的角色。即在原因关系有欠“力量”的地方，即相对于业务外起因或劳动者自身过错而言，业务起因无法达到相对有力（或最有力）之时，以“共同原因”来定量因果关系的民事赔偿乃是穿越工伤保护（以相对有力的原因为前提）底线，维护劳动者正当权益之不可或缺的最后力量；而对于“业务外”因素的干扰，则完全可以通过过失相抵予以消解。

（三）借镜之社会基础权衡——从“事件主义”到以慢性压力积累为主的整体性考量

在背景观察中，我们隐约可以解读出日本人独特的自杀文化，此种文化的形成源于这个民族的团体精神与责任精神。当下，在日本过劳自杀的往往是一直具有优秀工作能力的员工，他们具有很强的合作精神，与日本传统经济、管理结构下“职场团队性”之需求紧密契合，但始于20世纪80年代后半期的结构性转变却使职场团队性日渐衰落，需要一个人独立完成的工作越来越多。在这个过程里，之前固有职场文化所仰赖的很多优秀特质，反而成了新文化下抑郁症的伏笔。他们更容易感受到在职场中的“被孤立”，[①]而强烈的责任精神更使他们“到死为止都无法逃离且持续追赶着工作进度”；不仅如此，一旦面对失误，他们的自责也往往会更深，甚至超越纯粹的自责，上升到一种伦理上的罪恶感，“引咎”心理深重，1998年牵涉713人之多的经理人自杀事件就是鲜明的例证。[②] 从自杀者的遗书中亦可以发现“因无法完成工作责任而以死谢罪的”其实并不在少数。[③] 与之相对应的，“指针”必然以责任事件为中心，且首先将大量的笔墨放诸“由事业上的失误”而引发的自身责任和“对人关系”的烦扰与变化，这几乎占到了“职场心理负

---

① ［日］大野正和：《過労死・過労自殺の心理と職場》，青弓社2003年版，第56及114页。

② ［日］读卖新闻，1999年7月2日。

③ ［日］大野正和：《過労死・過労自殺の心理と職場》，青弓社2003年版，第75～90页。

荷程度评价表”将近一半的篇幅,有15栏之多;而放诸纯粹的业务量增减以及工作时间延长的项目却仅有2条,且并未给出具体的量化指标。这样的具体设计在日本的职场文化与职场现实之下,具有深刻的社会基础与社会根源。

然而反观作为中国问题的“过劳自杀者”——以富士康“连跳”为代表的过劳群体,其“起跳”基点显然有别于日本职场。他们多处于18~23岁之间,教育程度不高,多集中于低端劳动领域,是常被称作“新生代”的外来务工人员,[①]也恰恰属于我国自杀率最高的群体。[②] 在这样的自杀群体中,急性“事件”的发生率仅为25.2%,而慢性生活事件的存在率却高达98.6%。[③] 放诸职场领域,这些压力事件更类似于富士康生产线上装机工人“长期连续忙碌、单调、孤独的简单、重复操作”,离开家庭、没有社区的“单身赴任”以及三班轮作、不规则且长期性的“交替勤务”等,而很少是由团队精神带来的“对人关系”问题或因“事业上的失误”而造成的引咎自尽。中国的过劳自杀群体大多集中在生产车间里和建筑工地上,甚至是在环境更恶劣的码头、矿井中埋头苦干的农民工,他们本质上就是孤单的,而非“团队型”的劳动者。他们拿着微薄的工资,为了生计却只能选择服从“过劳”的生活。

在这样特殊的自杀背景之下,笔者进一步认为,我国的过劳自杀工伤认定应将重心更多地放在过重劳动引发的慢性压力之上,而非以“责任”事件或人际关系而引发的急性压力。在此考量下,我们对于“指针”的具体援引应当是谨慎的,注意针对本土的自杀群体、职场环境作出适当修正,以实现在特殊国情下的效用最大化。在此,我们对于慢性“过重业务”的界定应当更加具体化、科学化,在医学研究的基础

---

① 李娜娜:“‘精神血汗工厂’中的社会网络缺失——由富士康跳楼事件引发的思考”,载《长江论坛》2010年第4期。

② 社会学统计数据亦显示,我国的高自杀率人群集中于农民和农民工,自杀死亡人群中至少有70%的人未受过教育或教育程度很低,年龄多集中于20~39岁。且其中62.9%存在精神障碍。参见宋剑锋、卢祖洵:“中国人群自杀行为的研究进展”,载《自杀及其预防与干预研究》,清华大学出版社2009年版,第29页。

③ 李献云、费立鹏、张艳萍:“负性生活事件与自杀行为研究”,载《自杀及其预防与干预研究》,清华大学出版社2009年版,第73页。

上构建一般劳动者所能承受的"业务压力"限度,包括明确的加班时间标准、劳动强度参考,作业环境影响等直接相关因素,以及出差频率、交替勤务(轮班制)等附加影响因素,并以定量的方式予以基准化。在这个定量里,两则标准应具有重要的参考价值。其一,是《劳动法》第41条以保护劳动者身体健康为目的而设定的"延长工作时间"之极限——"每日不得超过三小时,但是每月不得超过三十六小时"。其二,是日本过劳死认定中过重负荷的加班时数标准:发病前六个月,每月的加班时间如未超过45小时,则发病与业务之间的关联性为弱;发病前一个月内的加班时间如超过100小时,或病发前2~6个月间,每月加班时间超出80小时,则疾病和业务间的关联性为强。[①] 同时对于具体事件的影响,则可辅之以日本过劳自杀认定指针式的量化表格作为参考,并在事件与慢性压力双项累加的基础之上,在多个压力来源不同程度影响力的累加基础之上,形成从点到面的整体覆盖、综合评估。

结语

在过劳自杀的法律保护里,日本法是一个精致的范本。在这个范本之下,我们可以看到公法与私法的紧密联合,可以看到行政基准与司法注释的互补互足。公法之上,它率先将过劳自杀从故意原则的囚牢中释放出来,强调"因精神障碍导致正常认识、行为选择能力显著受阻"之时,不可简单地援引该原则而将所有自杀均排除在保险给付之外;其次,再以一定强度的职场压力为要因,合理划定"过劳自杀"的具体边界;最后,再辅以司法实践的弥补与纠偏,共同推进基准的良性运转。私法之下,则多以债的不完全履行切入,进而将核心概念定位于雇主之安全照顾义务,围绕着这一义务的具体界定、违反与否的证明等,拓展出若干个相对集中的焦点,并辅之以侵权之诉与之并行,自成一套

---

① 日本过劳死认定中,过重负荷的判断是以从事过重业务所造成的疲劳积累(积劳成疾)来判断的,就业务量、业务内容、作业环境等加以综合考量。采用一般人标准,并逐渐融入个体因素。其中最重要的判断因素即为工作时间,以加班时数来做具体计算。参见日本厚生劳动省网站,http://www.mhlw.go.jp/new-info/kobetu/roudou/gyousei/rousai/040325-11.html。

相对完整的体系。此时,公法与私法乃是一个系统、两条路径,一个目标、两种选择,且二者并进、协调互补,共同实现对劳动者权益的切实保护。

在此基础上,我们的借镜与省察同样应该是一个系统工程——探寻过劳自杀法律救济的完整进路。在这条进路之上,既包括对工伤范围的冷静反思,也少不了对私法保护的理性定位,更离不开对外来经验的本土化改良。在工伤范围的反思中,应引入对"自律性"的考察、对"业务上、外"因素的权衡与掂量,进而重新定位《工伤保险条例》第16条第3款之"自杀排除",尤以但书言明经典"过劳自杀"之例外。在民事赔偿理路上,则应遵从契约理念,以安全照顾义务为核心,对劳动合同之附随义务体系在纵深两个层面上精耕细作。此时,在工伤保险与民事赔偿这两条路径之间,既要凸显前者的"主角"地位,亦不能轻忽后者的应时性与现实性——它既是工伤救济的先行者,也是其不可或缺的兜底与补充。最后,在借镜之社会基础的权衡上,更应充分关注本土自杀群体的"个性",以慢性压力积累为主线,形成一种异于日本式保护的整体考量。

(郑晓珊,清华大学法学博士生,广州中华文化学院讲师。)

海峡两岸职业灾害认定与补偿制度比较研究

胡玉浪　张其恒

目　　次

职业灾害(工伤)是工业化过程中的重要社会问题。自20世纪80年代以来,大陆地区经济在取得长足发展的同时,也伴随出现了大量的工伤事故。据统计,目前每年生产事故导致的死亡总数均在1万人以上,每天死亡人数在400人以上;在工业生产中从事有害作业的职工约3380万人,占全体工业生产职工人数的30%以上;每年因职业安全事故造成的经济损失达3500亿元左右,约占GDP的2.5%。台湾劳工保险局统计表明,2007年全台共发生职业灾害38,797人次,其中死亡293人,失能3113人;职业灾害死亡率为每100万人有47人死于职业灾害,约为美国的1.5倍、日本的4倍、英国的7倍。职业灾害的发生给劳工造成严重损害,直接危及他们的生存和生活,并由此带来重大社会问题。如何做好职业灾害劳工保护工作,历来为海峡两岸劳动保护立法和法学研究之重要课题。但若从比较法的角度考察,两岸职业灾害劳工保护立法呈现出自我封闭、孤立发展的状态,缺乏必要的沟通、交流与借鉴。当前两岸政治局势日趋缓和,经济合作与交流正在向纵深发展,加强海峡两岸职业灾害劳工保护制度比较研究,取长补短,相互借鉴,对促进海峡两岸职业灾害劳工保护水平的提升和保护制度的完善具有重要的理论和现实意义。

一、海峡两岸职业灾害认定制度之比较分析

(一)职业灾害之概念界定

在台湾地区,立法涉及职业灾害者的,主要有"劳动基准法"、"劳工保险条例"、"职业灾害劳工保护法"、"劳工安全卫生法"、"劳动检查法"等。其中,"劳动基准法"、"劳工保险条例"、"职业灾害劳工保护法"、"劳动检查法"等对职业灾害并无任何定义规定,但"劳工保险条例"明文规定职业灾害包括职业伤害和职业病(第3条)。"劳工安全卫生法"第2条第4项规定,所谓职业灾害,谓劳工就业场所之建筑物、设备、原料、材料、化学物品、气体、蒸汽、粉尘等或作业活动及其他职业上原因引起之劳工疾病、伤害、残废或死亡。但这主要是针对劳工因为工作场所的外在环境引发意外事故所下的定义,适用范围过于狭隘,无法涵盖全部劳工执行职务时可能遭遇的职业灾害范畴。根据学者的解释,所谓职业灾害,系指一经由外部之作用,有害于人身之突发的,亦即在有限的地域、时间内所发生的对人身造成伤亡之事故,而其与执行职务具有内在、实质的关联性者,亦系于执行职务中或肇因于执行职务而后即发生者。由此明确了职业伤害的发生应具有外部性、非自愿性、人身伤害性、突发性等特点。至于如系长时间酝酿所引起的伤

害,如长时间的工作导致心脏病恶化,则应为职业病的范畴。[①] 大陆《工伤保险条例》亦没有对工伤的定义进行明确的界定。从字面上看,工伤意味着其受害者应为劳动者,工伤须同工作有关联。[②] 同时,《工伤保险条例》亦明确规定,工伤包括事故伤害和职业病(第1条)。不论海峡两岸对职业灾害和工伤如何界定,其内涵和本质都是一致的:都是由职业活动所引起的伤害或疾病。职业灾害的发生离不开职业活动,是职业活动直接或间接产生的,与职业活动之间存在一定的因果联系;没有职业活动,也就没有职业灾害(工伤)。[③]

(二)职业灾害之认定标准

1. 职业伤害的认定标准

关于职业灾害认定的判断标准,长期以来,台湾学说和判例大多参照日本理论,以业务遂行性和业务执行性两概念来判断伤害是否系因业务上的原因所造成而可认定为职业伤害。[④] 所谓业务遂行性意指灾害发生于劳工遂行职务、提供劳务的过程中,具体包括三种形态:第一,在雇主支配、管理下下执行职务所发生之灾害(包括作业中饮水、如厕等);第二,雇主支配、管理下,但未从事工作所发生之灾害(如工作间之休息、工作前或在工作场所内或活动时所发生之灾害);第三,在雇主支配下,但已脱离雇主管理时从事工作所发生之灾害(如出差、外出)。所谓业务起因性,是用以表示业务与伤病结果间存有因果关系,即该伤病起因于劳工从事业务之行为。至于业务遂行性与业务起因性在判断运用上的搭配关系如下:第一,劳工在雇主管理下从事业务时所发生之灾害,于无反证可推翻业务起因性的场合,或业务起因性之认定结论不违反经验法则的情形,一般而言肯定其系职业伤害。第二,在雇主支配管理下,然未从事业务而发生灾害之场合,得证明所发生之灾害系起因于事业设施或其管理措施者,视为系职业伤害。第三,劳工在雇

---

① 杨通轩:"当事人违法或过失时职业灾害补偿责任之探讨",载《职业灾害补偿制度实务研讨会会议实录》1998年。

② 郑尚元:《劳动和社会保障法》,中国政法大学出版社2008年版,第507页。

③ 向春华:《工伤理论与案例研究》,中国劳动社会保障出版社2008年版,第18页。

④ 林振贤:《修正劳动基准法释论》,捷太出版社1999年版,第362页。

主支配下但脱离管理从事业务时,被证明具有业务遂行性且对于业务起因性无反证,将其视为具有业务起因性无违反经验法则之处者,一般视为职业伤害。第四,对于原因不明的灾害,若据相关情况证据可推定其具有业务遂行性时,于不违反经验法则的限度内,亦推定其有业务起因性。① 大陆学者认为,工伤是工作过程中受到的意外伤害,或者因工作原因受到的意外伤害,可分为两类:一是工作时间和工作地点,因工受伤;二是非工作时间和工作地点,但因工作原因受到伤害。在这两类工伤中,如果抛去工作时间和工作地点的标准,可以看出,工伤的本质是"因工作的原因所导致的伤害"。无论是否在工作时间和工作地点受到伤害,要构成工伤必须证明是由工作原因受到伤害;是否因工作的原因造成伤害,是判断工伤的最核心的标准。② 总体而言,台湾地区关于职业灾害认定标准的看法基本一致,即以业务遂行性和业务执行性作为判断职业灾害的重要标准,大陆地区并未形成关于工伤认定的完整理论,大多数教科书还停留在对工伤保险法定范围的诠释上。不论海峡两岸关于职业灾害认定标准从形式上看存在多大差异,但有一点是一致的:"界定是否属于职业灾害的核心因素是工作原因,即工作与伤害之间存在因果关系",③"只要基于工作上的原因所造成任何对劳工的伤害,均为职业灾害"。④

2. 职业病的认定标准

相异于职业伤害之突发性,职业病系一基于长期执行职务而引发的有害于人身之疾病。为了避免因果关系认定时发生困难,"劳工保险被保险人因执行职务而致伤病审查准则"(以下简称"伤病审查准则")第3条规定,被保险人于劳工保险职业病种类表规定适用职业范围从事工作,而罹患表列疾病,为职业病。同时"行政院"劳工委员会并订有职业疾病认定基准,合计108种(至2009年5月,已增列职业病

① 陈建文:《工作职场情、理、法的对话》(研究报告)2009年。

② 李坤刚、丁玉翠:"关于工伤认定标准的思考",载冯彦君主编:《和谐社会建设与社会法保障》,中国劳动社会保障出版社2008年版,第400~401页。

③ 向春华:《工伤理论与案例研究》,中国劳动社会保障出版社2008年版,第17页。

④ 林丰宾:《劳动基准法论》,三民书局1997年版,第254页。

表列项目达163项),提供医师及相关人员作为职业病认定之参考依据。在大陆地区,同样是以立法明定职业病的范围。根据2002年卫生部、劳动和社会保障部印发的《职业病目录》,纳入职业病范围的职业病分10类115种。对于未在职业病种类表明列之疾病,如其依最新的医学知识得认定为得归因于执行职务所肇致者,职灾保险机构或雇主仍应予以补偿。①

(三)职业灾害的范围

职业灾害范围的确定是职业灾害认定的根据。根据"劳动安全卫生法"第2条、"劳动安全卫生法施行细则"第3条、第4条以及"伤病审查准则"的规定,台湾地区职业伤害的具体范围包括三个部分:

(1)视为职业伤害。一是劳工就业场所及其内存在之物质所引起之伤害。所谓就业场所,系指于劳动契约存续中,由雇主所提示,使劳工履行契约提供劳务之场所。② 包括因劳工工作上必要所设置之场所或附属建筑物,如"伤病审查准则"第5条第1款及第3款、第6条、第14条、第15条等因就业场所设施或管理之缺陷所引起者皆是。二为作业活动中,于就业上一切必要行为以及在工作时间前后之合理期间所从事之运送、清理、准备、固定、保存、装卸、如厕、饮水等附随行为所引起之伤害,如"伤病审查准则"第5条第2款及第4款、第7条、第8条、第9条、第10条、第17条等情形皆属之。三为其他职业上原因所引起之伤害,此为概括性规定,凡不合于前两者之情形,却由于职业上原因引起之职业灾害,如"伤病审查准则"第4条、第17条规定之通勤灾害即是。

(2)视为职业病。"伤病审查准则"第21条规定:被保险人于作业中,于工作当场促发疾病,而该项疾病之促发与作业有相当因果关系者,视为职业病。第22条规定:劳工通勤途中,促发疾病,其疾病之促发与作业有相当因果关系者,视为职业病。

(3)不得视为职业伤害。根据"伤病审查准则"第18条的规定,劳

---

① 杨通轩:"当事人违法或过失时职业灾害补偿责任之探讨",载《职业灾害补偿制度实务研讨会会议实录》1998年。

② 台湾"劳动安全卫生法施行细则"第3条第1款。

工有与执行职务无关之私人行为或者有无照驾驶等重大不当情事发生交通事故而造成劳工之死残伤病者,排除在通勤灾害等职业灾害的范围之外。

根据《工伤保险条例》第14条至第16条的规定,大陆地区工伤范围包括:

(1)应当认定为工伤。《工伤保险条例》第14条规定:"职工有下列情形之一的,应当认定为工伤:(一)在工作时间和工作场所内,因工作原因受到事故伤害的;(二)工作时间前后在工作场所内,从事与工作有关的预备性或者收尾性工作受到事故伤害的;(三)在工作时间和工作场所内,因履行工作职责受到暴力等意外伤害的;(四)患职业病的;(五)因工外出期间,由于工作原因受到伤害或者发生事故下落不明的;(六)在上下班途中,受到非本人主要责任的交通事故或者城市轨道交通、客运轮渡、火车事故伤害的;(七)法律、行政法规规定应当认定为工伤的其他情形。"其中,第(一)项即工作时间、工作地点、工作原因三个要素的具备,是工伤认定的标准要求;除第(四)项规定的职业病以外,其他各项的规定基本是三要素的拓展。

(2)视同工伤,即本质上无法确定是否是因工受伤,或者根本不是因工受伤,而是出于政策性考虑将之纳入工伤保险补偿范围。《工伤保险条例》第15条第1款第(一)项规定,在工作时间和工作岗位,突发疾病死亡或者在48小时之内经抢救无效死亡的属于工伤。第(二)项、第(三)项的规定,实质上是政策性的拓展,即将在抢险救灾等维护国家利益、公共利益活动中受到伤害的,或者职工原在军队服役,因战、因公负伤致残,已取得革命伤残军人证,到用人单位后旧伤复发的,纳入工伤保险的范围。

(3)不得认定为工伤,即明确规定在此情况下发生的伤害不属于工伤,包括《工伤保险条例》第16条规定的三种情况:故意犯罪的,醉酒或者吸毒的,自残或者自杀的。

工伤认定的客观依据是法定工伤范围的确定,工伤范围的确定既是一个客观范畴,即因职业造成的伤害;也是一个主观范畴,即在立法过程中确定工伤范围是主观反映客观的体现。[①] 为了提高工伤认定的准确性，避免过多的逻辑抽象和主观判断，海峡两岸均对职业灾害范围（包括正常范围、视同范围和排除范围）作出明文规定，内容明确；特别是“伤病审查准则”将劳工执行职务过程中遭遇天然灾害、动物或植物伤害、参加技能竞赛和雇主举办之康乐活动或其他活动所遭受之伤害等明确纳入职业灾害的范围，有利于杜绝争议，保护劳工的合法利益。缺点是任何列举式的规定，都将发生法律漏洞或盲区，无法涵盖和适应在职业活动中发生的纷繁复杂的意外事故，不利于法定职业灾害范围之外边缘案件受害劳动者的权利保护。其主要区别是：

（1）“伤病审查准则”将工读生上、下班适当时间直接往返学校与就业场所之应经途中发生事故而致之伤害视为职业灾害，而大陆劳动立法对于工读生（兼职、实习）是否属于劳动法上的劳动者尚存争议，《工伤保险条例》也没有关于工读生应否享受工伤保险的规定。

（2）“伤病审查准则”并未将通勤事故职业灾害局限于上下班途中，也未将通勤事故限定于“机动车事故”，而是包括劳工上下班途中或因工外出期间遭遇的各种事故。《工伤保险条例》则将通勤事故工伤范围限定于“在上下班途中，受到非本人主要责任的交通事故或者城市轨道交通、客运轮渡、火车事故伤害”，相对不利于劳动者利益的保护。

（3）关于职业灾害的排除范围，“伤病审查准则”第18条仅限于将通勤途中的私人行为和交通违法行为排除在外，实际上私人行为应不限于“通勤或交通行为中的私人脱法行为”，尚包括“发生于执行职务过程但非起因于执行职务行为的事件”。[②] 相对而言，《工伤保险条例》第16条规定的除外行为并未局限于通勤途中的私人行为和交通违法行为，较为合理。

（4）基于特定政策的考虑，大陆《工伤保险条例》将见义勇为、抢险救灾等受到的人身伤害纳入工伤保险的范围，这一点并不妥当。应另辟蹊径，寻求通过建立公共救助制度或将之纳入城市居民最低生活保

---

① 郑尚元：《工伤保险法律制度研究》，北京大学出版社2004年版，第73页。

② 陈建文：《工作职场情、理、法的对话》（研究报告）2009年，第252页。

障体系等解决,同时辅之以向侵权人索取赔偿,使受害人的权益得到彻底维护。

(四)职业灾害的认定程序

在我国台湾地区,有关职业伤害认定部分并无特别严谨的程序,主要原因在于职业伤害的本质为外力作用下之突发事故,在认定上有多种辅助因素作为认定依据,包括时间因素:是否为工作时间或上下班途中;地点:是否为工作地点;外力作用:机构设备、化学物质、不良环境甚至人之行为等,因此在认定上较少争议。① 在职业病认定方面,依"劳工保险条例"第42条第1款规定,被保险人发生职业伤害或罹患职业病,依"劳工保险条例"规定向投保单位或劳工保险局请领职业伤病医疗书单,至全民健康保险特约医事服务机构申请诊疗。如被保险人未检具职业伤病医疗书单,经医师诊断罹患职业病者,得由医师开具职业病门诊单。又"职业灾害劳工保护法"第11条规定:"劳工疑有职业疾病,应以医师诊断。"如劳保局或雇主有异议时,经到有职业病特别门诊的医院再认定或由劳保局指定职业病专科医师认定,亦得向地方行政主管机关设置之职业疾病认定委员会申请认定。地方行政主管机关对职业疾病认定有困难,或劳工或雇主对于地方行政主管机关认定之结果有异议时,或劳工保险机关审定职业疾病认为有必要时,得向"中央"主管机关之职业疾病鉴定委员会申请鉴定,由职业疾病鉴定委员会依法定程序决定。此外,职业疾病鉴定委员会认为有必要时,得由"中央"主管机关安排职业疾病鉴定委员会,依"劳动检查法"会同劳动检查员至劳工工作场所检查。②

大陆《工伤保险条例》规定:职工发生事故伤害或者按照职业病防治法规定被诊断、鉴定为职业病,所在单位应当自事故伤害发生之日或者被诊断、鉴定为职业病之日起30日内,向用人单位所在地统筹地区劳动保障行政部门提出工伤认定申请。遇有特殊情况,经报劳动保障

① 张其恒:《主要国家职业灾害认定与补偿制度之比较研究》(研究报告)2009年。

② 张其恒:《主要国家职业灾害认定与补偿制度之比较研究》(研究报告)2009年。

行政部门同意,申请时限可以适当延长。用人单位未按前款规定提出工伤认定申请的,工伤职工或者其直系亲属、工会组织在事故伤害发生之日或者被诊断、鉴定为职业病之日起1年内,可以直接向用人单位所在地统筹地区劳动保障行政部门提出工伤认定申请。劳动保障行政部门应当自受理工伤认定申请之日起60日内作出工伤认定的决定,并书面通知申请工伤认定的职工或者其直系亲属和该职工所在单位。劳动保障行政部门受理工伤认定申请后,根据审核需要可以对事故伤害进行调查核实,用人单位、职工、工会组织、医疗机构以及有关部门应当予以协助。职业病诊断和诊断争议的鉴定,依照职业病防治法的有关规定执行。对依法取得职业病诊断证明书或者职业病诊断鉴定书的,劳动保障行政部门不再进行调查核实。《职业病防治法》第45条规定:"当事人对职业病诊断有异议的,可以向作出诊断的医疗卫生机构所在地地方人民政府卫生行政部门申请鉴定。职业病诊断争议由设区的市级以上地方人民政府卫生行政部门根据当事人的申请,组织职业病诊断鉴定委员会进行鉴定。当事人对设区的市级职业病诊断鉴定委员会的鉴定结论不服的,可以向省、自治区、直辖市人民政府卫生行政部门申请再鉴定。"

综上所述,海峡两岸职业灾害认定的程序均包括两个部分:一是职业灾害申请程序。职业灾害的申请是职业灾害认定的前提,现行规定中均没有劳动主管部门主动认定职业灾害的相关规定,只能依据当事人的职业灾害认定申请才能启动职业灾害认定程序。二是职业灾害认定程序。包括职业灾害申请的受理、职业灾害认定、职业灾害认定结果的异议程序等,海峡两岸并没有实质性的差别。

二、海峡两岸职业灾害补偿制度的比较分析

职业灾害是工业社会不可避免的社会现象,其发生就意味着赔偿或补偿的可能。所谓职业灾害补偿,是指"对在工作中受到'与工作有关伤害'之受雇人,提供及时有效之现金工资给付、医疗照顾及劳动力重建措施的制度。使受雇人及受其扶养之家属不致陷入贫困之境,造成社会问题。其宗旨非在对违反义务、具有故意过失之雇主加以制裁或科以责任,而是在维护劳动者及其家属之生存权,并保存或重建个人

及社会的劳动力”。[1]

(一)职业灾害补偿的法律体系

目前台湾地区职业灾害救济,大体上可分为职业灾害赔偿与职业灾害补偿两大体系。其中职业灾害补偿又包括“劳工保险条例”之职业灾害给付、“劳动基准法”之职业灾害补偿以及“职业灾害劳工保护法”之各种补助与津贴。[2] 具体来说,台湾地区职业灾害补偿体系如下:

(1)“劳工保险条例”之职业灾害给付。根据“劳工保险条例”第2条的规定,劳工因职业灾害导致死亡,或身体、健康受损时,劳工或其继承人得依“劳工保险条例”之规定,检具相关资料向劳工保险局请求死亡、残疾、医疗、伤害等保险金之给付。

(2)“劳动基准法”之职业灾害补偿。“劳动基准法”第59条规定:劳工因遭遇职业灾害而致死亡、残废、伤害或疾病时,雇主应依法予以补偿。但如同一事故,依“劳工保险条例”或其他法令规定,已由雇主支付费用补偿者,雇主得予以抵充之。本条规范旨在减轻雇主之补偿责任。但支付之费用如由劳工与雇主共同负担者,其补偿之抵充按雇主负担之比例计算。[3] 雇主为劳工投保商业保险所得到的保险金,亦可抵充。

(3)“职业灾害劳工保护法”之各种补助与津贴。根据“职业灾害劳工保护法”第6条、第8条和第9条的规定,未加入劳工保险之劳工与劳工保险之被保险人均得依本法请求相关补助。实践中,“职业灾害劳工保护法”之补助与津贴,原则上系于劳工无法获得其他救济时始得请领,具有强烈社会救助之性格,因此如已领有其他性质相同之给付或补助,或已由雇主取得职业灾害补偿者,即无法请领其所规定之津贴或补助。[4] 第7条还明确规定:“劳工因职业灾害所致之损害,雇主

---

① 黄越钦:《劳动法新论》,翰芦图书出版有限公司2000年版,第267页。

② 焦兴铠等:《劳动基准法释义》,新学林出版股份有限公司2009年版,第519页。

③ 台湾《劳动基准法施行细则》第34条。

④ 张其恒:《主要国家职业灾害认定与补偿制度之比较研究》(研究报告)2009年。

应负赔偿责任,但雇主能证明无过失者,不在此限。”即雇主负推定过失责任,无过失则不予赔偿。这一点与“劳工保险条例”及“劳动基准法”之职业灾害补偿均采雇主无过失责任原则不同。

《最高人民法院关于审理人身损害赔偿案件适用法律若干问题的解释》(法释[2003]20号)第12条规定:“依法应当参加工伤保险统筹的用人单位的劳动者,因工伤事故遭受人身损害,劳动者或者其近亲属向人民法院起诉请求用人单位承担民事赔偿责任的,告知其按《工伤保险条例》的规定处理。”可见,关于职业灾害救济体系,目前大陆地区采工伤保险一元救济模式。

职业灾害保险是社会安全制度的一环,是确保职业灾害受害劳工维持尊严生存的重要条件。大陆地区采取工伤保险一元救济模式,符合各国社会安全立法发展的趋势,但是也并非完全没有问题,主要是:第一,对雇主的非难性不明确;第二,对劳工的补偿标准偏低。台湾职业灾害补偿之三重保护体系,对劳工权利之保护较为周密,但也存在下列问题:第一,不同给付之给付条件、给付标准、给付期限不一,彼此之间又需依抵充之规定相互扣抵,以免劳工得到双重之补偿给付,但相互抵充又使金额计算和救济程序更加复杂,造成劳工适用上之困难。第二,根据“劳动基准法”第59条相互抵充之规定,职业灾害补偿体系实际上是以“劳动基准法”之职业灾害补偿制度为核心。由于雇主负担职业灾害补偿责任,与雇主个人利益有所冲突,一旦劳工之伤害被认定为职业灾害,雇主除得负职业灾害补偿外,尚可能面对“劳工安全卫生法”之违规处罚、事业单位职业灾害经验费率提高等经济上不利益,因此雇主对于职业灾害义务之履行,自然态度消极,甚至可能设法终止劳动关系,以求断绝劳工受灾后衍生之一切责任,导致受害劳工无法顺利取得职灾补偿,必须以诉讼或其他途径请求,经久费时,难以在受灾后即时获得救济,且劳资双方之利益冲突因权利义务争执之讼争状态而浮现甚至激化,往往导致原本之生产合作关系宣告破裂。[①] 职业灾害保险制度的采行,一方面得以免除雇主与劳动者间因确认损害赔偿或

---

① 陈建文:“职业灾害劳工保护法之评析”,载《第三届台湾劳动法学会年度学术研讨会论文集》2003年。

补偿请求而产生冲突,避免影响未来之合作,另一方面排除了民事争讼上的不确定性,对必要之补偿提供充分、及时的保障。因此,在立法政策上可考虑效仿先进国家,将职业灾害补偿统合到职业灾害保险制度,使职业灾害补偿制度一元化;并尽速扩大强制保险对象范围,俾使所有劳工获得迅速充分之保障。①

(二)职业灾害的补偿范围和补偿标准

职业灾害为生产过程中不可避免的现象,雇主居于企业经营者的地位,自应承担此一风险,负起企业责任。但在采取无过失责任的同时,为避免企业因负完全赔偿责任导致负担过重而妨害企业存续及雇主的经营意愿,故将职业灾害补偿内容予以定型化、定额化,而职业补偿之履行则借行政监督与处罚规定而强制执行。②

台湾"劳动基准法"规定,职业灾害补偿采无过失责任,一旦发生职业灾害,雇主即应予以补偿,其补偿范围限于人身损害,补偿项目包括医疗费用、工资补偿、残废补偿及死亡之丧葬费与死亡补偿。职业灾害保险则与过失(无过失)责任无关,以人身事故为保障范围,其给付包括伤病(工资)补偿、医疗费用、残废补偿及死亡给付四种,后三种给付标准与"劳动基准法"职灾补偿一致。具体如下:

(1)工资补偿。"劳动基准法"第59条第2款规定,劳工在医疗中不能工作时,除医疗期间超过二年同有同条款但书规定之适用外,雇主应按其原领工资予以补偿。"劳工保险条例"第36条规定,工资补偿按被保险人平均月投保薪资之70%计算,如经过一年尚未痊愈者,第二年度更减为50%,并以一年为限。前者以原领工资计给,后者以月投保薪资比例计算,故按"劳动基准法"规定应补偿之数额显较"劳工保险条例"之规定为高,故当雇主以劳保伤病给付之金额抵充后,仍需对原领工资与投保薪资之差额部分予以补足。

(2)医疗费用。劳工受伤或罹患职业病时,雇主应补偿其必需之医疗费用。职业病之种类及其医疗范围,依"劳工保险条例"有关之规定。

① 王惠玲:"台湾职业灾害保险之现况与展望",载《政大劳动学报》总第10期。

② 王惠玲:"职业灾害争议与补偿",载《劳工法规研讨会参考资料》2007年。

(3)残废补偿。"劳动基准法"第59条第3款劳工经治疗终止后,经指定之医院诊断,审定其身体遗存残废者,雇主应按其平均工资及其残废程度,一次给予残废补偿。"劳工保险条例"第54条规定:"被保险人遭遇职业伤害或罹患职业病,经治疗后,症状固定,再行治疗仍不能期待其治疗效果,经保险人自设或特约医院诊断为永久失能,并符合失能给付标准规定发给一次金者,得按其平均月投保薪资,依规定之给付标准,增给百分之五十,请领失能补偿费。前项被保险人经评估为终身无工作能力,并请领失能年金给付者,除依第53条规定发给年金外,另按其平均月投保薪资,一次发给二十个月职业伤病失能补偿一次金。"同法第54-2条规定:请领失能年金给付者,同时有符合规定条件之眷属时,按规定标准发给眷属补助。

(4)死亡给付。"劳动基准法"第59条第4款规定:劳工遭遇职业伤害或罹患职业病而死亡时,雇主除给与五个月平均工资之丧葬费外,并应一次给与其遗属四十个月平均工资之死亡补偿。

在大陆地区,根据《工伤保险条例》第五章第30条至第45条的规定,工伤职业的补偿范围与补偿标准如下:

(1)医疗费用。职工因工作遭受事故伤害或者患职业病进行治疗,享受工伤医疗待遇。

(2)工资补助。职工因工作遭受事故伤害或者患职业病需要暂停工作接受工伤医疗的,在停工留薪期内,原工资福利待遇不变,由所在单位按月支付。停工留薪期一般不超过12个月。伤情严重或者情况特殊,经设区的市级劳动能力鉴定委员会确认,可以适当延长,但延长不得超过12个月。

(3)伤残补助。职工因工致残,按一级至四级、五级至六级、七级至十级伤残鉴定等级享受一次性伤残补助金。

(4)死亡给付。职工因工死亡,其直系亲属按照规定从工伤保险基金领取丧葬补助金、供养亲属抚恤金和一次性工亡补助金。丧葬补助金、一次性工亡补助金标准以统筹地区上年度职工月平均工资为计算基础。工资补助、伤残补助等以本人工资为计算基础(《工伤保险条例》第39条)。

通过对比发现,海峡两岸均对职业灾害补偿范围和补偿标准予以定额化与定型化。由于工伤保险与职业灾害补偿并非建立在过错责任基础上,故其赔偿额亦非以填补实际损害为准,加上其损害赔偿额计算不易,故其补偿范围与补偿标准均由法律明确规定。如此将使补偿数额趋于客观,免除法院恣意判断而具公平性、可预测性,但亦使补偿金额受限而不能弹性地予以调整。① 其不同点是:

(1)抵充规定不同。由于大陆地区实行工伤保险一元救济体制,法律将雇主职业灾害风险完全社会化,因此不存在工伤保险给付与雇主职业灾害补偿的抵充问题。

(2)雇主在法定医疗期结束后能否终止合同不同。"劳动基准法"第59条第2款规定:"劳工在医疗中不能工作时,雇主应按其原领工资数额予以补偿。但医疗期间届满二年仍未能痊愈,经指定之医院诊断,审定为丧失原有工作能力,且不合第三款之残废给付标准者,雇主得一次给付四十个月之平均工资后,免除此项工资补偿责任。"当雇主行使终结补偿后,即不负有医疗补偿及工资补偿之义务。大陆《工伤保险条例》第35条至第37条规定:职工因工致残被鉴定为一级至四级伤残的,保留劳动关系,退出工作岗位,从工伤保险基金按月领取伤残津贴。工伤职工达到退休年龄并办理退休手续后,停发伤残津贴,享受基本养老保险待遇。职工因工致残被鉴定为五级、六级伤残的,保留与用人单位的劳动关系,由用人单位安排适当工作。难以安排工作的,由用人单位按月发给伤残津贴。经工伤职工本人提出,该职工可以与用人单位解除或者终止劳动关系,由用人单位支付一次性工伤医疗补助金和伤残就业补助金。职工因工致残被鉴定为七级至十级伤残的,劳动合同期满终止,或者职工本人提出解除劳动合同的,由用人单位支付一次性工伤医疗补助金和伤残就业补助金。

(三)职业灾害补偿与民事损害赔偿关系的处理

台湾"劳动基准法"第60条规定:"雇主依前条规定给付之补偿金额,得抵充就同一事故所生损害之赔偿金额。"因此,对于职灾补偿制度中无法完全填补损害之部分,如劳工因遭受灾害导致丧失或减少工

---

① 周佳佩:"劳工职灾补偿与被害人与有过失原则之适用",载《法学研究报告合辑》2008年第2辑。

作能力,或因而增加生活上额外之必要负担等,雇主仍应负担民事赔偿责任,但雇主得扣除职业灾害补偿已给付之部分。具体来说,劳工可得行使之民法上请求权包括两项:一是侵权行为之损害赔偿请求权。因雇主之故意或过失,致劳工伤亡时,雇主依“民法”第184条第1项负损害赔偿责任;雇主违反保护劳工之法律(包括“民法”第188条、第483-1条、“劳工安全卫生法”、“工厂法”等),致使劳工的生命、健康受损害的,依“民法”第184条第2项负损害赔偿责任。二是债务不履行之损害赔偿请求权。保障劳工环境安全与卫生及预防危险义务,均系雇主之附随义务,如因雇主未善尽此义务致劳工执行职务时发生损害,雇主应负债务不履行责任。[①] 雇主侵权损害赔偿请求权与契约不履行损害赔偿请求权在成立要件、举证责任、赔偿范围、抵销及时效等方面,均有不同。就身体或健康受到侵害而言,法律赋予侵权行为之损害赔偿范围较为广泛,主张侵权行为自然较为有利;但就举证责任、抵销及消灭时效而言,主张债务不履行则较为有利。因此,对受职业灾害之劳动者而言,侵权责任或契约责任何者对其有利,必须依个案而定。[②] 若劳工发生职灾是出于第三人应负责之事故,此时,雇主固然对劳工应负职灾补偿责任,该第三人对劳工亦应依“民法”侵权行为之规定负损害赔偿责任。劳工这两项请求权意义、性质各异,并无相互主张抵充、损益相抵之余地。雇主不得以劳工对侵权行为第三人之损害赔偿请求权主张抵充,或于给付职灾补偿金后代位行使对第三人之损害赔偿请求权。[③] 同理,劳保局于履行保险给付义务后也不得对加害第三人求偿,第三人亦不得以劳工已获得雇主职业灾害补偿或职业灾害保险给付而谓损失已不存在,而拒绝予以赔偿。

《工伤保险条例》对工伤保险给付与民事侵权损害赔偿竞合问题没有作出明确的规定。《社会保险法》第42条规定:“由于第三人的原

---

① 林诚二:“论劳工服劳务受害之赔偿请求权”,载《台湾本土法学杂志》2000年第10期。

② 杨通轩:“当事人违法或过失时职业灾害补偿责任之探讨”,载《职业灾害补偿制度实务研讨会会议实录》1998年。

③ 陈金泉:“职业灾害补偿实务争议案例解析”,载《政大劳动学报》总第12期。

因造成工伤,第三人不支付工伤医疗费用或者无法确定第三人的,由工伤保险基金先行支付。工伤保险基金先行支付后,有权向第三人追偿。"根据上述规定,在雇主加害且不存在第三人侵权介入的场合,以完全的工伤保险取代民事损害赔偿;在第三人加害行为致害的场合,劳动者应当向第三人要求赔偿。

关于职业灾害补偿与民事损害赔偿的关系,各国因劳工政策、工会运动及经济发展情形不同,可分为三类:一是完全以职业灾害补偿取代民事损害赔偿;二是职业灾害补偿与民事损害赔偿并存;三是仅得主张民事损害赔偿。其中,第二种类型又可细分为兼得模式、选择模式及补充模式等。从海峡两岸职业灾害补偿与民事损害赔偿的关系来看,台湾地区对于雇主侵权行为或债务不履行行为采取补充模式,对于第三人侵权行为采取兼得模式;大陆地区对于用人单位的侵权行为采取取代模式,对于第三人侵权行为采取工伤保险基金有条件的垫付模式。实际上,处理职灾保险补偿与侵权损害赔偿的关系,不是单凭法律逻辑即可决定,而是含有各种社会政策之考虑,因此难谓孰优孰劣。其中,关于职灾保险补偿与民事损害赔偿在赔偿范围和计算标准等方面的差异是问题产生的根源,解决这一问题的根本途径,是提高职灾保险补偿给付水平,使其与民事损害赔偿水平大致相当。这样一来,职灾保险补偿与侵权损害赔偿的模式选择将不再具有实际意义,而程序便捷而且高效的职灾保险法律制度必将居于优势地位。①

(四)职业灾害补偿请求权与诉讼时效

台湾"劳动基准法"第61条第1项规定,职灾补偿受领请求权自得受领之日起二年间不行使而消灭。且该受领补偿之权利,不因劳工之离职而受影响,且不得让与、抵销、扣押或担保。"劳工保险条例"第30条也明确规定:"领取保险给付之请求权,自得请领之日起,因二年间不行使而消灭。"此乃民事法律关系上消灭时效之短期时效特别规定,其目的在于早日确定当事人间之法律状态。至其期间之计算,则依客观事实自得受领之日为准;而请求权人,除劳工本人以外,如为遗属补

① 张新宝:"工伤保险赔偿请求权与普通人身损害赔偿请求权的关系",载王利明主编:《中国民法年刊2006~2007年论文精选》,法律出版社2008年版。

偿并包括受领补偿之遗属。大陆《劳动争议调解仲裁法》第2条规定：用人单位与劳动者"因劳动报酬、工伤医疗费、经济补偿或者赔偿金等发生的争议"适用本法。同法第27条规定："劳动争议申请仲裁的时效期间为一年。仲裁时效期间从当事人知道或者应当知道其权利被侵害之日起计算。"由于追索工伤医疗费的诉讼请求受劳动争议案件"先裁后审"程序的限制，因此这里的仲裁时效实际上相当于诉讼时效。当事人未在法定期限内申请仲裁的，劳动争议仲裁委员会以当事人的仲裁申请超过期限为由，作出不予受理的书面裁决、决定或者通知，当事人不服，依法向人民法院起诉的，人民法院应当受理；对确已超过仲裁申请期限，又无不可抗力或者其他正当理由的，依法驳回其诉讼请求。因此，相对于《民法通则》规定的2年普通诉讼时效期间而言，大陆《劳动争议调解仲裁法》规定的1年仲裁时效期间也属于短期时效期间。

（五）雇主未为劳工办理职灾保险时受害劳工的法律保护

台湾"劳工保险条例"第10条规定：雇主应为其所属劳工办理投保手续及其他有关保险事务，违者依本条例第72条之规定，按自雇用之日起，至参加保险之日止应负担之保险费金额，处以二倍罚锾。劳工因此所受之损失，并应由雇主依本条例规定之给付标准赔偿之。雇主违背本条例规定，将投保薪资金额以多报少或以少报多者，自事实发生之日起按其短报或多报之保险费金额，处以二倍罚锾，并追缴其溢领给付金额。劳工因此所受损失应由投保单位赔偿之。大陆《工伤保险条例》第62条规定："用人单位依照本条例规定应当参加工伤保险而未参加的，由社会保险行政部门责令限期参加，补缴应当缴纳的工伤保险费，并自欠缴之日起，按日加收万分之五的滞纳金；逾期仍不缴纳的，处欠缴数额1倍以上3倍以下的罚款。"由此可见，"劳工保险条例"、《工伤保险条例》均明确规定，雇主有为劳工办理职灾保险之义务；雇主未为劳工办理职灾保险而发生保险事故的，应参照劳工保险给付标准赔偿劳工利益之损失，并由行政机关予以行政处罚。

三、综合分析与思考

职业灾害是工业社会不可避免的社会现象。由于职业灾害无法全然避免,因此职业灾害救济便成为保障罹灾劳工生活的重要课题。为确认劳动者是否符合职业灾害相关给付、补偿或补助之要件,职业灾害认定成为职业灾害补偿制度之前提条件。由于职业灾害认定与职业灾害补偿密切相关,相互影响,因此本文对海峡两岸职业灾害认定与补偿问题一并探讨,并得出如下结论与建议:

(1)关于职业灾害认定。目前海峡两岸对于职业灾害的定义、认定标准和认定程序的立法和学说其实并无太大的差异。关于职业灾害的法定范围,两岸均明确规定职业灾害包括职业伤害和职业病,对职业伤害采用列举式规定,对职业病均采表列式规定,范围明确,方便易行。缺点是制度的概括性和柔韧性不足,无法涵盖和适应纷繁复杂的职业灾害,需要不断发展与完善。

(2)关于职业灾害补偿。海峡两岸在职业灾害补偿请求权与诉讼时效、雇主未为劳工办理职灾保险时受害劳工的法律保护等方面并无多大差异。主要区别有二:一是职业灾害补偿体系。目前,大陆地区采取工伤保险一元救济体制,台湾地区采取“劳工保险条例”之职业灾害给付、“劳动基准法”之职业灾害补偿以及“职业灾害劳工保护法”之各种补助与津贴三重救济体系,由此又引发职业灾害补偿范围、补偿标准和抵充方面的不同。二是职业灾害补偿与民事损害赔偿关系的处理。基于制度理念的不同,台湾地区对于雇主侵权行为或债务不履行行为采取补充模式,对于第三人侵权行为采取兼得模式;大陆地区对于用人单位的侵权行为采取取代模式,对于第三人侵权行为,采取补充模式。

(3)建立统一的职业灾害保险制度是职业灾害救济制度发展的方向。目前,台湾地区职业灾害补偿的三重体系,究其实质是以“劳动基准法”之职业灾害补偿为重心。从各国职业灾害立法发展趋势来看,职业灾害补偿应以“劳工保险条例”为重心,同时将其职灾给付之内容提升到“劳动基准法”职灾补偿相同的水准或更高的水准,以避免劳动者于抵充劳保条例之给付后,再向雇主依“劳动基准法”求偿,而加重了雇主财政上的负担及破坏劳资间的和谐。①

① 杨通轩:“当事人违法或过失时职业灾害补偿责任之探讨”,载《职业灾害补偿制度实务研讨会会议实录》1998年。

(4)职业灾害劳工保护制度应当将职业灾害预防、职业灾害补偿和职业重建服务紧密结合。职业灾害补偿制度之终极目标为防止职业灾害的发生,[①]职业灾害发生后的重建服务则是帮助职灾劳工从伤病状况回到职场中一个不可或缺的环节。加强职业灾害预防和职业重建服务已成为世界各国职业灾害劳工保护制度发展的趋势。因此,职业灾害劳工保护立法不应停留在消极的经济补偿的状态,而应当与积极的职灾预防及职灾重建结合起来,实现职业灾害劳工保护从消极立法向积极立法,从单一的灾后救济立法向职业灾害预防、职业灾害补偿和职业重建服务相结合的综合立法转变。台湾"职业灾害劳工保护法"第10条规定:事业单位、职业训练机构及相关团体为加强职业灾害预防及职业灾害劳工之重建,可以向劳工保险局申请补助。大陆《工伤保险条例》亦有促进职业康复(第1条)、帮助工伤职工到签订服务协议的医疗机构进行康复性治疗并报销治疗费用(第30条)等规定,但是如何切实做好职灾预防和职业重建工作,海峡两岸均缺乏确实可行的具体措施,均有待立法和学说的不断发展与完善。

(胡玉浪,福建农林大学副教授,法学博士。张其恒,台湾政治大学劳工研究所副教授。)

① 张其恒:《主要国家职业灾害认定与补偿制度之比较研究》(研究报告)2009年。

基本概念

民法中意志的三次嬗变

王　恒

目　次

民法是私法,私法中主体的意志向来被理解为自由意志,这是深受康德"自由意志"哲学思想浸润的近代私法精神的"合理内核"。这个内核既总结了过去,又展望着未来。在私法学者看来,孟德斯鸠那句"在民法的慈母般的眼里,每一个个人就是整个国家"的至理名言无不彰显着参与民事活动的每个主体的个人意志——自决(自我决定)、自责(自我责任)的自由精神跃然纸上,成了民法解释"生活世界"的一个标签。

"自由意志",一个神圣而光辉的字眼,牵动着民法学界的无数念想;然而,随着理解的深入,特别是对民事主体认知的深入,我们蓦然发现,这个被寄予厚望的概念所描述的竟是一个异质社会——社会被假定为由一个个自由而孤单的人所组成——彼此为了生存才不得不通过交换延续着生命的存在,进而维系着社会的存在。

那么,"意志"到底是如何进入民法视域中去的呢?进入民法视域的意志一开始就是个人"自由意志"吗?"自由意志"是如何成为私法精神的"合理内核"的呢?当"自由意志"成为"合理内核"以后,是否就意味着"意志"无法再向前发展即"意志终结"了呢?当我们回到"意志"本身,用历史的眼光看待它时,会发现意志犹如其他事物一样,本身有一个演进的过程。大致而言,意志经历了从神意到人意,从人的整体(集体)意志到个人意志,再从个人自由意志到共同意志的发展过程。

一、前民法时期的意志——"神意"

(一)前民法时期的界定

前民法时期,是指民法诞生前的时代。古代民法何时诞生,尽管我们不可能给出一个明确的时间表,然而,正像其他事物的产生需要一个过程一样,民法的诞生也需要一个历史过程。近现代民法以罗马法为继承衣钵,罗马法事实上也成了所有大陆法系进行民事立法的理论阐释渊源。因而,我们可以以罗马法的诞生为民法诞生的标志。根据有关学者研究,[①]罗马法大致以《十二表法》为划分点:在此前是以习惯为主要法律形态的习惯法时期,在此后是以书面立法为主要法律形态的制定法时期。因此,我们以公元前451年为标志,大致可以把这之前的时期称为前民法时期。

前民法时期是人类社会的早期时代,这个时期相当于马克思所理解的漫长的人类原始社会时期。在这个时期,人类认识自然、改造自然的能力极其低下,简陋的生产工具和简单的生产组织,使人类在大自然的威力面前表现出一种原始的崇拜;如万物有灵的自然崇拜、图腾崇拜、祖先崇拜等原始的宗教形式,成为人们理解和体验自己、社会和自然的主要形式。万物有神是原始社会宗教的本质内涵,也是人类理解历史的第一步。

当我们把眼光聚焦在前民法时期,去审视"意志"这种抽象的形而上的概念时,我们会发现,意志,并不是像今天这样理所当然地被理解为"人的意志"("人意")。这里的"人"有两层含义:一是整体的概念,即是"人类";二是具体的概念,即是"个人"。无论作何种理解,意志最初都是被理解为"神意"("神的意志")。在前民法时期,人们能够讨论到的"意志"话题主要有两个领域:一个是宗教,另一个是哲学。[②]

(二)"人湮没于神"

在宗教视域,无论是信奉多神教的古希腊,还是后来信奉一神教(基督教)的古罗马,神—人关系中人的形象都是匍匐在神的权威下的羔羊,人以神的意志为"最高指示",任何人不得违背,否则将受到神的惩罚。在公元前12世纪到公元前8世纪的荷马时代,即《荷马史诗》中记载的英雄时代中,我们可以找到很多关于叱咤风云的希腊英雄被命

---

① 关于对罗马法的历史分期,不同的学者划分并不相同。参见周枏:《罗马法原论》,商务印书馆2001年版,第23~27页;徐国栋:"奎里蒂法研究",载易继明主编:《私法》(总第7卷),北京大学出版社2004年版,第23页。

② 在人类古代社会,宗教和哲学是相互混杂在一起,并没有像今天这样泾渭分明。之所以如此,一方面是人类早期社会受制于自然和自身认识的限制,反映出一种泛神论和懵懂的自我认知能力,使得宗教与哲学互为注释;另一方面是现代人用知识部门化的思维方式去总结和整理古代人认识能力的结果。因此,这里提到的宗教和哲学的划分,是今人的方法。

运之神操控、一生都逃离不了命中劫数的记载：如一直为自己赎罪的赫拉克勒斯，[①]注定要杀父娶母的俄狄浦斯，[②]注定要死在阿波罗神箭下的特洛伊战争中的希腊大英雄阿基里斯[③]等；还有违背神意遭受惩罚的人：如杀子戏神的坦塔罗斯、[④]欺骗冥王哈迪斯的西西弗斯[⑤]，不顾神意警告的俄耳普斯[⑥]等。不仅如此，古希腊人长期受到宗教意识形态的熏陶，逐渐“习惯于用神的意志和好恶来解释各种事物，宗教神话观念逐渐成了人们维系社会秩序的准则。国家大事常求教于德尔斐神（即阿波罗神——引者注）所传达的神谕；公民大会的开幕、军队的出征等，都在公开的宗教祈祷仪式下进行，社会等级秩序由神确立，国家

---

① 赫拉克勒斯是宙斯与人间女子所生，为宙斯的妻子赫拉所嫉恨，一直想置赫拉克勒斯于死地。后来，赫拉让赫拉克勒斯发疯，在迷失人性的情况下杀死了自己的妻子和两个儿子，清醒后的赫拉克勒斯开始了一生的赎罪之旅。最后，宙斯可怜这个人间儿子，在他死后让其成为希腊正神。赫拉克勒斯一生被赫拉诅咒，无法逃离命运的安排。

② 俄狄浦斯是底比斯国王的儿子，国王从阿波罗那里得到自己将死在儿子手上的神谕。于是，在俄狄浦斯出生后，就让人用钉子将婴儿的双脚刺穿（“俄狄浦斯”，就是希腊语“肿脚”的意思），然后用绳索将他捆绑起来扔在荒山上。后来被牧羊人所救，成了科林斯国王的儿子。俄狄浦斯长大后，回到了底比斯，误杀了底比斯国王，也就是自己的亲生父亲，并娶了自己的亲生母亲为妻子。真相揭穿后，俄狄浦斯刺瞎双眼赎罪，最后流浪而死。

③ 阿基里斯出生时被母亲倒提着在冥河里浸过，全身除了双脚外刀枪不入（英语中有 Achilles'heel 比喻唯一致命的弱点）。出征特洛伊时，其母亲提醒他要留意阿波罗的神箭。后来，在特洛伊战争中被阿波罗用箭射中脚踝，死时才想起母亲曾预言他将死在阿波罗的箭下。

④ 坦塔罗斯是宙斯的儿子，人间王国的国王，众神都很信任他。虚荣心很强的他却偷盗神物、泄露神的机密，甚至为了考验众神通晓一切的本领，竟杀了自己的儿子珀罗普斯做成佳肴让众神吃。坦塔罗斯的恶行激怒了众神，他们让珀罗普斯复活，并把坦塔罗斯打入地狱让其受罪。

⑤ 西西弗斯是科林斯的暴君，他为人十分奸诈，骗过了死神哈迪斯，被罚在地狱受苦，他必须把一块沉重的花岗岩巨石推上山顶。当他精疲力尽地把石头推上山顶的时候，“轰”的一声，石头又滚回山谷，西西弗斯又得打起精神推石头上山，周而复始。

⑥ 俄耳普斯是色雷斯国王的儿子，曾得到阿波罗送给他一架弦琴，因此，他的琴声十分悠扬动听。后来，俄耳普斯的妻子被蛇咬死，他勇敢地走进冥界，恳求哈迪斯让他的妻子复活。哈迪斯被他的琴声所感动，答应让俄耳普斯的妻子还阳，但警告他说，在穿过冥界的大门前，不能回头看她一眼。结果，俄耳普斯抵挡不住想看妻子的念头，回头看了妻子一眼，妻子立刻变成了巨石。

法律为神制定,对破坏传统体制行为的惩治被视为神的惩罚,城邦之间的条约和公民私人之间的契约,通过对神起誓作为保证”。[①] 因袭古希腊宗教神话的古罗马早期(前基督教时期),也是一个多神教的国家。罗马主神大都来自于希腊神,如朱庇特来自希腊神话中的宙斯,朱诺来自希腊神话中的赫拉,维纳斯来自希腊神话中的阿芙洛狄忒,密涅瓦来自希腊神话中的雅典娜等。“古罗马人除了接受古希腊人的文化之外,几乎全盘接受了古希腊的宗教和神话。结果,罗马神话完全丧失了古罗马式的特点,只在相应的神祇头上保留了系统而又古老的罗马称谓。”[②]在古希腊罗马社会,受到当时的宗教意识的决定,人们没有独立于神意的意识形态,他们奉行泛神论或物活论的思想,认为一切事物,陆地和海洋,山脉和河流,树木和丛林,都是有神性的东西。[③] 因此,在前民法时期的人类早期社会,受宗教的影响,神的意志是决定性的力量,人类的行为也是按照神意来理解和执行的,这从根本上讲是由当时的社会发展水平和人们的认知能力决定了的。在由神主宰的时代,人的意志因被神性的光芒所吞噬而蜷缩于灵魂之中,等待理性开启的那一天。在此之前,“人湮没于神”!

(三)“人湮没于物”

在哲学视阈,公元前6世纪的早期希腊哲学都是自然哲学。这时的希腊哲人主要包括米利都学派的泰勒斯、阿那克西曼德和阿那克西美尼,以及毕达哥拉斯、塞诺芬尼和赫拉克利特等。他们“没有首先对人类认识的可能性作任何探讨,却径自着手解决那些根本的宇宙起源问题。他们的哲学按其所研究的主要对象被正确地叫作‘自然哲学’”。[④] 这个时期希腊人的主要兴趣集中于人的周围世界,即宇宙,他

---

① 王晓朝:《希腊哲学简史:从荷马到奥古斯丁》,上海三联书店2007年版,第20页。

② [德]古斯塔夫·施瓦布:《希腊古典神话》(精装本),曹乃云译,译林出版社1995年版,译者前言,第4页。

③ [德]爱德华·策勒尔:《古希腊哲学史纲》,翁绍军译,上海人民出版社2007年版,第33页。

④ [德]爱德华·策勒尔:《古希腊哲学史纲》,翁绍军译,上海人民出版社2007年版,第33页。

们探寻的是世界的起源、演变和生成。尽管早期自然哲学家认为他们研究的自然是包括世界一切的事物的，人当然也在其中，但是他们首先直面和诧异的是变化万千、奥秘无穷的自然界的事物，[①]对人自身的认识十分浅薄。因此，自然哲学的主题是关于客观物质世界的范畴：世界的本原、宇宙的生成与演变等。这样，哲学家们在认识和理解世界时，客观物质世界是他们首要的认识对象，人是被看成自然界的一分子，以自然属性来解释人的属性。[②] 这种物我一体的自然观决定了"人湮没于物"，"人"都没有，何谈"人的意志"！

（四）神意：前民法时期的主宰

前民法时期的"神意"就是这样先于民法中的"人意"而存在的。在宗教那里，人是神的产物；在自然哲学那里，人是自然的产物。作为神的产物，人要以神的意志为最高圭臬；作为自然的产物，人少不了自然属性。在神看来，人是被支配的对象，人具有而且必须具有奴性，否则就会受到神的惩罚；在自然看来，人跟大自然界中的其他生命一样，受到自然规律的制约，人很脆弱。奥古斯丁在《斥尤利阿努斯》一书中记载西塞罗曾这样评价人、神、自然的关系："人由自然——不过是犹如后母，而不是母亲——生育而具有生命，以赤裸、虚孱、软弱的躯体，畏难、怯懦、懒散、贪欲的心灵，但这心灵蕴含有才能和智慧的神圣光芒，像是隐匿其中。"[③]在西塞罗看来，正是由于作为"自然后母"之物的人天生具有柔弱的躯体和丑陋的灵魂，是神的恩赐才使之具有了战胜柔弱和丑陋的神圣的才能和智慧。这喻示着人仍然没有脱离神的安排，没有神的帮助人不可能战胜自己。

神主宰人。神意当道，意味着人意的缺失，这种影响实在太深远

① 姚介厚：《西方哲学史（第2卷）：古代希腊与罗马哲学》，凤凰出版社、江苏人民出版社2005年版，第70页。

② 王恒："罗马法中的人格：法律主体资格抑或权利主体资格"，载《西南科技大学学报》（哲学社会科学版）2011年第1期。

③ 西塞罗：《西塞罗文集》，王焕生译，中央编译出版社2010年版，第87页。

了。荷马和赫西俄德的著作①为我们展示了古代人们对历史发展的理解:决定人类历史命运的力量不是人的意志,而是神的意志;人是被动安插在历史发展过程中的棋子,由神摆布。事实上,如果我们把视野放得再开阔些,比较世界三大宗教——佛教、基督教、伊斯兰教,就会发现,在解释人类历史发展早期阶段,神的意志都是一个决定性的力量。尽管今天认为这种解释是值得商榷的,但并不妨碍我们得出"意志最初都是被理解为'神的意志'"的结论。

二、意志的第一次嬗变:"人的意志"的出现

(一)自然哲学的转向

前文已经述及,在公元前5世纪以前,是一个诸神共存并取得了对人的绝对支配地位的时代,由于人对神的顶礼膜拜和绝对的服从,造就了人要么淹没于神、要么被物化为自然物的局面。人的意志荡然无存,人处于一个非常卑微的地位。然而,就是这个获得了"才能和智慧的神圣光芒"的物种却蹒跚地走起步来,一点一点地直立起了腰身,开始凝望和审视自己与神的关系。推动这一重大人类历史进步的不是宗教,而是被马克思誉为"时代精神的精华"的哲学。与神话时代的自然哲学不同,这一次哲学成功转型为人文哲学。

在自然哲学时期,哲学研究的中心是探究世界万物的"本原"或"始基",试图解释宇宙的生成与演化。这时的哲学家其实大多是杰出的自然科学家,如泰勒斯是天文学家,曾预测了公元前585年5月28日的日食,测定了太阳从冬至点到夏至点的运行历程等;阿那克西曼德发明了日晷指时针,是第一个画出陆地和海洋轮廓地图的人;阿那克西美尼用自然科学的原因解释了云、雨、雪、冰雹的形成;毕达哥拉斯发现的勾股定律等。自然哲学家的这种朴素的自然科学研究方法,决定了自然哲学是一种具有过渡性的哲学。首先,这种哲学以具体思维为主,

① 如果说荷马为后世留下的《伊利亚特》和《奥德修斯》是我们了解古希腊早期社会的世俗生活的权威教材的话,那么赫西俄德为后世留下的《神谱》则成了我们了解古希腊神话中众神的圣神生活的参照表。荷马以"叙事诗"的方式记录了"人世"的事件;赫西俄德以"座次表"的方式安排了"神世"的秩序。

缺少抽象思维能力。尽管他们用自然的方法(不是用神学的方法)提出了万物的本原、事物的动因、事物的对立等思想,奠定了后来哲学发展的基础,但是"他们只用某种元素的物态变化说明宇宙万物的复杂生成,在解释天体的结构时有相当大的猜测、想象成分",①这就决定了他们对事物的认识只能以描述为主,缺少逻辑证明。其次,这时的自然哲学家们也对社会问题进行了哲学思考,但限于当时的人文认知的浅薄,对人类历史发展的解释还没有完全摆脱神话传统的束缚,往往不能对社会现象进行论证,反而受到宗教和神话的支配。总之,自然哲学把探寻万物的眼光关注在人类身边的事物,忽略了人类自己。

因此,哲学要向前发展,就必须改变自然哲学那种"重物轻人"的研究范式,确立起以人为中心的人文主义哲学理论。

(二)最早的人文主义哲学派别——智者学派

在公元前5世纪中叶,希波战争结束后,雅典成为提洛同盟的霸主,称霸整个希腊,这时希腊的经济、政治、文化中心从希腊殖民地向希腊本土转移。希腊各城邦都相继建立起了各具特色的城邦奴隶制度,如雅典实行民主政制、斯巴达实行贵族寡头政制等,特别是雅典出现了希腊历史上的"黄金时代"。在伯里克利时期,经济发展、政治民主、文化繁荣,推动了希腊哲学开始关注人、研究人所组成的社会(城邦),实现了希腊自然哲学向人文哲学的转变。这时,一批自称智者的职业教师出现了,他们收费授徒,传授修辞、辩论、诉讼、演说等技巧以及城邦治理和家庭管理的知识。在哲学史上,他们被称为智者运动或智者学派,主要代表人物有普罗泰戈拉、高尔吉亚等人。

普罗泰戈拉提出了"人是万物的尺度,是存在的事物存在的尺度,也是不存在的事物不存在的尺度"②的著名哲学命题,提高了人对世界的认知水平,标志着人的认识问题由客体转向主体,为认识论的出现提供了可能。事物的存在与不存在,一切都由人来裁定,表达了智者学派

---

① 姚介厚:《西方哲学史(第2卷):古代希腊与罗马哲学》,凤凰出版社、江苏人民出版社2005年版,第55页。

② [德]爱德华·策勒尔:《古希腊哲学史纲》,翁绍军译,上海人民出版社2007年版,第91页。

的感觉主义和相对主义的哲学原则。这句话的重要历史意义在于,“在普罗泰戈拉的时代,希腊人还普遍处在原始宗教的统治之下,把神视为万事万物的尺度。而普罗泰戈拉的命题意味着希腊人已经开始看到在人生和社会这个舞台上,人才是中心。人为自己制定习俗、法律、伦理规范、生活准则,并且有资格对此发表意见,加以褒贬,作出裁决。人类第一次意识到自己是自己所属的城邦与社会的审判者,自己有资格有力量也有权力重新规范自己和城邦的生活。这是人类在原始宗教统治下的第一次觉醒。普罗泰戈拉是西方人文主义的先驱”。①

如果说普罗泰戈拉的“人是万物的尺度”彰显了人类首次在神面前作出自己确定性的判断的话,那么高尔吉亚第一次在神面前表达了人类的否定。高尔吉亚提出了三个否定命题:第一,无物存在;第二,即使存在物,也不可能把握;第三,即使把握了,也无法表达出来,告诉他人。高尔吉亚的否定论是作为独断论的对立面而提出的,是因对自然哲学的消极反应而产生的。普罗泰戈拉把人的认识解释成为人的瞬间意见,从而提出了“人是万物的尺度”;高尔吉亚进而以辩论术提出否认认知可能性的上述三个命题②而开创了怀疑主义的先河。基督教教父哲学家奥古斯丁(354~430年)认为怀疑是为了防止被欺骗,但只有相信自己存在的人才会害怕被欺骗。因此,“我怀疑,故我存在”,这是任何人都不能怀疑的真理。③ 17世纪法国哲学家笛卡尔也遵循奥古斯丁的论证思路提出了“我思,故我在”的哲学命题。只不过后者的怀疑论不同于智者高尔吉亚的怀疑论。在高尔吉亚看来,怀疑是认知的结果,否认人类能够获得真理,否认人类的认识能力,否认客观知识的可能性。在奥古斯丁和笛卡尔看来,怀疑是获取真理的一种手段:对奥古斯丁来说,怀疑仅是为了论证人类认识、依赖上帝的必要性;对笛卡尔来说,怀疑仅是为了去除错误认识而达到明白清晰的真理。

智者运动终结了以研究宇宙生成论为主要内容的自然哲学,拓展

---

① 姚介厚:《西方哲学史(第2卷):古代希腊与罗马哲学》,凤凰出版社、江苏人民出版社2005年版,第117~118页。

② 冯契、徐孝通主编:《外国哲学大辞典》,上海辞书出版社2000年版,第25页。

③ 赵敦华:《基督教哲学1500年》,人民出版社2005年版,第146页。

了以研究人和社会为中心的新的哲学领域。因此,智者运动是西方最早的人文主义启蒙运动,他们提出了有关人类社会、人的本性、人的价值、人与神的关系等全新的观念。他们的哲学思想已经冲破了神主宰人的传统,认识到人是社会的人。他们主张社会进步论,认为城邦是保障人身安全、提高人们生活质量的手段,是通过人的意志以约定、法律等方式建立起来的。爱德华·策勒尔在评价智者运动的历史意义时指出:“智者学说不仅以其哲学的怀疑主义使人们怀疑科学的可能性,而且以其相对主义理论及其某些成员彻底的个人主义从根本上动摇了宗教、国家和家庭的权威。它所提出的问题超过了它所解决的问题。只有到这时,确认认识的可能性以及不依赖于人的见解的不准确性的认识客体的存在,并在人自身的本性深处去发现在实际生活中引导他的固有理想才成为必要。正是在这一点上,苏格拉底以及从苏格拉底得到启发的人们才认识到自己的任务。”①总之,人文主义哲学的出现,动摇了神的统治地位,使人的意志受到了哲学家的关注,开创了此后西方哲学至今长达2500年的传统。

(三)人文哲学的灿烂曙光:古希腊古典哲学

经过智者运动的洗礼,古希腊哲学到了苏格拉底、柏拉图和亚里士多德的时代,史称希腊古典哲学时代。这三位古希腊圣哲继续着前辈们开创的人文哲学的道路,以更加符合哲学思辨的思维方式,用充满理性、逻辑严谨的哲学语言,共同表述着哲学的人文关怀。

苏格拉底的“认识你自己”的号召穿越时空,至今仍回响在哲学圣神的殿堂,启迪着今人。西塞罗对此评论说:“苏格拉底首先把哲学从天上召唤下来,寓于城邦之中,甚至引入家庭,迫使哲学思考人生和道德,善与恶。”②苏格拉底主张,人的目的在于追求幸福,而幸福来源于掌握善恶这门科学知识。为善的程度取决于掌握知识的程度,无知会导致作恶;知识在于使人获得幸福。他反对普罗泰戈拉的道德相对主

---

① [德]爱德华·策勒尔:《古希腊哲学史纲》,翁绍军译,上海人民出版社2007年版,第102页。

② 王晓朝:《希腊哲学简史:从荷马到奥古斯丁》,上海三联书店2007年版,第129页。

义,主张哲学的目的在于认识自己,找到达到至善的途径。

柏拉图把社会等级、阶级划分和德性联系起来,提出了针对不同的阶级或阶层,其德性的表现形式不同:对统治者来说,其德性就是智慧;对城邦保卫者来说,其德性就是勇敢;对被统治者来说,其德性就是节制;各个阶级或阶层各司其职、互不干涉,其德性就是正义。他设计的《理想国》震古烁今,其讨论的哲学王掌握国家政权成了人们至今难以企及的理想政体;《法律篇》提出的法治精神和混合政体思想,成了今天正在积极践行的治国策略。所有这一切,都是为了让人过上有德性的城邦生活。因为,在他看来,"人是世界上最重要的"。①

亚里士多德明确提出了"人类自然地应该是趋向于城邦生活的动物"②的命题。他把人看成动物,不是为了贬低人,而是为了在与动物的相同中找到不同;在亚里士多德那里,人与动物(当然也包括植物)的最大的相同点在于都有灵魂,最大的不同点在于灵魂种类不同;人的灵魂是理性,动物的灵魂是感觉(植物的灵魂是营养)。这样,亚里士多德一下子把人提高到不同于动物的精神层面上来,认为人是为了追求善而存在的:"人的善就是灵魂的合德性的实现活动,如果有不止一种的德性,就是合乎那种最好、最完善的德性的实现活动。"③为此,亚里士多德分析了德性的表现:勇敢,自制,正义,友爱等。那么,人怎样才能实现德性的善呢?亚里士多德号召,"过城邦生活"。

希腊古典哲学之后,继起而来的就是希腊化时期哲学,这是希腊哲学随着希腊的逐渐衰退而被外族入侵扩散的结果。公元前146年,希腊被罗马所灭;然而,征服者被希腊人高雅的文学、艺术、戏剧和哲学所征服。他们纷纷学习希腊文明,这样,罗马哲学也就成了希腊哲学的延续,一直到公元476年西罗马帝国的灭亡。

(四)以"人意"解释历史的首次胜利

就这样,从智者运动开始,哲学一步一步坚定了以人为中心的人文

---

①　[德]爱德华·策勒尔:《古希腊哲学史纲》,翁绍军译,上海人民出版社2007年版,第146页。

②　[古希腊]亚里士多德:《政治学》,吴寿彭译,商务印书馆1965年版,第130页。

③　[古希腊]亚里士多德:《尼各马可伦理学》,廖申白译注,商务印书馆2003年版,第20页。

哲学传统,使哲学研究人世生活,成为一种人的哲学。与此同时,哲学的深思也逐渐影响到了人们的观念,经过几百年的传承,神的主宰地位被动摇了,甚至被否定了。在记录希波战争(公元前500年至公元前449年)的长篇巨著《历史》中,被西塞罗称为"历史之父"的希罗多德(公元前483年至公元前420年)在分析社会历史演变的根本原因时,认为历史被某种超乎人理解的神秘力量所控制,或者是诸神的嫉妒,或者是天数,或者是命运。但比他稍晚的另一位历史学家,《伯罗奔尼撒战争(公元前431年至公元前404年)史》的作者修昔底德(约公元前455年至约公元前399年或396年),对历史发展的解释就完全不同于希罗多德。他认为,历史不是由某种神秘的力量所控制的,而是由人自身的欲望、情感、利益与善恶本性所造成的一些易变与冲突的结果,人自身也是他们灾难的动因。① 所以有学者认为:"从人性入手解释历史事件和变动的原因,可以说是从修昔底德开始。"②

这样,希腊人逐渐认识到:"不仅手工制品,而且连城邦、法律、风俗习惯、伦理规范,乃至语言、名称和神都是人自己按照人的本性、需要、利益、想法等创造的,约定而成的。希腊人开始感受到是人们自己创造自己的历史,自己规划自己所处的社会环境。人们看到了人的重要地位。这样以往的自然哲学就终结了,一种将人的利益、需要、价值置于首位的新的哲学思潮也就产生了。"③以"人意"代替"神意"对人类历史作出解释,是人的胜利,也是人的意志的胜利。这是人类意志的首次出现,也是意志的第一次嬗变。

三、意志的第二次嬗变:"个人意志"的出现

(一)整体意志的滥觞

如前所述,随着自然哲学向人文哲学的转变,人成了哲学关注的焦点。这个运动从智者学派开始,经过苏格拉底、柏拉图、亚里士多德等

---

① 姚介厚:《西方哲学史(第2卷):古代希腊与罗马哲学》,凤凰出版社、江苏人民出版社2005年版,第117~118页。

② 汪子嵩等:《希腊哲学史》(第2卷),人民出版社1993年版,第233~234页。

③ 汪子嵩等:《希腊哲学史》(第2卷),人民出版社1993年版,第245页。

所代表的希腊古典哲学,最后发展到希腊化时期的罗马哲学,共历700余年(公元前5世纪中叶到公元2世纪)之久。同时,这个时期恰恰正是罗马法逐渐形成、发展和完善的时期。

然而,"人的意志"出现了,接下来的问题就是应该怎样理解"人"这个概念。前文已经指出,"人"既可以作为整体含义理解,即"人类",又可以作为具体含义理解,即"个人"。第一位智者普罗泰戈拉讲的"人是万物的尺度"中的"人"应该怎样理解呢? 古今中外不同的人对这句话中的"人"的理解不同。有人持个人说,认为这里的"人"是指"个人",如柏拉图、亚里士多德等;有人持人类说,认为这里的"人"是指"人类",如冈珀茨、策勒尔等;还有人持不区分说,认为普罗泰戈拉时代还没有意识到"个人"和"人类"的区分,如焦耳、翁特斯泰纳、克拉辛等。[①] 我国学者汪子嵩、姚介厚等坚持不区分说。

该怎样评价上述观念? 从表面上看,持个人说的观点可能符合普罗泰戈拉的文字意思,然而,我们不应该忘记他讲这句话的时代背景。当时的希腊特别是雅典,正处在民主制度的鼎盛时期,城邦公民人人都可以发表自己的意见、都可以参与政事;法律不再由神意决定,不仅有习惯法,还有成文法,人人都可以在法庭上据理力争、为自己辩护。同时,随着希腊对外交往和扩张,希腊人的眼界不断开阔,他们遇到了像巴比伦、埃及这样古老而先进的文明,也看到了像塞西亚人、色雷斯人、利比亚人这样原始野蛮的民族。比较和反思自己与域外民族的习俗和生活方式,使希腊人把对世界万物的眼光转向自己和自己的城邦。为城邦培养合格的公民是智者学派不变的宗旨,这些收费授徒的教师们虽然恪守着带有强烈个人相对主义色彩的"人是万物的尺度"的原则,但骨子里还是要把人变成一个集体人、社会人。因此,从城邦的整体利益出发来理解"人"的概念更符合这句话的历史意义。

也正是在这里,我们看到了智者学派本身内在的矛盾与冲突:一方面,他们的相对主义和怀疑论确实给人以"个人自由意志"的印象;但另一方面,他们把培养好的自由个人坚定地"送回"到城邦中去,让他

---

① 姚介厚:《西方哲学史(第2卷):古代希腊与罗马哲学》,凤凰出版社、江苏人民出版社2005年版,第414页。

们过城邦利益至上的社会生活。所以,策勒尔正确地指出:“被归之于智者运动本身的主观主义和个人主义,无论在一种认识论意义上还是在一种伦理学意义上,绝不能同样地看作是他们所有人的标记。”①

所以,这里的“人”即便不被理解为“人类”,至少也应该理解为某一社会的“人”。策勒尔评价说:“我们要在什么意义上理解‘人’这个词,是在柏拉图的《泰阿泰德篇》……所提出的个人主义的意义上,还是像后来学者所设想的那样,在一般意义上来看待,从而把‘人’理解成类,或者最终在一种集体的意义上来理解,把这个词归之于作为一个集团(民族、部落)的众人。不管怎样,普罗泰戈拉绝不是伦理意义上或者政治意义上的个人主义的代表。”②

从这个意义上讲,人文哲学中的“人”还远远跟不上后来的个人主义中的“人”。这时的人被理解为一个整体概念,“个人”在历史上的出现还要等十三四世纪文艺复兴运动的到来。人文哲学正是具有这样一个传统,古希腊哲学家(包括罗马哲学家),几乎都是在整体意义上来理解人的,即便有“个人”或“个人主义”的表述,也最终是为了把“个人”放在或者送回“整体”中。

关于把“个人”送回“整体”,最经典的描述莫过于亚里士多德那句“人是城邦生活的动物”的著名论断,我们既可以理解为人的本性就是群居的动物,又可以理解为城邦起源于人性。马克思在评价这句话时说:“人即使不像亚里士多德所说的那样,天生是政治动物,无论如何也天生是社会动物。”③那么,人为什么热衷于过城邦生活呢?在古希腊,乃至后来的古罗马,城邦与家庭,构成了当时社会的两个完全不同的二元结构。“根据古希腊人的思想,人类建立政治组织的能力与建立自然组织的能力相比不仅不同,而且截然相反。自然组织的中心是家与家庭。城邦国家的兴起意味着人们获得了除其私人生活之外的第

---

① [德]爱德华·策勒尔:《古希腊哲学史纲》,翁绍军译,上海人民出版社2007年版,第90页。

② [德]爱德华·策勒尔:《古希腊哲学史纲》,翁绍军译,上海人民出版社2007年版,第91页。

③ 《马克思恩格斯全集》(第23卷),人民出版社1972年版,第363页。

二种生活,即他的 bios politicos。”[①]家庭是人类按照两性关系自然进化的结果,它满足的是人的最低层次的自然欲求,同时也承担着物质生产和人类繁衍生产的职能。家庭最为明显的特征就是不平等,甚至充斥着占有、奴役、支配等“暴力”。而城邦则不同,城邦是人们走出家门进行公开活动的公共空间,在这个空间里,每个人都有一个共同的身份——公民。亚里士多德把“公民”定义为:“凡得参加司法事务和治权机构的人们。”[②]可见,凡是有权能够参加某个城邦的公共活动(包括立法议事、城邦管理、司法审判等)的人就是这个城邦的公民。在公共活动中,每个公民必须遵循平等的法则,学会“适合于和别人过社会生活”[③]的本领。而追求平等是人的本性,因此,城邦是人性的产物。在柏拉图和亚里士多德的德性政治哲学中,城邦是善。柏拉图认为,城邦起源于“我们每个人都不能自给自足,相对于我们自己的需要来说,每个人都缺乏许多东西……由于有种种需要,我们聚居在一起,成为伙伴和帮手,我们把聚居地称作城邦或国家”。[④] 亚里士多德在《政治学》里指出:“城邦不仅为生活而存在,实在应该为优良的生活而存在。”[⑤]正是由于城邦是人性向往的地方,所以他说:“城邦虽然在发生程序上后于个人和家庭,在本性上则先于个人和家庭……凡隔离而自外于城邦的人……他如果不是一只野兽,那就是一位神祇。”[⑥]

这样,这些人文哲学家们把刚刚从神那里解放出来的人毫不犹豫地置于集体主义的“紧箍咒”之下。从根本上说,这是由当时的历史条件决定了的。人要生存,而单凭一个人的力量不能战胜险恶的自然环境,团结互助、过集体生活是唯一的选择。从城邦利益出发来解释人、

---

① [美]汉娜·阿伦特:《人的条件》,竺乾威等译,上海人民出版社1999年版,第19页。

② [古希腊]亚里士多德:《政治学》,吴寿彭译,商务印书馆1965年版,第111页。

③ [德]塞缪尔·普芬道夫:《人和公民的自然法义务》,鞠成伟译,商务印书馆2009年版,第16页。

④ [古希腊]柏拉图:《柏拉图全集》(第2卷),王晓朝译,人民出版社2003年版,第326页。

⑤ [古希腊]亚里士多德:《政治学》,吴寿彭译,商务印书馆1965年版,第137页。

⑥ [古希腊]亚里士多德:《政治学》,吴寿彭译,商务印书馆1965年版,第8~9页。

理解人,我们看到是一个"整体人"或"集体人"的形象,"个人"的自由、"个人"的意志其实质是集体主义的自由和意志。因此,在希腊古典哲学时代,尽管圣哲们在大谈人的价值、人的尊严、人的意义,其背后寓意实则是在讲城邦的价值和意义。以城邦的利益至上,强调的是人的组织归属。"不能认为每一位公民属于他自己,而要认为所有公民都属于城邦,每个公民都是城邦的一部分,因而对每一部分的关心应当同对整体的关心符合意志。"①亚里士多德如是看待个人与城邦的关系。

(二)整体意志对古代民法的影响

从上文分析可以看出,从智者学派开始,人逐渐成为被关注的对象,人的意志受到肯定,这无疑是一大历史进步。然而,受到当时人们对城邦、对社会认识的局限,②人被限制在城邦—家庭的二元社会结构中。要么在城邦中生活,要么在家庭中生活,成为当时人们仅有的选择。

在古希腊罗马的城邦早期发展历史上,城邦与家庭处于共存共荣、相互独立的状态,他们都是社会的两个基本结构单元。对外防卫或进攻和对内秩序的维护是早期城邦的核心职能,而家庭是原始氏族社会进化的产物,是城邦之外的另一个自治世界,由此决定了"它有着自己独特的秩序,而这一秩序的中心环节是'家父权',即家父在家庭内部对人、对物绝对的支配权和在家际关系的自主权和平等权"。③ 在古罗马,基督教诞生前,罗马法已经发展得比较完备了,但由于当时是城邦—家庭的二元社会结构,交易主体表面上看是作为个人的家父,其实质是家父代表着家庭行使家父权力,因为家子被剥夺了交易资格;不仅如此,连家子结婚的意志都要通过家父的同意。所以,罗马法描述的法

① ［古希腊］亚里士多德:《政治学》,颜一、秦典华译,中国人民大学出版社 2003 年版,第 267 页。

② 在柏拉图以前,希腊人还没有区分"社会"、"城邦(国家)"、"城市"这个几个概念,所以城市的建立、城邦的形成和社会的产生都被视为同一回事。参见汪子嵩等:《希腊哲学史》(第 2 卷),人民出版社 1993 年版,第 177 页。

③ 李中原:《欧陆民法传统的历史解读:以罗马法与自然法的演进为主线》,法律出版社 2009 年版,第 12 页。

律主体形象其实是代表家庭从事私法活动的集体主义形象,家父的这种“集体形象”在交易中仅仅具有形式意义上的平等。个人(更广意义上包括家子和奴隶)远未走出家庭,活跃于社会。所以,欧根·埃利希说:“对罗马社会而言,只存在一种类型的法,它调整家庭之间的相互关系,由执法官和法官作为法来加以执行。”①个人(除家父外)被牢牢地束缚在家庭之中。

更为重要的是,由肯定城邦的重要性导致了对个人权利的压制。厄奈斯特·巴克认为:“在希腊的政治思想中个人概念并不突出,权利则似乎几近于从未形成过。”②古希腊罗马社会之所以没有出现权利的概念,关键在于这些古代社会是一个整体主义的社会。正如《西方社会的法律价值》所说,“罗马法和早期英国法都不知道什么叫做‘个人的权利’”。③ 库朗热在《古代城邦》一书中指出:“认为古代人有自由的权利,这是近人误解中的一种特别误解。就是关于自由的观念,古人也未曾有过。在城邦及神的权利跟前,他们不认为自由应有什么权利。”④在该书中,库朗热详细分析了城邦对个人权利压制的表现:没有人身自由,身体属于国家,对国家负有保护义务;私人生活不能摆脱城邦的支配;城邦不宽容残疾人;为维护城邦尊严颠倒人们情感;城邦不容许人们漠视它的利益;城邦教育不自由;城邦垄断教育;个人无信仰自由。在列举了城邦的种种不是之后,库朗热总结道:“古人不知道什么私人生活自由,什么教育自由,也不知道什么信仰自由。在这样的一个可以说是神权的国家之下,个人算不了什么。”⑤

---

① [奥]欧根·埃利希:《法社会学原理》,舒国滢译,中国大百科全书出版社2009年版,第165~166页。

② [英]厄奈斯特·巴克:《希腊政治理论:柏拉图及其前人》,卢华萍译,吉林人民出版社2003年版,第9页。

③ [英]彼得·斯坦、约翰·香德:《西方社会的法律价值》,王献平译,中国人民公安大学出版社1990年版,第144页。

④ [法]库朗热:《古代城邦》,谭立铸等译,华东师范大学出版社2006年版,第214页。

⑤ [法]库朗热:《古代城邦》,谭立铸等译,华东师范大学出版社2006年版,第213页。

所以,罗马法中的"人格"不是权利主体资格而是法律主体资格。因为"权利主体资格说必须以权利观念为基础,而权利观念又以个人意志为标志;没有个人主义的意志行为规范,或者说没有以调整个人意志为对象的法律,权利观念是不可能诞生的。"①现在的罗马法教科书是根据权利体系来编写的,给人感觉好像罗马社会产生了主观权利观念的印象,特别是尤士丁尼《法学阶梯》开篇那句千古名言更坚定了我们这一想法:"正义是给予每个人他应得的部分的这种坚定而恒久的愿望。"然而,事实并非如此,罗马人在分配正义时恰恰不是依靠个人的愿望或意志,而是靠血缘身份或社会身份;这种身份不但没有产生形式上的正义,反而产生了实质上的不正义——人格不平等(见后文论述)。个人的意志早已湮没在身份的歧视和特权中,权利的观念付之阙如。现在的罗马法教科书之所以要用权利体系来编写,那是现代人用自己已经理解的权利观念在整理古代罗马社会留下的法学资料的结果。正如施密特所言,"真正的自由,个人之权利以及对个性的尊重,在希腊和罗马的文化里无处可寻"。②

随着基督教的诞生和逐渐成为一个具有普世意义的行为规范后,尽管家庭(家族)解体了,家父权力崩溃了,家子或奴隶走出了家庭(家族),但"出走"的个人却又由"凡人"转变成了"信徒"。在整个中世纪,强大的教会权威以信仰的力量统治着这些芸芸众生,人都需要由上帝拯救,是等待的羔羊,哪里还谈得上"个人的意志"!

所以,从总体上讲,古代民法中的人是集体形象的人,个人作为一个真正独立的个体尚未出现。这个时候人的意志是整体意志、群体意志或者社会意志。

(三)"个人意志"的张扬

个人的出现。现有的人类思想史业已告诉我们:人,能够以自己的"个人形象"正视自己的历史,始于文艺复兴以来人类所经历的数次思

① 王恒:"罗马法中的人格:法律主体资格抑或权利主体资格",载《西南科技大学学报》(哲学社会科学版)2011年第1期。

② [美]阿尔文·施密特:《基督教对文明的影响》,汪晓丹、赵巍译,北京大学出版社2004年版,第239页。

想洗礼运动。研究文艺复兴的权威、瑞士学者布克哈特在评价意大利文艺复兴时,用了1篇(8章)的篇幅来描述它的历史贡献,那就是"世界的发现和人的发现"。然而,这个"人的发现"却是一个漫长的过程。

1. 文艺复兴:一场"托古改制"的人性解放运动

文艺复兴,从表面上看是要恢复古希腊罗马的文学艺术,一些文艺复兴的重要旗手事实上也是这样做的,如文艺复兴之父、意大利诗人彼得拉克,深受古罗马诗人维吉尔、西塞罗和塞内加的影响,"他开始模仿他们思想,渴望像他们一样写作"。① 然而,法国启蒙运动主将伏尔泰在《论各族的风尚与精神》一书中指出,文艺复兴的重大意义不在于复古,而在于创造。② 那么,文艺复兴是如何实现创造的呢?

文艺复兴运动是在批判封建王(皇)权和宗教神权的过程中产生的。它高举人文主义的伟大旗帜,以个人的眼光来看待自己、看待自己的世界和自己在这个世界的活动。彼特拉克热情地歌颂人的自我追求:"我是一个凡人,我只追求凡人的幸福。"画家和雕塑家把人难忘的瞬间刻录下来,哲学家和诗人反复提醒:人是伟大的奇迹。世俗个人主义的自由观开始萌芽。他们关注人的历史、人的命运、人的形象,肯定人的价值,强调人的尊严,用自己的切身感受来感知这个世界,努力地把自己培养成一个有丰富修养的优雅人。16世纪末,连蒙田都感慨道:在意大利,遇到的妓女都是"公主般的文雅"。可见,文艺复兴对那个时代的人的塑造、影响有多么深入!

因此,文艺复兴对人的创造体现为对人的世俗化改造,张扬世俗的个性,以个人(这一点不同于古代人文哲学的整体主义的人的认识观)而非神灵来认识自己、理解历史和解释自然。布克哈特说:"文艺复兴的文明第一次发现并充分显示人的全部和丰富形象。"③恩格斯在《自然辩证法》中这样评论文艺复兴:"这是人类以往从来没有经历过的一

---

① [美]威尔·杜兰:《世界文明史第五卷:文艺复兴》,台湾幼狮文化公司译,东方出版社1999年版,第6页。

② [瑞士]雅各布·布克哈特:《意大利文艺复兴时期的文化》,何新译,商务印书馆1979年版,中译本序言,第2页。

③ [意]欧金尼奥·加林主编:《文艺复兴时期的人》,李玉成译,生活·读书·新知三联书店2003年版,第4页。

次最伟大的、进步的变革。”①

2. 宗教改革：个人与上帝的首次对话②

在整个中世纪，基督教成为控制人们信仰的精神支柱。在经院神学家和哲学家的共同努力下，教会成了上帝在人间的代理人，人的救赎是通过教会来实现的。教会成了横亘在人与神之间的中间桥梁：对上帝的爱和信仰必须通过教会才能传达到上帝那里，爱上帝和信仰上帝决定了必须先服从教会的安排。在很长时间内，没有人怀疑过教会的权威。然而，常驻人间的教会免不了受到世俗的侵袭，物欲和专横成了在信仰掩盖下的欺骗。因此，从 14 世纪开始，逐渐有人站出来揭露教会的贪婪和虚伪，提出改革教会的主张。③ 然而，为后人所铭记的，却是 16 世纪初由马丁・路德在德国掀起的宗教改革。

路德以神学教授的名义发动了一场影响整个欧洲甚至人类社会命运的宗教洗礼运动。威尔・杜兰认为，这场运动“所带来的最大礼物就是提供这种信仰上的竞争，使得每种宗教奋力而为，提醒它们宽容大量，并且把自由的热望与尝试带给我们脆弱的心灵”。④ 那么，宗教改革是如何提供“信仰上的竞争”的呢？为什么宗教改革会与自由意志挂钩呢？

路德的宗教改革动摇了基督教会的权威，人们不需要通过教会就可以直接与上帝交流。每个人只要信仰上帝，虔诚地感恩上帝，成为一个正义之人，就可以得到救赎，而不需要向教会购买骗人的赎罪券。这就是“因信称义”。宗教改革奠定了《圣经》的主导地位，⑤确立了个人

---

① 《马克思恩格斯选集》（第 4 卷），人民出版社 1995 年版，第 261 页。

② 王恒：“论西欧中世纪罗马法的世俗化”，载《求索》2012 年第 1 期。

③ 14 世纪就有维克利夫的改革，参见威尔・杜兰：《世界文明史第六卷：宗教改革》，台湾幼狮文化公司译，东方出版社 1999 年版，第 22 页。

④ ［美］威尔・杜兰：《世界文明史第五卷：宗教改革》，台湾幼狮文化公司译，东方出版社 1999 年版，第 714 页。

⑤ 不仅如此，路德通过翻译《圣经》而奠定了现代德语基础，德国伟大的诗人海涅对此评价说，路德创造了一门“还没有出生的语言”（［德］亨利希・海涅：《论德国宗教和哲学的历史》，海安译，商务印书馆 1974 年版，第 45 页），德国的统一由此开始了精神上的凝聚。

信仰的自由观念。个人可以通过尘世的劳苦而不动摇对上帝的信仰,或者尘世的操劳正是为了获得救赎。[①] 几个世纪后,德国伟大的社会学家马克斯·韦伯的《新教伦理与资本主义精神》正是沿着这个思路解释了资本主义起源的宗教情结。凭自己的自由选择信仰上帝,首次实现了个人与上帝直接对话。

人与神的对话,其本身的标志意义就在于:再次匍匐于上帝脚下的人开始以"个人"形象审视上帝。我国学者李平晔以"人的发现"为书名(四川人民出版社1984年版)来评价马丁·路德与宗教改革的观点值得商榷。事实上,与布克哈特的评价一样,应该是"个人的发现",而非"人的发现"。前文已经论述了早在公元前5世纪的古希腊,人(尽管是整体意义上的"人")就开始被哲学家们关注了;也就是说,到文艺复兴时,"人的发现"已经有1500年之久了。

3.启蒙运动:用智慧和激情撞开理性之门

启蒙运动的思想家们沿着人文主义先辈们的足迹,以自然权利理论为批判武器,改造了传统的国家(城邦)观念,为现代个人权利的确立奠定了坚实的理性主义基础。按照列奥·斯特劳斯的理解,撞开现代社会理性之门的是马基雅维利(1469~1527年),他被誉为西方古代政治哲学向现代政治哲学转变的"引渡者"。[②] 马基雅维利对现代国家政治哲学的重大贡献是把国家变成了人工制品。在古希腊,政治是作为一个共同体的至善目标来理解的;统治的获得依靠德性的力量,而非投机或机会。在柏拉图和亚里士多德的学说里,共同体是最高的善,人的活动是为共同体的善服务的。正因为如此,亚里士多德说:"人的本性就是政治动物。"[③]可是到了马基雅维利那里,政治不再是为善服务,而是为功利服务。在其备受关注的、有世界影响力的著作《君主论》中,马基雅维利反复论证了一个命题:为了获取和维持政权,君主可以

---

① 汪民安:"步入现代性",载《现代性基本读本》(上),河南大学出版社2005年版,编者前言,第34页。

② 王恒:"西方人权的政治属性对我国人权法律化的影响",载《前沿》2011年第14期。

③ [古希腊]亚里士多德:《政治学》,吴寿彭译,商务印书馆1962年版,第7页。

不择手段。

如果说马基雅维利把德性从政治中剔除仅仅是为了凸显君主个人的历史作用的话，那么，接下来的霍布斯和洛克就直接以人之自然权利为基础，开始了对现代国家的性质和作用的构造。在霍布斯看来，作为一个强大而有力的国家——利维坦（他用基督教中的猛兽来比喻国家），必须结束自然状态中悲惨的“人与人之间的战争”，[①]这是人的自我保存的自然权利的需要。在洛克看来，霍布斯的自然状态过于悲观，毕竟人不是狼，人群不是狼群。在自然状态中，人所享有的自然权利是生命、自由和财产，出于对自然权利的维护，人们自愿结成政府，靠政府来保障人的自然权利。[②] 从此，启蒙思想家们完善了古希腊伊壁鸠鲁学派的社会契约理论，其核心内容就是：权利是同意的产物，国家或政府是个人自由意愿“认可”的结果。在个人与国家的关系中，个人权利成了国家必须保护的责任，也是个人抵御国家不当干预的法宝；政治的合法性必须以维护个人利益为出发点。现代权利观念正是在这里形成。社会契约理论证实：个人的条件可以通过理性得以实现，个人权利始终保持独立、自由、平等。法国的启蒙思想家孟德斯鸠、伏尔泰、卢梭等，德国的启蒙思想家莱辛、托马修斯、莱布尼茨、沃尔夫、康德等，都强调人的意志和理性，并把其看成改造社会的力量。神因被驱出了自然界和人类社会而蜷缩于信仰之中。启蒙运动世俗化了。[③]

总之，文艺复兴以来，思想家们高举人文主义的大旗，热情歌颂理性，把人从神的光环中再次解救出来，突出人的意志和尊严，人被赋予改造社会、改变自然和改写历史的能力。人不再羁绊于虚幻的“来世”，而是把更多的精力投入“今生”；人被推到了历史的前台。个人就这样“被发现”了。

经过两个世纪的“纸上谈兵”，接下来，该由人来践行伟大的理论

---

① ［英］霍布斯：《利维坦》，商务印书馆1996年版，第98页。

② ［英］洛克：《政府论》（下篇），叶启芳、瞿菊农译，商务印书馆1982年版，第59页。

③ 赵敦华：“神圣和世俗文化相结合的新启蒙观”，载赵林、邓守成主编：《启蒙与世俗化：东西方现代化历程》，武汉大学出版社2008年版，第200页。

了。英国的《权利法案》、法国的《人权宣言》、北美的《独立宣言》以及随后的《美利坚合众国宪法》都是由"人意"来改造社会、书写历史的最强音。

4. 近代自然科学:砍去自然神性的大刀

近代自然科学是以天文学领域的革命为开端的。古代社会的农业、航海、时令观测等活动推动着天文学的诞生,人们凭借着经验判断,认为地球是宇宙的中心。公元2世纪,古希腊天文学家托勒密著有《天文学大成》一书,该书主要论述宇宙的地心体系,认为地球居于中心,日、月、行星和恒星都围绕着它运转。中世纪,托勒密的理论与基督教结盟,为地心说披上了一层神秘的光环,成了证明上帝创世的权威学说。受文艺复兴的人文主义思潮影响,人们的思想大大解放了,开始怀疑地心说。在这种背景下,波兰天文学家哥白尼从1506年开始对天象进行了长达30年的观测,从而创立了日心说。日心说的提出,恢复了地球普通行星的本来面貌,猛烈地震撼了科学界和思想界,动摇了中世纪封建神学的理论基础,是天文学发展史上一个重要的里程碑。1543年哥白尼发表的《天体运行论》标志着近代自然科学的诞生。

紧接着,开普勒发现了行星运动的三大定律(椭圆定律、面积定律、周期定律);1632年,伽利略发现了自由落体定律;1687年,牛顿发表《自然哲学的数学原理》,系统论述了力学三大定律(惯性定律、作用力反作用力定律、加速度定律)和万有引力定律。这些定律成为近代自然科学的重要成就,充分证明了这个世界不是上帝创造的不可认识的神秘世界,而是一个可以被人们所认知的世界。这样,自然的神性光芒荡然无存,世界成了一个有规律可循的物质世界,是人们征服和改造的对象。

5. 小结

文艺复兴以来的"个人的出现"是人逐步挣脱上帝精神枷锁、主宰自然的过程。在神—自然—人的三角逐鹿过程中,神被放逐,自然被"祛魅",人注定胜出。文艺复兴将人推到了历史的前台,人们再一次坚信,历史的主角是人而非神,决定历史发展的是人意而非神意;宗教改革动摇了教会的绝对权威,个人无需中介地同上帝交流,奏响了个人主义的序曲;启蒙运动使人相信通过理性的力量可以实现对人类社会的重新改造,近代社会开端处的几次社会革命无不与此相关,如英国革命、法国大革命和北美独立革命等;近代自然科学的进步,使人获得了从事实上改变客观物质世界的能力,个人获得了前所未有的自信。①

可见,作为具体的"个人"不是随着人类社会的形成自然出现的,而是在人类历史的车轮碾过中世纪的后期才逐渐出现的。

(四)近代以来民法中"个人意志"的确立

1. 个人意志的哲学基础

近现代民法中的个人意志是自由意志,也称为意思自治。"从根本上讲,意思自治是一种法哲学的理论,即人的意志可以依据其自身的法则去创设自己的权利义务。"②用德国著名法学家弗卢梅的话说就是:"各个主体根据他的意志自主形成法律关系的原则。"③个人自由意志理论的倡导者就是康德,他对自由意志的论述集中体现在《法的形而上学原理:权利的科学》一书中。在康德那里,任何权利,如果离开了人的意志,也就无所谓权利了;人的自由意志决定了权利的产生、变更、转移和消灭。他秉承先验哲学的一贯风格,认为:"只有一种天赋的权利,即与生俱来的自由。自由是独立于别人的强制意志,而且根据普遍的法则,它能够和所有人的自由并存,它是每个人由于他的人性而具有的独立无二、原生的、与生俱来的权利,……通过权利的概念,他应该是他自己的主人。"④这就是康德在《道德形而上学》中极力论证的"人是目的"⑤的著名论断。康德把人的自由意志看成先天的纯粹概念,是实践理性选择本身。"那种由纯粹理性决定的选择行为,构成了

① 休谟曾说:"我们被放在这有如戏院的世界上,每个事件的起源和缘由却完全隐瞒不让我们知道,我们既没有足够的智慧预见未来,也没有能力防止那些使我们不断受伤害的不幸事件发生。我们被悬挂在永恒的疑惧之中。"这反映了在18世纪时人们当时认知世界的一种被动心态。以牛顿为代表的近代自然科学,扭转了这种被动局面,人类认知世界和征服世界的能力空前高涨。

② 尹田:"论意思自治原则",载《政治与法律》1995年第3期。

③ [德]梅迪库斯:《德国民法总论》,邵建东译,法律出版社2000年版,第142页。

④ [德]康德:《法的形而上学原理——权利的科学》,沈叔平译,商务印书馆1991年版,第50页。

⑤ [德]康德:《道德形而上学原理》,苗力田译,上海人民出版社2005年版,第47页。

自由意志行为。那种仅仅由感官冲动或刺激之类的爱好所决定的行为,可以说是非理性的兽性的选择。"[①]这样,在康德那里,意志就是一种选择能力,是启蒙理性主导下的一种自由选择能力。在"答复这个问题:'什么是启蒙运动?'"一文中,康德把"启蒙"界定为"人类脱离自己所加之于自己的不成熟状态","不成熟状态据是不经别人的引导,就对运用自己的理智无能为力。"因此,启蒙运动的口号就是"Sapere aude"(敢于认识),即敢于运用自己的理性。[②]

因此,自决和自责就构成了自由意志法哲学的核心内容,近现代民法中的主体意志正是建立在这个核心的基础之上,由此决定了民法是市民社会的私法,是个人权利的私法。

康德是18世纪的伟大哲学家之一,其自由意志论构成了近代民法的哲学基础。"似乎是16~19世纪占支配地位的社会秩序的最终理想形式:使个人得到最大限度张扬的理想是法律秩序存在的目的。"[③]博登海默在评价康德自由意志论时如是说。

2. 个人意志在近现代民法中的体现

在近现代民法领域,个人自由意志主要体现在以下几个方面:

第一,人格平等。人格是罗马法的创造,是指生物人被承认为法律人的地位。通说认为法律人格包括自由、市民和家族三种身份,同时具备这三种身份,在法律上就拥有完全的人格。缺失其中任何一种身份都会导致人格减等。人格就成了"生物人"与"法律人"之间的分拣机,造成生物人只有经过"挑选",合格后才能上升为法律人的制度效果。因此,拥有人格的人,就相当于拥有了法律赋予的全部特权;没有人格的人,无论在经济上多么富有,在法律上只是工具。[④] 因此,人格在罗马法时代不是平等的代名词,而是等级制度的化身。罗马人用人格"来作为罗马社会阶层、阶级划分的标准和工具,是一个用来组织罗马

---

① [德]康德:《法的形而上学原理——权利的科学》,沈叔平译,商务印书馆1991年版,第17页。

② [德]康德:《历史理性批判文集》,何兆武译,商务印书馆1990年版,第22页。

③ [美]E. 博登海默:《法理学:法律哲学与法律方法》,邓正来译,中国政法大学出版社1999年版,第77页。

④ [古希腊]亚里士多德:《政治学》,吴寿彭译,商务印书馆1962年版,第11页。

身份社会的工具”。①

尽管我们不能排除这三个构成要素都是后人为理解人格而强加进来的，但至少我们可以肯定地说，以三要素来支撑人格，无疑把身份说成了一种具体的人格，身份变成了人格的要素部分。罗马法中的身份是外在于人格的，是实实在在的生活中的身份差异。因此，身份等级决定了人格的等级，开创了后世把身份理解为等级特权的先河。

罗马法的人格制度并没有被滴水不漏地传到现在。随着罗马帝国的坍塌和人类社会的进步，构成罗马法人格的要素发生了变化：自由不再是一种身份，而是一种普世价值，在古典自然法思想的孕育下，“人人生而自由”的卢梭式理念深入人心，奴隶制度被废除；个人与国家的关系是按“社会契约论”的方式得以理解，市民概念彻底变成了现代法中的公民；家庭（家族）解体，家子从家父的权威下走出，家庭变成了一个以伦理为主导的社会细胞。② 这样，后世法律从罗马法中所继受的人格其实就是宪法所确认的本国公民在法律中的地位，虽然构成人格的身份要素变了，但人格本身所体现的人的法律主体地位的本质内涵并没有变。因此，“19 世纪大陆法系国家的民法典都普遍承认了人格作为一种平等的法律地位而存在”。③

所以，近代以来的民法典对人格的关注不同于罗马法。近代以来的民事立法，受到近代人文主义、理性主义和自然法思想的影响，把人格的外在身份祛除，抽象出来了一个“内在于人”的人格概念。这样的“人格”具有了自由、平等、尊严、价值的伦理内涵，而享有这样的“人

① 尹田：《民法思维之展开》，北京大学出版社 2008 年版，第 90 页。

② 罗马法中的“家庭”有两种不同的含义：一种是与“权力和政治机制相关联”，叫作“罗马家庭”；另一种是现代意义上的家庭，叫作“自然家庭”。罗马家庭是“单纯由权力联合在一起的人的团体，在这一团体中，一人对其他人行使权力，以实现比维护家秩序更高的宗旨”。自然家庭“是一种以维护两性间关系的伦理秩序、繁衍和子女教育的制度。”（参见［意］彼德罗·彭梵得：《罗马法教科书》，黄风译，中国政法大学出版社 2005 年版，第 85 ~ 86 页、第 106 页。）因此，拉丁语 pater familias（家父）中的 pater 并不表示血缘关系而是表示对权威的依赖，表示血缘关系的词是“genitor”（父亲血缘）或 genitrix（母亲血缘）。（参见［奥］迈克尔·米特罗尔、雷因哈德·西德尔：《欧洲家庭史——中世纪至今的父权制度到伙伴关系》，赵世玲等译，华夏出版社 1987 年版，第 7 页。）

③ 王利明：《人格权法研究》，中国人民大学出版社 2005 年版，第 6 页。

格”的人,被称为“人格人”。[1] 因此,“人格”还带有一定的伦理性。拉伦茨认为:“每个人都负有尊重其他人的义务,每个人都有权要求任何其他人尊重自己,这种相互尊重是‘法律上的基础关系’。”[2]个人的人格尊严、自由得到了法律充分的肯定。黑格尔曾这样评价法律对人的意义:“法的命令是:‘成为一个人,并尊敬他成为人’。”[3]

现代民法用法律“人格”概念来描述一个人在法律中的地位,并把它转变成一个实证法的概念——权利能力,这是《德国民法典》的历史贡献,也是自由意志理论关于民事主体的一大进步。

第二,所有权神圣。财产,特别是其中的土地,是任何一个社会都必须认真解决好的问题。“绝大多数社会革命,在革命者的政治主张的核心部分,都可发现关于物(即财产,特别是土地)的所有权主张(众所周知,中国革命本质上就是农民革命;而农民革命,本质上就是土地革命)。”[4]在民法财产领域,财产法实际上是以土地为核心的法律构建。无论是在承认物权的德国,还是在不承认物权的法国,财产所有权都是个人意志最为典型的表现形式。沃尔夫认为:“所有权是对某物最全面的绝对的归属权。物之归属权意味着,该物直接归权利人所有,并且物之所有权人可以直接干涉该物,而无须事先获得其他人的许可。”[5]鲍尔、施蒂尔纳把它理解为所有权人对物的全面使用、支配的权利。[6] 盖斯旦认为,所有权“是一个内容极端广泛的权利。在遵守法律和法规的前提下,所有权人拥有一切权力”。[7]《法国民法典》第544条

---

① [德]阿图尔·考夫曼:《后现代法哲学》,米健译,法律出版社2000年版,第50页。在该页中,译者person译为“人格人的人”,笔者认为不妥。在[德]京特·雅科布斯《规范·人格体·社会:法哲学前思》(冯军译,法律出版社2001年版)一书中,译者把person译为“人格体”,笔者认为与“人格人”概念比较一致。

② [德]拉伦茨:《德国民法通论》,王晓晔等译,法律出版社2003年版,第47页。

③ [德]黑格尔:《法哲学原理》,范扬、张企泰译,商务印书馆1961年版,第46页。

④ 尹田:“物权法的方法与概念法学”,载《私法研究》2002年第1卷。

⑤ [德]M.沃尔夫:《物权法》,吴越、李大雪译,法律出版社2004年版,第4页。

⑥ [德]鲍尔、施蒂尔纳:《德国物权法》(上册),张双根译,法律出版社2004年版,第515页。

⑦ [法]盖斯旦、古博:《法国民法总论》,陈鹏等译,法律出版社2004年版,第168页。

也明确规定所有权是最绝对地享用和处分物的权利。因此，所有权的全部意义在于权利主体的处分权能。处分行为是权利人在自由意志的支配下依法行使的行为，充分尊重了当事人的意志。

对于物权变动，受启蒙运动的影响，《法国民法典》把个人自由意志抬高到了几乎让人不放心的地步。在法国，物权变动遵循债权意思主义的模式，这种模式的基本内容就是：所有权的转移仅以当事人达成意志表示一致（合意）为要件，无需交付或登记。这种物权变动模式，完全尊重当事人的自由意志，对于第三人的交易安全、履行环节、登记对抗[①]、仅适用于特定物交易等考虑欠周严。德国民法和瑞士民法虽然采取了形式主义的物权变动模式，但所有权变动所体现出来的权利主体自由意志本身，并没有受到多大的限制。在我国，根据《物权法》的有关规定，对所有权的限制只能以公共利益为出发点。保护和尊重当事人对财产的自由处分，是一个社会财产文明的标志之一。

第三，契约自由。如果说所有权体现了人对物的全面支配的自由意志的话，那么，契约则体现了人与人之间自由意志的合意。契约自由是自《法国民法典》诞生以来所确立的近代私法精神重要组成部分。在20世纪70年代，耶鲁大学法学院的教授格兰特·吉尔莫目睹了契约在现代社会受到的种种限制，惊呼“契约死亡”。然而，现代社会中，契约不但没有“死亡”，反而顽强地生存了下来，契约的重要作用也日益明显。为此，日本东京大学民法学教授内田贵认为“契约再生”了。其实，无论是“死亡”还是“再生”，契约作为一种私法精神，永远都不存在“死”与“生”的问题。

作为一种私法精神，契约意味着自由、平等、诚信。契约自由，即是否缔约的自由、选择缔约者的自由、决定缔约的内容与形式的自由，其实质是债权债务关系只有依据当事人的自由意志才能获得正当性、合理性和合法性，否则就是专横暴虐。[②] 契约平等，不仅是参加缔约双方

---

① 对登记对抗主义的指责，参见王轶：《物权变动论》，中国人民大学出版社2001年版，第45页。

② 尹田：“契约自由与社会公正的冲突域平衡”，载梁慧星主编：《民商法论丛》（第2卷），法律出版社1994年版，第251页。

当事人的法律地位平等,任何一方不得享有超越对方的地位,而且还意味着缔约双方的权利义务设置要对等,如果权利义务不对等就会构成歧视和特权:歧视是一方仅承担义务而没有或很少享有权利;特权是一方仅享有权利而没有或很少履行义务。契约平等,其实质是两个法律地位一样的不同主体在民法的世界里的个人形象。

任何契约,严格上讲,都指向未来,这不同于物权。物权是对业已存在的特定之物的支配权,如果要对未来物进行支配,必须获得法律的明确承认,如我国《物权法》第181条规定的对未来财产可以设定浮动抵押权;契约则是对未来利益或秩序的安排。未来是尚未到来的事物,因而其充满着风险;现代社会更是风险社会,已经结缔的契约很可能在将来履行时遇到各种各样的风险。因此,现代各国的民法典都承认了契约履行"情势变更原则",以保障契约的公平。① 然而,这并不意味着契约的履行都会落入"情势变更原则",因为签订的契约是为了按约定来履行而不是为了解除或变更契约。"情势变更原则"的适用应受到严格的限制,否则,将会导致大量契约得不到真正的履行而被解除或变更,致使当事人订立契约的目的落空。这样,面对契约,就必须要求当事人在整个契约过程中的诚信,诚信订约、诚信履约。诚信不仅是契约精神的内涵之一,更是整个民法的"帝王条款"。

第四,婚姻自由。婚姻自由,是近代以来个人自由意志在婚姻领域的重要表现之一。婚姻自由不是从来就有的,它有一个历史过程。马克思说:"在整个古代,婚姻的缔结都是由父母包办,当事人则安心顺从。古代所仅有的那一点夫妇之爱,并不是主观的爱好,而是客观的义务;不是婚姻的基础,而是婚姻的附加物。"②无论是在古罗马时代还是在中世纪,结婚、离婚、夫妻关系以及家庭都笼罩在神圣的光芒之中,教

---

① 我国1999年在制定统一的《合同法》时,没有把"情事变更原则"写入立法,2009年《最高人民法院关于适用〈中华人民共和国合同法〉若干问题的解释(二)》(简称《〈合同法〉司法解释二》)第26条规定了该原则:"合同成立以后客观情况发生了当事人在订立合同时无法预见的、非不可抗力造成的不属于商业风险的重大变化,继续履行合同对于一方当事人明显不公平或者不能实现合同目的,当事人请求人民法院变更或者解除合同的,人民法院应当根据公平原则,并结合案件的实际情况确定是否变更或者解除。"

② 《马克思恩格斯选集》,人民出版社1972年版,第72页。

堂、教父、十字架、神誓成了见证婚姻缔结的必要条件,教会法成了调整婚姻的主要法律。随着世俗国家权力的加强,经过宗教改革、社会革命洗礼的婚姻几乎彻底世俗化了。法国的变化最为典型。在革命爆发的前两年(1787年),法国设立了选择民事婚制度;但革命一经爆发却彻底废止了宗教婚,原来由教会法调整的婚姻,转瞬间变成了国家的分内职责。[①] 特别是1791年的宪法把婚姻宣告为纯粹的民事契约,从而为婚姻的世俗化提供了宪法保障;1792年的法律创立了国家民事身份登记制度、强行的民事婚姻制度和新设立离婚制度;直到1804年的民法典,完成了立法上婚姻的世俗化。该法第165条规定了结婚双方应在"其有住所或者居所的市镇行政区的户籍官员前公开举行",再也不是在教父前举行了;第230条规定离婚仅向法官提交离婚协议并诉请批准,也不再找教父了。同时,该法第146条规定,未经合意不得成立婚姻,以契约自由的精神来理解婚姻,开创了后世婚姻自由的先河。

婚姻一旦被自由化,即意味着结婚自由,离婚也自由。结婚自由,即结婚须男女双方本人完全自主、自愿,不许任何一方对他强迫或任何第三者干涉,只要双方当事人建立了感情,自愿组织家庭,符合婚姻法有关规定,就可登记结婚,不受家庭出身、社会地位、个人资历、职业、财产等差别的限制和影响。离婚自由,即男女双方结婚后,由于各种原因,不能继续维持夫妻关系,双方自愿离婚的,准予离婚。一方坚决要求离婚的,调解无效,夫妻感情确已破裂,准予离婚。结婚自由是建立婚姻关系的自由,离婚自由是解除婚姻关系的自由,前者是实现婚姻自由的先决条件,后者是婚姻自由的必要补充——没有离婚自由,就不会有真正的婚姻自由。

第五,遗嘱自由。遗嘱自由是继承法律制度中的重要问题,当今世界各国民法对此均有所规定。《法国民法典》第967条规定:"任何人均得以指定继承人的名义,或者以遗赠名义,或者以其他任何适于表达其意思的名称,经遗嘱处分其财产。"《德国民法典》第1937条规定:"被继承人可以以一方的死因处分(遗嘱、终意处分)制定继承人。"我国《继承法》第16条也规定了遗嘱继承。这些规定体现了被继承人立

① 王恒:"论西欧中世纪罗马法的世俗化",载《求索》2012年第1期。

遗嘱的自由。所谓遗嘱自由，是指自然人生前享有的通过遗嘱方式处分自己死后财产的自由和权利，包括遗嘱内容的确定自由、遗嘱形式的选择自由和遗嘱的变更、撤销自由。[①] 承认公民在生前以遗嘱方式处分死后的财产，是生前意志在死后的延续，充分体现了个人意思自治的原则。[②]

3."个人意志"的限制

时至今日，私法中的"个人"及其所开创的"个人主义"哲学方法视角成为解释和理解、论证或证成私法制度合理性或正当性的不二法门。然而，我们也应该看到，传统私法所高举的这种基于自由意志论的个人主义哲学基础所确立的私法中人的形象并不如经典学者所论述的那样是"经济理性人"、[③]是"强有力的智者"。[④] 私法所奉行的自由、平等在现实中却无视甚至无能于社会的两极分化；个人权利除了能对抗另一个人权利外对公权力几乎无能为力，个人所享有的权利几乎是由国家"给予"的。我们生活在一个"被权利"的时代。

与此同时，随着工业主义、市场经济所带来的环境污染、生态失衡，

---

① 张玉敏：《继承法律制度研究》，法律出版社1999年版，第237页。

② 在我国，曾出现了与此形成鲜明对照的"泸州二奶继承案"。该案案情大致如下：四川泸州的黄某与妻子蒋某结婚30多年，有一养子。在黄某与蒋某并未离婚的情况下，从1994年起黄某开始与张某来往，1996年起两人公开同居，靠黄某的退休金及奖金生活。2001年2月起，黄某病重住院。同年4月18日黄某立下遗嘱，将其遗产赠与张某。4月20日，该遗嘱在纳溪区公证处得到公证。黄某去世后，张某根据遗嘱向蒋某索要财产和骨灰盒，遭到蒋某拒绝。张某遂向纳溪区人民法院起诉，请求依据《继承法》的有关规定，判令被告蒋某按遗嘱履行。法院经过4次开庭，最终在10月11日判决驳回原告张某的诉讼请求。法院判决依据《民法通则》第7条"民事活动应当尊重社会公德，不得损害社会公共利益"的基本原则，认为黄某的遗嘱虽然是其真实意思的表示，形式上也合法，但黄某的遗赠遗嘱是一种违反公序良俗的，因此属于无效遗嘱。此案一经公开，在法学界掀起了轩然大波。

③ 法国政治思想家托克维尔在19世纪前半叶说的话可以作为这个经典命题的脚注："个人是本身利益的最好的和唯一的裁判者。除非社会感到自己被个人的行为侵害或必须要求个人协助，社会无权干涉个人的行动。"参见[法]托克维尔：《论美国的民主》，董果良译，商务印书馆1988年版，第72页。

④ [日]星野英一："民法中的人"，载《民商法论丛》(第8卷)，法律出版社1997年版，第168页。

社会被分割成不同的阶层或利益集团,在此基础上形成了形形色色不同的"个人"。这样,限制和平衡各方利益,就成了现代民法不可回避的抉择。正是在这样的意义上,个人自由意志的限制,也就成了民法挥之不去的影子。正如梁慧星教授在谈论"从近代民法到现代民法"时认为的那样,"抽象人格"向"具体人格"转变、财产所有权限制、契约自由限制、强调社会责任等,是近代民法向现代民法转变的表现,也是现代民法面临的难题。①

四、意志的第三次嬗变:"共同意志"的出现

(一)自由主义权利观的局限

现代民法的形成,是罗马法复兴运动、文艺复兴运动、宗教改革运动和启蒙运动合力作用的结果,其哲学理论就是以自由主义为基础的理性哲学,奉行意思自治的个人主义理念在现代民法中具有决定性的作用,撑起了现代民法的基本骨架。民事权利就成了体现理性自由主义个人权利观的核心载体。理性自由主义权利观认为,权利是自由意志表现,通过意思自治,人与人之间可以建立起具有法律约束力的权利,国家不是为这种权利设置标准和条件而是保障人们之间权利的实现,民事权利的核心地位是民法的"脊梁"。夏勇教授有言:"现代法理学受康德著作的影响颇深。如果说'权利话语'代表了自由主义法理学的基本方面,那么,康德的理论可以说是众多的'权利话语'的基础,它为德沃金、哈特、诺齐克和罗尔斯等一些不同的理论家所拥护和坚持。作为自由主义内核的康德理想可以作如下表述:每个人都有能力就生活里什么是好的作出他自己的决定。每一个人都应被允许去形成他们自己的关于何者为好的概念,去作出他们自己的选择、计划和决定。社会必须对每个人作出决定的能力以及他对那些决定所承担的义务表示尊敬。"②

因此,在民法的世界里,个人具有自由、平等、独立、孤独的形象。

---

① 梁慧星:"从近代民法到现代民法:20世纪民法回顾",载梁慧星主编:《民商法论丛》(第7卷),法律出版社1997年版,第228~254页。

② 夏勇:《中国民权哲学》,生活·读书·新知三联书店2004年版,第350页。

强烈的个人主义色彩几乎吞噬了人的全部社会联系,个人成了一个没有根的"孤魂";就如同后现代主义者批评现代主义所说的那样,我们被抛在了一个无根的世界,找不到回家的路!

民法中的人要"回家",回到给人以温暖和念想的群体中去。事实上,正如前文所描述的那样,古罗马法中的主体其实就是家父所代表的家庭。在罗马法域中,我们所看到的"个人自由意志"其实是家父代表的家的意志,家是个共同体。因此,罗马法体现的是家庭—城邦的整体社会结构,罗马法的主体只能在城邦和家庭两个共同体中生活。然而,现代人不可能过上有家父的生活了,罗马法毕竟是"死法",①家庭解体了,屈服于家父权威下的家子解放了!也许现代社会正是在这一点上不同于古代或中世纪:现代人在与自然、上帝的决斗中胜出,家被抛弃,我们以货币来维系人与人之间的陌生关系。私法精神只有在这个意义上才得以证成。自由、平等、独立和孤独的私法中人的形象既是进步又是堕落!

(二)社群主义对现代权利观念的重要修正

如果现代人看到了私法精神的"软肋",并努力进行"改革"以使私法制度更能适应现代人的需求,那么,修正自由、平等是可能的,改变孤独感和独立感是可行的,那就是"回家"。在一个群体中去感受人之尊严、人之权利和人之义务,这是社群理论对现代私法的重要"改革"。不是仅就权利而论权利,而是把权利放到群体中去思考,给权利以"背景"总比单纯谈权利要具体得多、生动得多。在这个时候,我们发现,当权利义务与群体发生联系,个人就不是单纯的"个人",而是具有某种场景的"个体"。所以,"个人"不应该是现代私法中人的形象,"个体"才是。

从这个角度看权利,权利不仅是单个自由意志的结果,而且是"共同意志"的结果。黑格尔曾这样评论个人与共同意志的关系:"我的意志只是作为被承认的意志而存在。我不仅与我相矛盾,而且与我的意志得到承认这个情况相矛盾……因此,人,纯粹的自为存在不是作为与

① 周枏:《罗马法原论》,商务印书馆2001年版,第2页。

共同的意志相分离的单个的意志,而仅仅是作为共同的意志受到尊重。"[①]黑格尔的这段话告诉我们:单个自由意志没有实践的意义而只有理论的意义。这种理论意义仅仅是为自由意志创造一种理论预设,没有它就无法构建起整个私法制度。"意志被承认",也即意志获得了他人的认可,认可本身也是一种意志,因此,"被承认"的结果就是"我的意志"与"他人的意志"取得了一致,也就是形成了"共同意志"。更为巧合的是,"我的意志"被承认,即是"同意",因而"共同意志"就是"同意"。梅迪库斯认为:"'同意',在技术上,是指对他人的法律行为表示认可。""对他人从事的法律行为表示同意,在时间上,可以发生在该行为之前,也可以发生在该行为之后。……事先的同意叫'允许'……事后的同意叫'追认'。"[②]可见,权威民法学者仅仅看到了"同意"中的单向意思表示,即"对他人的法律行为表示认可",而忽略了"同意"本身所形成的"共同意志"的法律后果。

因此,关注权利的实践意义,强调权利是共同意志的结果,比单纯谈权利是自由意志的结果要深刻得多。当两个自由意志因相互承认而形成共同意志,共同意志就是连接两个不同民事主体的纽带,这个纽带牢牢地把他们束缚在一起,形成了一个共同体;无论是在自然之间还是在法人之间,共同意志都是如此。

从这个意义上讲,债权是一个共同体,由债权人和债务人各自的自由意志表达所组成,通过合意(相互承认)而连接在一起;他们之间的权利和义务相互依赖,谁都不能脱离对方而获得独立。债权是共同体,那么,物权是否也是共同体呢?物权的权利人是特定的,而义务人是不特定的,不像债权那样完全靠特定主体之间的关系来维系。从表面上看,好像物权难以建立起一个类似于债权那样的共同体,然而,问题的玄机却在于此:物权的核心也体现权利人的自由意志,但物权的权利主体的自由意志不是通过人与人的直接的相互承认而获得认可,它是以特定物来展现人与人之间的关系的。因此,物权共同体很不同于债权

① [德]哈贝马斯:《作为"意识形态"的技术与科学》,李黎、郭官义译,学林出版社 1999 年版,第 24 页。

② [德]梅迪库斯:《德国民法总论》,邵建东译,法律出版社 2000 年版,第 762 页。

共同体。在物权共同体中,人与人之间的自由意志以财产为对象,财产成为决定各个自由意志主体的"经济基础"。在物权共同体中,权利主体是确定的,而义务主体总是模糊的,是消极的。

人格权是人格的法律状态,按通常的理解,人格权是以人格利益为标的的权利,人格利益是保障"人之为人"所应具有的利益,表现为有关生命、身体、健康、自由等利益。作为一种绝对权,人格权类似于物权一样具有支配性。在人格权中,享有权利的主体与有义务保护人格利益的主体(包括国家或他人)同样可以构成一个权利共同体。在身份权中,由于现代民法把身份权理解为基于婚姻、家庭而享有的权利,而婚姻是按照契约精神来解释的,因而,婚姻是一种共同体,家庭是建立在婚姻基础上的共同体,所以身份权不仅反映共同体,而且本身就是某一共同体。

这样,依照现代民法的权利构成体系,我们可以认为,民法中的权利都是某一共同体的权利;共同体的群体背景,是我们理解民事权利的参照物。换一个角度,我们也可以认为权利是群体的产物,群体中的个人依靠各自的权利而行动;而群体是共同体各个成员"同意"的产物。这就是社群主义对共同体的基本理解。

传统民法理论只注意到了法律行为中意思表示的单方性,没有注意到意思表示需要对方的同意才能产生法律约束力。所有的权利都必须经过同意才能行动,任何人、任何组织都不能行使未经同意的权利。传统民法权利观过分看重了主体的自由意志,而无视他人、无视社会、无视责任与义务,这成为现代民法理论发展的"瓶颈"。

社群主义对权利的理解以群体为背景,强调权利是"共同意志"的产物,这是它给我们的最大启示。实现个人自由意志向共同意志的转变,是民法意志的第三次嬗变。

(三)"共同意志":尚需证成的结论

意志,不是先验地存在于民法之中,它有一个逐渐演进的过程。在人类社会早期,在民法尚未诞生的时候,作为人类认识历史、解释自然的工具,意志是按照神意来理解的。当人类走出了神话时代,获得了理性认知能力的时候,作为调整人类行为、规范社会秩序的形式理性工具的民法,首次把人的意志刻在人类精神家园的殿堂之上。从此,人意代替了神意获得了普遍的关注。从人的视角看神,人类意志得到了第一次苏醒,然而,苏醒的人的意志却被残酷的现实生活所砥砺。为了生存,“人意”不是“个人意志”的代名词,而是整体意义上的“类”的意志,这决定了当时民法中的主体是集体主义的形象,个人权利观念尚未诞生。个人意志的出现,是以文艺复兴、宗教改革、启蒙运动等为标志的近代以来的事情,这些解放运动标志着人获得了观察宇宙万物、审视自己及社会的全新角度。个人主义价值观结合近代理性哲学的哺育,使个人意志得到了前所未有的“张扬”。驰骋了两个多世纪的个人自由意志奠定了近代以来私法精神的“内核”,这是不容否定的历史进步。然而,一味地坚持纯粹的“个人意志”,会使现代私法“蜗居”在由理性主义传统所确立的意思自治的权利观中无法破茧而出。赋予权利以群体背景,强调权利是共同体中各方当事人意志一致的产物,把“自由意志”变成“共同意志”可能是今后民法理论发展的大致方向。

“共同意志”的形成,不是对“自由意志”的否定,而是对它的扬弃。从这个意义上讲,民法中主体意志的第三次嬗变剧烈程度远远低于前两次嬗变。第一次嬗变,人的意志的出现,这是人类历史上的大事,它的理论结果是,认识到人才是所有制度(包括民法制度)的焦点,人的一切也应该从人自己来认识,其实是为人类论证自己存在的正当性提供了精神支持。尽管当时的人的意志是整体主义的,但尝试着从哲学、法学、社会等角度(而非宗教的角度)来理解人和万物,这是人类诞生以来从未有过的事情。第二次嬗变,个人意志的出现,这是人类在经历了千年的整体主义意志论后的进步,它摧毁了与人类低生产力水平相适应、具有一定蒙昧性的整体主义社会结构。人文的激情、宗教的解放、启蒙的呼喊、科学的力量提高了个人(非人类)的自信,在理性哲学的浸润下,个人意志自由获得了空前的高涨,改造社会的革命实践的成功(如法国革命、意大利统一、德国统一、日本明治维新等)为自由主义权利观提供了坚实的社会土壤。在这种时代背景下,近代民法典以“书面理性”的成文法方式践行着权利主体的自由、平等、正义,其实是抽象的、带有康德哲学先验色彩的唯意志论。个人主义与自由主义联袂的时代精神特质尚未过去,至今仍是我们认识世界的不变选择,因此,对个人意志的肯定是所有民法理论的前提。现在看来,这个前提不能动摇。

所以,个人意志向共同意志的嬗变,绝不是对前者的否定,而是在坚持前者的前提下的“改革”。从这个意义上看,“共同意志论”带有某种改良的色彩,这也不同于前两次嬗变。第一次嬗变,人类意志对抗神灵意志,是对神灵意志的怀疑和否定;第二次嬗变,个人意志对抗整体意志,是对整体意志的否定;而第三次却是“修正”。这个“共同意志”不是建立在对前一次意志嬗变否定的基础上,注定了“共同意志”带有某种不彻底性和妥协性,到底我们能否用社群主义的有关思想来改造自由意志,真正证成“共同意志”的相关结论,还尚需时日检验。

五、结语

民法中意志的嬗变,是一个宏大的历史叙事方式,它所遵循的应该是历史分析的规则。当我们立足于“民法中的意志是个人自由意志”这个当代民法理论的基本命题,用历史的眼光去审视意志本身时,会发现不曾注意到的现象,也会得出不曾想过的结论。第一,人类意志不是人类最初认识世界万物的依据,最早解释万物的依据是神的意志,人类意志处于缺失状态;第二,民法中意志不是从来就有的,是人类把目光转向认识自己、认识社会的产物;第三,个人意志也不是民事主体意志的最初形式,民事主体最初的意志是整体意志,个人蜷缩于集体之中;第四,个人意志,即个人自由意志是中世纪后期人类几次思想解放运动的结果,是被实践证明了的对人类社会进步起着重要作用的意志形式;第五,共同意志是对个人自由意志的修正,不是从根本上否定自由意志;第六,用社群主义的思想给现代民法权利观以背景,可能是民法未来发展的趋势。

在我国,民法从新中国成立时就一直受到党和政府的高度重视,特别是十一届三中全会以来,随着我国改革开放事业的逐步深入开展,民法的理论研究、立法颁行和司法实践都有了长足进步,民法所体现的自由、平等、权利的私法精神形成了全社会的共识。目前,我国民事立法取得了重大进步,合同法、物权法、侵权责任法等民法典重要组成部分的顺利颁行,为几代民法学者为之不懈奋斗的民法典的呼之欲出奠定了决定性的基础。可以想象,未来问世的民法典将继续高举自由、正义、平等的大旗,秉持以权利为本位的私法理念屹立于东方大国的泱泱法律之林,彪炳千秋、昭示世人。

值得追问的是,如果我国民法典立法没有经过深厚的法学理论基石磨砺,而是单纯把原有的大陆法系民法典的各个组成部分在民法典体系范围内进行位置调整,这种民法继受国的"洗牌式"的法典制定,能否实现有关学者提出的"使中国未来的民法典赢得21世纪的民法典的桂冠"①目标,不由得让人怀疑。

因此,谨以此文提出一个方法,看能否用社群的思想"改良"一下我国民法理论研究的盲点,从而达到有关学者描述的那种理想:"人与人之间的关系不是你不犯我、我不犯你的消极关系,而是相互关爱、同舟共济的积极关系。这是一个人人共享的公民社会,每个人都努力培养为自治所需的个性和品质,并因此不断加强对群体的归属感。自由绝不仅仅停留在不受约束的层面上,而是通过个人对群体的完全参与表现出来。自由的个人在社群生活里随时调整个体行为的能力,体现着个人自治的精髓。"②若能如此,善莫大焉!

(王恒,西南科技大学法学院讲师,西南财经大学博士研究生。)

---

① 徐国栋主编:《中国民法典起草思路论战》,中国政法大学出版社2001年版,第142页。

② 夏勇:"我这十年的权利思考",载《中国民权哲学》,生活·读书·新知三联书店2004年版,序,第10~11页。

“过错推定责任”流变考

窦海阳

目　次

对于过错推定责任的认识,在我国学者之间一直存在两种对立的观点:一种观点认为过错推定责任应当是一般过错责任以外独立的责任类型。因为过错责任与过错推定责任首先在举证责任的承担方式上是截然相反的,这就使得两者在适用的范围上产生了差别,同时在功能作用上也存在不同,另外,这种责任也与无过错责任有着本质的区别,所以,过错推定责任在侵权法体系中具有独立的意义。[①] 另一种观点则认为过错推定责任仍然以责任人的过错为责任的根据或标准,它仅仅是实行了特殊的证明规则,即举证责任的倒置,这只不过是过错责任原则在适用中的一种特殊情形,在本质上仍然属于过错责任的范畴,因此,过错推定责任不可能成为一般过错责任之外独立的责任类型。[②] 学者们在探讨这个问题的时候,都将焦点集中在证明规则的讨论上,即推定技术对过错责任带来的变化是否足以改变过错责任的本质,然后,机械地分析这些责任之间是否存在区别,这种论证方式甚至使得双方观点都在使用同一种论据,其最终的结果就是互相都难以说服对方,也无法对过错推定责任进行准确的界定。

其实,对于过错推定责任性质的争论不休源于对这种责任历史演变过程的认知不清,正是由于过错推定责任特殊的历史演变过程,才形成了这种责任的特殊性质以及在侵权法体系中的特殊地位。然而,我国学者在对过错推定责任的历史演变过程的认识上存在一定的片面性和纰漏。学者们都认为过错推定理论是由法国法学家多玛(Jean Domat,1625~1696)提出的,然而随后又指出,这种理论的出现是对当时工业事故等侵权受害人扩大法律救济的一种措施。[③] 这种对过错推定责任产生原因的论断似乎是有欠妥当的。因为很明显,在多玛所处的年代,并不存在可以引起社会矛盾激化的工业事故,所以遏制事故的发生并不是多玛提出过错推定理论的初衷;只是到了后来,由于肇始于

---

① 该观点的主要代表是王利明,参见其论文"论过错推定",载《政法论坛》(中国政法大学学报)1991 年第 5 期;以及著作《侵权责任法研究》(上),中国人民大学出版社 2011 年版,第 211 页以下。另外,还有一些学者也持类似的观点,比如杨立新:《侵权责任法》,法律出版社 2010 年版,第 56 页以下;等等。

② 张新宝:《侵权责任法原理》,中国人民大学出版社 2005 年版,第 33 页;刘士国:《现代侵权损害赔偿研究》,法律出版社 1998 年版,第 40~42 页;等等。该观点似乎成为主流观点,乃至后来一些国家机关对于该法条的解释也采纳了这种观点,比如,全国人大常委会法制工作委员会民法室编:《中华人民共和国侵权责任法——条文说明、立法理由及相关规定》,北京大学出版社 2010 年版,第 24 页;王胜明:《中华人民共和国侵权责任法解读》,中国法制出版社 2010 年版,第 29~30 页;奚晓明主编:《侵权责任法条文释义》,人民法院出版社 2010 年版,第 43~51 页。

③ 张新宝:《侵权责任法原理》,中国人民大学出版社 2005 年版,第 33 页。

18世纪中叶的工业革命导致了各种事故的频发,为了适应社会的需要,法学家们才慢慢地开始考虑通过过错推定这种制度来遏制事故的发生,保护受害人。因此,将过错推定理论的产生完全地归功于遏制事故、扩大法律救济的需要,显然是经不住推敲的。因此,我们有必要对过错推定责任进行重新认识,通过对其历史演变过程的梳理,考察其产生的历史原因、现实的需要以及未来的发展趋势,说明这种责任究竟是否具有一种区别于其他责任类型的特质,从而确定这种责任在侵权法体系中应有的位置。通过对这些问题的解析,本文希望对中国《侵权责任法》中的相关规定进行恰当的解释,并对未来的变化作出合理的预测。

一、罗马法中经典的侵权责任体系:不存在过错推定责任

在侵权法体系中,人们需要对这两个方面进行平衡:一方面,“导致损害的过错应当受到处罚”,如果这个规则被极端化的话,就会由于总是要寻找出行为人所具有的过错而导致限制损害赔偿;另一方面,“损害必须得到赔偿”,如果这个规则被极端化的话,则会导致每一个损害都必须得到赔偿的后果。

罗马法为这两个方面的平衡提供了经典的范式:以《阿奎利亚法》为基础,形成了这样一个原则,即任何人出于故意或过失而非偶然,在没有任何正当理由的情况下,杀死或损害,或者总而言之,对他人的人身或物品造成损害的,他应该承担偿付一笔以罚金为名的钱款的义务。在这个原则中,行为的可归咎性与损害赔偿之间存在逻辑联系。行为的可归咎性即以故意或者过失作为责任的基础,当一个主体没有能够以一定的注意去避免发生损害别人受到法律保护的利益时,对于他的这种可归咎行为就应当施加某种处罚。以这种可归咎性为中心,这种原则可以潜在地扩展适用于一切具体的、新的情况。因此,在《阿奎利亚法》基础上得出的过错责任原则就构成了侵权法的基本原则,处于体系的中心地位,它可以自动地扩

展其适用范围。[①]

除了上述过错责任原则之外，为了扩大法律的保护范围，基于特殊的理由，还对一些责任类型进行了特别的规定，比如船东、旅店主或马厩主的责任，投掷物或倒泼物责任，放置物或悬挂物责任，动物致害责任，家子或奴隶致害的责任等。这些责任类型的效果类似于私犯，也是罚金之债产生的基础。然而，它们的归责基础与上述的一般责任类型是截然不同的，有的以责任人与行为人之间的关系为基础，有的以责任人的身份为基础，等等。[②] 不管如何，在这些责任类型中，超出了对可归咎性与损害赔偿之间逻辑联系的考虑，采取的态度是即使没有过错，某一主体也要对损害支付赔偿金。因此，这些类型没有被吸纳到上述一般性原则之中，而是由特别法予以规定。

在罗马法所建构的这个经典的侵权责任体系中，可以说对过错责任类型与无过错责任类型的区分还是很清晰的，我们既不能在《阿奎利亚法》责任类型中找到过错推定责任的痕迹，也无法在特殊责任类型中定位过错推定责任的位置。当然，这并不能说明在罗马法中没有推定的概念，其实，罗马人对于推定理论已经有了大量的讨论和适用，然而，从现有的资料来看，他们无意将其应用到侵权责任的确定上。[③]因此，我们可以初步地推断出，在罗马法所建构的经典侵权责任体系

① 该原则是经过古典法学家对《阿奎利亚法》所规定的行为类型及其构成要件的发展，以及查士丁尼编纂法学家对它们的完善，才得以形成的。参见 Sandro Schipani, *Contributi romanistici al sistema della responsabilità extracontrattuale*, Torino, 2009, pp. 135－136. 当然，对于过错责任一般原则源于《阿奎利亚法》的观点，也存在着不同的意见。Rotondi 教授认为近代的法国民法典以及意大利民法典中过错责任的一般原则并不是源自《阿奎利亚法》，而是源于自然法学派的学说。参见 G. Rotondi, *Dalla*“lex Aquilia”all’ art. 1151 Cod. Civ, *Ricerche storico-dommatiche*, in *Riv. dir. comm.*, 14, 1916, Ⅰ, p. 942. 法学界多采纳前一种观点，对于 Rotondi 观点的批评，可参见 Sandro Schipani, *Responsabilità «ex lege Aquilia». Criteri di imputazione e problema della «culpa»*, Torino, 1969, p. 22。本文采纳 Schipani 的观点，过错责任的一般性原则在罗马法中渐已成型，自然法学派只不过是将这个原则无限拔高，成为侵权法的绝对原则，统领所有的侵权责任类型。

② Cfr. Mario Talamanca, Istituzioni di diritto romano, Milano, 1990, pp. 632－633.

③ Cfr. Roberto Reggi, voce *Presunzione* (*diritto romano*), in *Enciclopedia del diritto* (XXXV), Milano, 1971, p. 255.

中,过错推定责任并不占有一席之地。

二、过错推定责任的产生

(一)过错推定责任的隐现

那么,过错推定责任究竟发端于何处?这得从过错责任原则扩张所导致的后果中寻找。实际上,上述的经典侵权责任体系并非是一成不变的,随着过错责任原则的扩展,原有的平衡也逐渐被打破了。在《阿奎利亚法》之后的数个世纪直到查士丁尼法时代,一直存在这样一种趋势,就是要将过错责任原则作为唯一的原则来统合侵权责任的诸领域,将所有的特殊类型全部吸纳到统一的过错责任类型之中。① 因此,过错责任原则在原本就可以潜在地适用于一切新情况的基础上具有了更为强大的扩张力,使得一些无过错责任类型的内部构造发生了变化。比如,我们可以在查士丁尼的《学说汇纂》中看到,在投掷物或倒泼物责任中,出现了对居住者过错的考察;在船东、旅店主或马厩主的责任中,出现了使用人"存在自己的过错"的表述。② 实际上,这些片段中对责任人过错的考察在《学说汇纂》所收集的法学家原来的话语中是不存在的,这些关于"过错"的表述是查士丁尼时代的编纂法学家为了适应上述趋势在法典编纂过程中添加到相关的原始片段之中的。③

---

① Cfr. Sandro Schipani, *Rileggere i Digesti*: *Contributi romanistici al sistema della responsabilità extracontrattuale*, 2009.

② 关于相关的片段,可参见比如,D.9.3.1.4:乌尔比安:《论告示》(第23卷),这一事实诉权被授予用来对抗那些在投掷或倾倒出某物时居住在房屋中的人,而不是房屋的主人,因为过错在居住者身上……D.4.9.7.4:乌尔比安:《论告示》(第18卷)。此外,通过这个诉讼,船东要以自己的名义负责,很明显(这是因为)使用了这种人的人存在自己的过错……

③ Cfr. R. Fercia, *Criteri di responsabilità dell'* exercitor—modelli culturali dell' attribuzione di rischio e regime della nossalità nelle azioni penali in factum contra nautas, caupones et stabularios, Torino, 2002, p. 93; F. Serrao, *Impresa e responsabilità a Roma nell' età commerciale*, Pisa, 1990, p. 102; Geofferey Mac Cormack, Culpa in eligendo, in *REVUE Internationale des Droits De L' antiquité*(XVIII), 1971, p. 525;等等。另外,关于添加,是查士丁尼皇帝的编纂者们在汇编《民法大全》的过程中在保持原始文献本来面貌的前提下对相关文本所做的符合当时实际需要的修改。参见[意]朱塞佩·格罗索著:《罗马法史》,黄风译,中国政法大学出版社2009年修订版,第343页以下。

通过这些添加,过错责任原则的适用范围得到了进一步的扩张,原本纯粹的无过错责任类型逐渐被渗透和改造,从而在客观归责的基础上披上了主观过错的外衣。这样,原本纯粹的无过错责任类型因混杂了对责任人主观方面的考虑而逐渐被纳入过错责任类型的范畴,但是,这些类型原先的客观归责基础仍然存在,需要与纯粹的过错责任进行区别,因此,这就形成了一类特殊的责任类型。对此,现代法学家们认为,后世的过错推定责任就是发端于此。①

(二)过错推定责任的确立

查士丁尼法中过错责任原则的发展,经过中世纪法学家的延续,被后来的自然法学者所继承。我们都知道,在中世纪之后,受启蒙运动思想的影响,社会日渐进步,家族逐渐解体,个人成为经济、政治、社会各方面的独立主体,任何关系的发生都以个人独立的自由意志为准,而在侵权法领域与这种理念相适应的过错责任原则,在经济上可以促进社会资源的有效配置,在道德上符合正义的要求,在社会价值上可以恰当地调和个人自由与社会安全这两个基本价值。因此,自然法学者在价值层面上对过错责任原则进行了拔高,将过错责任原则作为侵权法领域的绝对原则,适用于所有的侵权责任类型的归责,不得有例外。②

我们可以看到自然法学派的代表人物格劳秀斯在《战争与和平法》第 2 卷第 17 章③中,对注释法学者以及评注法学者相关的解释和体系化工作进行了汇集。格劳秀斯的贡献不仅仅在于简单的综合,更在于对概念术语的重新考虑。在此,格劳秀斯将不法行为完全等同于过错,不法行为之所以会产生相应的损害赔偿责任,是因为实施该行为时所具有的过错。这实质上就是自然法学派一贯主张的原则——"无过错即无责任"。也就是说,对民事主体进行归责,必须在其主观上找

① 参见上注,第 102 页以下;F. Galgano, *Trattato di diritto civile*, Vol. Ⅱ, Milano, 2009,912。

② Cfr. Pietro Cerami, *La responsabilità extracontrattuale dalla compilazione di Giustiniano ad Ugo Grozio*, *La responsabilità civile da atto illecito nella prospettiva storico-comparatistica*, a cura di Letizia Vacca, Torino, 1995, pp. 107 – 122.

③ Cfr. Hugo Grotius, *De iure belli ac pacis*, editionis anni 1993, scientia verlag aalen, p. 427.

到故意或者过失来作为基础,否则,民事主体不承担责任。

那么,在这种绝对原则的统领下,应当如何对罗马法中过错责任之外的特殊责任类型进行解释?自然法学者多玛和波蒂埃(Robert Joseph Pothier)为此提供了答案。多玛指出,在罗马法既存的特殊责任类型中,比如落下物与投掷物之诉、动物导致的损害、建筑物倒塌或新施工所导致的损害等,只要发生了损害事件,那么,责任就应当由根据社会经验所预先确定的主体来承担,比如投掷物房屋所有人或居住人、动物所有人或看护人、倒塌建筑物的所有人等,因为损害事件的发生就可以说明这些主体存有过错;这与一般的过错责任类型是不同的,对于一般的过错责任类型来说,责任主体都是不确定的,并不具有预先确定的身份,只有在能够证明某一主体存在过错的情况下,才能要求该主体承担责任。[①] 在多玛的理论建构中,我们可以看出对预先确定的主体在发生损害事件的情况下推定其具有主观过错而责令其承担责任,这恰恰就是对过错推定责任的建构。在多玛的基础上,波蒂埃在《论债》一书中,根据罗马法的相关片段,进一步指出了当子女、被监护人、学徒或者被使用人导致了他人的损害,可以推定父母、监护人、家庭教师、使用人存在过错,因为他们能够阻止不法行为的发生却没有阻止,所以这些主体就应当承担相应的责任。[②]

经过多玛的提出以及波蒂埃的完善,过错推定责任的类型基本成型。由于这两位法学家对法国法的巨大影响,《法国民法典》继承了上述两位法学家的相关论述,在第1384条至第1386条中规定了对他人行为之侵权责任、动物致害责任、建筑物致害责任。根据当时的主流理论以及立法者的指导思想,这三类责任在性质上属于过错推定责任:在父母、监护人以及家庭教师责任中,当子女、被监护人等导致了他人的损害,则推定父母、监护人等有监管过失,那么就应当承担责任;在使用人责任中,当被使用人导致了他人的损害,则推定使用人有选任过失,

---

① Cfr. Domat, *Le leggi civili disposte nel loro naturale ordine*, tr. It., Pavia, 1825, Ⅱ, p. 280.

② Cfr. Pothier, *Trattato delle obbligazioni*, in *Opere di G. R. Pothier* (Tomo Primo) (seconda edizione italiana), Livorno, 1841, pp. 94, 237.

那么也应当承担责任;在无生命物致害责任以及动物致害责任中,当动物或者无生命物致害,则推定所有权人或者管理人有监管过失,同样应当承担责任。[①]

除了《法国民法典》之外,其他同时代的民法典,比如意大利1865年的民法典也对此进行了沿袭。这不仅表现在意大利1865年旧民法典的条文(第1153条以下)基本上照搬了《法国民法典》的上述条文,而且还表现为意大利当时的学说理论也与法国的相类似,完全采纳了多玛和波蒂埃的理论。[②] 这种理论影响深远,乃至在近一个世纪之后,《德国民法典》也采纳了这种做法。我们可以看到,在《德国民法典》中,第831条(为事务辅助人而担负的责任)、第832条(监督义务人的责任)、第833条(动物饲养人的责任)、第834条(动物看管人的责任)、第836条(土地占有人的责任)、第837条(建筑物占有人的责任)以及第838条(建筑物维护义务人的责任),就是德国学者们在民法典生效初期通常界定的关于过错推定责任的规定。[③]

(三)对过错推定责任救济功能的赋予

从上面的分析可以看出,过错推定责任的产生是由于它可以满足

---

① Cfr. C. B. M. Toullier, *Il diritto civile francese* (secondo l' ordine del codice), XI, Napoli, 1832, p. 240; G. Lacantinerie, L. Barde, *Delle obbligazioni*, *Trattato teorico-pratico di diritto civile*(Ⅳ), Milano, 1913, p. 615.

② Cfr. P. Mazzoni, *Istituzioni di diritto civile italiano*(Ⅳ), quinta edizione, Firenze, 1920, p. 228; P. Chironi, *Colpa extracontrattuale*, Ⅱ, Torino, 1906, p. 112; G. Giorgi, *Teoria delle obbligazioni*(Ⅴ), Firenze, 1904, p. 403; G. Consolo, *Trattato sul risarcimento del danno in materia di delitti e quasi delitti*, Torino, 1914, p. 337; G. Venezian, *Danno e risarcimento fuori dei contratti*, in *Studi sulle obbligazioni* (Ⅰ), Roma, 1918, p. 275; Ruggiero R., Istituzioni di diritto civile(Ⅱ), Messina, 1930, p. 498; Caravelli, *Per una nuova costruzione della responsabilità per fatto altrui*, in *Rivista Italiana Scienza Giuridica*, XVI, 1938, p. 160; G. Pacchioni, *Dei delitti e quasi delitti*, *Diritto civile italiano*(Ⅳ), Milano, 1940, p. 221; ecc.

③ 在这些过错推定责任的条文中,法律文本以格式化的形式推定请求权成立的前提条件(中的过错),随后的表达方式就是"……即不出现赔偿义务",在上述的条文中都有此相同的措辞,以此来规定当加害人不存在过错时,免除其赔偿义务。参见[德]马克西米利安·福克斯:《侵权行为法》,法律出版社2006年版,第171页以下;Fedtke J., Magnus U., *Liability for damage caused by others under German law*, in *Unification of tort law: liability for damage caused by others*(a cura di Spier. J), Londra, 2003, p. 107.

将过错责任原则作为绝对原则贯彻到整个侵权法体系的理论需求。由于过错责任原则在经济方面、道德方面、社会方面所具有的功能都符合近代民法的基本理念,因此,该原则被奉为近代民法侵权责任领域的金科玉律,不得有任何例外。这就要求对原本以客观原因作为归责基础的无过错责任进行改造,将其纳入过错责任领域。在这一背景之下,过错推定责任就承担了这项任务,通过理论的解释,推定具有特定身份的责任人对损害事件的发生具有过错,并基于这种推定的过错来使其承担责任,从而掩盖了原本归责方面的客观原因,使得原来采纳的无过错责任在形式上具备了过错责任的特征,这样,过错责任原则就被贯彻到了侵权法的整个领域。

然而,过错推定责任的这种产生原因使得该责任所具备的在理论上的改造功能似乎并非侵权法制度所应当具备的功能。我们都知道,每一种侵权法制度都应当具备为受害人提供适当救济的功能,同时,还要根据社会的现实需要对各方利益进行平衡,不能对行为人苛责过重的负担。那么,过错推定责任存在的合理性基础除了在产生原因上所具备的理论功能之外,还需要具备上述的救济和平衡功能,而这种功能的赋予在工业社会大变革的环境下催化完成了。

在过错推定理论提出之后的近两百年里,资本主义世界的工业革命兴起并不断地深入到社会的每一个角落,伴随着经济的增长、科技的发展,相应的各种事故也不断增多,如果完全按照纯粹的过错责任要求受害人证明行为人过错的话,会在很多情况下造成不公正的后果。比如,由于企业内部管理的原因使得不合格的雇员导致了他人的损害,受害人要想证明雇主的过错就必须深入企业内部进行调查,这会使得受害人在很多情况下无法完成这种举证责任,而且即使完成了,这种调查成本也是非常高昂的。如果在这种情况下仍然按照纯粹的过错责任来处理的话,很可能造成不公正的后果,即损害由受害人自己来承担。所以,在这种情况下,推定雇主在选任雇员方面存在过错,导致了损害事件的发生,从而使雇主承担责任;如果雇主想免除责任,则可以通过自己所掌握的相关事实,特别是内部管理方面的证据,来证明自己不存在过错。这样既不会给雇主造成很大的压力,妨碍企业的管理,阻碍经济的发展,又可以给予受害人适当的保护,从而使得各方的利益达到平衡。这样,过错推定责任就以其特殊的推定机制完成了在特殊情况下的救济和平衡任务,具备了作为侵权法的具体制度而存在的合理性基础。

由此可以看出,尽管过错推定责任的产生原因和目的是将过错责任原则贯彻到整个侵权法领域,但是近代的侵权法又从客观的适用效果入手,运用过错推定责任来应对新社会环境下的一些侵权事件,以解决纯粹的过错责任所不能解决的问题,故而过错推定责任还在实际应用方面体现出了存在的价值。

三、过错推定责任的变化

(一)过错推定责任存在价值的改变

从上面的分析可以看出,对于过错推定责任制度的需要,一方面是在理论层面上可以满足过错责任原则成为侵权法绝对原则的价值要求,另一方面是在技术层面上可以对一些情况下的受害人提供一定程度的公平救济,平衡各方面的利益。但是,如果我们在现实需要中发现它的这些存在价值随着社会需要的变化逐渐减弱了,那么,为了与社会的现实需要相适应,就有必要缩减过错推定责任的适用范围。的确,由于过错推定责任本身的原因以及社会的现实需求的变化,过错推定责任逐渐显露出一些缺陷,在某些方面难以适应社会的需要,这也就使得这种责任的适用范围逐渐缩小了。

1. 理论方面的缺陷

尽管在近代民法的理念中过错责任原则被作为侵权法的绝对原则渗透到侵权法的所有领域,原本属于无过错责任的类型被改造成过错推定责任而纳入过错责任原则的统领之下,但是,这种理论设想在各国的民法中却从来就没有被完全地贯彻下去,也就是说,过错推定责任并没有被彻底地当成过错责任。① 那么,我们需要继续思考为什么各国

① 首先,从立法形式上来看,在法国民法典、德国民法典以及其他各国民法典中,除了关于过错责任原则的一般条款之外,我们还可以看到用于规定诸多过错推定责任类型的专门条文。其次,从理论的界定上来看,过错推定责任被认为是一种中间责任,是介于过错责任与无过错责任之间的“灰色地带”,在论著的结构上也大多是以独立的章节对这种责任进行单独讨论。参见 M. Bianca, *La responsabilità*, *Diritto Civile* (Ⅴ), Milano, 1994, p. 573。同前注,第 171 页以下;王泽鉴:《侵权行为法》第 1 卷,中国政法大学出版社,第 274 页;等等。

民法没有将过错推定责任当成过错责任。我国的学者们在讨论过错推定责任与过错责任之间区别的时候,将焦点集中在推定技术上,试图通过这种纯粹的证明手段的不同来说明两种责任类型之间存在本质的不同。然而,过错推定仅仅是一种技术性的证明手段,是指当法律规定的某种事实有待证明时,为避免举证困难或者举证不能现象的发生,于是法律明确规定只需其他事实得以证明,如无相反的证明,则认为该事实存在。① 单纯依据这种证明手段的不同,并不能说明这两类责任之间存在根本的差别,我们仍需透过这种表面化的分析去寻找它们之间所存在的本质区别。

其实,我们可以进一步思考为什么在过错推定责任中要进行举证责任倒置。如前所述,过错推定责任的产生并不是为了在工业时代扩大对受害人的救济,那么对责任人所负担的倒置的举证责任尽管在客观上对受害人有利,但事实上却并不是源于对受害人扩大救济的考虑。其真正的原因是这些过错推定责任的归责基础中所隐含的客观原因,基于这些客观的原因,当损害事件发生之后,责任就由具有特定身份的责任人承担;但是为了应对在侵权法领域完全适用过错责任原则的要求,又不得不刻意地去解释在既已确定的责任人主观方面存在过错。那么,在根据客观原因所确定的责任承担者与"无过错即无责任"之间,只有通过推定技术的运用,以损害事件的发生来推定既定的责任人具有主观过错,从而掩盖这些责任类型原本所依据的客观原因;这些原因或者是责任人所拥有的比如父母等身份,或者是责任人与行为人之间客观存在的雇佣关系,或者是责任人对物所具有的所有权关系等。因此,尽管过错推定责任是无过错责任被过错原则渗透改造的结果,但是这些责任类型原本所具有的客观原因是无法被彻底抹除的。正因为如此,过错推定责任始终没有被完全当作过错责任。西方学者们在讨论父母、监护人等责任的时候,尽管可以通过学理上的解释,刻意地去寻找父母、监护人等在主观上的监管过失,但是,仍然无法回避这种责任的产生根源是父母与子女之间的亲权关系、监护人与被监护人之间的监护与被监护的关系。同样,在雇主责任中,通过过错责任原则解释

① Cfr. Lamberto Ramponi, *La teoria generale delle presunzioni*, Torino, 1890, p. 99.

出雇主承担责任的基础是雇主在主观上所存在的选任过失，但是，雇主与雇员之间的雇佣关系也是不可忽视的；在无生命物致害责任以及动物致害责任中，推定所有权人或者管理人有监管过失的同时也不能消除所有权等关系所起到的决定作用。① 由此可以看出，各国的民法理论没有彻底消除对过错推定责任归责基础中所隐含的客观原因的考虑，过错推定责任并没能将过错责任原则作为绝对原则的理念真正地贯彻下去。

不仅如此，过错推定责任产生的理论前提也在质疑声中逐渐被抛弃了。如前所述，过错责任原则保障了个人的活动自由，使得近代资本主义社会的经济得到了迅猛的发展，这种贡献是不可否认的，因此，过错责任原则在近代民法中被奉为绝对原则，成为侵权法的一种价值性宣言。但是，我们同样不可否认的是，对这种原则的完全贯彻会在一些特殊的情况下牺牲对受害人损害的充分救济。进入现代社会之后，伴随着科学技术的高速发展，各种复杂的、大型的、具有高度危险的机器设备大量出现，专业分工愈发细密，在实现经济飞速增长的同时，也导致了过去预想不到的各种事故、灾难的发生。对于这些新情况，即使当事人按照传统的认定标准，尽了充分的注意义务，不构成过错，但是事故仍然会给他人造成损害。当发生与各种复杂的机械设备、分工组织相关联的致害事件时，要证明责任人的过错是极其困难的，甚至是不可能的，倘若仍然仅仅根据过错原则在行为人主观方面寻找可归咎之处的话，往往会因不能确定行为人的主观可归咎性而由受害者自己来承担损害，这样不利的局面很容易造成严重的社会问题。因此，单一的过错责任原则越来越不能适应现代社会纷繁复杂的生产关系以及人际组织关系。为了避免严重社会问题的产生，为受害人提供充分的救济，在

---

① Cfr. C. Salvi, *La responsabilità civile*（seconda edizione）, Trattato di diritto privato（a cura di Giovanni Iudica e Paolo Zatti）, Milano, 2005, p. 181; R. Scognamiglio, voce *Responsabilità per fatto altrui*, in *Novissimo Digesto Italiano*, XV, Torino, 1968, p. 697; F. Messineo, *Manuale di diritto civile e commerciale*（Ⅴ）, Milano, 1972, p. 569; F. Galgano, *Trattato di diritto civile*（Ⅱ）, Milano, 2009, p. 979; G. Visintini, *Trattato breve della responsabilità civile*, Terza edizione, Milano, 2005, p. 635; M. Franzoni, *L' illecito*, Milano, 2004, p. 596., ecc.

现代社会中,过错责任原则只能作为一般性的原则,仅仅适用于那些法定的特殊责任之外的类型,而不能成为侵权法的唯一原则。既然过错责任原则不再是侵权法的唯一原则,那么过错推定责任原先在理论上的改造功能就不必存在了。

2. 实际应用方面的缺陷

随着现代社会的深入发展,一些传统的侵权事件有了新的发展,而且还出现了一些新的侵权事件。在这些事件之中,侵权人与受害人之间的关系愈发复杂,对双方之间的利益平衡也愈发困难,过错推定责任的救济能力在这些方面表现出了一定的局限性。比如,在雇主责任中,即使在损害事件发生之后推定雇主存有选任过失(尽管如有的学者所说的,这对受害人有利,因为在这种类型中,证明责任在责任人一方,他只有在证明自己不存在过错的情况下,才能免除自己的责任),然而,由于现代社会组织关系的复杂性,实施致害行为的雇员与最后承担责任的雇主之间并没有直接的联系,雇主完全可以通过证明自己在选择雇员方面不存在过错而免除自己的责任。那么,大规模企业在享有巨大经济收益的同时又可以依靠复杂的组织关系来免除自己的责任,而最后的损害由受害人自己承担,这样就会造成极其不公正的后果。因此,现代各国的民法学说根据自身的社会经济发展的需要,大多在这种责任领域完全抛弃了选任过失理论,转而采纳基于雇主与雇员之间雇佣关系的"风险"理论来解释这种责任。在现代社会中新发展起来的高度危险责任也是如此,由于现代科技的复杂性、危险的不可预测性、影响范围的广阔性,即使在这种领域适用过错推定,责任人仍可以轻易地通过证明自己不存在过错来免除自己的责任。① 在机动车交通事故责任中,一些令人觉察不到的、瞬间的操作疏忽并不能达到传统意义上认定过错的标准,但是这种疏忽却会造成巨大的损害后果,如果适用过错推定责任的话,也会造成不公正的后果,因此,在经济发达的国家,一般会将机动车交通事故责任作为无过错责任的类型,而不适用过错推

① Cfr. Marco Comporti, Fatti illeciti: le responsabilità oggettive, Milano, 2009, pp. 79, 150.

定制度。[①] 另外,还有些国家根据本国的实际情况,通过家庭责任保险制度的发展,将父母对子女的责任从原来的过错推定责任转变成客观责任。[②] 上述现代社会出现的种种新情况似乎使得过错推定责任在救济受害人方面逐渐显得捉襟见肘,因此,随着现代社会的发展,在一些领域有必要对过错推定责任制度进行一定修正或者用其他制度来替代。

(二)对过错推定责任现实需要变化的应对措施

面对过错推定责任在现代社会的变化,各国在司法实践中甚至在立法上都作出了应对措施。在司法实践方面,各国法院在对相关的法典条文的解释上作出了相应的改变。比如,法国最高法院民庭在1997年2月19日的判决中指出,对于《法国民法典》第1384条第7款规定的“如父、母与手艺人能证明其不能阻止引起责任的行为,前述责任得免除之”的解释,不能将这里的“不能阻止引起责任的行为”认为是由于父母没有尽到教育、监管义务所存在的主观过错,而应当认为是由于不可抗力或者受害人过错的缘故,只有在这种情况下父母方可免责。法国最高法院的这种解释就改变了传统的以监管过错为基础的观点,抛弃了在父母、手艺人责任方面的过错推定的方式,而是以父母与子女之间的亲子关系、手艺人与学徒之间的监管关系为基础将父母、手艺人的责任解释为客观责任。[③] 在意大利1942年的民法典中,第2049条规定了“主人和雇主对其佣人和雇员在履行职务时的不法行为导致的损害承担责任”,由于该条文并没有关于免责证明的规定,原来持传统观点的学者认为这是一种绝对的过错推定责任,即法律排除了责任人免责证明的可能性,只要有损害的产生,就可以推定责任人在主观上存有过错,就应当承担责任。但是,现在的意大利司法实践则指出,这种所

---

① 于敏:《日本侵权行为法》,法律出版社1998年版,第296页以下。

② Cfr. G. Viney, P. Jourdain, *Le conditions de la responsabilité*, in *Traité de droit civil*, Paris, 1989, p. 974. 关于欧洲各国关于未成年子女致人损害责任的家庭责任保险的相关资料,参见 Miquel Martin-Casals ed., *Children in Tort law: Children as Tortfeasors*, Sprinter Verlag, Wien, 2006, pp. 436, 437。转引自薛军:“走出监护人‘补充责任’的误区”,载《华东政法大学学报》2010年第3期。

③ Cfr. G. Viney,前引书,第1000页以下。

谓的绝对过错推定责任实质上与纯粹的客观责任没有差别,因此没有必要在该领域继续沿用过错推定责任了,不如直接以客观(无过错)责任来予以确定。[①] 在德国,情况也是如此,雇主责任也是从原先的过错推定责任通过解释以及《德国民法典》第278条的援用而变成了无过错责任。[②]

除了司法实践在解释上的变化之外,我们还可以注意到,在欧洲近来出现的几个侵权法草案中,都将一些原本属于过错推定责任的类型划归无过错责任之中。比如,巴尔领导的侵权法研究小组所起草的《因他人导致的损害而产生的契约外责任》,在第3章第2节关于无过错责任的8个条文中,就将诸如雇主责任、动物致害责任等原本的过错推定责任类型纳入其中。

(三)过错推定责任在现代侵权法中的应然地位

从上面的分析我们可以看出,基于过错推定责任产生的历史原因,这种责任在理论建构方面具有存在价值,不仅如此,在实际应用方面也可以在一定的社会条件下为受害人提供公平的救济,平衡各方的利益。但是,随着社会的变化和理论环境的改变,过错推定责任丧失了原本存在的理论改造的作用,同时在某些领域在受害人的救济、社会公正的维护等方面有着诸多缺陷,因此,各国民法的理论与实践都根据各自的实际情况在一些领域将过错推定责任类型修正为无过错责任。那么,是否就可以说,由于过错推定责任的缺陷,应当在侵权法体系中彻底抛弃这种责任呢?

笔者认为,尽管在抛弃过错责任原则作为侵权法的绝对原则的前提下,逐渐恢复过错推定责任的一些类型原来的面目即其原本所依据的客观原因,从而使得这些责任类型逐渐地回归到无过错责任领域之中,相应地,过错推定责任在现代各国侵权法中的适用范围也就缩小了,但是这里需要强调的是,我们并不能认为过错推定责任就可以取消,从而否认这种责任在现代侵权法中的必要地位。在现代侵权法体

① Cfr. Marco Comporti,前引书,第87页以下。

② 王泽鉴:《民法学说与判例研究》(Ⅰ),中国政法大学出版社2003年版,第4页以下。

系中,过错推定责任仍然有重要的地位。

我们可以看到,各国的民法典以及新近出台的各部草案,乃至各国的司法实践,仅仅是在一定程度上缩小了过错推定责任的适用范围,而无论如何都仍然保留了过错推定责任,究其原因,还是由于过错推定责任本身所具有的实用价值。

一方面,从体系的构建来看,由于这种责任兼具主客观原因,因此可以作为纯粹的过错责任与无过错责任之间的过渡责任,由各国的立法者根据本国的实际情况灵活地确定这种责任的范围,从而使得侵权法体系达到一种动态的平衡。比如,前面说过的,法国法由于本国建立的责任保险制度将父母对子女的责任从原来的过错推定责任划为无过错的客观责任,而没有建立起这种制度或者实际认为需要给子女更大活动空间的意大利则仍然坚持过错推定责任。① 另一方面,从具体的应用来看,由于这种责任在形式构成方面具有特殊的推定机制,可以根据实际的需要,适当地平衡加害人与受害人之间的利益,在一些情况下,既可以弥补纯粹过错责任在保护受害人方面的不足,又可以克服无过错责任在归责加害人方面的刻板。特别是在无过错责任扩张的现代侵权法中,在没有保险等相关制度配合的情况下,过错推定责任可以在对受害人的救济与对加害人的苛责方面起到非常恰当的平衡作用,使得在对受害人提供合适救济的情况下也不至于过度地加重侵权人的负担。

因此,现代各国都会根据本国实际情况的需要在侵权法体系中留有过错推定责任的一席之地,将其作为纯粹的过错责任与无过错责任之间的过渡责任、中间责任。②

四、结论:对《侵权责任法》的启示

基于本文对过错推定责任历史演变的梳理和分析,我们可以得出

---

① Cfr. Marco Comporti, *Fatti illeciti: le responsabilità presunte*, Milano, 2002, pp. 202ss.

② M. Bianca, *La responsabilità*, *Diritto Civile* (Ⅴ), Milano, 1994, p. 573;[德]马克西米利安·福克斯,前引书,第 171 页以下;王泽鉴:《侵权行为法》(第 1 卷),中国政法大学出版社,第 274 页;等等。

以下结论:从起源来看,过错推定责任并不存在于罗马法之中,它的产生是为了迎合自然法学的价值理念,以过错责任原则为绝对原则,对罗马法中的无过错责任类型进行改造,在预先确定特定主体为责任人的前提下,在责任人的主观方面寻找原因,将责任人的过错作为归责基础,逐步地掩盖这些责任类型中原来所根据的客观原因。而在近代社会,随着工业事故的频发,这种责任在实际上又起到了扩大对受害人的救济的作用。但是,在现代社会,随着它的理论前提的破灭以及无过错责任的发展,过错推定责任的一些类型会慢慢地抛开过错的掩盖,重新以客观原因作为归责基础,从而逐渐地过渡到无过错责任领域。不过,过错推定责任在一些领域仍然有其独特的价值,现代各国都会根据本国实际情况的需要在侵权法体系中留有过错推定责任的一席之地,将其作为纯粹的过错责任与无过错责任之间的过渡责任。

那么,根据上述结论,我们可以对我国《侵权责任法》中关于过错推定责任的规定进行一定的解读。

《侵权责任法》第6条第2款是对过错推定责任的一般性规定:"根据法律规定推定行为人有过错,行为人不能证明自己没有过错的,应当承担侵权责任。"在分则的规定中,第38条关于对无民事行为能力人在幼儿园、学校或者其他教育机构内受到损害的责任、第48条关于机动车交通事故责任、第58条关于医疗机构的责任、第81条关于动物园的动物致人损害责任、第85条关于建筑物管理瑕疵损害责任、第88条关于堆放物倒塌损害责任、第90条关于林木折断致人损害责任、第91条第2款关于窨井等地下设施损害责任属于过错推定责任类型。①

首先,从法条的位置来看,关于过错推定责任一般性规定的第6条第2款,与过错责任一般规定的第6条第1款属于同一条,共同置于关于无过错责任的第7条之前。根据上面的结论,我们对于《侵权责任法》第6条第2款所规定的过错推定责任的解读应该是这样的:第6条第2款规定的过错推定责任既区别于第7条的无过错责任,又不同于第6条第1款的过错责任,在实质上,这种责任属于这两类责任之间的

① 王胜明主编:《中华人民共和国侵权责任法解读》,中国法制出版社2010年版,第30页。

中间责任。①

其次,由于过错推定责任的适用范围与无过错责任一样都是法定的,属于第 6 条第 1 款所规定的一般过错责任的例外形态,也就是我们常说的特殊责任类型,因此,过错推定责任的适用范围应当由法律进行明确的列举,那么,第 6 条第 2 款是对法律保留原则的适用。也就是说,根据该款的规定,只有法律明确规定可以适用过错推定的情况才能适用,否则不得适用。其他的行政法规、部门规章、地方性法规等低于法律这一层级的规范性文件都不得规定过错推定责任的类型。在一般性规定之外,《侵权责任法》第 38 条、第 48 条、第 58 条、第 81 条、第 85 条、第 88 条、第 90 条、第 91 条第 2 款属于过错推定责任的法定类型。当然,除了《侵权责任法》之外,属于法律这一层级的规范也可以依据《侵权责任法》第 6 条第 2 款对社会生活所需要的过错推定责任类型另外进行明确的规定。

最后,我们还可以对《侵权责任法》中规定的过错推定责任具体类型的未来进行一定的预测。如上面的结论所述,过错推定责任的适用范围会随着社会的发展而有所变化,一些责任类型会慢慢地抛开过错的掩盖,重新以客观原因作为归责基础,从而逐渐地过渡到无过错责任领域。上面所提到的《侵权责任法》的条文将这些类型确定为过错推定责任,是经过了几十年的立法、司法实践所总结出的经验,都是适应中国当前的国情以及社会需要的;但是,随着社会的发展,我们至少可以预见其中的一些责任类型会逐渐地抛弃对责任人过错的考虑而彻底地成为无过错责任的类型。比如机动车交通事故责任,目前来说,由于我国的交通设施不健全等缘故,为了不对经济发展造成过分的桎梏,因此确立了适合当前国情的过错推定责任。但是,随着我国交通设施的完善、科技的发展以及对行人保护的增强,机动车交通事故责任必然会

① 这种解读似乎与全国人大之前公布的侵权责任法草案的条文位置更吻合,之前公布的草案是将过错责任、过错推定责任、无过错责任分别以三个独立的条文进行规定的。但是,在正式文本中,可能出于一些对过错推定责任的误解而将过错推定责任以一个条款的形式附加在过错责任的一般性规定之下。在未来的民法典编纂中,似乎有必要恢复原来草案的条文安排,这样更为符合过错推定责任的性质,即属于过错责任与无过错责任之间过渡性的中间责任。

脱离过错推定责任领域,而被纳入无过错责任领域;在医疗损害责任领域,《侵权责任法》将其作为过错推定责任,是综合地考虑了目前医疗水平、医患关系等因素而作出的符合国情的规定,但是,随着我国医疗水平的提高以及相关的医疗保险制度的完善,这种责任也会逐步脱离过错领域,责令医疗机构承担无过错责任的。总之,我国的《侵权责任法》应当在符合国情的前提下,适时地调整过错推定责任的范围,以保证受害人与加害人之间利益的平衡。

(窦海阳,中国社会科学院法学研究所博士后研究人员。)

效率违约证伪

刘廷华

目　次

一、效率违约理论概述

契约必须遵守是合同法历来的传统，也是一般的道德原则。“法律中为什么会有道德和精神的包袱，这同大多数法律原则都基于传统这一事实是相联系的。更进一步，法律越是符合流行的道德观念，外行人就越容易理解和服从法律。”①但是，霍姆斯坚持认为道德和法律应该相互区分，并在此基础上构筑起契约选择理论。他主张任何人都有

① ［美］波斯纳：《道德与法律理论的疑问》，苏力译，中国政法大学出版社 2002 年版，第 240 页。

订立合同的自由,当然也有选择违反合同的自由。“所谓履约义务本身是一种假象,因为一个合同当事人具有一种选择——履约或在不履行时赔偿损失,缔结合同并不承担履行的义务。在普通法上遵守契约的义务只是一种预测:如果你不遵守,就必须支付损害赔偿,除此之外别无其他。”①霍姆斯的契约选择理论一经提出就得到了不少学者的支持,如Farnsworth就认为:“受允诺人依赖他人的契约而不是强迫允诺人履行允诺,可能更与自由企业鼓励契约的使用相一致。无论如何,与著名的缔约自由相伴随的同样是广泛的违约自由。”②摆脱了道德的束缚,契约选择理论为效率违约奠定了理论基础。“合同法并不关心当事人选择违约还是履行合同,而在于为合同当事人提供一项履行合同或赔偿损失的选择——只要结果会增进效率就鼓励不履行。合同条款应该被设计为在可以增进效率的情形下方便违约。”③

早在1970年,Birmingham便暗示了效率违约的观点。“如果承诺人在使得受诺人处于假如合同得到完全履行时的状态之后还能够从违约获利,违约应该被鼓励。……因为通过消除契约允诺道德的内容,鼓励有利可图的毁约在社会意义上也是可欲的。”④但效率违约术语的引进却应归功于Goetz和Scott。⑤ Linzer随后对效率违约理论进行了归纳:“效率理论暗示,如果承诺人违约收益超过受承诺人因此而受到的损失,那么违约就可以增加社会福利。这样的不履行,就是所谓的效率违约。”⑥此后,效率违约理论以很多其他形式的讨论出现在法和经济

① Oliver W. Holmes, The Path of the Law, 10 HARV. L. REV. 1897, pp. 457 - 462.

② E. Allen Farmsworth. Contracts: Third Edition. New York: Aspen Publishers, Inc. 1999, p. 756.

③ Perlman, H. . Interference with Contract and other Economic expectancies: A Clash of Tort and Contract Doctrine, 49 U CHLR. 1982, p. 86.

④ Robert L. Birmingham. Breach of Contract. Damages, and Economic Efficiency[J]. Runtgers Law Review, Vol. 24. No. 1, 1969 - 1970, pp. 273 - 292.

⑤ Goetz & Scott, Liquidated Damages, Penalties and the Just Compensation Principle: Some Notes on an Enforcement Model and a Theory of Efficient Breach, 77 Colum. L. Rev. 1977, p. 554.

⑥ Peter Linzer. On the Amorality of Contract Remedies-Efficiency, Equity, and the Second Restatement, 81 Colum. L. Rev. 1981, pp. 114 - 117.

学文献中。如 Daniel Friedmann 将其表述为“只要违约赔偿能够让被承诺人的处境不差于承诺实现后的情况，而承诺人在赔偿后还可以获得额外收益，那么他就可以随意地违约”。[①] 可以毫不夸张地说，效率违约模型长期统治了合同法的经济学分析。[②]

我国学者可能更熟悉波斯纳的论述。“大部分违约不是机会主义的，许多违约是非故意的，即以合理成本无法履约。还有一些是故意但从经济学角度看却是有效率的，它的情况与非故意违约相同。这些评述不仅解释了赔偿在契约法中的中心地位，而且使人们明白霍姆斯法官意见的意义：它绝对不是强制信守契约的法律政策，而只是要求当事人在履行契约和为不履行契约对另一方当事人引起的任何损害进行赔偿两者之间进行选择。这一观点虽然过于宽泛，但包含了一项重要的经济学见解。在许多情况下，一旦已经违约，再要求履行契约则是不经济的。”[③]紧接着，他用更直接的语言表述了效率违约的观点：“在有些情况下，一方当事人可能会仅仅由于他违约的收益将超出他履约的预期收益而去冒违约的风险。如果他的违约收益也将超出他方履约的预期收益，并且对预期收益损失的损害赔偿是有限的，那就有违约的激励了。但存在这种激励是应该的。”[④]根据上面两段文字，可以看出波斯纳实际上认为效率违约包括违约损失小于履约损失和违约利益大于履约利益这两种情况。

此后，罗伯特·考特和托马斯·尤伦对效率违约的表述进行了精炼。当双方当事人从履行合同获得的收益小于履行成本时，那么违约就比履约更有效；具体而言，当履约的成本超过各方所获利益时，违约比履约更有效。我们必须说明这一定义成立的条件。当某种意外事故

① Daniel Friedmann. The Efficient Breach Fallacy, 18 Journal of Legal Studies. 1989, pp. 1 – 24.

② Richard Craswell, Efficiency, Renegotiation, and the Theory of Efficient Breach, 61 S. Cal. L. Rev. 1988, p. 629.

③ [美]理查德·A. 波斯纳：《法律的经济分析》（上），蒋兆康译，中国大百科全书出版社 2003 年版，第 150 页。

④ [美]理查德·A. 波斯纳：《法律的经济分析》（上），蒋兆康译，中国大百科全书出版社 2003 年版，第 152 页。

的发生致使履约要比其他选择花费更大时,履约的成本超过了利益。意外事件的发生有两种情况:第一,幸运的意外事件或意外收获可能使不履约比履约更有利可图;第二,不幸的意外事件或意外事故可能使履约比不履约损失更大。① 考特和尤伦将效率违约划分为意外收获的效率违约和意外损失的效率违约两种情况,这是对波斯纳观点的肯定。但是他们的观点也有和波斯纳的观点不同的地方,他们指出:"只有当意外收获或意外事故使履约所需的财力、物力超过使用其他办法所需的价值时,违约才是有效的。只有当以最低的交易成本使原材料被作价最高的利用进行转移时,没有人因转移而亏损,而至少有一人能得利,在这种情况下才能鼓励违约。"②即效率违约必须符合帕累托效率标准而不是波斯纳赞成的卡尔多—希克斯标准。

二、针对效率违约理论的各种批判

(一)对其理论基础的批判

早期的英国实证主义者虽然坚持法律与道德的分离,但其目的是对法律作客观和中立的价值评判。③ 而霍姆斯主张法与道德实质的分离,认为道德无足轻重,不过是根本不具可比性的不同个体的偏好、品味,甚至只是不同利益要求的遮羞布;也就是说,法律规定中的道德意味是不存在的,权利并不是他人神圣不可侵犯的利益,只是法律为其受损(侵权)设定了具体代价(赔偿、罚金、监禁直至剥夺生命)的人的利益,只要付得起这些代价就可以当那些利益不存在。④ 但是,效率违约理论绕过道德的企图似乎并不成功,至少波斯纳认为效率违约应该否定机会主义违约。对于机会主义违约,波斯纳举了如下一个案例进行

---

① [美]罗伯特·D.考特、托马斯·S.尤伦:《法和经济学》,张军等译,上海三联书店1994年版,第398页。

② [美]罗伯特·D.考特、托马斯·S.尤伦:《法和经济学》,张军等译,上海三联书店1994年版,第400页。

③ Robert P. George. One Hundred Years of Legal Philosophy. 7 Note Dame Law Review, 1999, (74), p. 1544.

④ 柯岚:"霍姆斯的'坏人论'及其神话——兼评《法律之道》",载《清华法学》(第五辑),清华大学出版社2005年版,第221页。

说明:“A 向 B 预付了货款,但 B 不交货而将 A 的钱用于其他商业机会了。这样的行为没有任何经济合理性可言,为了威慑这种行为在未来的发生,我们无疑应该对此作出惩罚。在这种情况下,有意义的救济就是恢复原状。要约人违背其允诺除了想赚钱外不可能有其他目的和原因。”①效率违约理论的实质是承诺人应该被允许甚至被鼓励去违约,只要他的收益超过受诺人的损失。理论明显假设承诺人应该被允许保留他得到的违约收益,否则,他没有兴趣违约。换言之,效率违约理论适用的前提是违约人通过违约可以获得更多的收益,而机会主义违约也是为了赢得更多的收益。为什么机会主义违约应该被阻止,即使它们是有效率的,这没有被解释。可能是因为它们是道德上应受谴责,道德比效率更重要?或者是因为总的来说,他们破坏了合同制度?②

霍姆斯认为契约只是意味着当事人实际履行或支付损害赔偿的选择权,他对合同的救济问题的看法虽然引起了广泛的关注,但其立场并未被接受为合同救济问题的标准性说明。波洛克在与霍姆斯的通信中不厌其烦地一再强调:“德国民法典把实际履行而不是损害赔偿作为通常的救济形式,最古老的关于契约责任的英国令状也是这样的,毫无疑问在别的星球上法律可能也是这样的。……当一个人同一个裁缝订立契约让其完成并交付一件外套,他不是把自己想象成是同裁缝打了一个赌。同样,买主并不认为自己是买了一项保险政策,买主要的是外套。霍姆斯大法官认为每个法律上有约束力的允诺都只是意味着在履行或支付损害赔偿制中选择其一:这只能被认为是一个大悖论。它不仅与存在衡平救济的实际状况不符,而且也与普通法上早已熟知的拒绝履行作为违约对待的普通法原理不一致。”③面对特定履行和禁令这类强制履行的违约救济,霍姆斯的契约选择理论完全不能作出合理的解释,他只是敷衍了事地说这些只是衡平法中的少数例外,而例外不影

---

① [美]理查德·A. 波斯纳:《法律的经济分析》(上),蒋兆康译,中国大百科全书出版社 2003 年版,第 150 页。

② Daniel Friedmann. The Efficient Breach Fallacy, 18 Journal of Legal Studies. 1989, pp. 1 – 24.

③ Joseph M. Perillo. Misreading Oliber Wendell Holmes of Efficient Breach and Tortious Interference[J]. Fordham Law Review, Vol, 68. No. 3. 2000, p. 1086.

响形成一个一般性的理论[①]如果说实际履行在普通法还只是例外的话,那么在大陆法系,德国、中国等国家都强调实际履行作为优先考虑的救济,这似乎是霍姆斯不愿意看到的情形。而且,霍姆斯认为救济形成了对合同权利的完美替代,混淆了合同救济与合同权利之间的区别。但是,“救济的真正目的是维护权利,而不是取代权利。而且霍姆斯的分析错误地将救济变成了对错误行为者总是单方行使购买权的一种放任。只要愿意承担后果,那么每个人都可以选择侵犯他人的权利和违反法律。为什么不推广这样的立场?法律系统将会因此被认为仅仅是建立了一套价格体系,一些高,一些低,它担当作引起合法行为的唯一约束的角色”。[②] 为什么不一般化这个建议以至于每一个人都有一个选择去践踏他人的权利并破坏法律,只要他愿意忍受不利后果?[③]

(二)违约责任除了具有补偿性也许还应有惩罚性

由于违约后存在逃脱违约责任的可能,违约人在补偿性违约规则下将部分违约成本外部化,从而导致了超过社会最优水平的违约。出于威慑违约的目的,违约责任也应具有一定的惩罚性,这在美国司法实践中开始得到承认。例如,汽车推销商将一辆曾作为宣传车已行驶7000英里的汽车,把计程表倒拨为零,冒充新车出售,法院对推销商课以超过车价几倍的惩罚性损害赔偿。[④] 我国也有学者支持效率违约只对违约方有利的,违约金可适当考虑得利多少确定的法律原则和理论;具体实施,不能仅以守约方所受损失为赔偿上限,应当考虑适用惩罚性违约责任原则。[⑤]

而且,我们看到效率违约理论的精华在于“效率”,更准确地说,它的主要根据在于违约导致了资源的更好地利用的假定。因此,该理论

---

① Oliver W. Holmes, The Path of the Law, 10 HARV. L. REV. 1897, pp. 457 – 478.

② Daniel Friedmann. The Efficient Breach Fallacy, 18 Journal of Legal Studies. 1989, pp. 1 – 24.

③ Douglas Laycock, Modem American Remedies-Cases and Materials 7 (1985). Journal of Legal Studies, vol. XVIII, 1989, p. 367.

④ [日]望月礼二郎:《英美法》,郭建、王仲涛译,商务印书馆2005年版,第382页。

⑤ 杨遂全:《中国之路与中国民法典:不能忽视的100个现实问题》,法律出版社2005年版,第257页。

大体上可以平等地适用于财产权,从而产生了“有效率的盗窃”或者“有效率的抢劫”理论。这一点,让我们通过两个假想的案例来进行说明。在第一个案例中,甲承诺将机器以10,000元卖给乙但是旋即又将它以18,000元卖给了丙;在第二个案例中,乙将花了10,000元购得一台机器交给甲保管,甲私自将它以18,000元卖给丙。为了使问题简化,假定在两个案例中机器对乙都具有12,000元的价值。尽管来自于明显独立的两个领域,实质上,这两种情况对乙而言似乎是一样的——都获得了2000元收益,而且资源都流向了更高价值的用途上。如果在第一个案例中故意的违约是正当的,那么在第二个案例中擅自处理他人财产也是正当的。毫无疑问,在合同中,甲可以和乙协商赎买其合同权利,但是,按照波斯纳的观点,这样做会带来额外的交易费用,因此,允许效率违约是有利可图的。注意,在这一点上,财产权的例子是一样的,甲擅自处理机器同样避免了甲不得不从乙处购买时发生的交易成本。然而,在英美法系被广泛接受的更好的规则却是原告有权要求撤销被告非法将其财产转移给第三方的交易。为什么买卖合同中的被承诺人没有相似的权利?效率违约理论不能为此提供合理的解释。① 更极端的情况下,甲抢劫了乙的机器并卖与丙,按照波斯纳的观点,这是符合卡尔多—西克斯效率标准的;如果甲支付了足额赔偿,其行为甚至可能符合帕累托效率标准。但是,众所周知,在这种场合,甲因为犯了抢劫罪会受到刑法的严厉制裁,而不只是需要对乙进行补偿性赔偿或者恢复原状。为什么同样实现了资源的最佳配置,违约责任只是补偿性的,而抢劫的责任却是惩罚性的?这似乎暗示着违约责任不应该只限于补偿性。考虑一种法律规则,它规定在合同生效时产权就发生转移,也许更容易明白上面的这种类比。事实上,合同权利的价值应该是两重性的,不只是具有使用价值,而且还具有交易价值。其中,使用价值是指合同履行带给当事人的收益,相当于通常所说的期望收益;交易价值是指合同履行的市场价值。使用价值和交易价值并不完全相同,有时会有一定的差异,尤其是当合同履行具有多种使用价值时。效率

---

① Daniel Friedmann. The Efficient Breach Fallacy, 18 Journal of Legal Studies. 1989, pp. 1 – 24.

违约理论承认违约人可以获得全部的违约收益,相当于让违约人抢走了合同履行的使用价值和交易价值之间的差值。

(三)效率违约很难实现有效率的结果

效率违约理论分析隐含的假设是,期望利益赔偿能够导致资源配置到更高价值的用途上,而实际履行规则则导致了资源不会被配置到更高价值的用途上,这明显是没有根据的。① 最关键的是,不少学者认为效率违约可能破坏交易关系,是缺乏效率的。Friedmann 在"效率违约悖论"一文中明确指出:"效率违约削弱了合同确定性的基础,尤其是否定了长期合同关系的重要性。"②效率违约只能起到鼓励违约的效果,其结果势必会对诚实信用原则的权威性构成极大的威胁,动摇合同法的根基。③ 如果广泛接受效率违约理论,可能导致三种无效率:无效地重新制作合同、无效地提供计划的反激励以及降低合同制度的效率。④

首先,假设卖主和买主已经谈判好合同,正准备签订书面合同,卖主忽然对买主说:"老实说,我告诉你,虽然我并不打算违约,但是如果出现更好的要约,我会接受并支付你期望利益赔偿。实际上,在我们缔结这个合同后我就开始积极地寻求更好的要约。让我们插入承认我这样做的条款吧。"这实际上相当于效率违约理论的效果。经验强烈暗示,在现实生活中,大多数买主肯定会吃惊地走开,或者坚持一个明确的合同条款,规定卖主必须履行或者买主有权得到全部违约收益,或者要求更低的价格以换取卖主转售的权利。由于买主承担了商品价格在交付之前或之后下跌的风险,卖主当然也应放弃商品价格上升的机会,

---

① Ian R. Macneil. Efficient Breach of Contract: Circles in the Sky. Virginia Law Review, Vol. 68, No. 5. 1982, pp. 947 - 969.

② Daniel Friedmann. The Efficient Breach Fallacy, 18 Journal of Legal Studies. 1989, pp. 1 - 24.

③ 王利明:"论违约责任",载《民商法研究》(第四辑),法律出版社 2001 年版,第 231 页。

④ Melvin A. Eisenberg. Actual and Virtual Specific Performance, the Theory of Efficient Breach, and the Indifference Principle in Contract Law. California Law Review, Vol. 93, No. 4. 2005, pp. 975 - 1050.

否则明显是不公平的,除非卖主事前用价格削减换取买主要求实际履行的权利。因此,效率违约情况下合同救济的松弛可能引起更多的违约,除了增加了交易成本外,同样对当事人最初缔结互利的合同具有不利影响,破坏了当事人得到他们想交易的东西的信心,并且结果是无效率和资源的浪费。① 因为如果需要和其他人缔约的当事人不能依赖合同去确保履行,那么他可能转向其他更昂贵的和更缺乏效率的方式,以获得他寻求的东西的更大的保险,例如,变成一个自我供应者或者和他的供应商实行垂直一体化。

其次,效率违约理论同样提供了阻碍计划的激励。当损害赔偿是基于合同价格和市场价格的差值时,卖主得到违约收益的前提是高价要约人支付的价格超过市场价格。高价要约人支付的价格超过市场价格有两个理由:第一个可能的理由是,市场价格是一个基于从可比交易中推断出来的不准确的均值,并且高价要约人愿意支付比这个人造的均值更高的价格。在这种情况下,买主可能同样愿意支付高于人造市场价格的价格,因此没有理由相信高价要约人对商品的估价超过买主,效率违约理论没有积极的效率暗示。第二个可能的理由是,商品对高价要约人可能有某种战略性价值,高于其对任何人的价值,并且建构的市场价格没有包含这种战略价值。然而,如果高价要约人在高价要约时对商品有这种特别的战略需求,在缔结最初合同时他可能也有,他为什么在那时不和卖主缔约?这个问题的答案可能包含预见和投资的问题,例如,商品可能需要时间去生产;买主预见到了对商品未来的需求;买主可能愿意投资生产商品的合同而那时高价要约人没有预见到而不愿意进行投资;或者可能是商品实际上构成了生产能力,买主预见到在未来需要这种容量,买主愿意投资合同锁定这种容量而高价要约人不愿意或者没预见。在每种情况下,高价要约人可能愿意支付超过建构的合同价格的价格,因为他所需要的供应或生产能力现在变得稀缺。但是提供给卖主将商品销售给高价要约人的激励会否定买主的预见和投资的收益,相应地,效率违约理论可能减少发展预见和投资的激励。

---

① Daniel Friedmann. The Efficient Breach Fallacy, 18 Journal of Legal Studies. 1989, pp. 1 – 24.

正如 Doug Laycock 所述,“合同的一个经济功能是分配风险。其中一个是不及时做会短缺的风险。那些当短缺只是风险时就提前计划的人应该收获短缺到来时的收益……违约卖主不能在事实后分配风险,通过保留特定事情并且支付不能用于替换它的赔偿”。[①]

再次,效率违约理论可能破坏合同制度。效率违约理论是基于对违约问题的静态和短期的路径,因为它只表述了正在履行或违反的个别合同的效率。相反,对违约问题的动态的、长期的路径则表示了合同制度整体的效率,从这个视角,效率违约理论是无效的。因为如果广泛跟随,它会削弱该制度的效率。合同制度的效率并不是像效率违约理论暗示的那样单单依靠法律救济,在一定程度上,合同制度的效率依赖于一个三脚架,其腿是法律救济、声誉机制以及社会规范的内化尤其是保守承诺的道德规范,这三个腿相互支持。[②] 法律制度很大程度上依赖于社会规范,声誉效果很大程度上依赖于社会规范,并且社会规范也被法律制度增强,被声誉效果支撑。所有这三条腿对于确保合同制度的可靠性是必要的。单单法律制度是不够的,因为法律下的争议解决是昂贵的;仅仅保守承诺的道德规范也是不够的,因为不是所有的行为人都完全内化了道德规范;完全靠声誉效果同样是不够的,因为只有当第三方掌握有关于一个承诺人违约历史的可靠信息时这种声誉效果才完全有效,但是这种信息很难得到,因为许多违约人并不是广为人知的,并且他们通常说他们有合理的不履行的理由。所有这三条腿对于支持合同制度的效率都是必需的,任何削弱其中一条腿的事情都会威胁到合同制度的效率。效率违约理论会移走交易环境下的道德力量,将通过三种方式降低合同制度的效率:第一,将增加诉讼的需要,这和通过保守承诺的道德内化来实现合同履行相比是非常昂贵的;第二,这会导致合同当事人大量利用昂贵的非合同措施如抵押保证金来确保履行;第三,它会减少声誉约束的力量,因为这种约束很大程度上依赖道

---

① Doug Laycock. The Death of the Irreparable Injury Rlue. 1991, pp. 253 - 54.

② Melvin A. Eisenberg. Actual and Virtual Specific Performance, the Theory of Efficient Breach, and the Indifference Principle in Contract Law. California Law Review, Vol. 93, No. 4. 2005, pp. 975 - 1050.

德规范。①

最后,即使不考虑效率违约理论对交易关系的潜在影响,就单个的违约而言,其也很难成立。效率违约理论的法律规则是不确定的,因为人们并不清楚什么行为在经济上是有效率的,②它要么带来不可预见性,要么过于复杂易变,总之就是让当事人很难知道怎么做才能遵守法律并且提高经济效率。③ 因为,效率违约理论要求当事人知道什么违约是有效率的,什么是无效率的,而当事人往往因为缺乏经验数据而难以判断,并且,违约行为所导致的一些外部损益,如社会信任方面的损失是难以量化的。尤其是在处理那些需要对合同条款未予分摊的损失进行分配的争议时,我们将不得不确定哪一方当事人可以更廉价地避免损失,但我们往往不知道哪一方当事人是能够更廉价地避免损失的人。④

三、关于损失范例的分析

在损失范例,卖主违约是因为他确定地知道履行成本会超过买主赋予履行的价值,于是通过支付期望利益赔偿来实现效率违约。其中,至少隐含了三个假设:第一,履行成本超过了履行价值;第二,卖主知道买主赋予履行的价值并主动予以赔偿;第三,实际履行规则导致的违约后交易成本高于损害赔偿规则导致的违约后交易成本。但是令人遗憾的是,上述三个假设都不是肯定成立的。

首先,履行成本超过履行价值的情况并不常见。根据合同履行期限的长短,可以粗略地将合同分成短期合同和长期合同。对于短期合

① Melvin A. Eisenberg. Actual and Virtual Specific Performance, the Theory of Efficient Breach, and the Indifference Principle in Contract Law. California Law Review, Vol. 93, No. 4. 2005, pp. 975 - 1050.

② Mario J. Rizzo. The Mirage of Efficiency. Hofstra Law Review, Vol. 8. 1980, p. 537.

③ [美]亨利·马瑟:《合同法与道德》,戴孟勇、贾林娟译,中国政法大学出版社2005年版,第36页。

④ Richard A. Epstein. The Social Consequences of Common Law Rules. Harvard Law Review. Vol. 95. 1982, p. 248.

同而言,履行成本一般不会发生急剧的变化;当然,战争等突然事件可能也会在短期内导致履行成本超过履行价值,但此时可以适用情势变更或不可抗力等规则来处理,也许这才符合效率违约的本意?因此,履行成本超过履行价值通常可能发生在长期合同中。然而,许多长期合同或者是成本可加的,包括"自动扶梯"条款,或者盯住市场价格。而且,如果卖主生产成本增加,通常买主的估价也随之增加,这是因为对于生产特定商品,通常给定卖主的成本和生产这类商品的其他卖主的成本是一样的。因此,如果卖主的成本增加,那么其他卖主也一样,如果卖主成本增加,商品的价格也就增加了,并且如果商品价格增加,那么买主估价当然会随之增加。因此,在通常情况下,卖主生产成本的增加不会导致成本超过买主估价,因为买主估价会随着卖主成本增加。

其次,卖主通常难以确定履行对买主的价值。在现实世界中,信息不对称是普遍存在的客观现象,即使是在缔约时,由于卖主的履行成本和买主的履行价值是双方各自的谈判底线,缔约当事人双方都不会轻易透露,否则,在谈判过程中将处于不利地位。在合同成立后,由于各种情况的变化,例如,买主可能进行了专用性投资,这导致了买主履行价值也在变化。因此,在违约时卖主很难确切地知道履行对买主的价值。而且,卖主在违约时考虑的往往仅仅是自己的成本和收益,一旦实际的履行成本低于合同价格,卖主就会亏损,于是产生违约的激励。当然,卖主在亏损时并不一定会违约,因为违约时需要支付期望利益赔偿,按照效率违约理论,赔偿数值应该等于缔约时买主对合同履行的估价。于是,卖主最终是否违约完全取决于履行合同可能遭受的亏损和违约时必须支付的损害赔偿之间的对比。因此,在此基础上作出的违约决定可能是过度的。当损害赔偿小于履行合同时卖主的亏损,而后者又小于违约时买主对合同的估价时,效率要求卖主履行合同,而在效率违约理论下却发生了卖主逃避亏损合同而违约的结果。

最后,效率违约理论假设在损害赔偿规则下,卖主会自愿给付期望利益赔偿给买主,买主也不会对此提出任何异议,于是双方当事人不会因为损害赔偿问题遭受交易成本;而在实际履行规则下,双方可能会为了避免实际履行而展开谈判,因此,在期望利益赔偿规则下的交易成本更低。这是与现实不符的。McChesney 通过统计发现在绝大多数案件中,违约的承诺人通常并不打算准备补偿受诺人,[①]这可能是由于他们预期到逃避(至少是部分)惩罚的可能;而且,即使违约人主动支付了赔偿,合同双方就赔偿数量问题可能还是会产生争议。总之,在效率违约理论下诉讼通常也是不可避免的。而在实际履行规则下,双方当事人可能事前进行谈判以便买断履行,或者在违约后进行诉讼。于是,在实际履行规则和损害赔偿规则下交易成本的差异在很大程度上依赖于通过在打算违约前进行谈判或者事后诉讼解决争端的成本和在效率违约情况下违约后的诉讼或者谈判成本的比较。问题是经验性的,许多专家对此都发表了看法但都没有提供经验性的证据。[②]

也许效率违约理论认为实际履行导致了更高的交易成本的理由在于,当事人会利用实际履行作为一种手段进行敲诈合作剩余的策略性行为,这种行为本身只是用于财富的重新分配,并不创造新的财富,只要交易或博弈结果是不确定的和受制于重新谈判,博弈当事人有激励从事策略性行为以尽可能争取较大份额的交易收益。由于很难确定对方何时在吹嘘,有效交易很可能被这种策略性行为阻碍。[③] 但是,很明显,几乎在所有重新谈判中都会出现策略性行为。而且,频繁地阻止财产转移到其最高价值用途这种情况并不是非常明显。实际上,重新谈判和交易的大多数非正式的评论人倾向于认为策略性行为是市场过程的实质,即似乎难以区分策略性行为和资源交易的最有特色的特性的讨价还价。给定这些,声称当没有策略性行为时市场行为是有效的或者当存在策略性行为时市场行为无效很少有分析的意义,并且似乎极

---

① Fred S. McChesney. Tortious Interference with Contract versus "Efficient" Breach: Theory and Empirical Evidence. The Journal of Legal Studies, Vol. 28, No. 1. 1999, pp. 131 - 186.

② Fred S. McChesney. Tortious Interference with Contract versus "Efficient" Breach: Theory and Empirical Evidence. The Journal of Legal Studies, Vol. 28, No. 1. 1999, pp. 131 - 186.

③ Polinsky, Resolving Nuisance Disputes: The Simple Economics of Injunctive and Damage Remedies, 32 STAN. L. REV. 1980, p. 1077.

端无用,而且,几乎所有效率阻碍型的策略性行为都经不起审查。[①] 最后,认为这种策略性行为阻碍了财富最大化交易也是没有理由的。即使当事人拒绝进一步谈判,凭什么断定这种拒绝是无效的?也许放弃谈判的当事人决定这样做得到超过完成交易的更大的效用,在这种情况下,没有完成交易根本不是无效的;也许拒绝交易是设计好的另一个交易策略用以引诱对方揭露更多信息,在这种情况下,当提出新信息或者当一方当事人重新开启谈判时,完全可以在未来某个时间完成交易。而且,策略性行为最频繁地和划分交易剩余的谈判相联系,而不是和是否发生交易相联系。因此,因为策略性行为最可能出现在分配盈余的场合,对此,最能够说的是,它会阻碍盈余的重新分配,而不是它会阻碍有效的交易。[②] 综上,在损失范例下交易成本理由并不能证明效率违约理论的正当性。

四、关于高价要约范例的分析

(一)效率违约并没有导致资源流向更高价值的用途

在高价要约范例,效率违约理论的一个主要理由是,该理论导致资源流向了更高价值的用途。注意,效率违约理论通常不作用于销售在市场上存在充足供应的同质化商品的销售合同,因为在这种情况下,高价要约通常是由于商品的市场价格上涨引起的。由于卖主支付的损害赔偿通常也是根据合同价格和市场价格的差值来计算的,于是,卖主从违约得到的收益恰好等于支付给买主的损害赔偿。至少原则上,卖主没有违约激励,并且实际上,在效率违约理论下,他也不应该违约,因为他的违约收益并没有超过买主损失。相应地,效率违约理论通常只用于销售差异化商品的合同。然而,在缔结销售差异化商品的合同时,卖主知道买主对商品的估价超过合同价格,否则他不愿意在那个价格购买;而买主很少告诉卖主他打算从那个用途中获得的利润的数量,因为

① Polinsky, Resolving Nuisance Disputes: The Simple Economics of Injunctive and Damage Remedies, 32 STAN. L. REV. 1980, p. 1078.

② Thomas S. Ulen. The Efficiency of Specific Performance: Toward a Unified Theory of Contract Remedies. Michigan Law Review, Vol. 83, No. 2. 1984, pp. 341 - 403.

差异化商品通常是在一个价格范围内讲价卖掉的，关于买主可能从商品使用中产生的利润的知识会使得卖主可以在价格范围内榨取到更高的价格。而且，卖主缺乏关于买主估价的信息会随着时间流逝而增加。一旦缔约，商品对买主的价值可能增加，或者是因为买主创造了或者是发现了比他缔约时的商品用途更有价值的用途，或者是因为买主进行了不同形式的合同专用性资产的投资。总之，如同在损失范例，效率违约理论假设违约卖主拥有买主赋予合同商品的估价的全部信息是不正确的。卖主能够精确知道的，只是高价要约人现在愿意支付比买主在早些时候愿意支付的更多；然而，这告诉我们很少或几乎没有任何关于违约时当事人主观价值的信息。实际上，在高价要约人范例，卖主可能违约并将商品卖给高价要约人，虽然他知道高价要约人对商品的估价低于买主估价。相应地，效率违约理论在高价要约范例不能根据违约会将商品转移到更高价值的用途来正当化；恰恰与此相反的是，在实际履行规则下，违约人在违约前必须和守约人进行谈判以买断合同，如果违约真是有效率的，那么完全可以通过双方同意来终止合同。Paul Mahoney 陈述道："效率终止是可能的，当承诺人在特定时点愿意为了摆脱合同而支付的货币量 Y 超过受诺人愿意接受以替代履行的货币量 Z，在这种情况，从终止合同就存在潜在的收益 Y - Z。"①毕竟，"受诺人同意重新分配履行资源是效率的唯一确定的证据"。②

（二）损害赔偿并没有降低交易成本

根据科斯定理，在没有交易成本时，不管法律规则的内容是什么，有效率的结果总是会出现。相应地，在没有交易成本时，商品总是流到其更高价值的用途，因此，如果第三方对商品的估价超过买主，即使在自由授予实际履行的制度下他最终同样会得到商品。由于他可以支付买主购买他的合同或者等交付后从买主那里购买商品，在缺乏交易成

① Paul G. Mahoney, Contract Remedies and Option Pricing, 24 J. LEGAL STUD. 1995, pp. 139 - 141.

② Sidney W. DeLong, The Efficiency of a Disgorgement as a Remedy for Breach of Contract, 22 IND. L. REV. 1989, pp. 737 - 754.

本时,没有责任的分配能够阻止当事人实现商品的分配。[①] 甚至在有交易成本的情况,只要交易成本不是高到足以阻止双边谈判和交易,商品同样会流到更高价值的用途。在这种情况下,如果第三方对商品的估价高于买主并知道买主的身份,他会从买主那里购买到合同或者商品本身;如果第三方不知道买主身份,理性的卖主或者会为了脱离合同而和买主谈判或者将第三方的身份卖给买主或者将买主的身份卖给第三方。因此,在高价要约范例,效率违约理论认为违约是用来将商品转移到更高价值用途,这个理由不能成立。那么很明显,效率违约只有在根据在特定履行规则下确保第一份合约不履行的交易成本通常高于期望利益赔偿规则时才能成立,即效率违约理论认为将商品转移到更高价值用途的交易成本在效率违约制度下会比在常规地运用实际履行制度下更低。然而,在竞争性法律制度之间的选择声称是基于交易成本上的细微差别,通常建立在非常不坚定的基础上。“交易成本途径不能产生有说服力的结论,当交易成本很低时(除非我们能够非常精确地计算它们)。”[②]

具体而言,波斯纳认为如果允许实际履行,那么会产生为了分配买主权利而进行谈判的成本。这明显暗示了一个假设,即卖主不能和买主同样有效地在市场获得替代履行,如果这个假定不成立,特定履行也不会产生违约后的谈判。假定买主要求特定履行,而卖主可以和买主一样方便地在市场上获得替代品,那么此时,卖主就会在市场上购买替代品并将它交付给第一个买主。[③] 因此,如果卖主意识到买主的补救成本高于卖主,实际履行的成本就不会高于赔偿,因为卖主有激励为买主进行补救,无论救济是什么。[④] 于是,问题的关键在于买卖双方是否

---

① Daniel A. Farber, Reassessing the Economic Efficiency of Compensatory Damages for Breach of Contract, 66 VA. L. REV. 1980, pp. 1443 – 1450.

② Paul G. Mahoney, Contract Remedies and Option Pricing, 24 J. LEGAL STUD. 1995, pp. 142.

③ Alan Schwartz. The Case for Specific Performance. The Yale Law Journal, Vol. 89, No. 2. 1979, pp. 271 – 306.

④ Timothy J. Muris. The Costs of Freely Granting Specific Performance. Duke Law Journal, Vol. 1982, No. 6. 1982, pp. 1053 – 1069.

有相似的补救成本。如果买主具有更低的补救成本,那么在将商品转移到其最高用途过程中消耗的全部资源就通过使买主对补救负责而最小化。如果救济是实际履行,那么买主(这里假设是更便宜的补救者)会无效地将寻找替代履行的任务留给卖主。另一方面,如果让违约的卖主履行比让他赔偿买主并且让买主补救更便宜,那么实际履行可能是更好的救济。[①] 可能的情况是,在违约时,一些买主对于可能的替代卖主具有更好的信息,或者买主比卖主更清楚其理想的需求,能够比卖主更便宜地从卖主的竞争对手那里购买,因此具有更低的补救成本。[②]但是,当买卖双方经过谈判已经签订合同后,卖主可能和买主拥有同样多的关于买主需要的信息,而且,在一些市场,卖主比买主在评估履行可能的质量时更具优势因而可能具有更低的补救成本。所以,假定买主的补救成本通常显著低于卖主是没有根据的。而且,即使卖主的补救成本高于买主,也并不一定就会出现买主利用实际履行威胁来获取买卖双方补救成本的差值,毕竟,这种威胁通常是不可信的,除非买主进行了诉讼准备等行动,但是这会承担失去商机、失去善意以及律师费等成本,而且这些成本通常会超过买卖双方替代成本的差值,这使得买主很少会威胁特定履行以获取买卖双方替代成本的差值。因此,买卖双方在补救能力方面的细小差别不是导致谈判的诱因,自然不会因此而增加交易成本。

除了双方补救能力方面的原因外,效率违约理论可能认为在损害赔偿规则下违约人只要支付了损害赔偿便可以将资源转移到更高价值的用途上,而在实际履行规则下,当事人双方可能必须就违约收益的分配开展旷日持久的谈判,或者是由于买主将合同权利转移给高价要约人时多产生了一个交易环节,从而增加了交易成本。这个分析同样是不恰当的。具体而言,在损害赔偿规则下,可能发生的情况是卖主违约并和高价要约人缔约。在这个过程中会发生两个交易成本:卖主和买

① Yorio, In Defense of Money Damages for Breach of Contract, 82 COLUM. L. REV. 1982, p. 1385.

② Yorio, In Defense of Money Damages for Breach of Contract, 82 COLUM. L. REV. 1982, p. 1384.

主之间与损害赔偿相关的交易成本以及卖主和高价要约人之间与缔约相关的交易成本。而在实际履行规则下,可能出现两种情况:第一,卖主和买主谈判,买断合同,同时与高价要约人缔约。这个过程发生两个交易成本,即卖主和买主之间与分配违约收益相关的交易成本以及卖主和高价要约人之间与缔约相关的交易成本。第二,买主从一开始就坚持实际履行,待卖主交付后再向高价要约人转售;或者卖主直接将高价要约人的信息出售给买主,买主再向高价要约人转售。这种情况下发生的交易成本也是两个。因此,实际履行规则和损害赔偿规则的交易成本的比较,在很大程度上取决于与损害赔偿相关的交易成本和与违约收益的分配相关的交易成本之间的比较。前已述及,效率违约理论通常只适用于差异化商品的销售情况,而在这些情况,要确定履行对买主的价值通常是比较困难的,买主的违约损失通常是不确定的和有争议的。有理由相信,期望利益赔偿通常是难以计算的,并且容易被买主夸大,决定赔偿通常要求昂贵的谈判和法律费用,所以,没有理由认为关于损害赔偿的谈判或者诉讼的成本会比就高价要约创造的收益分赃的成本更低,或者是在买主和高价要约人之间第二次交付的成本。因此,在实际履行的制度下,将商品转移到更高价值用途的成本是否会更大,确定的证实是不可能的。总之,在高价要约范例,没有令人信服的效率理由支持效率违约理论。

五、总结

效率违约理论以契约选择理论为基础,完全撇开道德的约束,认为应该鼓励违约,只要违约人在补偿对方的期望利益后仍可获得收益。但是,这种分析明显是不正确的,具体而言表现在以下几个方面:第一,效率违约理论的基础是错误的。尽管企图绕开道德的干扰,但是这种对道德的回避却是不成功的,波斯纳本人根本无法解释为什么要阻止机会主义违约。而且,契约选择理论完全将救济和权利相等同的观点也容易误导。第二,效率违约理论可能危及合同制度的根基,很难实现效率。由于效率违约破坏了对合同的稳定预期,严重危及交易安全,引起过多的替代交易安排,造成资源的浪费。第三,效率违约理论内部是不统一的,尤其是关于效率标准的认识上。由于受到多方面的限制,期望利益赔偿通常是补偿不足的。波斯纳等学者坚持期望利益赔偿,相当于认可卡尔多—希克斯效率标准;而考特和尤伦却坚持帕累托标准,认为只有在守约人处境没有变坏的情况下才能效率违约。第四,效率违约理论认为效率违约是为了将资源转移到更高价值的用途上,这是难以实现的。它采用一种静态的标准来衡量合同对守约人的价值,即合同成立时守约人对合同的估价。而且,违约人连这个估价的信息也是不完全的——在违约时,由于环境的变化,守约人对合同的估价也在变化。效率违约理论允许违约人单方面违约,资源是否转移到更高价值的用途上是不确定的。第五,效率违约理论在节约交易成本方面的理由也是没有根据的。损害赔偿规则导致的是与损害赔偿相关的交易成本,而实际履行规则导致的是与分配违约收益相关的交易成本,没有任何证据表明前者比后者更低。

(刘廷华,博士,宜宾学院政府管理学院副教授,主要研究法经济学。)

专题研究

论连带共同保证人的多重追偿权*

孙瑞玺

目　　次

一、据以研究的案例

2005年7月20日，甲与某农村信用合作社签订借款合同，约定：借款人甲借款100,000元，利息按月利率9.3‰计算，逾期借款利率按每日4.65‱计算，借款到期日为2006年7月19日。同日，甲在借款凭证上签字并领取了100,000元贷款。

* 本文的写作得到了北京航空航天大学法学院副院长、教授、博士生导师刘保玉教授的悉心指教，在此向刘保玉老师表示衷心的感谢！但文责由笔者自负。

2005年7月20日，保证人乙、丙和丁与某农村信用合作社签订保证合同，约定：保证人乙、丙和丁为借款人甲提供担保，保证方式为连带责任保证，保证人的保证范围包括主债权、利息、违约金、损害赔偿金以及贷款人实现债权的费用，保证期间为最后一笔借款到期日后2年。

2008年7月15日，某农村信用合作社以甲、乙和丙为共同被告向某县人民法院提起诉讼，主张甲、乙和丙偿还其借款本金100,000元，利息40,250元及自起诉之日至付款之日的新生利息（按合同约定的逾期贷款日利率4.65‰计算）。乙和丙对于承担保证责任没有异议，但同时认为原告某农村信用合作社也应当起诉丁，并要求丁承担保证责任，否则，对乙和丙不公平。某县人民法院经审理，作出民事判决：一、被告甲欠原告借款本金100,000元，利息40,250元（利息计算至2008年7月14日），本息合计140,250元，于本判决生效后十日内通过本院一次性支付原告；二、自2008年7月15日至判决付款之日之间的新生利息，按合同约定的逾期借款利率每日4.65‰计算，由被告甲与上述款项一并支付；三、被告乙和丙对上述第一、二两项债务负连带清偿责任。

一审民事判决生效后，某农村信用合作社向法院申请执行。执行法院通过采取执行措施，执行乙的款项50,003元，执行丙的款项119,497元，共计执行款项169,500元，生效判决执行完毕。[①]

由本案所引发的问题是：本案乙、丙和丁三保证人所形成的保证为数人保证中的何种类型？保证人乙和丙在承担了保证责任后，向债务人甲追偿不能的部分，又当向谁行使追偿权？假设保证人丁没有清偿能力，则保证人乙和丙有几种追偿权？每种追偿权的构成要件为何？每种追偿权当以何种方式实现？

二、连带共同保证的概念和特征

按照保证人的数量，保证债务可以分为单独保证债务与共同保证

---

① 本案系笔者代理的一起真实案例，为保护当事人的隐私故将当事人的真实姓名等身份信息隐去，同时也把受理和执行的人民法院一并隐去。基本情况则是真实的。

债务。单独保证是指单一的保证人为担保而成立的保证债务,[①]数人对同一债务的履行所提供的保证,即为共同保证。根据各保证人的保证份额及相互关系不同,共同保证又分为按份共同保证与连带共同保证两种基本形态。此种共同保证之含义,应属广义。也有的学者将数人对同一债务所提供的保证称为"数人保证",其中,各保证人依照约定的份额对债权人承担保证责任的,为按份保证;而各保证人对所保证之债务的履行向债权人承担连带责任的,方为共同保证。也就是说,共同保证仅指有连带责任的数人保证,[②]此可谓狭义上的共同保证。从立法例上看,上述两种意义上的共同保证均有采用,而且采行狭义共同保证概念的立法并不在少数。甚至还有的立法例上规定:数人共同提出保证,于无特约时对债权人负连带责任的,为共同保证(前苏俄民法典第204条第3款)。此可谓最狭义上的共同保证。[③]

从我国学界的观点与我国立法和司法的实践上看,是采行广义上的共同保证概念,且将共同保证与数人保证视为同一意义,再分为按份共同保证与连带共同保证两种类型。

在广义上界定共同保证的概念,则其基本特点与成立要件有二:

其一,保证人为二人或二人以上。至于两个以上的保证人是自然人、法人抑或其他组织,在所不问;数个保证人是与债权人共同订立保证合同还是分别订立保证合同、各保证人之间有无共同提供保证的意思联系甚至是否知晓另有其他保证人,均不影响共同保证的成立。但如果两个保证人所提供的保证一为有效、一为无效的,不能成立共同保

① 李国光、奚晓明、金剑峰、曹士兵:《最高人民法院〈关于适用《中华人民共和国担保法》若干问题的解释〉理解与适用》,吉林人民出版社2000年版,第111页。

② 史尚宽:《债法各论》,中国政法大学出版社2000年版,第941页;邹海林、常敏:《债权担保的方式和应用》,法律出版社1998年版,第39页以下。需要特别说明的是,邹海林和常敏教授的观点此后发生了变化,即数人保证与其他保证所不同的是,保证人数为二人以上,其所担保的债务为同一债务,各保证人按照同一保证合同约定的保证方式和保证份额对债权人承担保证责任,或者共同对债权人承担连带保证责任。由此可见,该观点也是采行广义上的数人保证概念。参见邹海林、常敏:《债权担保的理论与实务》,社会科学文献出版社2005年版,第34页。

③ 刘保玉:"共同保证的结构形态与保证责任的承担",载《中国法学》2003年第2期。

证。两个保证人的主体发生合并,或者债权人于不损害其他保证人利益的前提下放弃对某一按份保证人的权利的,原来的共同保证也相应地转化为单独保证。

其二,两个或两个以上的保证人所担保的债务须为同一债务。至于其为同一债务的全部或部分、是相同部分还是不同部分,均不影响共同保证的成立。一个保证人为同一债务人的数个债务分别提供保证以及对数个债务人的同一债务提供保证,或者多个保证人分别对一个或数个债务人的不同债务提供保证的,均不符合共同保证的特征。正是由于同一债务的保证人为二人或二人以上,由此形成的法律关系中既存在各保证人与债权人、债务人之间的关系,也存在数个保证人之间的关系,共同保证方构成一种具有特殊性的保证。①

《中华人民共和国担保法》(以下简称《担保法》)第12条规定:"同一债务有两个以上保证人的,保证人应当按照保证合同约定的保证份额,承担保证责任。没有约定保证份额的,保证人承担连带责任,债权人可以要求任何一个保证人承担全部保证责任,保证人都负有担保全部债权实现的义务。……"最高人民法院《关于适用〈中华人民共和国担保法〉若干问题的解释》(以下简称《担保法解释》)第19条规定:"两个以上保证人对同一债务同时或者分别提供保证时,各保证人与债权人没有约定保证份额的,应当认定为连带共同保证。""连带共同保证的保证人以其相互之间约定各自承担的份额对抗债权人的,人民法院不予支持。"据此,可以看出:凡同一债务有两个以上保证人的,即构成共同保证;根据各保证人对所担保的债务有无约定的份额划分,共同保证分为按份共同保证与连带共同保证两种类型。按份共同保证人有分别之利益,各保证人得以保证份额之约定对抗债权人要求其清偿全部债务的请求;共同保证人与债权人事先未约定其保证份额的,即须对全部债务承担连带保证责任,保证人内部之间纵约定有各自承担的份额,也仅限于解决其内部的责任分担问题,不得以此对抗债

① 刘保玉、吕文江主编:《债权担保制度研究》,中国民主法制出版社2000年版,第190页。

权人。[①]

由此可见,所谓按份共同保证,是指各保证人与债权人约定按照各自确定的份额承担保证责任的保证形式;所谓连带共同保证则是指各保证人约定对全部债务连带承担保证责任的保证形式。参照《担保法解释》第19条第1款的规定,连带共同保证可以区分为"有意思联络的连带共同保证"与"无意思联络的连带共同保证",前者指该条中两个以上保证人对同一债务"同时"提供保证时的情形;后者则是指两个以上保证人对同一债务"分别"提供保证时的情形。对于"无意思联络的连带共同保证",最高人民法院参与起草《担保法》司法解释的法官称其为"推定的连带共同保证",之所以这样规定,其目的是加大对债权的保护。[②] 但这样规定也有对当事人意思自治过度干预之嫌。[③]

连带共同保证中的"连带"有两层含义:一为数额上的"连带",这是相对于按份共同保证而言的,即各个保证人均对全部主债务负责;二为履行顺序上的"连带",即各保证人无履行顺序之分,均有首先向债权人履行保证债务的义务,债权人也可以要求任何一个共同保证人首先履行义务。[④]

连带共同保证中的"连带"是对"共同保证"的限定,而非对"保

---

① 刘保玉:"共同保证的结构形态与保证责任的承担",载《中国法学》2003年第2期。另外,该文中关于"承认共同保证人的分割利益之立法"与"原则上否定共同保证人的分割利益之立法"的介绍与分析也值得认真研读。

② 曹士兵:《中国担保制度与担保方法》,中国法律出版社2008年版,第126页。

③ 在制定《担保法解释》的过程中,关于数人分别提供保证时,由于各保证人相互之间没有任何法律关系,是否存在清偿的顺序问题有不同的观点:一种观点认为,既然保证合同成立有先后顺序,如果后一个保证人是在知道自己之前已经有保证人担保该债务的情况下,才为该债务再次担保的,此时如果不考虑清偿顺序(即由先订立保证合同的保证人进行清偿,不足部分再由后一保证人承担),则对后一保证人有所不公,违背其真实意志。另一种观点则认为,同一债务有两个或者两个以上保证人的,各保证人分别与债权人订立保证合同的,对保证份额没有约定或者约定不明的,原则上债权人可以选择任一保证人主张权利。参见李国光、奚晓明、金剑峰、曹士兵:《最高人民法院〈关于适用《中华人民共和国担保法》若干问题的解释〉理解与适用》,吉林人民出版社2000年版,第113页。

④ 李国光、奚晓明、金剑峰、曹士兵:《最高人民法院〈关于适用《中华人民共和国担保法》若干问题的解释〉理解与适用》,吉林人民出版社2000年版,第113页。

证”的修饰。在各保证人与债权人是连带共同保证关系的情况下，不排除各保证人对债权人承担保证责任的方式不是连带方式，而是一般保证方式。① 换句话说，连带共同保证中的“连带”，特指共同保证人之间的关系，是特指各保证人之间有连带关系（学理上通常称之为“保证连带”②），而非指保证人与债务人之间的连带关系（通常简称为“连带保证”）。在连带共同保证成立后，可能发生双重连带关系：一是共同保证人之间的连带关系，即“保证连带”；二是连带共同保证人与债务人之间又存在连带关系，即“连带保证”。但并不必然发生双重连带关系，因为连带共同保证中各保证人与债务人之间是否也存在连带关系，仍应各依其关于保证方式的约定及法律的规定来确定。③

就本案而言，根据保证合同的约定，在乙、丙和丁三个保证人与债权人某农村信用合作社之间的关系上，由于三保证人均未与某农村信用合作社约定保证份额，而是约定对全部债务承担责任，应当认定乙、丙和丁向某农村信用合作社承担连带共同保证责任即“保证连带”；同时，保证合同又约定各保证人的保证方式为连带责任保证即“连带保证”，而非一般保证，故三保证人与债务人甲应向某农村信用合作社承担连带责任。由此可见，本案形成了双重连带关系：一是乙、丙、丁三个保证人之间的连带关系，二是乙、丙、丁三个保证人与债务人甲之间的连带关系。

三、关于连带共同保证人追偿权的相关问题

（一）连带共同保证人的追偿权及其性质

在保证担保法律关系中，追偿权指的是保证人的追偿权，又称为求偿权，指保证人享有的于履行保证债务后得向主债务人请求偿还的权利。④《担保法》第 31 条“保证人承担保证责任后，有权向债务人追

① 曹士兵：《中国担保制度与担保方法》，中国法律出版社 2008 年版，第 127 页。

② 林诚二：《民法债编各论》（下），中国人民大学出版社 2007 年版，第 280 页。

③ 郭明瑞：《担保法》（第二版），法律出版社 2004 年版，第 71 页；刘保玉：“共同保证的结构形态与保证责任的承担”，载《中国法学》2003 年第 2 期。

④ 郭明瑞：《担保法》（第二版），法律出版社 2004 年版，第 50 页。

偿”之规定就是保证人对主债务人追偿权的立法体现。《担保法解释》第9条第1款规定:“担保人因无效担保合同向债权人承担赔偿责任后,可以向债务人追偿……”本条款规定将保证人的追偿权同样赋予承担赔偿责任的无效保证的保证人,开了“过错责任仍得追偿”的先例。①

连带共同保证担保是保证担保的一种特殊类型,各保证人在承担保证责任后,也享有向主债务人的追偿权。除此之外,因为各保证人之间系连带关系即“保证连带”,根据连带责任关系的原理,连带共同保证人之间也存在追偿关系。《担保法》第12条规定:“……已经承担保证责任的保证人,有权向债务人追偿,或者要求承担连带责任的其他保证人清偿其应当承担的份额。”《担保法解释》第20条第2款规定:“连带共同保证的保证人承担保证责任后,向债务人不能追偿的部分,由各连带保证人按其内部约定的比例分担。没有约定的,平均分担。”由此,在连带共同保证担保关系中,已承担保证责任的保证人可能享有双重追偿权,既可以向主债务人追偿,也可以向其他保证人追偿。另外,承担了保证责任的连带共同保证人在行使对其他连带共同保证的保证人的追偿权时,如遇有的保证人无力承担自己应分担的份额时,可以向有能力承担债务的其他连带共同保证人行使追偿权。由此可见,连带共同保证中承担了保证责任的保证人可能有三重追偿权:对主债务人的追偿权;对其他连带共同保证人的追偿权;对有能力承担债务的其他连带共同保证人的追偿权。

关于保证人对债务人追偿权的性质,理论界和司法实务上均认为属于债权请求权。② 该权利属于未来可行使的权利,权利行使受到制约,也可以称为附条件的权利,即以保证人为主债务人承担保证责任为

---

① 李国光、奚晓明、金剑峰、曹士兵:《最高人民法院〈关于适用《中华人民共和国担保法》若干问题的解释〉理解与适用》,吉林人民出版社2000年版,第76～79页。

② 程啸:《保证合同研究》,法律出版社2006年版,第285页;曹士兵:《中国担保制度与担保方法》,中国法律出版社2008年版,第128页。

停止条件的权利。[①] 但对于追偿权是一项新的权利还是代位追偿权则有不同的观点。按照《担保法》第 31 条和《担保法解释》第 42 条第 2 款关于"保证人对债务人行使追偿权的诉讼时效,自保证人向债权人承担责任之日起开始计算"之规定,我国法律和司法实践是将追偿权作为一项新的权利来对待的。关于连带共同保证人对其他连带共同保证人或有能力承担债务的其他连带共同保证人追偿权的性质问题,笔者未见有讨论的文献,按照追偿权的文义以及同样问题同样处理的法律适用原则,将其作与保证人对债务人追偿权性质相同的理解,当无异议。

(二)多重追偿权的成立要件

1. 连带共同保证人向债务人行使追偿权的成立要件

关于连带共同保证人向债务人行使追偿权的成立要件,理论上有三要件说和一要件说等不同的主张。三要件说中又区分为两种不同的观点:观点之一主张保证人追偿权的成立须具备的条件是:(1)保证人向债权人承担了保证责任;(2)因保证人承担了保证责任而使主债务人免责;(3)须保证人的履行没有过错。[②] 观点之二赞同观点一中的第(1)、(2)项,而对于第(3)项要件,则主张应是"保证人没有赠与的意思"。[③] 主张一要件说的学者认为:保证人追偿权的发生和行使,只须保证人已经承担了保证责任这一项条件即为已足。[④]

---

① 郭明瑞:《担保法》(第二版),法律出版社 2004 年版,第 50 页;曹士兵:"关于担保人的追偿权",载李国光主编、最高人民法院民事审判第二庭编:《经济审判指导与参考》(第 4 卷),法律出版社 2001 年版,第 78~82 页。有学者对该观点提出了质疑,认为追偿权在保证人承担了保证责任之后才发生的,并非以保证责任的承担作为条件。追偿权属于保证人履行了保证债务后新产生的权利,并非保证人固有的附条件的权利。事实上,民法上只有附条件的法律行为,而没有附条件的权利。参见程啸:《保证合同研究》,法律出版社 2006 年版,第 285 页;曹士兵:《中国担保制度与担保方法》,中国法律出版社 2008 年版,第 128 页。

② 郭明瑞:《担保法》(第二版),法律出版社 2004 年版,第 50~51 页。

③ 林诚二:《民法债编各论》(下),中国人民大学出版社 2007 年版,第 246 页;程啸:《保证合同研究》,法律出版社 2006 年版,第 287~290 页。

④ 刘保玉、吕文江主编:《债权担保制度研究》,中国民主法制出版社 2000 年版,第 167 页。

笔者认为,上述观点各有道理,比较而言,一要件说更加合理,且与立法规定和司法实践中的做法契合。理由是:其一,关于"因保证人承担了保证责任而使主债务人免责"的要件,因保证人向债权人承担了保证责任,无论是全部清偿还是部分清偿,必然导致债务人对债权人的债务全部或者部分消灭,故该项要件已为"保证人向债权人承担了保证责任"要件所吸收,无须单列。其二,司法实践中已经承认"过错责任仍得追偿",所以,"须保证人的履行没有过错"的要件,已无存在的必要。其三,如果保证人与债务人基于赠与的约定而承担了保证责任,其追偿权不能成立是基于双方的约定而生的保证人对债务人追偿权的抗辩事由,属于个别情况,并非普遍存在的情形,故将其作为追偿权的成立要件并不妥当;另外,从追偿权是一项新的权利的角度,也无须以赠与来解读追偿权。其四,从立法上看《担保法》第31条规定的追偿权的成立要件就是一个,即保证人承担了保证责任后。其五,从司法实践上看,也是将保证人实际承担了保证责任或者赔偿责任作为行使追偿权的前提。①

在本案中,保证人乙和丙均承担了保证责任,因此也就均具备了分别向主债务人甲行使追偿权的条件。

2. 连带共同保证人向其他连带共同保证人行使追偿权的成立要件

关于连带共同保证人追偿权的发生和成立,《担保法》第12条规定:"……已经承担保证责任的保证人,有权向债务人追偿,或者要求承担连带责任的其他保证人清偿其应当承担的份额。"《担保法解释》第20条第2款规定:"连带共同保证的保证人承担保证责任后,向债务人不能追偿的部分,由各连带保证人按其内部约定的比例分担。没有约定的,平均分担。"

(1)对《担保法解释》第20条第2款的不同理解

对于《担保法》第12条和《担保法解释》第20条第2款之间的关系,有两种不同的理解:一种观点认为,《担保法解释》第20条第2款是对《担保法》第12条中已经承担保证责任的保证人向债务人追偿不能

---

① 曹士兵:"关于担保人的追偿权",载李国光主编、最高人民法院民事审判第二庭编:《经济审判指导与参考》(第4卷),法律出版社2001年版,第78~82页。

部分如何处理的解决方案,应属无误。由于对其他连带共同保证人的追偿权《担保法》第12条已有规定,故司法解释无须重复。《担保法解释》第38条关于混合共同担保中的追偿权的规定,也体现了相同的精神。另一种观点则认为,按照《担保法解释》第20条第2款的规定,承担了保证责任的保证人应先向债务人追偿,追偿不能的部分,方得向其他连带共同保证人追偿其应分担的份额。这样规定是对《担保法》第12条的正确理解,也是避免往复追偿、徒增烦琐。

上述观点各有道理,第一种观点充满了思辨色彩,值得肯定,但比较而言,笔者更倾向于第二种观点。除了赞同该观点的理由之外,还可以从《物权法》第176条关于混合共同担保中追偿权的规定,以及官方权威机构——立法机关和最高人民法院对《物权法》第176条的解读、释义书中找到支持第二种观点的理由。

《物权法》第176条规定:"被担保的债权既有物的担保又有人的担保的,债务人不履行到期债务或者发生当事人约定的实现担保物权的情形,债权人应当按照约定实现债权;没有约定或者约定不明确,债务人自己提供物的担保的,债权人应当先就该物的担保实现债权;第三人提供物的担保的,债权人可以就物的担保实现债权,也可以要求保证人承担保证责任。提供担保的第三人承担担保责任后,有权向债务人追偿。"该条规定修改了《担保法》第12条和《担保法解释》第20条规定的精神,即将"或者要求承担连带责任的其他保证人清偿其应当承担的份额"和"向债务人不能追偿的部分,由各连带保证人按其内部约定的比例分担。没有约定的,平均分担"的内容删除。

之所以作如此规定,我国立法机关——全国人大常委会法工委编写的《物权法》释义书中认为:"在多个担保人的情况下,其中一个担保人承担了担保责任后,该担保人除了可以向债务人追偿外,是否可以向其他担保人追偿?对这个问题争议很大,有的认为,为了平衡各担保人的利益关系,应当允许各担保人之间相互追偿,这也符合民法上的公平原则与诚实信用原则。本法对此没有明确规定,我们研究认为,在当事人没有明确约定承担连带担保责任的情况下,规定各担保人之间相互追偿是不妥的,主要理由是:其一,理论上讲不通。除非当事人另有约定,各担保人之间没有任何法律关系存在,要求各担保人之间相互追偿,实质上是法律强行在各担保人之间设定相互担保。这意味着,没有履行担保义务的担保人除了为债务人提供担保外,还必须为其他担保人提供担保,这既违背担保人的初衷,也不合法理。其二,从程序上讲费时费力、不经济。在存在多个担保人时,债务人是最终责任人,担保人在承担担保责任后,应当直接向债务人追偿,如果可以向其他担保人追偿,意味着其他担保人承担担保责任后,还必须向最终责任人——债务人追偿,从程序上讲,这是不经济的。其三,履行了担保责任的担保人不能向其他担保人追偿恰恰是公平原则的体现。除非当事人之间另有规定,每个担保人在设定担保时,都明白自己面临的风险:即在承担担保责任后,只能向债务人追偿。如果债务人没有能力偿还,自己就会受到损失。这种风险就是担保人设定担保时最为正常的风险且可以预见到的风险,必须由自己承担。担保人希望避免这种风险,就应当在设定担保时进行特别约定。其四,向其他担保人追偿时操作性很差。"①

最高人民法院编写的《物权法条文理解与适用》中也认为,《物权法》第176条没有规定保证人与物上担保人共同分担责任的问题,而《担保法解释》第38条通过担保人之间的相互追偿权确定了人保和物保共同分担责任,无疑使法律规则过于繁杂。应当看到,分担责任的规则设计,必然涉及诸多问题,如分担比例标准如何确定、是否应考虑担保设定时间的先后、是否应考虑担保数额约定之有无等。若将这些问题均合理地解决,并最终将之融入规则之中,本身便十分困难。②

(2)连带共同保证人向其他连带共同保证人行使追偿权的要件争议

关于连带债务中债务人的追偿权是否以履行债务使其他连带债务人免责部分超过其应当负担部分为限,理论上和实务中存在争议,有积极说和消极说两种观点。③ 积极说认为,只有当连带债务人的清偿超过其应负担部分时才发生追偿权的问题,理由在于:其一,如果连带债

① 胡康生主编、全国人民代表大会常务委员会法制工作委员会编:《中华人民共和国物权法释义》,法律出版社2007年版,第381~382页。

② 最高人民法院物权法研究小组编著:《〈中华人民共和国物权法〉条文理解与适用》,人民法院出版社2007年版,第521~522页。

③ 黄立:《民法债编总论》,中国政法大学出版社2002年版,第589~590页。

务人清偿债务部分没有超过自己应当分担的部分,从对内关系上说,债务人只是为自己履行债务,自然不能对其他债务人行使追偿权;其二,如果允许免责不超过债务人负担部分就发生追偿权,将会导致循环追偿,不利于维持法律关系简明化的要求。消极说则认为,即使免责没有超过债务人负担部分也发生追偿权。理由在于:其一,如果认为债务人在清偿的债务没有超过自己应当分担的部分时就不享有对其他债务人的追偿权,这显然是不公平的,因为先履行给付义务的债务人将承受因此产生的风险;其二,要求免责超过应负担部分之后才享有追偿权,也违背了连带债务人应当共同分担义务的前提。以上两说各有立法例:《瑞士债法典》第148条第2款[①]明确采行积极说,而日本最近的判例与学说则多采行消极说的主张。[②]

我国司法实践采行积极说的主张。依据《担保法解释》第20条第2款规定的精神,连带共同保证的保证人承担了保证责任以后,向债务人不能追偿的部分,才能向其他连带共同保证的保证人行使追偿权;而向其他连带共同保证的保证人行使追偿权,则以该保证人实际承担责任份额大于其应当承担的份额为条件,即只有对超出自己应当承担的份额的部分,才能向其他连带共同保证的保证人行使追偿权。[③] 如最高人民法院经济审判庭1992年7月29日《关于生效判决的连带责任人代偿债务后应以何种诉讼程序向债务人追偿问题的复函》(法经[1992]121号)认为:"根据生效的法律文书,连带责任人代主债务人偿还了债务,或者连带责任人对外承担的责任超过了自己应承担的份额的,可以向原审人民法院请求行使追偿权。"例如,在有两个连带共同保证的保证人且没有约定负担比例的场合,承担了80%债务的保证人可以

① 第148条第2款规定:"一个连带债务人履行的债务超出其应当履行的份额的,就超过部分有权向其他连带债务人追偿。"参见吴兆祥、石佳友、孙淑妍译:《瑞士债法典》,法律出版社2002年版,第31页。

② 程啸:《保证合同研究》,法律出版社2006年版,第572~573页。

③ 李国光、奚晓明、金剑峰、曹士兵:《最高人民法院〈关于适用《中华人民共和国担保法》若干问题的解释〉理解与适用》,吉林人民出版社2000年版,第116页;曹士兵:"关于担保人的追偿权",载李国光主编、最高人民法院民事审判第二庭编:《经济审判指导与参考》(第4卷),法律出版社2001年版,第78~82页。

向仅承担了20%债务的另一保证人行使追偿权,追偿范围限于其多承担的30%部分的债务;如果该保证人仅承担了50%的债务,则不享有向其他连带共同保证人的追偿权,不能要求另一保证人负担其中的25%。

(3)连带共同保证人向其他连带共同保证人行使追偿权的成立要件

根据以上内容,我们可以把连带共同保证的保证人之间的追偿权的成立要件归纳为:第一,连带共同保证的保证人承担了保证责任。第二,首先向债务人追偿,且有不能追偿的部分。关于"不能追偿的部分"应作与《担保法解释》第131条"不能清偿"相同的理解,即指对债务人的存款、现金、有价证券、成品、半成品、原材料、交通工具等可以执行的动产和其他方便执行的财产执行完毕后,债务仍未得到清偿的状态。第三,保证人承担的保证责任实际超过其应当承担的份额。其应当承担份额的确定有两个标准:一是约定标准;二是在没有约定的情况下,采用法定标准,即平均分担。如果债务人自己清偿了一部分债务,则应平均折抵各保证人的保证责任份额。[①]

就本案而言,乙和丙各自承担了保证责任,他们均有权向债务人甲行使追偿权,因此,乙和丙向债务人甲的追偿权成立。假如乙和丙向甲追偿时遇有不能追偿的部分(即甲无力承担),则乙和丙对其他连带共同保证人的追偿权则应区分不同情况,具体分析:假设乙和丙对甲行使追偿权均告失败,即全部不能追偿,而作为连带共同保证人的乙、丙和丁没有约定分担的比例,则乙、丙和丁应当采行法定标准,即平均分担,各承担债务总额的三分之一,即56,500元(169,500/3)。丙实际承担了119,497元的保证债务,就超过其应当分担的部分62,997元(119,497元-56,500元)有权向乙和丁追偿,其中有权向丙追偿6497元(56,500元-50,003元),向丁追偿56,500元;乙实际承担了50,003元保证责任,未超过其应当承担的份额,其无权向丙和丁行使追偿权;丁没有承担保证责任,其当然没有向乙和丙行使追偿的权利。可见,本案中,只有丙就超过其应当分担的部分即62,997元符合向乙和丁行使追偿权的条件,乙和丁不符合行使追偿权的条件。假如债务人甲清偿了一部分债务,如清偿了20,000元,则应平均折抵保证人乙、丙和丁的

---

① 刘保玉:"共同保证的结构形态与保证责任的承担",载《中国法学》2003年第2期。

保证责任份额;在此基础上,再按照上述规则行使追偿权。

3. 连带共同保证人向有能力承担债务的其他连带共同保证人行使追偿权的成立要件

承担了保证责任的连带共同保证人在行使对其他连带共同保证的保证人的追偿权时,如遇有的保证人无力承担自己应分担的份额时,应如何处理？关于这个问题,《担保法解释》第20条第2款“连带共同保证的保证人承担保证责任后,向债务人不能追偿的部分,由各连带保证人按其内部约定的比例分担。没有约定的,平均分担”之规定未给出明确答案。国外立法上一般规定由有能力的各保证人按约定的债务承担比例或者于无比例约定时平均分担该部分损失,这种做法在理论上称为“追偿权的扩大”。①

司法实践中,如最高人民法院公报案例“云南英贸集团股份有限公司与云南天元国际商务集团股份有限公司保证合同追偿权纠纷案”②民事判决书中对“关于追偿份额如何确定的问题”作了如下认定:“‘担保法解释’第二十条规定,连带共同保证的保证人按其内部约定的比例分担保证责任。没有约定的,平均分担。本案涉及的连带共同保证人,有烟草公司、珑艺公司和上诉人英贸公司以及被上诉人天元公司四家。这四家连带共同保证人之间,对保证份额没有约定,应当平均分担。鉴于作为本案共同保证人之一的珑艺公司,目前虽无证据证明其下落不明,但寻找其到案承担保证责任,确实存在着实际困难。作为连带共同保证人,将珑艺公司寻找到案令其承担保证责任,是所有保证人的共同义务。如果珑艺公司不能到案承担保证责任,其应当承担的保证份额就成为全体保证人共同的风险,此风险不能由英贸公司一家承担。因此在珑艺公司不能到案承担保证责任的情况下,珑艺公司应当承担的保证责任份额,应由现有的三家保证人分担。所以,英贸公司有权向天元公司追偿三分之一的保证责任份额。”这一案例创造性地运用“追偿权扩大”的理论,认定在珑艺公司不能到案承担保证责任的情况下,其应当承担的保证责任份额,应由现有的三家保证人分担。

---

① 程啸:《保证合同研究》,法律出版社2006年版,第577页以下。

② 《最高人民法院公报》2002年第6期。

参照理论和司法实践,我们可以归纳出追偿权扩大的构成要件为:(1)必须是连带共同保证人中的一人或数人不能清偿其应承担的份额;(2)存在其他具有偿还能力的连带共同保证人。

假设本案中丁无力清偿其应当分担的56,500元债务,就应当由追偿权人丙和乙平均分担,即28,250元(56,500/2),最终的结果便是丙和乙实际负担总债务的一半,即84,750元。由此可见,本案中丙有三重追偿权:一是向债务人甲的追偿权;二是向乙和丁两个连带共同保证人的追偿权;三是向乙要求分担丁责任份额的追偿权。

四、关于多重追偿权的实现方式

(一)保证人行使追偿权的方式

关于保证人行使追偿权的方式,理论与实务上有不同的主张或做法。有学者主张,保证人行使追偿权必须另行提起诉讼,通过诉讼程序实现其追偿权;[①]有学者认为,可以通过执行程序、督促程序或者一般诉讼程序实现追偿权;[②]还有的学者主张,享有追偿权的保证人可以依据人民法院生效判决及承担了保证责任的证据,直接向人民法院执行机构申请执行,通过执行程序实现追偿权。

司法实践对于类似问题区分不同情况采取不同的做法。如最高人民法院经济审判庭1992年7月29日《关于生效判决的连带责任人代偿债务后应以何种诉讼程序向债务人追偿问题的复函》(法经[1992]121号)针对吉林省高级民法院《关于在执行生效判决时,连带责任人代偿债务后,应依何种诉讼程序向债务人追偿问题的请示》的复函中认为:“根据生效的法律文书,连带责任人代主债务人偿还了债务,或者连带责任人对外承担的责任超过了自己应承担的份额的,可以向原审人民法院请求行使追偿权。原审人民法院应当裁定主债务人或其他连带责任人偿还。此裁定不允许上诉,但可复议一次。如果生效法律文书中,对各连

---

① 刘保玉、吕文江主编:《债权担保制度研究》,中国民主法制出版社2000年版,第169页。

② 王利明、崔建远:《合同法新论·总则》(修订版),中国政法大学出版社2000年版,第535~536页。

带责任人应承担的份额没有确定的，连带责任人对外偿还债务后向其他连带责任人行使追偿权的，应当向人民法院另行起诉。”该复函采行根据不同情况分别采取终局裁定或者另行起诉的方式实现追偿权。

（二）保证人对债务人追偿权的一并判决

《担保法解释》第42条第1款规定：“人民法院判决保证人承担保证责任或者赔偿责任的，应当在判决书主文中明确保证人享有担保法第三十一条规定的权利。判决书中未予明确追偿权的，保证人只能按照承担责任的事实，另行提起诉讼。”据此，保证人追偿权可以依据主合同的判决直接行使追偿权或者另行提起诉讼实现追偿权两种方式。在裁决中将保证人的追偿权预先一并以判决的形式固定下来，可以减少当事人的诉累，符合诉讼效益原则。在保证人承担了保证责任后，即可根据生效判决和承担责任的事实，直接申请进入执行程序，而不必再经过复杂的诉讼程序。① 该种方式就是上述理论上通过执行程序实现追偿权的方式的司法体现。

依据《担保法解释》第42条第1款的规定而直接行使追偿权，最高人民法院参与起草《担保法》司法解释的法官释义书及著述中认为适用本条应有严格的限定条件：(1)适用于债权人将保证人作为被告，或者将债务人和保证人作为共同被告起诉的保证纠纷案件。② 如果债权

---

① 李国光、奚晓明、金剑峰、曹士兵：《最高人民法院〈关于适用《中华人民共和国担保法》若干问题的解释〉理解与适用》，吉林人民出版社2000年版，第173页；曹士兵：“关于担保人的追偿权”，载李国光主编、最高人民法院民事审判第二庭编：《经济审判指导与参考》（第4卷），法律出版社2001年版，第78～82页。

② 关于这个要件，最高人民法院法官的观点前后有所不一。在先的著述中对《担保法解释》第42条第1款解释时认为无论债权人仅起诉保证人，还是将保证人与债务人一并作为共同被告人，人民法院在判决保证人承担保证责任或者赔偿责任时，均应在判决主文中明确保证人对债务人享有追偿权（李国光、奚晓明、金剑峰、曹士兵：《最高人民法院〈关于适用《中华人民共和国担保法》若干问题的解释〉理解与适用》，吉林人民出版社2000年版，第173页）。其后又有观点认为只有债权人将债务人和保证人作为共同被告一并起诉的保证纠纷案件中，人民法院才能一并裁决［曹士兵：“关于担保人的追偿权”，载李国光主编、最高人民法院民事审判第二庭编：《经济审判指导与参考》（第4卷），法律出版社2001年版，第78～82页；曹士兵：《中国担保制度与担保方法》，中国法律出版社2008年版，第128页］。笔者认为在先的观点更妥当，故本文采在先的观点。

人仅起诉债务人,不涉及保证合同争议,则对保证人追偿权无法一并判决。(2)保证人提出追偿权的请求。如果保证人未提出追偿权的请求,则法院不能将保证责任与追偿权一并判决。[①]

关于保证人提出追偿权请求的方式问题,其明确提出要求法院对其追偿权一并作出判决的,当然属于典型的请求方式。而在实践中,可能还有另外两种情形,值得讨论:其一,保证人一方面主张其有抗辩事由,不应承担保证责任,另一方面又假设如判决其承担保证责任的话,则应当对其追偿权一并作出判决;其二,保证人仅主张其有抗辩事由,不应承担保证责任,不另提追偿权的问题。对于上述第一种情形,应当认为保证人提出了追偿权的请求,尽管此时保证人的抗辩主张和追偿权主张有矛盾,但不妨碍法院认定其提出了追偿权请求而作出一体判决。对于第二种情形,也不妨认定其提出了追偿权的请求,主要理由是:(1)《担保法解释》第42条第1款并未规定保证人追偿权的一并判决须以保证人提出追偿权请求作为适用条件。(2)司法实践中有类似做法。如最高人民法院[2006]民二终字第236号"抚宁县新兴包装材料厂、抚宁公有资产经营有限公司与抚宁县农村信用合作联社、秦皇岛远东石油炼化有限公司、秦皇岛骊骅淀粉股份有限公司借款担保合同纠纷案"中,[②]在保证人新兴包装材料厂主张其不应当承担保证责任的情况下,一审法院判决其承担保证责任后,有权向债务人远东石油公司追偿。最高人民法院[2005]民二终字第217号"泰阳证券有限责任公司与海南洋蒲华洋科技发展有限公司等单位资产管理委托合同纠纷上诉案"中,[③]在上诉人即保证人诉请不承担责任、其他保证人未提起上诉,且一审也未判决保证人向主债务人享有追偿权的情况下,最高人民法院判决认定:根据最高人民法院《担保法解释》第42条关于"人民法院判决保证人承担保证责任或者赔偿责任的,应当在判决书主文中明

---

① 曹士兵:"关于担保人的追偿权",载李国光主编、最高人民法院民事审判第二庭编:《经济审判指导与参考》(第4卷),法律出版社2001年版,第78~82页。

② 《最高人民法院公报》2007年第9期。

③ 奚晓明主编、最高人民法院民事审判第二庭编:《民商事审判指导》2006年第2辑(总第10辑),人民法院出版社2007年版,第250~271页。

确保证人享有担保法第三十一条规定的权利”的规定，应增加关于“大盛公司、金信丰公司、金泰公司在承担保证责任后对日升公司享有追偿权”的判项。于是在终审判决主文第三项增加：湖南大盛实业投资有限公司、湖南金信丰商贸有限公司、湖南金泰实业有限公司承担保证责任后，有权向湖南日升物资贸易有限公司追偿。[①] 有的判决则在保证人未出庭的情况下，亦一并判决保证人享有向主债务人的追偿权。如河南省荥阳市人民法院[2011]荥民二初字第63号“原告荥阳市农村信用合作联社城关信用社诉被告徐振东、朱国兴、朱关召借款合同纠纷案”，[②]三被告均未到庭，一审判决在判决主文第二项判决：被告朱国兴、朱关召对被告徐振东的上述债务承担连带清偿责任。被告朱国兴、朱关召承担连带清偿责任后，有权向被告徐振东追偿。

在符合上述条件的情形下，人民法院判决主文的表述方式为：先判决保证人承担保证责任或者赔偿责任，再判决保证人承担责任后对债务人享有追偿权。[③]

本案中，连带共同保证人乙和丙在原告某农村信用合作社提起诉讼的借款保证合同纠纷案件中，没有提出向甲主张追偿权的请求，受理法院也未对乙和丙的追偿权一并作出判决。因此，乙和丙只能在承担了保证责任后，另行向债务人甲提起诉讼。

（三）连带共同保证人对其他连带共同保证人追偿权的一并判决

关于连带共同保证人对其他保证人的追偿权是否可采行一并裁决的问题，最高人民法院参与起草《担保法》司法解释的法官的著述给出

---

① 张雪楳：“债务承担的认定及责任承担——泰阳证券有限责任公司与海南洋蒲华洋科技发展有限公司等单位资产管理委托合同纠纷上诉案”，载奚晓明主编、最高人民法院民事审判第二庭编：《民商事审判指导》2006年第2辑（总第10辑），人民法院出版社2007年版，第250～271页。需要说明的是，有的高级人民法院对此的做法则相反，即一审判决没有在判决主文中明确保证人追偿权的，二审可以不加判保证人追偿权。参见浙江省高级人民法院经济审判第一庭：“浙江省高级人民法院经一庭审判长联席会议研讨担保审判实务”，载最高人民法院民事审判第二庭编：《民商事审判资料选读》2001年第1辑，人民法院出版社2001年版，第36页。

② http://www.lawyee.net/Case/Case_Data.asp?ChannelID=2010102&RID=762562，最后访问日期：2011年8月24日。

③ 曹士兵：《中国担保制度与担保方法》，法律出版社2008年版，第128页。

了肯定的答案,即如果连带保证人同时对债务人和其他连带共同保证人主张追偿权,判决主文应作如下表述:主文第一项判决债务人对保证人在其承担的保证责任范围内承担全部清偿责任;第二项判决保证人在向债务人不能追偿的部分内,其他连带共同保证人在约定或者法定份额内对履行了保证责任的保证人承担清偿义务。①

本案中,作为承担保证责任已超过其应当承担份额的丙,可以同时对债务人甲和其他两个连带共同保证人乙和丁提起两项追偿权之诉,要求实现其追偿权,法院应当一并作出判决。假设丁无力清偿其应承担的份额,参照上述两项追偿权的判决做法,人民法院应当对丙的三重追偿权一并作出判决。

[孙瑞玺,山东达洋律师事务所主任律师,北京大学法学硕士,中国石油大学(华东)人文社科学院和烟台大学法学院兼职副教授。]

① 曹士兵:《中国担保制度与担保方法》,法律出版社2008年版,第127页。

保险免责条款的划分与保险人的说明义务

——对《保险法》第 17 条的体系性解读

朱 川 沈竹莺 牛广济

目 次

引言

修订后的《保险法》第 17 条对保险免责条款明确说明制度作了大幅改进,但围绕保险人如何尽到明确说明义务的争论仍在持续,与此有关的保险纠纷也未显著减少,各地裁判也未明显统一。

什么才是对“保险免责条款非经明确说明不生效力”的正确理解?以醉酒驾车所致事故免责为例,保险公司未明确说明,投保人可否获赔?从文义理解,索赔似乎可行。法官却顾虑:如支持此诉求,客观上会产生纵容乃至鼓励醉酒驾车的负面效果。考虑到裁判的社会效果和价值取向,他们往往倾向于否定该诉求。[①] 又如,人身保险合同明确规定某种疾病不属承保范围,保险人未明确说明,投保人能否获赔?法官们也担忧径行判定该免责条款无效过于严苛。[②] 那么,法官的这种态度有否法律依据?

一、三种既有论证路径的考察

(一)路径一:援引诚实信用与公序良俗原则

该路径认为,免责条款因保险人未尽明确说明义务而不生效力,但保险人仍能援引诚实信用、公序良俗等原则免除赔偿责任。[③] 理由是,投保人从事法律明令禁止的行为,有违诚信原则,如果其诉求获得支持,无异于鼓励此类不法行为,从而损害公序良俗。在该路径中,法官试图将裁判建立在社会正义上,以期获得良好的社会效果,初衷虽好却经不起推敲。首先,保险人未尽明确说明义务,本身即违背诚信原则;其次,《保险法》仅将故意制造保险事故作为法定免责事由,大部分保险产品也未将重大过失列为免责情形,而重大过失很可能违背诚信原则;最后,依此进路,凡损害社会公益的事故都不能获得保险理赔,但责任保险的标的是投保人的民事责任,其可能源于对社会公益的损害,甚至犯罪事实。事实上,确定保险免责事由的依据是“大数法则”,与保费相比明显超出合理比例的情形应当不属保险责任范围;虽然这些情形有时也是法律禁止或道德批评的对象,但这并不是其成为免责事由的主要原因。

---

① 江苏省高级人民法院课题组:“江苏法院保险合纠纷案件审理情况”,载《人民法院报》2010年3月30日。

② 沈德咏、奚晓明主编:《最高人民法院关于〈合同法〉司法解释(二)理解与适用》,人民法院出版社2009年版,第87页。

③ “我区保险理赔纠纷典型案例实录”,载《萧山日报》2010年3月5日。

(二)路径二:缩限免责条款的外延

该路径试图对保险免责条款的外延进行限制,以缩小明确说明制度的适用空间。具体有:

1. 表象性缩限。此观点认为,应当以是否冠以"免责"[①]、"不负赔偿或者给付保险金责任"[②]等措辞加以判断。

2. 实质性缩限。此观点认为,应当按保险免责的实际功能进行界定,其实质是保险除外责任条款,分为危险除外(原因除外)与损失除外。前者旨在限定危险种类,约定保险人对特定原因造成的损失不负赔偿责任;后者是风险发生后的具体责任除外,旨在限制事故发生后损害补偿的范围,如间接损失不赔。[③] 在《关于审理保险纠纷案件若干问题的解释(征求意见稿)》中,将"责任免除条款"限定在"责任免除",即通常所称的"除外责任"。[④]

3. 混合性缩限。此观点兼采表象和实质标准,认为保险免责条款包括除外责任条款,以及不因投保人未履行法定或约定义务而免除保险人责任的条款;又排除仅限制保险金额的条款,典型的如免赔率、免赔额,[⑤]还要排除保证性、程序性等条款。[⑥]

该路径着眼于限制明确说明的适用范围,富有启发。但是,表象性缩限将保险免责条款限于外观,未免机械狭隘,那些散落在保险合同中,未冠以"免责"但实质可能导致保险人不予赔偿或免责的格式条

---

① 参见对外经济贸易大学教授陈欣在"北京朝阳区法院《保险法》理解与适用研讨会"上的发言:"免责条款从狭义讲是在保险合同中表明有免责字样项下的部分条款,这个条款很少。说明其实并没有那么复杂。"

② 奚晓明主编:《最高院商事审判裁判规范与案例指导2010年卷》,法律出版社2010年版,第444页。

③ 曹兴权:《保险缔约信息义务制度研究》,中国检察出版社2004年版,第94~95页、第225页。

④ 该征求意见稿第7条。

⑤ 秾文仲:"保险合同免责条款的理解与法律适用",载《保险研究》2010年第11期。

⑥ 郑林军:"保险合同中的保险人的明确说明义务",载《管理观察》2009年第9期;广东高院《关于审理保险纠纷案件若干问题的指导意见》第8条。

款,更具隐蔽性,更需要说明。[①] 实质性缩限以功能限制保险免责条款,可是,从功能来看,所有免除或减轻保险人义务和责任、限制或排除投保人一方权利、加重投保人一方义务和责任的条款都应属于保险免责条款,[②]如此,反而无法实现缩限目的。事实上,功能仍属于保险免责条款的事实表象,欲从实质上界定,还需在规范意义和价值判断的层面作进一步讨论。

(三)路径三:降低明确说明的程度

该路径试图降低保险人的明确说明程度或举证难度,以减少因未经明确说明而不生效力的保险免责条款。主要做法有:

1. 豁免保险人明确说明义务的情形。投保人已知或应知的免责事由,无须再明确说明,包括法定免责条款和保监会根据公共政策需要依据法律授权制定的强制保险条款。前者是保险法规定的合同化,[③]法律一经公布推定全体皆知;后者视为规章,[④]保监会审批和备案的保险条款,可视为"准规章"和"具有一定规章性"。[⑤]

2. 减轻保险人明确说明义务的情形。包括以法律禁止的行为作为免责事由的条款[⑥]、基于经验能够知晓的免责条款[⑦]、理性投保人能够

---

① 荀文山、郭琳佳:"保险人应对事实免责情形履行明确说明义务",载《人民法院报》2010年9月9日第007版。

② 汪华亮:"保险人缔约信息提供义务研究",载《云南行政学院学报》2010年第5期。

③ 汤小夫、刘振:"保险免责条款效力认定中的20个审判难点问题",载《人民司法·应用》2010年第15期;江苏高院《关于审理保险合同纠纷案件若干问题的讨论纪要》第6条。

④ 王益华等:"保险人明确说明义务问题的法律适用",载《人民司法·应用》2010年第15期。

⑤ 刘振:"关于保险条款性质的重新界定及传统审判思维的相应调整——沿着与'格式条款说'不同的思路展开",载《南大法律评论》2004年春季号。

⑥ 浙江高院《关于审理财产保险合同纠纷案件若干问题的指导意见》第11条。

⑦ 北京高院《关于审理保险纠纷案件若干问题的意见》第3条。

理解的免责条款[①]、基于社会常识能够知晓的免责条款[②]及因投保人一方违反保证义务导致保险人免责的条款[③]等。

3. 减轻保险人的举证难度。以投保人的特别声明或签字推定保险人尽到明确说明义务。最高人民法院《关于审理保险纠纷案件适用法律若干问题的解释(送审稿)》第7条认为,投保人就保险人的明确说明义务签署了特别声明,可以证明保险人履行了该义务。类似规定还见于山东省、浙江省、江苏省和广东省高院的相关文件中。

4. 引入冷静观察期制度。该制度是指法律规定合同生效需经过一段时间,格式条款的相对方在此之前可以对交易条件加以权衡;[④]至于相对方是否阅读了条款、理解了条款,则在所不问。[⑤] 有学者建议引入该制度,实践中也有一些保险人尝试借鉴该制度。

该路径考虑了保险业务的实际状况,予以灵活认定,具有合理性,但面临诸多障碍。首先,《保险法》第17条第2款并未给法官自由裁量留下多少空间,其不仅具体罗列了明确说明的方式,还特别规定未作提示或者明确说明的,该条款不产生效力。其次,不管明确说明的标准如何降低,仍需符合明确标准,保监会相关负责人也认为:"必须经提示加上明确说明,否则不产生效力。"[⑥]考虑到我国保险业的诚信现状,许多中小型保险公司在保险条款的交付、提示方面尚未规范,遑论书面或口头解释说明。再次,虽然投保人签署的特别声明可作为认定保险人尽到明确说明义务的证据,但易诱发形式主义倾向,可能带来一些负面效果,甚至引发新的保险诚信危机。最后,目前我国广大投保人还比较

---

① 肖和保、杨佳媚:"论保险合同之射幸性　兼评保险合同免责条款的正当性",载《财经理论与实践》2008年1月。

② 孙青:"略论保险人明确说明义务",载江苏法院网,www.jsfy.gov.cn,最后访问日期:2011年6月16日。

③ 参见保监会法规部法制监督处处长刘学生在"北京朝阳区法院《保险法》理解与适用研讨会"上的发言。

④ 曹兴权,前引书,第246页。

⑤ 刘宗荣:《定型化契约论文专辑》,台湾三民书局股份有限公司1988年版,第18页。

⑥ 见保监会法规部法制监督处处长刘学生在"北京朝阳区法院《保险法》理解与适用研讨会"上的发言。

欠缺对保险条款进行自行阅读和理解的能力,尚不具备建立冷静观察期制度的社会条件。

上述三种路径均未能解决本文开头提出的问题,根本原因是仅采取文义解释的方法,对《保险法》第17条的理解产生偏差。对该条的精确解读,须在合同法和保险法的框架下,综合运用文义、目的、历史和体系等解释方法。

二、合同法上格式条款体系梳理

合同法规范格式条款的条文主要是《合同法》第39条、第40条、第52条和第53条以及《最高人民法院关于适用〈中华人民共和国合同法〉若干问题的解释(二)》(以下简称《合同法解释(二)》)第9条和第10条。综合分析上述条文,可以较全面地得出合同法上格式免责条款的规范体系。

(一)格式免责条款具有不等价性

《合同法》第39条第1款前半句规定:提供格式条款的一方应当遵循公平原则确定当事人之间的权利和义务;后半句规定:采取合理的方式提请对方注意免除或者限制其责任的条款,按照对方的要求,对该条款予以说明。两句之间用"并"字连接。依《现代汉语词典》,并做连词为并且之意,用在复句中,表更进一层,[①]后半句是对前半句的递进。此处的递进只针对格式免责条款而非所有格式条款,原因何在?我们认为,一般格式条款的公平与格式免责条款的公平有所不同。前者来自中立第三方的客观评价,是等价公平;后者则是不等价的,但经相对方特别同意可视为公平,故法律要求提供方进行特别说明。

格式免责条款的不等价性,还有以下印证:第一,法律要求提供方对格式免责条款提请注意和说明,而对一般格式条款未作要求,从权利义务均衡角度看,其原因在于前者具有不等价性,提供方能从中获得额外利益。如果两种条款仅是措辞上的差别,任何理性的人都不会使用免责字眼而徒增额外的说明负担。第二,根据《合同法解释(二)》第9条,格式条款提供方违反提示和说明义务,导致相对方未注意免责条款

① 《现代汉语词典》第5版,商务印书馆2005年版,第98页。

的,相对方有权撤销该条款。如果格式免责条款是等价条款,撤销其会导致权利义务失衡,不符合法理。第三,学者们在例证格式免责条款时,无一例外聚焦那些单方面有利于条款提供人的情形;且无一例外认为,之所以要对其特别规制,乃因其导致了双方权利义务的失衡。

综上,合同法上的格式免责条款实质是一种不等价条款,即条款制定方使自己在应当承担不利后果时免除责任。[①]

(二)格式免责条款:绝对无效 vs. 有生效可能

有观点认为,《合同法》第 39 条和第 40 条存在逻辑混乱,根据前条,提供方尽到提请注意、说明义务的,格式免责条款应当有效,但后条又说这样的条款无效。[②] 其实,上述条款并不矛盾。《合同法》区分了两种格式免责条款:一种是绝对无效(无生效可能)的条款,规定在第 40 条和第 53 条,该种条款即使相对方同意也无效;[③]另一种是有生效可能的格式免责条款,规定在第 39 条,在履行提请注意、说明义务后,可以生效。理由是:首先,《合同法》第 40 条将“免除其责任”与“加重对方责任”、“排除对方主要权利”并列,说明三者程度相同,“免除其责任”应当理解成免除提供方合同下的主要责任或义务,致使危及合同目的实现。其次,可生效的免责条款,在合同法上应有存在空间。梁慧星教授认为,如果正确理解《合同法》第 53 条的话,应得出这样的结论,即免责条款原则上有效(这也是各国共同的制度),特殊情况才无效——特殊情况就是免除人身伤害和故意、重大过失。[④] 崔建远教授也认为若免除的是一般过失责任、轻微违约责任等,且提供方又履行了提请注意的义务,格式免责条款应当有效。[⑤]

(三)格式条款生效要件:概括合意 vs. 特别合意

有观点认为,《合同法》第 39 条规范的是格式条款的成立问题而

---

① 安心:“论对不公正标准契约条款的行政干预”,载《法学》1998 年第 4 期。

② 钟国才、谢菲:“论免责条款的效力”,载《武汉大学学报》(哲学社会科学版)2010 年 11 月。

③ 人大常委会法工委编:《中华人民共和国合同法释义》,法律出版社 1999 年版,第 71 页。

④ 梁慧星:“合同法的成功与不足(上)”,载《中外法学》1999 年第 6 期。

⑤ 崔建远:《合同法总则》,中国人民大学出版社 2008 年版,第 291 页。

非效力问题。[①] 我们认为,该条亦是对格式条款效力的规定,其规范两种不同的格式条款,即一般格式条款和格式免责条款,两者的效力来源分别是概括合意和特别合意。

1. 一般格式条款以概括合意为效力要件

(1)概括合意的概念

概括合意是指合同相对方无需逐条阅读格式条款,只需作出整体性同意即可。有观点认为,此合意非真正的合意,实质是经济上强者单方意志的实现,是对经济上弱者的命令行为,[②]相对方只能接受或走开,而无讨价还价的余地,[③]契约已死亡。[④] 上述观点值得商榷,格式合同的基础依然是合意。

首先,格式合同是合意的产物,是合意的标准化。古典合同法理论认为,合意的达成须经反复协商。工业革命使社会分工不断深化,交易日益频繁,产品、服务日趋流程化和标准化,催生了对快捷订约方式的需求。在那些经常发生的交易事项上,由各方利益代表经多年谈判和实践确定下来的商业惯例,[⑤]被法律和公众认为是交易各方真实意思的共同体现,逐渐被标准化为格式条款,无须协商,直接成为合同内容。由此可见,标准化的合意仍是真实的合意,只是在合意的产生方式上对古典合同进行了扬弃,从而大大节省追求合意的成本。

此外,相对人基于对标准化合意的认可,对格式条款作出概括性同意,符合其真实意思。逐条阅读数量繁杂的格式条款,需耗费不菲的精力。对相对人而言,其信赖格式条款乃标准化合意的载体,符合其对于公平正义的合理预期,因此阅读与否并无显著损益,基于理性最大化的考虑,他倾向于作出概括同意。确实,如果格式合同在形式上是完美

---

① 朱广新:《合同法总则》,中国人民大学出版社2008年版,第79页。

② 黄越钦:“论附合契约”,载郑玉波主编:《民法债编论文选辑(上)》,五南图书出版股份有限公司1984年版,第299页。

③ 苏号朋:“定式合同研究——以消费者权益保护为中心”,载《比较法研究》1998年第2期。

④ Grant Gilmore, Ronald K. L. Collins, The death of contract, Ohio State University Press 1995.

⑤ 徐涤宇:“关于标准合同若干问题的探讨”,载《法商研究》1994年第6期。

的、在内容上是公平的、在条件上是"双赢"的,作为自身利益最佳裁判者的相对人会因为没有阅读合同内容而拒绝吗?[①]

(2)概括合意的界限

相对人作出概括性同意的前提,是其信赖格式合同的内容符合公平正义,因此,同意是有限度的,以其合理期待为准。一般格式条款遵循等价原则,符合相对方的合理期待,属于概括合意的范围;其他"一切不合理或不恰当的条款"[②],均非相对人能够合理期待的。现实中,市场有局部失灵的可能,格式条款提供方可能会利用其优势地位,将这些"不合理或不恰当的条款"安排在合同中,[③]因此各国立法均规定,这些条款不得因相对人的概括同意而产生效力,由此保护诚信的相对人不受非其本意的不公平条款的约束。

例如,《德国民法典》第305c条第1款规定,出人意料的条款不是合同的组成部分。其依据是该条款没有被当事人的合意所涵盖,[④]是如此的非同寻常,以至于相对人无需对此有预期。[⑤]"台湾消费者权益保护法"第14条规定,未记载于定型化契约中而依正常情形显非消费者所得预见者,不构成契约之内容。美国《合同法重述》(第2版)第211条(3)也规定格式条款的相对人没有真正同意那些超出合理期待的条款,这些条款不能订入合同。[⑥]

(3)概括合意下的信息提供义务

有学者认为,《合同法》第39条的本义应当是指对所有格式条款都提醒注意、说明,只不过格式免责条款提请注意的义务更高。[⑦]该观点不能成立。首先,从文义解释讲,一般格式条款,依据合同法及其司

① 马育红:"格式合同:关于合同自由的思考",载《发展》2009年第5期。

② 曹兴权,前引书,第227页。

③ Münchener Kommentar BGB, Band 2, Aufl. 5 2007, S. 1015 ff.

④ BT-Drucks 7/3919 S 19; Bamberger/Roth (Hrsg.), Beck'scher Online Kommentar BGB 2011, § 305c BGB.

⑤ Bamberger/Roth (Hrsg.), Beck'scher Online Kommentar BGB 2011, § 305c BGB.

⑥ 聂慧锋:"论格式条款的规制",中国政法大学商法学专业2003年硕士学位论文。

⑦ 王利明:"对《合同法》格式条款规定的评析",载《政法论坛》1999年第6期。

法解释,不以提供方尽到提醒注意和说明义务为生效要件。其次,一般格式条款系遵循公平原则制定的等价条款,符合相对方对公平正义的合理期待,是对交易双方真实合意的标准化,目的在于减少不必要的磋商,降低达成合意的成本;如果逐条提请注意、说明,将从根本上失去其经济优势。

从比较法视野看,《德国民法典》未要求格式条款的提供方就条款内容加以提醒或说明。其第305条(2)规定,提供方应向另一方明确展示格式条款。[①] 明确展示的对象是,告诉合同相对方,哪些条款将作为格式条款成为合同的一部分,[②]而不是就具体条款的内容向相对方进行提醒。美国《合同法重述》(第2版)第211条(1)规定只要相对方签署了合同或表示同意,且有理由相信该类似文书会经常性地用于表达同类合同,即表明他接受。

2. 格式免责条款以特别合意为效力要件

(1)特别合意的概念

特别合意是指,格式合同双方当事人明确就某个具体合同事项达成意思合致,其依据是古典合同法理论的合同自治原则。超出相对方合理期待范围的事项,不能经由概括性同意而取得合意,只能通过特别合意生效,比如我国合同法中的格式免责条款、德国法中的出乎意料条款、美国法中的超出合理预期条款等。

(2)特别合意下的信息义务

相对人了解格式免责条款的内容,有两种途径:一是自己的阅读、理解,二是条款提供方主动提供。对相对人而言,在专业、复杂的格式条款中,搜集免责条款的信息,成本相对过高;而提供方作为条款的制定者,可以轻易地提供这些信息。此外,格式免责条款的内容有利于提供方。无论从经济成本的角度还是权利义务平衡的角度,让条款提供

---

① Münchener Kommentar BGB, Band 2, 5. Aufl. 2007, S. 1053 ff.; Bamberger/Roth (Hrsg.), Beck'scher Online Kommentar BGB 2011, § 305 BGB; Martin Schwab, AGB-Recht: Tipps und Taktik, Hüthig Jehle Rehm 2007, S. 35 ff.

② Bamberger/Roth (Hrsg.), Beck'scher Online Kommentar BGB 2011, § 305 II BGB.

方承担信息提供义务，无疑是公正且效率的制度选择，也是各国的立法实践。比如我国《合同法》第39条直接正面规定，提请注意、说明是提供方的义务；《德国民法典》第305c条则反面规定，出人意料的条款不生效力，除非经当事人特别合意（第305b条）。

三、保险法上格式免责条款体系解构

《保险法》规范免责条款的主要是第17条和第19条。由于保险合同属民事合同，其基本框架和术语可在合同法上找到依据，因此《合同法》关于格式条款的规范体系，对保险免责条款依然适用；当然，需要考虑保险合同的特殊性。

我们认为，保险法上的保险免责条款可以分为两类：一是形式免责条款，二是实质免责条款。

（一）形式保险免责条款

并非所有的保险免责条款都导致权利义务失衡，许多保险免责条款是实现保险交易“对价平衡”的必要内容。保险合同的核心，是精确界定目标风险和损失，而两者的外延相当宽泛，除正面描述外，还须辅以反面限定。典型的如责任除外条款，它们是保险合同的法定必要组成部分，虽被冠以“免责”之名，具有免责的技术功能，但符合等价原则，与合同法上的格式免责条款是不同的概念，我们称之为形式保险免责条款。

形式免责条款不应适用《保险法》第17条第2款的规定，而应与其他条款一样，属于第17条第1款规范的范畴。理由如下：第17条第2款针对的是实质免责条款，此类条款是不等价条款，需以特别合意为效力来源，因此须苛以保险人明确说明义务；而形式免责条款符合等价原则，未超出相对方对公平正义的合理期待，因此仅需概括合意便可生效。这也符合合同法对一般格式条款的规定。

需注意的是，与《合同法》第39条第1款前半句相比，《保险法》第17条第1款要求保险人对一般保险条款进行说明，原因在于保险合同的专业性更强，投保人的知情权被强化保护。但这并不意味一般保险条款都需特别合意方能生效，否则，保险格式合同的便捷性与经济优势将丧失。对此处的说明应从宽理解：保险人需主动说明哪些格式条款是保险合同的组成部分,无须主动说明条款内容;条款的措辞应通俗易懂;投保人对条款内容询问的,保险人应翔实回答。

(二)实质保险免责条款

保险人或出于经营风险考虑,于法律允许范围内做出有利于己的安排;或利用自身优势,不合理地免除己方责任,限制对方权利,加重对方义务。这些条款是真正的不等价条款,我们称之为实质保险免责条款,与合同法上的格式免责条款具有同质性,根据其偏离等价原则的程度,又可以分为绝对无效(无生效可能)和有生效可能的两种。

1. 绝对无效的实质保险免责条款。是指严重偏离等价原则,使合同目的无法实现,为法律禁止,即使当事人达成特别合意也不生效的条款,《保险法》第19条规定的即是此类条款。根据全国人大法工委人员的解读,该条"借鉴了合同法的规定",①源于《合同法》第40条和第53条。

2. 有生效可能的实质保险免责条款。是指偏离等价原则,但尚未达到绝对无效程度,法律允许以特别合意使之生效的条款,《保险法》第17条第2款针对的即是此类条款。首先,此类条款以当事人的特别合意作为生效的必要条件,因此保险人作为条款的提供方,负有信息提供的义务,这符合该款的文义和目的。其次,《合同法》第39条第1款、《合同法解释(二)》第9条构成了合同法上"有生效可能的格式免责条款"的规范体系。对此,无论在框架结构上还是内容表述上,《保险法》第17条第2款都表现出高度一致性,其规定三项内容:一是明确说明的客体,二是明确说明的具体要求,三是未明确说明的法律后果。前两项对应《合同法》第39条第1款后半句,第三项对应《合同法解释(二)》第9条。

有观点认为,《保险法》第17条第2款用"免除保险人责任"取代旧法第18条"责任免除"的措辞,扩展了明确说明的范围,涵盖了所有能够实际产生免责效果的条款。② 此观点有失偏颇。这一修订进一步

---

① 陈扬跃:《保险法修改情况介绍》,载全国人民代表大会网,http://www.npc.gov.cn/huiyi/lfzt/bxf/2009-03/02/content_1480632.htm,最后访问日期:2011年6月16日。

② 梁鹏:"新《保险法》下说明义务之履行",载《保险研究》2009年第7期。

明确了免责条款的实质化理解，即非等价性才是免责条款的根本属性，只有在明确说明的基础上达成特别合意，才使该等条款产生效力。立法者修改措辞，是为了制止形式化理解的错误，即认为明确说明的范围只是冠以“免责”字样的条款，此错误导致两个后果：其一，因缺乏“免责”外观，许多实质免责条款逃避了法律的规制；其二，因具有该外观，许多等价条款被误认为免责条款，损害了格式合同的便捷性，增加了交易成本。

四、两类保险免责条款在司法实践中的区分

司法实践中，区分免责条款的方法主要有两种，即法官基于自有智识的裁量和借助第三方专业智识的裁量。前者又可分为四种情况，具体如下：

1. 依据保险法的明确规定

若保险免责条款是法律规范的复述，属形式免责条款；若属保险法允许“另有约定”的范畴，且未有强制无效的情形，是有生效可能的实质免责条款；若违背保险法强制性规定，或有其他强制无效的情形，是无效条款。例如，《保险法》第 13 条规定，经保险人同意承保，保险合同成立并生效；当事人可对合同的效力约定附条件或期限。《保险法》规定的情形是等价情形，符合投保人的合理预期。保险人在法律允许范围内，偏离法律规定，制定上述对己有利的条款，属于典型的有生效可能的实质免责条款，需特别合意方能生效。类似条款还有保险人根据《保险法》的规定，就下列事项作出的对己有利的安排：保险人解除权；核赔、支付保险金的期限；保费支付宽限期；降低并退还保费的情形；重复保险的各保险人赔付比例；责任保险的被保险人涉诉费用的承担等。

2. 依据合同法的基本理论

例如，规避因意外事故所引发的损失是人们购买车损险的根本目的，其中包括规避责任第三方无力支付赔偿的风险。但不少保险公司在车损险合同中设置了根据驾驶人所负事故责任比例进行理赔的条款，该条款免除了保险人依法应承担的义务、排除了被保险人依法享有的权利，使合同目的无法实现，属于《保险法》第 19 条规定的无效条

款。须注意,保险免责条款是否无效,应结合个案,如车辆未按规定检验,不必然导致交通事故,一概免责以偏赅全;如果经检测,车辆事发前无安全隐患,则该免责条款应无效。①

3. 依据生活常识和经验

例如,常识可知,醉酒驾车大大增加事故概率,明显超出风险分散的合理比例,将其作为免责条款符合等价原则,不会超出投保人的合理预期。因此醉酒驾车导致事故免责的条款是典型的形式保险免责条款。类似的条款还有:投保人的故意行为、驾驶人不具备安全驾驶能力(如无证驾驶)、保险车辆不符合安全行驶条件、保险车辆处于非正常行驶状态(如竞赛、检修、被征用等)、被保险人未尽施救义务导致损失扩大等。

4. 寻求保险专业智识支持

保监会是经法律授权对保险业进行监督管理的机构,其监管行为具有中立性和权威性,可为法官准确区分保险免责条款提供借鉴;保监会对此也持支持与配合态度,②但保险条款依据监管力度的不同有所区别。首先,保监会制定的条款和行业标准,一般认定其符合公平和诚信原则,为等价条款。其次,保监会批准的条款视为等价条款,除非有相反证据。根据保险条款费率审批指引,报批条款应当"不失公平"。最后,保监会备案的条款不宜直接认定为符合等价原则。尽管根据保险条款费率备案指引,该等条款"内容不得显失公平",但其系事后审查,且审查尺度较审批宽。此外,其他保险专家的智识辅助也可很好地帮助法官判断保险条款是否符合等价原则。法院可通过加强与其沟通,为疑难案件审理引入专家智识,已有一些法院对此进行了有益探索。③

(朱川,复旦大学民商法博士在读、上海市第二中级人民法院法官。沈竹莺,复旦大学民商法硕士、上海市第一中级人民法院法官。牛广济,北京大学、慕尼黑大学联合培养博士在读。)

---

① 汤小夫、刘振,前引书,第39页。

② 保监会《关于处理有关保险合同纠纷问题的意见》保监发[2001]74号文,第2条。

③ 如上海浦东法院金融专家陪审制度。

慈善法视野下的公益信托论

——兼论慈善法的内在理念、制度目标与基本原则

李德健　陈保君

目　次

引言

目前国内研究公益信托(charitable trusts,为方便起见,非有特别说明,本文将公益信托与慈善信托视为同义语①)甚至是整个信托法制的学术成果已属不少。② 但是,在笔者看来,以往围绕公益信托所进行的研究往往在研究视角、研究方向上存在明显的偏差。例如,在学术研究中,往往忽视了公益信托是慈善法律制度的重要组成部分这一基本事实,因而极少从慈善法的理念、制度与规则的视角去探讨与诠释公益信托制度。然而公益信托的本质与灵魂恰恰就在于其慈善目的性与公益性,这不仅是其区别于以私益信托为模式建构起来的传统信托法制的最为重要的特征,也是其应当成为慈善法制的重要组成部分、成为推动慈善事业发展的有力工具的重要原因。又如,在学术研究中往往更多地重视对公益信托的制度介绍与规则引入,而忽视了该制度背后潜藏的利益衡量与制度协调,因而基本上仍在不断地复述(或变相复述)前人的成果而缺乏理论深度,这在客观上也制约与影响了我国现阶段公

① 下文还会提到,"公益信托"与"慈善信托"有时并不能完全等同。

② 就公益信托制度而言,国内迄今为止已经出现了两篇博士学位论文(赵磊:《公益信托法律制度研究》,法律出版社2008年版;谢锟:"英国慈善信托制度研究",华东政法大学2010年博士学位论文)与几十篇硕士学位论文。

益信托的法制建构水平与实践可能性。

本文的创作旨在正本清源，纠正国内当前在公益信托理论研究中的一些误区，将公益信托作为一项重要的慈善法律制度加以探讨。在此基础上，本文将运用比较法等多元研究方法，紧密结合国际公益信托发展的最新趋势以及我国的现实国情，从慈善法的视角系统、全面地定位其属性，诠释其理论，探究其发展现状，并从理念更新与制度变革两个层面有针对性地提出我国未来公益信托的变革之道。

一、问题及研究课题

（一）问题的提出

研究慈善法视野下的公益信托绝非单纯出于理论研究之兴趣，因为从慈善法视角探讨公益信托制度，既有理论上的必要，又有来自中国社会迫切的现实需求。详言之，基于我国特定的政经社文发展现状以及国内公益信托理论研究情况，目前研究慈善法视野下的公益信托具有以下必要性：

第一，改变慈善法理论研究与制度建构之薄弱现状的必然要求。目前我国慈善法的基础理论研究十分薄弱，基础性的慈善法研究尚未得到有效的展开。而公益信托作为慈善法最为重要的制度之一，无论是在学术研究方面，还是在具体实务中，都存在明显的偏差与缺陷。详言之，在研究视域、研究思路上，往往将公益信托作为信托的一种具体形式进行研究，而忽视了公益信托作为慈善法律制度这一事实，很少从慈善法视角来解读、探讨公益信托的内在理念、制度目标、基本原则与具体的制度配置与利益考量；在理论上，受制于我国特定的大陆法系传统，目前关于信托法的基础理论研究，尤其是如何将信托制度与既有的大陆法系民法理论相调和方面的研究较为薄弱，由此导致公益信托在当前理论研究中没有得到有效的探究；在制度实践上，与公益信托相关的登记制度、监管制度、税收制度等基本制度的缺失导致公益信托在我国尚处于“花瓶”的位置，并没有取得良性的制度实践效果。因此，不论是在未来的理论研究还是制度实践中，我们都很有必要将公益信托法律制度纳入慈善法的视野下进行理解、思考与建构，以促进作为慈善法的重要制度内容的公益信托成为推动慈善事业发展的有力工具。

第二,破解慈善事业发展的“合法性”困境的现实需求。在我国,慈善法制无论是在理念还是在具体制度上都较为落后。目前,慈善事业的民间性理念并没有得到政府层面的切实贯彻,并且在慈善事业的实践中,“我国大陆地区由政府设立的慈善组织更是占据着慈善事业的主导地位”。[①] 而在官办慈善机构中出现了诸如权钱交易、非法募捐、贪污腐败、慈善活动运行透明度低、公信力差等严重的社会问题,这极大地伤害了普通民众的感情以及对慈善组织的信赖,对我国当前慈善事业的发展造成了难以估量的不良影响。而对于民间性的慈善组织而言,则存在慈善组织获得法人资格艰难、慈善资金筹措渠道不畅等现实发展困境。尤其是现阶段我国政府对民间性慈善组织依旧奉行“归口登记、双重负责、分级管理”[②]的监管体制,这就使得民间性慈善组织要获得法人资格极为艰难,甚至不可能;而且,在短期内国家不太可能放松对民间慈善组织获得法人资格的限制,这就使得国内慈善事业发展面临着制度“瓶颈”。而公益信托因为并不具有法人结构,而是一种较为灵活的制度安排,政府可以更为信赖地通过该制度来破解慈善事业发展困境,而民间慈善人士也可以利用公益信托制度来实现其慈善目的。简言之,公益信托的设立与运行在我国现阶段并不存在政治上的“瓶颈”与风险。[③]

---

① 李芳:《慈善性公益法人研究》,法律出版社 2008 年版,第 34 页。

② “归口登记、双重负责、分级管理”的真实含义是指,“只有国务院(原为政务院)的民政部门和地方政府的民政部门有权办理社会团体登记;登记程序为双重负责制,首先是业务相关的政府主管部门审查批准,而后才是民政部门依据《社会团体登记管理条例》予以登记;全国性社会团体和地方性社会团体分别由中央政府民政部门和地方政府民政部门按照各自的职权范围分级管理”。参见渠涛:“中国社会团体法律环境与民法法人制度立法——法人制度论序说”,载渠涛主编:《中日民商法研究》(第二卷),法律出版社 2004 年版,第 62 页。

③ 但是,公益信托毕竟是一种慈善组织的形式,而慈善组织又属于非营利组织(NPO)、非政府组织(NGO)、第三部门的重要组成部分。因此,基于政府对非营利组织天然的排斥以及随之而来的全面性的严格管制政策,公益信托在中国的发展确实不容乐观。See Klaus J. Hopt, Thomas von Hippel (eds.), *Comparative Corporate Governance of Non-Profit Organizations*, Cambridge, 2010, pp. 474 – 476.

第三，解决社会保障不力问题的重要途径。“改革开放以来，随着经济转型与社会转轨，我国社会主义市场经济有了长足的发展，市民社会也得到了初步的发育。与之相伴的是，在经济转型与社会转轨过程中，市民社会中也涌现出了各类弱势群体，其规模之大，人数之众，层次之多，为建国以来之罕见。”①而目前我国的社会保障制度十分不健全，尤其是政府主导的社会保障事业远远滞后于国外先进国家的一般水平，根本不能满足普通民众基本的养老、医疗、济贫等社会保障需求。而作为慈善事业重要目标的扶贫、养老、推动医疗卫生事业发展等慈善目标天然地与政府的社会保障目标相契合，同时基于民间慈善界人士有力量也有爱心去推动相关慈善事业发展这一事实，无论是法律层面，还是政府层面，都十分有必要调动民间慈善力量来协助政府建设社会保障事业。而公益信托制度则为这种民间需求与政府期望提供了一个制度选择的有效空间与途径。②

第四，公益信托本身也具有天然的慈善价值与比较性的制度优势。推动慈善事业发展的法律结构既可以是法人形式，也可以是信托的形式。学者们往往会在比较公益信托与财团法人的优劣之中凸显公益信托的制度优势。按照相关学者的总结，与财团法人相比，公益信托具备以下三项优势：“(1)成立方式简便，无须受财团法人必须取得法人资格的限制；(2)无须受财团法人须设专职人员(如董事、职员)及固定主事务所的困扰，有助于节省营运费用；(3)不受捐赠规模与存续期间的限制，因此所捐赠的信托财产，可以尽量使用于公益的目的。”③而且，公益信托的上述优势在一定意义上反映的是信托制度在慈善法领域所

① 李德健：“民商法视域中的社会保障论”，载梁慧星主编：《民商法论丛》(第47卷)，法律出版社2010年版，第304页。

② 目前，在西方发达国家，围绕社会保障、公共福祉等社会公益事业，政府与慈善组织也在进行着多层次的接触与合作，并肩解决此类社会问题。

③ 赖源河、王志诚：《现代信托法论》，中国政法大学出版社2002年版，第210页。

具有的内在价值。① 而在传统的普通法系国家,公益信托的现实应用之广泛,足以让世人震撼。以英国为例,公益信托是其市民社会成员从事慈善事业所优先采用的法律架构。② "在英国,慈善信托基金以及慈善组织的信托基金年收益超过26亿英镑,所拥有的财产超过70亿英镑,每年所产生的税收和其他收益超过3亿英镑。"③而这一良性的慈善法律制度在引入中国已达十年之久的背景下,在大陆地区依然是只闻其名未见其形的尴尬境地,④与其天然的慈善价值与制度优势形成了不和谐的对比。

(二)研究课题

有鉴于此,本文认为,应当将公益信托放于慈善法的视野下以明确其价值基础,探究其理论内涵,评析其发展现状,并最终提出我国公益信托完善的应然进路,以推动我国慈善法基础理论的研究以及慈善法制的完善。下面,笔者将从慈善法的视角,初步探讨公益信托的基础理论与制度建构。唯需要特别说明的是,在探讨公益信托的基础理论中必然会涉及诸多信托法的基础知识,但基于国内在信托法理论的引入方面的学术成果已经汗牛充栋,所以笔者直接在其基础之上进行探讨,除非特别需要,不再进行重复性的常识普及。⑤

---

① 关于从经济分析法学视角考量信托这一法律架构之功能的观点,see Henry Hansmann & Ugo Mattei, The Functions of Trust Law: A Comparative Legal and Economic Analysis, 73 *N. Y. U. L. Rev.*, 1998;王文宇:《新金融法》,元照出版有限公司2004年版,第207~231页。当然,这种分析可能在公益信托领域需要做一些变通理解,毕竟公益信托与一般的商事信托在受益人权益保障、制度架构模式等方面还是存在着很大不同的。

② 而不同于英国,尽管在加拿大、美国等普通法系国家中也存在着公益信托制度,但其国内首选的公益信托形式往往是慈善公司(charitable corporation,或可译为"慈善法人")。但无论如何,公益信托始终是普通法系国家一项极为重要、不可或缺的慈善法律制度。

③ [英]D. J. 海顿:《信托法》,周翼、王昊译,法律出版社2004年版,第1页。

④ 类似于"中华慈善公益信托"的此类可以算得上是公益信托的信托在国内极为罕见,而且其运作过程并无信息公开,与传统的公益信托制度在透明度、公信力、权责划分明确、运作流程规范等方面还存在着很大差距。

⑤ 换言之,关于公益信托在信托法层面的学理研究在本文中将不再作为重点处理。

（三）研究方法

就课题的研究方法而言，本文采用了价值分析、比较法等多种研究方法。其中，“价值分析方法就是通过认知和评价社会现象的价值属性，从而揭示、批判或确证一定社会价值或理想的方法”。① 价值分析为我们反思、批判、理解现行的公益信托制度提供了重要的方法支撑，具体到本文中，通过对“慈善”、“公益”等概念的解读以及对我国现行立法与实践现状的批判性考察，我们能够更为清晰地明确问题之所在，并有针对性地提出相应的对策抉择。

而比较法主要是通过比较不同国家或者地区法律制度的异同与发展趋势等来进一步地认识法律制度，增进法学理论的研究广度与深度。因为公益信托最初是英美法系的一项制度，同时又被日本、韩国、中国等大陆法系的国家所引进，因此，比较法的研究方法在公益信托的基础理论探究、概念界定、原则分析与制度建构方面就成为不可或缺的了。

二、基本范畴的厘定

（一）慈善法原理之展开

目前我国理论界尚未对慈善法理论进行过系统深入的研究，因此，本文在此首先就慈善法的一些基础内容进行介绍，尤其对慈善法的内在理念、制度目标与基本原则进行重点探讨。

“慈善是根植于人类行为中的要素。给那些需要的人提供情感上、精神上或者物质上的帮助是社会行为的一个天然方面，并且还被将其颂扬为一种最为崇高的行为方式的宗教与伦理规诫所强化。”②而作为规制慈善事业的法律，慈善法（Charity Law）传统上被认为起源于英国的衡平法（equity），③是调整慈善法律关系的法律规范的总称。慈善法的调整对象为慈善法律关系，其中既包括捐赠人、慈善组织、志愿者、

---

① 张文显主编：《法理学》，高等教育出版社 2007 年版，第 29 页。

② See Graham Moffat, Gerry Bean, Rebecca Probert, Trusts Law: Text and Materials (5th edition), Cambridge, 2009, p. 913; generally Chesterman, *Charities, Trusts, and Social Welfare*, Weidenfeld and Nicolson, 1979, ch 1.

③ 关于慈善法的概要介绍，see Helmut K. Anheier, Stefan Toepler, Regina List (eds.), *International Encyclopedia of Civil Society*, Springer, 2010, pp. 121 - 127.

受助人(受益人)与行政机关的公法关系,又包括捐赠人、慈善组织、志愿者、受助人(受益人)之间以及慈善组织内部的私法关系。当然,从制度建构上来看,尽管各国慈善法因政经社文基础不同而存有或多或少的差异,但是基本上都会包括慈善目的的认定机制、慈善组织(组织架构与内部治理等)制度、慈善资金筹措制度、慈善监管制度、慈善税收制度等主要内容。

在一些国家有直接以慈善法命名的慈善法典,如英国的《慈善法案(Charities Act)》,并以之为中心设计整个慈善法律制度;而更多的国家则没有一部统一的法典,而是通过税法、[①]公益法人法、[②]公益信托法、[③]志愿服务法等分散的立法形式来完成对慈善事业的规范。以美国为例,"美国并没有一部独立的关于慈善组织的法律,有关条款多散见于法律的各个部分中。由于税收是促进非营利组织发展的最有效工具,所以对与慈善组织有关法律的讨论理所当然应该以税法为起点"。[④] 而且,在普通法系国家,围绕着公益信托等慈善法制度,产生了数不胜数的司法判例,因而也成为了慈善法的重要法源。

不过需要说明的是,本文所使用的慈善法,除了指慈善法律制度之外,主要指的是慈善法律制度本身所蕴含的应然理念、制度目标与基本原则,它主要侧重一种思想层面的意义。在应然理念方面,其典型就是

---

① 不管是大陆法系还是英美法系,与慈善事业相关的法律至少都包括税法。究其原因,主要在于慈善事业在很大程度上都是与"慈善特权"(charity privileges)相联系的,而无论是对于慈善捐款人,还是慈善组织而言,最为重要的一项制度性的慈善特权就是税收的减免。因此,在设计公益信托的相关制度时,我们一定要对慈善税法上的制度进行特别的留意与审慎的建构。

② 德国、法国等欧陆国家的民法典中对于社团法人与财团法人的相关规定,就会涉及公益法人问题。

③ 澳大利亚、新西兰等普通法系国家往往制定了一部或多部公益信托法(如新西兰的 Charitable Trusts Act 1957)。

④ [美]贝奇·布查特·阿德勒:《美国慈善法指南》,NPO 信息咨询中心译,刘振前、黄浩明审校,中国社会科学出版社 2002 年版,第1页。

价值取向上的慈善性、利他主义、[①]人道主义与民间性[②]等伦理价值，其中尤以慈善性为其核心的价值基础。英国《2006年慈善法》首次对慈善组织(charity)的概念进行了系统化的成文法界定，其中就对慈善组织的专属慈善目的、必须符合公共利益等进行了明确表述。而对于慈善组织之专属慈善目的之要求、公益利益之要求等反映的正是慈善法对于慈善性这一应然理念的秉承。

在制度目标上，英国显然已经走在了世界的前列。在英国《2006年慈善法》中新设了慈善委员会(Charity Commission)并规定了它的五大目标，分别是公众信任目标(the public confidence objective)、[③]公共利益目标(the public benefit objective)、相符性目标(the compliance objective)、慈善资源目标(the charitable resources objective)和问责性目标(the accountability objective)。[④] 而在笔者看来，上述五个目标同时也应当成为慈善立法最为重要的制度目标。根据该法的解释，上述五种目标可进一步理解为：第一，公众信任目标是指增进对于慈善组织的公共信赖与信心；第二，公共利益目标是指增进对于公共利益要求之操作的认识与理解；第三，相符性目标是指通过

---

① 慈善是一种利他的行为。而在笔者看来，与传统的商事法不同，慈善法首先是以利他性为基础进行建构的。但同时，慈善法本身也并不否认人性中利己的部分，例如，它同时也承认个人或者组织可以通过慈善捐款等方式来获得相应的税收减免待遇。因此，慈善法在保障人纯粹的利他性的同时，也会通过制度性的配置让人的利他性与利己性得到有效的调和，从而在客观上推动慈善事业健康有序的发展。

② 慈善是一项民间力量主导的事业。政府在慈善事业中的地位应当是推动、支持、鼓励、监管而绝非主导抑或全面控制。

③ 或可译为“公信力目标”。

④ See Section 7 of Chapter 1 of Part 2 of Charities Act 2006; Section 14 of Part 2 of Charities Act 2011.

慈善组织托管人[1]在慈善组织管理中进行控制与经营的法定义务来增进其相符性；第四，慈善资源目标是指增进慈善资源的有效利用；第五，问责性目标是指提升慈善组织面向捐赠人、受益人以及一般公众的问责性。[2]

换言之，慈善法制度的建构离不开上述五种目标的引导。公众信任目标旨在为慈善事业的发展奠定坚实的民意基础，可以保障慈善资金供给的连续性以及志愿者参与的积极性，使得慈善事业长盛不衰。公共利益目标可以普及对于慈善组织认定标准的一般认识，以方便社会大众与慈善人士从事组织化的慈善活动。相符性目标可以保证慈善组织托管人切实履行法定义务，保证慈善目的的实现。慈善资源目标可以让慈善财产物尽其用，对于慈善活动的展开以及慈善组织的架构，还有慈善法的制度建构方面都提出了效率层面的基本要求；换言之，慈善事业也应当重视效率，尽可能地以有限的资源帮助更多的受众。问责制目标既是慈善组织的法定义务的履行，也是其获得公信力的基本保障。

同时，在先进国家的慈善法制建设中，逐渐形成了慈善目的性(Charitable Intent)、公共利益性(Public Benefit)、独立性(Independence)、非政府性(Non-governmental)、非政治性(Non-political)、非营利分配性(Non-profit Distributing)等基本原则。[3]

慈善目的性(Charitable Intent)是指，“在捐赠者的目的是恶意的、

---

① 在英国慈善法中，慈善组织托管人(charity trustees)是一个严格的法律概念，与通常意义上的公益信托受托人不同。根据其法律规定，所谓慈善组织托管人(charity trustees)，是指对一个慈善组织的运行进行全面控制与管理的人(See Section 177 of Part 9 of Charities Act 2011.)；换言之，如果该组织是慈善信托，则其慈善组织托管人为受托人；如果该组织是慈善公司，则其慈善组织托管人则为其董事。另外，在英国慈善委员会的中文介绍中，亦将 charity trustees 译为“慈善组织托管人”(网址为 http://www.charitycommission.gov.uk/Library/guidance/cc3achinese.pdf)。笔者认为，慈善组织托管人的翻译更为准确、贴切，而且涵盖面更广，并与传统的受托人相区别，值得肯定。

② See Section 7 of Chapter 1 of Part 2 of Charities Act 2006; Section 14 of Part 2 of Charities Act 2011.

③ See Kerry O'Halloran, Myles McGregor-Lowndes, Karla W. Simon, Charity Law & Social Policy: National and International Perspectives on the Functions of the Law Relating to Charities, Springer, 2008, pp. 16－23.

非法的或者违反公共政策的场合,该赠与就是非慈善的。在该目的是慈善性的但是赠与缺乏内在的美德、被用于或者可能被用于非慈善目的的场合,该赠与则不再是慈善性的了”。① 由此可见,慈善目的性一方面要求行为人的行为不得违反法律法规与公序良俗的一般要求,同时还要求行为本身应当具有内在的道德属性与慈善目的的排他专用性。② 总而言之,在宏观意义上,慈善目的性至少对慈善组织提出了三项基本要求:第一,不以获得政治目标为目的;③第二,标的物必须专用于慈善目的;④第三,必须符合公共利益,有益于社会大众。而第三点又涉及了慈善法的另一个基本原则——公益性。另外,正如下文所述,目前诸多国家往往以成文法的方式明文列举其慈善目的的种类;而且在英美国家,围绕着诸如济贫、教育、宗教等更为具体的慈善目的,往往又通过大量的判例方式确立了其更为细致的认定标准。

公益性(Public Benefit)是与慈善目的性既有联系又有区别的原则。一方面,公益性是判定捐赠者是否是慈善捐赠人、非营利组织是否是慈善组织的重要标准。另一方面,公益性更为侧重受益人(beneficiaries)并非是可以识别的非常有限的个人或者是一个封闭式的阶层,如某公司的全体职员,换言之,公益性强调了受益人的广泛性与不特定性,这也符合公益性的基本内涵。简而言之,公益性的要件为:第一,利益之存在;第二,利益之合法;第三,利益之公共性;第四,受益人之不确定。⑤

独立性(Independence)是指,慈善组织是一个独立的实体,它应当

---

① See Kerry O'Halloran, Myles McGregor-Lowndes, Karla W. Simon, Charity Law & Social Policy: National and International Perspectives on the Functions of the Law Relating to Charities, Springer, 2008, pp. 16 - 17.

② 在英国《2011 年慈善法》中,直接规定“慈善目的”除非有特别规定,指的是排他的慈善目的(exclusively charitable purposes)。See Section 11 of Chapter 2 of Part 1 of Charities Act 2011.

③ See A. J. Oakley, Parker And Mellows: *The Modern Law Of Trusts* (9th edition), Sweet & Maxwell, 2008, pp. 523 - 526.

④ See A. J. Oakley, Parker And Mellows: *The Modern Law Of Trusts* (9th edition), Sweet & Maxwell, 2008, pp. 526 - 532.

⑤ 王志诚:《信托法》,五南图书出版股份有限公司 2009 年版,第 335 ~ 338 页;赖源河、王志诚:《现代信托法论》,中国政法大学出版社 2002 年版,第 215 ~ 218 页。

不受外在影响地独立完成慈善赠与条款中的相关内容。根据英美学者的解释,“在普通法下,一个慈善组织被要求是一个具有自主性的独立实体,其根据捐赠者的赠与条款成立并且必须要执行该赠与条款”。①而在大陆法系国家,独立性也是一个慈善组织存在与运行的基本原则,其一般要求慈善组织为一个独立的组织体,不为政府或市场所控制。

非政府性(Non-governmental)与独立性相关联,意味着慈善组织独立于政府部门,属于第三部门或者非政府组织。当然,在现代社会中,随着公共行政事业的发展,不少慈善组织开始承担一部分政府职能或者在业务经营上经常性地与政府进行合作,但是,这并不意味着慈善组织就因此丧失了其非政府性的特征。换言之,仅仅因为承担了政府部门授权的一些职能或者与政府部门合作,慈善组织并未当然丧失其非政府性与独立性的特征。②

非政治性(Non-political)与慈善目的性相关,主要侧重对参与政治性倡议等活动自由的限制。当然这种限制并不意味着对人权的侵犯,因为人们还可以选择非慈善组织形式的其他非营利组织进行政治性的活动。③ 而非政治性之所以成为慈善法一项原则,主要在于慈善的法律属性与政治性不相符,因为法院通常将改变法律与政府政策视为议会而非法院的职责。④ 另外,“法院没有办法去判断一个被提议的法律

① See Kerry O'Halloran, Myles McGregor-Lowndes, Karla W. Simon, Charity Law & Social Policy: National and International Perspectives on the Functions of the Law Relating to Charities, Springer, 2008, p. 21.

② 当然,其与我国“事业单位”这一组织形式应当区别开来。在我国,绝大多数事业单位实际上都是“准政府机关”。它们并不属于慈善组织、非营利组织、非政府组织或者第三部门中的一员,其在组织编制、人事待遇、内部管理、日常活动等方面也受制于中央或者地方政府。不过,最近中国正在进行新一轮的事业单位改革,经过改革,我们可以期待其中相当大的一部分事业单位会被改造成慈善组织或者其他非营利组织,从而成为第三部门中的正式一员,同时也就具有了非政府性与独立性的特征。

③ 当然,在我国,政治性的组织属于民间结社的禁区,诸如政党或者以谋求某种政治性利益为目标的民间组织是不会得到法律相应的合法资格认可的。,

④ See Kerry O'Halloran, Myles McGregor-Lowndes, Karla W. Simon, Charity Law & Social Policy: National and International Perspectives on the Functions of the Law Relating to Charities, Springer, 2008, p. 23.

变动是否将会有益于公共利益，因此不能说一个确保这种变动的赠与就是一个慈善赠与”。①

而非营利分配性（Non-profit Distributing）是指，慈善组织所得的收益不应当在组织内部或成员间进行分配，这一点非常重要。同时需要注意的是，如果慈善组织为了慈善目的而适当从事某种营利性的经营活动，只要其所得利益并非在成员间分配，则该经营活动本身并不违背非营利分配性的原则。

尽管这些原则在我国法律中并没有得到明确全面的规定与体现，但是作为以英美为代表的西方国家慈善立法所秉承的基本原则，这些基本原则对于我们建构与完善含公益信托制度在内的慈善法律体制、评判其实践运行之是非等都具有重大意义。

（二）公益信托理论初探②

在这部分，笔者将重点探讨公益信托的三个理论问题，分别是公益信托之名实辨析、公益信托之制度架构、公益信托之基本特征。

首先探讨的是公益信托之名实辨析。何为“公益信托”的问题是

---

① Bowman v. Secular Society Ltd[1917]AC 406 at 442. 当然，目前英美学界、实务界也对该原则进行了反思，有人认为不能完全将政治目的排除在外，在符合特定条件（诸如不违反法律与公共政策、不违背已建立的政府体制等）时，可以将鼓励与现有慈善目的相关的公共讨论纳入到慈善目的中去。See P. G. Turner, Charitable Trusts with Political Objects, 70(3) *Cambridge Law Journal*, 2011, pp. 504 – 506; Aid/Watch v. Commissioner of Taxation(2010)85 *A. L. J. R.* 154(HC(Aus)).

② 两大法系的不同思维方式与法律制度使得大陆法系国家在分析与引入公益信托制度时不得不面临更多的理论挑战。对于英美法系学者而言，公益信托为其固有信托制度的一部分，根本不会就“双重所有权”、受益人权利的性质等问题存在什么疑问，而这些问题恰恰是大陆法系学者所不得不面对的理论问题。而在私法层面，中国基本上继受了大陆法系的传统，但同时中国又有自己的成文的《信托法》并在其中规定了公益信托，因此，同样存在着与传统的大陆法系的私法理论的协调与解释问题。例如，如何界定受益人、受托人的权利性质，如何厘清其与公益法人、赠与合同，甚至商事信托、民事信托的关系，如何通过理论上的反思来有效提供实现公益信托与其他慈善法律制度协调并进的方法。其中对于部分重大的理论问题（当然自然而然地会成为实务问题），我们会在后面提出一些解决方法，但更多的具体、实务性的问题还有待理论界、实务界的努力解决。正如引言中所述，除非特别需要，笔者不再进行重复性的常识普及，而将公益信托放入慈善法视野下进行探究、解析与完善将是本文关注的焦点。

慈善法视野下公益信托的最为基础的理论问题。“公益信托”译自日本的“公益信託”,而日本“公益信託”实则又是对英国法上“charitable trusts”的翻译。[①] 因此,在翻译过程中,本应翻译为“慈善信托”的charitable trusts最终被翻译成为公益信托,而且不管是在中国大陆还是在中国台湾地区,都采纳了公益信托这一称谓。因此,为便于表述,同时基于“公益信托”一词已成为我国的法律术语这一既定事实,本文将公益信托与慈善信托视为同义语。简言之,可以将公益信托界定为以慈善为目的的信托。

但是,从比较法的视角来看,公益信托与慈善信托事实上因各国政经社文基础之不同而有所差异,而这差异的核心就在于如何理解“慈善”与“公益”的关系问题。所谓“慈善”(charity),在慈善法或者公益信托法制中,属于一个法律概念,但即便如此,其在法律上的含义也可以从最宽泛意义上的“人类之间的慈爱”到最严格意义上的“济贫”间进行浮动表述。[②] 而关于“慈善”的范围,各国法律多根据成文法或者通过判例法进行了列举规定,但是,由于政经社文基础的不同,各国对于公益信托的内容的规定以及“慈善”的范围确实存在不少差异。

在日本法上,公益信托是指以学术、技艺、慈善、祭祀、宗教或者其他公益为目的的信托。[③] 在韩国法上,公益信托是指以学术、宗教、祭祀、慈善、艺术等公益为目的的信托。[④] 在我国台湾地区“信托法”中,“称公益信托者,谓以慈善、文化、学术、技艺、宗教、祭祀或其他以公共利益为目的之信托”。[⑤] 因此,在日本、韩国、我国台湾地区,以慈善为

---

① “公益信托”一词来源于日本1921年制定的信托法中有关公益信托的立法。该法将普通法系中以信托的方式用于社会的慈善事业的行为翻译为公益信托。以后在大陆法系的各国和地区的信托法中均普遍沿用日本的这种表达方式”。参见张军建:《信托法基础理论研究》,中国财政经济出版社2009年版,第230页。不过需要说明的是,这里所谓的“大陆法系的各国”实际上主要指的是中国、日本与韩国,对于欧陆国家而言,自然并不存在“公益信托”这样的称谓。

② See Helmut K. Anheier, Stefan Toepler, Regina List (eds.), *International Encyclopedia of Civil Society*, Springer, 2010, p. 122.

③ 参见日本《公益信托法》第1条。

④ 参见韩国《信托法》第65条。

⑤ 参见我国台湾地区“信托法”第69条。

目的的信托与以学术、宗教、文化等为目的的信托相并列，均为公益信托的子内容。而且，在这些东亚国家与地区，在学者乃至一般民众看来，"所谓慈善，一般系指救济贫困而言"。[①]

而在英国等一些普通法系国家，诸如以学术、宗教等为目的的信托则属于慈善信托的一部分，慈善目的则包含着学术、宗教、济贫等目的。例如，在英国法上，根据《2011 年慈善法》的规定，慈善目的包括：(a)防治或救济贫困；(b)促进教育事业；(c)促进宗教事业；(d)促进健康与生命救助；(e)促进公民权与社区发展；(f)促进艺术、文化、传统或科学；(g)促进业务体育运动；(h)促进人权、冲突解决或和解或者推动宗教或宗族的和谐或平等与多样性；(i)促进环境保护或改善；(j)救助因年幼、高龄、不健康、残疾、经济困难或者其他劣势而需要帮助者；(k)促进动物福利；(l)促进国王武装部队的效能或者警察、防火、营救服务或救护服务机构的效能；以及(m)任何其他的(i)不包含在(a)到(l)款中但根据第 5 条(娱乐性与类似信托等)或者旧法规定而被认定为慈善目的的目的，(ii)可以被合理地认定与(a)到(l)款或(i)项中的任一目的相类似或者在其精神之中的目的，或者(iii)可以被合理地认定与根据英格兰与威尔士境内的慈善相关法而被认定符合(ii)项及本项中的任一目的相类似或者在其精神之中的目的。[②] 因此，在英国，公益信托的内容即符合慈善目的的内容。另外，要成为公益信托，除了要满足上述慈善目的之外，还应当经过公益测试(the "public benefit" test)，[③]通过之后才可以正式获得慈善资格。换言之，在英国法上，慈善的范围更为宽泛，但无论如何，慈善以公益为必要。

在中国大陆地区，根据《信托法》的规定，"为了下列公共利益目的之一而设立的信托，属于公益信托：(一)救济贫困；(二)救助灾民；(三)扶助残疾人；(四)发展教育、科技、文化、艺术、体育事业；(五)发展医疗卫生事业；(六)发展环境保护事业，维护生态环境；(七)发展其

---

① 赖源河、王志诚：《现代信托法论》，中国政法大学出版社 2002 年版，第 212 页。

② See Section 3(1) of Chapter 1 of Part 1 of Charities Act 2011.

③ See Section 4 of Chapter 1 of Part 1 of Charities Act 2011.

他社会公益事业”。[1] 因此,在中国法上,虽然没有使用“慈善”这一术语,但其中救济贫困、救助灾民、扶助残疾人这三点目的实为中国社会语境中“慈善”一语的当然含义。由此,我们基本上可以断言,在上述东亚国家与地区所言的公益信托,实质上就等同于英国法上慈善信托的范围;[2]而东亚国家与地区中的“慈善”目的,受制于其一般社会观念等的影响,在法律上成为了公益信托中公益目的的子内容。

但本文认为,基于“慈善”与“公益”这两个术语在语义与逻辑上的有机联系,在我国公益信托理论上,应当明确公益信托与慈善信托是可以互换的等值概念;在此基础上,应当明确慈善并不等于济贫,而济贫则属于慈善的子集,[3]慈善涵盖着济贫救灾扶残、发展科教文卫体事业等各项社会公益内容。而就“慈善”与“公益”这两个概念的关系而言,可以认为“慈善具有内在性,而公益具有外在性;人们的主观‘慈善’要通过其客观的行为效果——‘公益’(public benefit)表现出来,该信托才属于慈善信托”。[4] 换言之,慈善目的是公益及公益信托的内在伦理属性与价值取向;而公益则为慈善目的的外在表现,也是公益信托的最终归宿。如此一来,我们就可以从理论上理顺“慈善”与“公益”的关系,并为公益信托的概念界定与内涵诠释提供一个较为合理的逻辑依据。

其次探讨的是公益信托之制度架构。公益信托发端于英国,风行于普通法系各国,并为日本、韩国、中国等国家所继受,属于借助信托形式以有效实现其慈善目的、推动慈善事业发展的法律组织形式。所谓公益信托(charitable trusts),与私益信托(private trusts)相对,“旨在带来或者支持某一目的,该目的将会有益于社会或者社会中相当大的一

---

① 参见我国《信托法》第60条。

② 当然,受制于各自地域特定的政经社文基础,各国与地区之间在公益信托的内容方面依然存在着或多或少的区别。

③ 关于英美学者对于济贫这一术语对于慈善组织及慈善目的认定的意义之最新探讨,see Mary Synge, Poverty: An Essential Element in Charity after all? 70(3) *Cambridge Law Journal*, 2011, pp. 649 – 668。

④ 赵磊:《公益信托法律制度研究》,法律出版社2008年版,第47页。

部分”,[①]是信托的一种形式。但是,公益信托虽为信托之一种,但其制度架构又较民事信托、商事信托存在诸多不同之处。

在公益信托中,制度架构更为复杂,法律主体更为多元,存在委托人(捐赠人)、受托人与受益人、监察人、监管者等法律主体。在公益信托中,由委托人(捐赠人)将其财产以信托形式转移给受托人所有,[②]由受托人为了委托人所指定的特定慈善目的而管理使用该财产。在这之中,受益人为不特定之多数人,因此无从像私益信托中的受益人那样主张权利,所以法律特设公益信托监察人[③]这一制度以保障受益人之合法权益,使受益人切实获得相应的信托利益。当然,为了更好地实现公益信托的现实运作,“信托行为仍不妨设置其他有效的辅助性机关。例如,咨询委员会、顾问、营运委员会、分配委员会等任意性机关,委托人得于信托条款中加以明文规定,以辅助受托人或信托监察人”。[④]

此外,除了委托人、受托人、受益人、监察人之外,不同于一般信托,公益信托作为慈善组织的一种重要形式,关系到慈善事业之长久发展与公共利益之有效保护,往往会受到监管者的严格监管,因此,监管者在公益信托的制度架构中也处于一个十分重要的位置。再有,委托人因为其(通过公益信托形式的)慈善捐赠、受托人因为为特定慈善目的管理使用信托财产而获得相应的税收减免待遇,因此,公益信托中税收机关也是十分重要的参与主体(在很多西方国家,税收机关往往也担任着公益信托的监管者的角色)。当然,公益信托的制度架构在现实运作中往往会更为复杂,相关的法律主体也更为多样化,相互之间的关系也更为复合化。

---

① See A. J. Oakley, *Parker And Mellows: The Modern Law Of Trusts* (9th edition), Sweet & Maxwell, 2008, p. 44.

② 当然,在公益信托的母国英国,公益信托的受托人本身又可以分为不同的类型,除了上文提到的慈善组织托管人之外,“慈善组织官方保管人”(the official custodian for charities)同样作为公益信托之受托人(作为 a trustee for charities,而非 a charity trustee)而发挥一定的作用。

③ 日本、我国台湾地区及我国大陆地区等都设立了公益信托监察人制度。

④ 王志诚:《信托法》,五南图书出版股份有限公司 2009 年版,第 347 页;田中実:《公益信託の現代的展開》,劲草书房 1985 年,第 105 页。

最后谈一下公益信托的基本特征。虽然因为同为信托制度，"公益信托与私益信托受相同的规则约束，但是，由于它们的公共属性，公益信托享有大量不为私益信托所享有的优势"。① 因此，公益信托具有一些不同于一般信托的特征。通过对公益信托制度架构的简单梳理，我们就已经可以发现其中的些许差异。另外，作为英国衡平法的产物，英美法中的公益信托与大陆法系中的财团法人既有联系又有区别。下面，笔者将通过比较公益信托与私益信托、财团法人这两种最为近似的制度，来论述公益信托的特征。② 结合相关的学者的论述，并根据笔者的理解，公益信托的特征主要可以概括为以下十二点：

第一，慈善目的性（Charitable Intent）与公益性（Public Benefit）。这是公益信托的本质属性，也是其区别于私益信托的最为重要的特征。与公益性财团法人相似，公益信托具有慈善目的性与天然的公益性。就慈善目的性与公益性的关系而言，已如上文所述，简言之，公益信托以实现慈善目的为宗旨，而以公益性为最终的落脚点；慈善目的为公益性的内在伦理要求，公益性则为慈善目的的外在表现形式，同时也是慈善目的所不可或缺的检验标准之一。但凡规定公益信托制度的国家，往往列举其慈善目的的种类，在我国，正如上文所述，主要包括济贫、救灾、扶残、发展教科文艺体事业、发展医疗卫生事业、发展环境保护事业、维护生态环境以及发展其他社会公益事业等内容。第二，非法人结构。不同于大陆法系中的财团法人，公益信托虽然与公益性财团法人在参与、推动慈善事业发展方面具有相似的作用，但是在法律构造（structure）上，公益信托没有法人格或者法律地位（no legal personality or juridical status）。③ 第三，永续性（perpetuity）。作为私益信托而言，

---

① See A. J. Oakley, *Parker And Mellows*: *The Modern Law Of Trusts*（9th edition），Sweet & Maxwell，2008，p. 488.

② See A. J. Oakley, *Parker And Mellows*: *The Modern Law Of Trusts*（9th edition），Sweet & Maxwell，2008，pp. 488 – 493；张军建：《信托法基础理论研究》，中国财政经济出版社2009年版，第239～246页。

③ See Kerry O'Halloran, Myles McGregor-Lowndes, Karla W. Simon, Charity Law & Social Policy: National and International Perspectives on the Functions of the Law Relating to Charities, Springer, 2008, p. 26.

不得永久存续；而除非出现特殊情况，公益信托可以永续存在，这一点与财团法人相类似。第四，对象确定性原则（受益人确定性原则）的例外。私益信托的设定应当满足三个“确定”（certainty）原则，即信托目的确定、信托财产确定、信托受益人确定。而不同于一般的私益信托，公益信托的受益人是广泛的不确定、不特定的多数人。第五，近似原则（cy-près）。所谓近似原则，一般是指当一项涉及慈善捐赠的目的无法实现或者不具有实践可能性时，可以将捐赠的财产用在与最初目的相近似的慈善目的上。① 而私益信托并不存在该项制度。第六，仁慈拟制（Benignant Construction）。其意指当一个人试图设立一项公益信托但其行为却含混不清时，法律直接进行“仁慈”拟制，认定其行为旨在设立公益信托。② 第七，设立方式多元、简便。财团法人以单独“捐赠行为”而设立，同时设立需要满足法人成立的要件；而公益信托可以通过合同、遗嘱、宣言等方式设立，而且也无须法人设立所需的烦琐条件。第八，对受托人资格及义务要求严格。对于私益信托，一般对受托人的条件也有所限制，但对于公益信托的受托人的资格③及义务④等往往有

---

① 参见何宝玉：《英国信托法原理与判例》，法律出版社 2001 年版，第 351 ~ 366 页；赵磊：《公益信托法律制度研究》，法律出版社 2008 年版，第 164 ~ 174 页。我国《信托法》第 72 条规定：“公益信托终止，没有信托财产权利归属人或者信托财产权利归属人是不特定的社会公众的，经公益事业管理机构批准，受托人应当将信托财产用于与原公益目的相近似的目的，或者将信托财产转移给具有近似目的的公益组织或者其他公益信托。”该条反映的正是近似原则。

② See A. J. Oakley, *Parker And Mellows*: *The Modern Law Of Trusts* (9th edition), Sweet & Maxwell, 2008, p. 489.

③ 我国《信托法》第 62 条规定：“公益信托的设立和确定其受托人，应当经有关公益事业的管理机构（以下简称公益事业管理机构）批准。未经公益事业管理机构的批准，不得以公益信托的名义进行活动。公益事业管理机构对于公益信托活动应当给予支持。”

④ 不同于私益信托，公益信托的受托人在选任、信托管理等方面承担着更多的被强化了的法定义务。例如，我国《信托法》第 66 条规定：“公益信托的受托人未经公益事业管理机构批准，不得辞任。”确定了公益信托受托人不得随意辞任的法定义务。该法第 67 条规定：“公益事业管理机构应当检查受托人处理公益信托事务的情况及财产状况。受托人应当至少每年一次作出信托事务处理情况及财产状况报告，经信托监察人认可后，报公益事业管理机构核准，并由受托人予以公告。”又确立了公益信托受托人的信托事务处理情况及财产状况报告义务、公告义务。

更为严格的法律规制。第九,对受益人的保护较强。对于财团法人而言,并不存在关于不特定受益人的保护制度,但在公益信托制度中,却单独设立了信托监察人制度,以专门保护不特定受益人的权益。第十,享有税收优惠。不同于一般的私益信托,公益信托在很多情况下享有广泛全面的税收优惠待遇。税法"以减免税收的形式保证了捐助者的经济利益,同时还对非营利部门的活动起规范作用,保证其将各种资产用于公益事业"。[①] 第十一,监管制度严格。不同于私益信托,公益信托一般会受到公益事业主管部门的严格监督。第十二,优先适用特别法。公益信托优先适用公益信托法或慈善法的相关规定,没有相关规定时才适用信托法的一般规定。

三、慈善法视野下公益信托的理论重塑

下面,笔者将结合慈善法的一些基础理论,首先分析公益信托在慈善法中的价值定位,在此基础上,结合慈善法的内在理念、制度目标与基本原则对公益信托的主要制度特征进行较为系统的诠释与解读,以初步地提出慈善法视野下公益信托理论的一些基本理论范畴与分析框架。

(一)公益信托在慈善法中的定位

在笔者看来,公益信托源于信托,同时又高于信托。公益信托的制度基础是信托法,这是因为公益信托毕竟是信托的一种类型。但是对于公益信托而言,又要优先适用特别法,而其根本原因就在于公益信托的本质属性是其慈善目的性与公益性,公益信托受慈善法的内在理念、制度目标与基本原则的指导、约束与影响,公益信托是慈善法律制度的有机组成部分,是推动慈善事业发展的重要制度选择。而且,在法制实践中,英国、澳大利亚、新西兰、美国、加拿大、爱尔兰等国家都存在一个

① [美]贝奇·布查特·阿德勒:《美国慈善法指南》,NPO信息咨询中心译,刘振前、黄浩明审校,中国社会科学出版社2002年版,第1页。

相对独立的慈善法制,并具备较为完整的价值取向、理论基础与制度实践。[①] 而我国恰恰在慈善法制的理论与制度方面存在严重的缺陷。因此,让公益信托回归到慈善法,将公益信托放入慈善法视阈进行探讨,就是为了正本清源,对公益信托进行慈善法层面的系统诠释与解析,从而增进对该制度的正确把握与全面理解,并以此推动慈善法基础理论与制度实践的发展。而公益信托在慈善法中的定位可以归纳为以下几点:

第一,在内在理念上,公益信托是在慈善法基本理念的基础上建立起来的制度,以慈善法的内在理念、制度目标与基本原则为归依。因此,在公益信托法制建构过程中,首先,应当将慈善法的基本理念贯穿始终,以保障公益信托目的的确定实现。其次,应当将公众信任目标、公共利益目标、相符性目标、慈善资源目标、问责性目标等慈善法的基本目标落实到公益信托具体的制度设计与实践中去,以切实保障社会一般大众对于公益信托及其受托人的公共信赖与信心,[②]推动全社会成员对于公共利益要求之操作的认识与理解,确保公益信托受托人认真履行公益信托管理中进行控制与经营的法定义务,推动信托财产的有效利用以及强化公益信托受托人面向捐赠人、受益人以及一般公众的问责性。最后,诸如慈善目的性、公益性、独立性、非政府性、非政治性、非营利分配性等慈善法的基础原则当然也应当适用于公益信托的理论与制度建构之中,并贯穿其制度运行的始终。

---

① See generally Kerry O'Halloran, Myles McGregor-Lowndes, Karla W. Simon, *Charity Law & Social Policy: National and International Perspectives on the Functions of the Law Relating to Charities*, Springer, 2008.

② 在英美国家,能够获得慈善资格,成立慈善法人、公益信托是一件非常荣耀的事情,因为其慈善资格本身就具有很高的公信力与社会认可度。社会大众与公司等组织机构也都乐于将善款捐赠给这些获得慈善资格的慈善法人、公益信托。但是与之形成对照的是,在我国,因为民间性公益慈善组织意欲获得法律资格极为困难,而官办的慈善机构诸如红十字会等则普遍存在贪污挪用慈善资金、运作不透明、管理官僚化气息浓重等现象,很难得到社会一般大众的认可与支持,自然也享受不到像英美国家中慈善组织的那种强大的社会公信力与认可度。而"郭美美事件"的发生及其连锁反应,到目前为止,已经让民间慈善捐款的热情降低到冰点,而社会大众对于官办慈善组织的不信任也与日俱增。

第二,在法律制度上,公益信托是慈善法律制度的重要组成部分,是建构、完善我国慈善法律制度的重要一环。在普通法系国家,其慈善法最初是由公益信托法发展而来的,但是,随着慈善法的发展,“当代慈善法的范围已经不能再等同于公益信托法了。事实上,许多涉及慈善法的易生争议的问题都与信托无关”。[①] 而慈善法除了涉及公益信托这一制度之外,还广泛地涉及继承法、公司法、非营利组织法、税法等法律。但不管如何,至少我们需要了解的是,在慈善法与公益信托制度发展完备的普通法系国家,公益信托与慈善法自古以来就有着千丝万缕的联系。从历史上看,公益信托产生于英国,是英国首选的慈善组织法律结构,[②]而且在以英国为代表的普通法系国家,公益信托往往是作为其慈善法制度建构中的一项极为重要的制度而被纳入慈善法典[③]或相应的成文法、判例法中受到规制。西方学者在撰写慈善法时,也往往是将公益信托作为慈善组织[④]的一种类型而加以探讨。[⑤] 不过目前包括英国的不少学者在内,不少人将公益信托作为信托法制的一部分来对待。[⑥] 当然,这种理解本身并不存在什么错误,但是,由于公益信托天然的慈善目的性、公益性等特质,其又拥有太多的特殊规则与特殊理论,以至于将其纳入信托法制中并不能有效解释公益信托制度的内在

① See Gino Dal Pont, Charity Law in Australia and New Zealand, Oxford University Press, 2000, Preface.

② See Kerry O'Halloran, Myles McGregor-Lowndes, Karla W. Simon, *Charity Law & Social Policy: National and International Perspectives on the Functions of the Law Relating to Charities*, Springer, 2008, p. 115.

③ 例如,英国《1960年慈善法案》、《1992年慈善法案》、《1993年慈善法案》、《2006年慈善法案》、《2011年慈善法案》。

④ 在英国,慈善组织的类型主要包括公益信托、慈善公司(Charitable Company)、非法人型慈善组织(Unincorporated Charities)、法人型慈善组织(Charitable Incorporated Organisation, CIO)等。See Charities Act 2006 or Charities 2011. 当然,根据英国慈善委员会的解释,非法人型慈善组织(Unincorporated Charities)本身就包含着公益信托或者非法人社团(an unincorporated association)。See Charity Commission, CC3, The Essential Trustee: What you need to know, London, 2008, p. 6.

⑤ For example, see Gino Dal Pont, *Charity Law in Australia and New Zealand*, Oxford University Press, 2000.

⑥ 很多学者在撰写信托法著作时,往往专设一章探讨公益信托。

价值与外在功效,并在实践中徒增纷扰。而且,即便出于传统的原因将公益信托放在信托法中进行论述,学者们几乎也是在撇清其与私益信托的关系之后,将公益信托作为一项特殊的独立制度进行探讨。再有,如果将公益信托视为慈善法的重要组成部分与一项慈善法律制度,则诸多问题可能会迎刃而解。[①] 因此,虽然公益信托的基础是信托法,但从本质上来讲,公益信托是慈善法律制度的重要组成部分,只有将公益信托作为一项重要的慈善法制度来处理,我们才能真正地理解其在制度结构上的内在特点与在制度实践中的相应功能。例如,公益信托的首要目的是实现慈善目的;而在实现慈善目的的过程中,与其他信托制度相比,其更强调公益信托成立与运行本身的慈善目的性、公益性、独立性、非政府性、非政治性、非营利分配性;公益信托制度建构特别强调制度运行的透明性、公共利益要求、可问责性、慈善资源的有效利用、公信力等基本要求。

第三,在慈善事业上,公益信托是发展慈善事业的重要制度架构,是调动民间力量、市民社会参与慈善事业的有力工具。基于公益信托在制度功能方面所具有的天然的比较优势,[②]在未来的慈善事业建设与发展方面,公益信托可以成为一种被广泛应用的慈善制度,并为民间力量、市民社会参与慈善事业,发挥慈善事业中的私法自治精神提供了一个极为便利的工具与手段。

(二)公益信托的慈善法诠释

在将公益信托定位为根据慈善法的理念、目标以及基本原则所建构的一项慈善法律制度之后,我们可以尝试性地对公益信托的基本结构与制度进行慈善法视角的诠释与解读。同时需要强调的是,这既是一种理论上的诠释,对于实践中公益信托制度的完善也具有同样重要的作用。在笔者看来,公益信托的设立、变更、转让过程中的一系列制度之所以异于私益信托,其根本原因就在于其所坚持的慈善目的性与公益性以及公益信托作为慈善法律制度的这一特质。因此,将公益信

---

① 下面关于"公益信托的慈善法诠释"部分将会系统地通过慈善法的理念、目标与原则来评析公益信托的制度架构、规则配置的内在原因与其中所涉及的利益考量。

② 如设立简便、成本低廉、非法人结构、永续存在等。

托放入慈善法视野下进行评析,我们就可以对其特别的制度结构与规则配置进行更为准确的理解与把握。以下,笔者结合上文所概括的公益信托的诸特征,以点代面,尝试性地分析其潜藏的慈善法理念、目标与基本原则以及相关的利益考量。

第一,关于公益信托的慈善目的性与公益性。慈善目的性与公益性均为慈善法的基本原则,同时也是慈善法的应然理念与制度目标之一。"公益性反映出慈善信托的本质属性,是慈善信托核心价值的体现。"①因此,公益信托目的的慈善性以及需要符合公益性的要求既是其异于私益信托的首要标志,也是其作为慈善法律制度的原因所在。同时,慈善目的性与公益性作为一项重要的判断标准,还决定着某一信托是否构成公益信托、是否适用税收减免政策、是否受到慈善监管等重大问题。因此,对于公益信托而言,认定其是否符合慈善目的性与公益性对该信托的实际意义十分重大,这也是为什么各国(尤其是普通法系的国家)在认定某信托是否构成公益信托时衍生出大量详备规则的原因。② 另外需要补充说明的一点是,在慈善法中,"慈善"是一个法律概念,日常生活中的慈善未必总是与作为法律概念的慈善相同。同时慈善之认定关系到各方当事人的重大利益,因此,在认定公益信托的慈善目的时,必须要以法律规定为准,以防止慈善目的被滥用、误用。

第二,关于非法人结构。公益信托不具有法人资格,因此,其可以与公益法人、公益性非法人社团一并作为从事慈善事业的组织形式来发挥其比较性的制度价值。③ 而且,正是因为公益信托的非法人结构以及其灵活的制度安排,公益信托在设立便捷、运行成本低廉、受益人保障等方面具有天然的比较优势,是一项较为理想的慈善组织形式。

第三,关于永续性。永续性是公益信托的重要特征之一,异于私益信托,而这一点只能通过慈善法的社会价值才可以作出合理的解释。

---

① 谢锟:"英国慈善信托制度研究",华东政法大学2010年博士学位论文。

② 西方国家学者们无论是在论述公益信托还是慈善法时,几乎无一例外地用了很大的篇幅分析、评述慈善目的的具体认定标准、类型及其在学术研究、立法、司法实践中的最新发展情况。

③ 关于公益信托与公益法人这两种重要的慈善组织形式的系统论述,可参见田中实:『公益信託の現代的展開』,勁草書房1985年版,第205~224页。

私益信托禁止信托永续存在的原因在于立法政策认为"财产不应该不能转让,并且金钱应当自由地流通与花费",[①]换言之,立法者认为私益信托的永续存在影响了财产的流转与货币的自由流通。此外,这种永续性也可能导致活着的人永远受制于死者,如死者可以通过要求活着的人必须信仰某种宗教、坚持某种生活方式等控制后者。但是,关于禁止私益信托的这些理由似乎同样也适用于公益信托,那为何公益信托却可以永续存在呢?在笔者看来,一个最为合理同样也显而易见的原因就是公益信托的慈善目的与公共利益性。换言之,公益信托存在的目的与运行的着眼点就是推动慈善事业的发展,不管按照委托人的要求是用来济贫救灾,还是用来建设学校医院,其都是有利于整个社会公共利益的,因此,除非出现极为特殊的情况,公益信托可以永续存在。

第四,关于对象确定性原则(受益人确定性原则)的例外。一般的信托在设定伊始就应当满足信托目的确定、信托财产确定、信托受益人确定这三项基本要求。但是对于信托受益人确定原则而言,公益信托可以而且必须例外,换言之,公益信托的受益人应当是广泛的不确定、不特定的多数人。[②] 这与公益信托的公益性的本质是相通的,因为公益的本质就意味着广泛的社会利益而非某人某家一己之私利。同时,我们需要留意的一点是,这里的受益人为不特定的多数人是一项基本要求,而且是法定要求。因此,虽然现实中一个人可以通过设立一项信托来长期资助一个特定的贫困学生上学,但其本身并不能构成公益信托,因为该信托不能满足受益人为不特定的多数人这一法定要求。

第五,关于近似原则。对于财团法人而言,成立目的消灭或者实现时,往往是其解散之时。对于私益信托而言,"通常信托条款对终止时信托财产之归属均有所规定则基于私法自治自应尊重该规定",[③]"在一般情况受益人均为归属权人。若信托条款无规定或规定不明,英美

---

① A. J. Oakley, *Parker And Mellows: The Modern Law Of Trusts* (9th edition), Sweet & Maxwell, 2008, p. 255.

② "此受益权的最大的特征之一即是绝对不可能成为转让和继承的对象。"参见中野正俊、张军建:《信托法》,中国方正出版社2004年版,第207页。

③ 方嘉麟:《信托法之理论与实务》,中国政法大学出版社2004年版,第356页。

法以委托人为权利归属人。”[①]但是,在慈善捐赠的目的无法实现或者不具有实践可能性时,一般会根据近似原则,将慈善财产适用于其他的慈善目的,或者转移给其他的慈善法人或公益信托。这里就存在一个问题:虽然在论述近似原则时,学者们一般都会翔实地论述近似原则的适用条件、适用范围、具体规则等,[②]但往往没有指出究竟为什么要设计近似原则这一制度。但是,如果考虑到了公益信托的慈善属性,问题似乎就较为简单了:在立法政策上,立法者总是希望已经捐赠的慈善财产能够尽可能长期地为慈善目的服务,以使社会公众受益,因此,如果没有这一制度,在存在可以适用近似原则的场合中将慈善财产转移给委托人(一般为原财产所有人)在道德上并没有对错之分,但是该财产却不能继续服务于慈善目的、继续造福社会大众了。因此,笔者认为,近似原则背后所隐含的立法考量就是在委托人与公共利益之间,优先考虑慈善目的的继续实现与公共利益的优先保障。

第六,关于仁慈拟制,实则与近似原则的情形一致,均为立法者旨在尽可能推动财产用于慈善目的的立法考量。

第七,关于设立方式多元、简便。公益信托可以通过合同、遗嘱甚至宣言的方式设立,同时,其设立也无须法人设立所需的烦琐条件。这也是为什么公益信托在英美法系得到广泛采用的重要原因,同时也可以成为我国民间慈善人士在选择慈善组织形式时考虑采用公益信托的重要理由,尽管我国目前在公益信托设立的登记方面存在很大问题。[③]当然,因为公益信托具有公共属性并以公共利益为落脚点,因此,与私益信托相比,公益信托的设立条件较为严格。

第八,关于对受托人资格及义务要求严格。受托人制度是信托法

① 方嘉麟:《信托法之理论与实务》,中国政法大学出版社2004年版,第357页。

② 关于近似原则的详尽论述,参见谢锟:“英国慈善信托制度研究”,华东政法大学2010年博士学位论文。

③ 我国《信托法》第62条规定:“公益信托的设立和确定其受托人,应当经有关公益事业的管理机构(以下简称公益事业管理机构)批准。未经公益事业管理机构的批准,不得以公益信托的名义进行活动。公益事业管理机构对于公益信托活动应当给予支持。”但是,在我国,并没有统一的有关公益事业的管理机构,而是分头管辖,各自为政,条块管理,如此一来,中国公益信托制度到目前为止基本上仍旧停留在纸上谈兵阶段。

制的重中之重，这同样适用于公益信托；而且基于公益信托的慈善目的性与公益性，法律往往强化了对公益信托受托人资格的限制及其相关法定义务的配置。而且，公益信托的相符性目标、问责性目标、公众信任等目标的实现，在很大程度上就取决于公益信托受托人是否履行了相应的报告义务、公示义务等，因此，在公益信托的制度设计中，关于受托人义务与责任的配置、监督以及执行问题就显得极为重要了。

第九，关于对受益人的保护较强。财团法人没有专门针对不特定受益人的保护制度。而私益信托因为受“三确定”原则的约束，自成立伊始其受益人就是确定的，因此，法律赋予了受益人广泛的权利以保障受托人切实履行相关义务。但是公益信托的受益人是不确定的多数人，这一制度特征决定了“并无特定的受益人监督受托人是否善意尽其职责”，[①]公益信托因此特设了信托监察人[②]制度，由信托监察人代替受益人行使对受托人的权利。

第十，关于享有税收优惠。在英美法系国家，税收减免优惠是享有慈善地位的当然特权，公益信托自不例外。慈善事业的实现，仅仅有利他心、人道主义精神与慈善意识是远远不够的；要让慈善事业成为每个人都参与的事业，必须存在与之相应的制度化的激励机制，税收优惠制度正是其典型。我们不排除很多人进行慈善捐款是出于合理避税的动机，因为法律限度内的利己心是合理的。而正如一个伟大的政治制度让坏人无法为恶一样，一个好的慈善法制度会尽可能地让人心中的利他心得到增强，税收优惠制度即为适例。其通过对慈善捐款等进行税收减免，有效地调和社会大众的利己心（合理避税等）与利他心（捐款捐物、志愿服务等），从而在客观上极大地推动了慈善事业的发展，同时也鼓励了慈善文化的孕育。因此，这是公益信托制度建构中所不可或缺的一环，同时，也是我国目前公益信托法律制度建设中最为薄弱的一环。

---

① 王志诚：《信托法》，五南图书出版股份有限公司2009年版，第349页。

② 所谓公益信托的信托监察人，指的是“代理委托人或受益人专门对受托人的信托行为进行监督检查的公益信托关系人”。参见中野正俊、张军建：《信托法》，中国方正出版社2004年版，第222页。

第十一,关于监管制度严格。因为涉及公共利益,所以不同于私益信托,公益信托受到了行政机关的严格监管,以至于在英美国家,包括学者在内的诸多人士认为慈善法或者公益信托法就是行政管理法。①如此一来,这里就存在一个问题,即在公益信托的监管方面如何协调公益性与独立性这两项基本原则的关系。为了保证公益信托慈善目的的确定实现,我们确实需要行政部门对公益信托进行严格的监管;但是,为了保证公益信托的独立性,我们又不能让政府部门过分地介入到公益信托日常的管理、经营之中。因此,在这两个选择之间寻求一种动态的平衡就自然而然地成为公益信托监管制度完善的一项重要任务。

第十二,关于优先适用特别法。公益信托优先适用公益信托法②或慈善法的相关规定,没有相关规定时才适用信托法的一般规定。这是法律适用的一般原则,即特别法优先于普通法适用;同时也恰恰反映了公益信托在本质上是一项慈善法律制度,应当根据慈善法的理念、目标与基本原则来设计相应的一般或特殊制度规则。

四、慈善法视野下公益信托发展现状之评析

下面,根据上文所探讨的慈善法视野下公益信托的一些基础理论,笔者尝试性地从欧美国家、日本、中国这三个地域来评析当前公益信托的发展现状,并在比较中探求中国公益信托制度存在的问题以及其所面临的机遇。

(一)欧美公益信托的发展现状

因法律传统、法学思维等的不同,目前在欧美国家,并存着普通法系与大陆法系。目前普通法系的国家大多建立了系统较为完备的慈善法律制度,而公益信托作为一项源于英国、风靡整个普通法系的制度,

---

① See Kerry O'Halloran, Myles McGregor-Lowndes, Karla W. Simon, *Charity Law & Social Policy: National and International Perspectives on the Functions of the Law Relating to Charities*, Springer, 2008, p. 81.

② 日本是东亚国家中最早引入信托法的国家,同时基于公益信托的慈善目的又涉及公共利益,日本又在东亚国家中率先将公益信托制度从信托法中独立出来单独立法,形成了现在的《与公益信托相关的法律》(『公益信託ニ関スル法律』)。

目前在普通法系国家也得到了广泛而全面的适用。在公益信托的母国英国,公益信托作为其国内从事慈善事业首选的法律形式与制度结构,得到了极为普遍的认可与高效的使用;在美国、加拿大、澳大利亚、新西兰、爱尔兰等国家,公益信托制度也得到了广泛的应用。而且,在普通法系国家,一般会将公益信托作为一项慈善法律的基本制度加以把握,有的将公益信托作为其首选的慈善组织形式(如英国),有的则是将法人型的公益组织作为其国内首选的慈善组织形式(如美国、加拿大),但无论如何,公益信托在慈善法中的重要性毋庸置疑。以英国为例,其目前存在着统一的《慈善法典》(Charities Act),而公益信托则属于其慈善组织的一种重要形式。该法从其慈善目的的列举与解释、慈善资格的认定到相似原则的适用、慈善组织托管人的权利义务配置、慈善组织的财务及审计、慈善资金的筹措以及慈善组织的监管等,对包括公益信托在内的整个慈善组织制度进行了系统完备的规定,并随着社会需求的变化适时调整其法律制度内容,革新其内在理念、制度目标与具体规则,显示出了强大的生命力。上文中所提到的慈善法的慈善性与民间性理念,诸如公众信任、公共利益、相符性、慈善资源、问责制等慈善法制目标以及慈善目的性、公益性、独立性、非政府性、非政治性、非营利分配性等基本原则主要是从以英国为代表的普通法系国家发展而来的。因此,总的来说,在普通法系国家,慈善法视野下的公益信托无论是在内在理念、制度目标、基本原则方面还是在具体的制度建构与规则配置方面都展示了旺盛的活力,当然也应当成为我国在完善公益信托制度时所要效仿的对象。

在欧洲大陆,因为主要是大陆法系国家,往往因为传统的物权法理论中的"所有权绝对理念"①以及对以财团法人这种法人结构从事慈善事业的偏爱而导致目前尚未将信托法制吸纳入国内法,更不用谈公益信托这一代表性的信托制度了。而从慈善法的视角来说,具体到欧陆国家的慈善法,一般也没有成文的慈善法典,关于慈善事业的相关法律

① 例如,在法国,信托被认为有悖于"Each person has only one patrimony"这一原则。关于该原则,see Michele Graziadei, Ugo Mattei, Lionel Smith, *Commercial Trusts in European Private Law*, Cambridge University Press, 2005, p. 19。

更多地散见于民法(尤其是民法中的法人部分)、非营利组织法、税法之中,因此,在欧陆国家传统的法律体制中探讨慈善法视野下的公益信托这一主题往往收获甚微。但是,近来这种情况正在逐渐发生改变。1985年,在海牙国际私法会议上,通过了《关于信托之法律适用与承认的公约》(The Hague Convention on the Law Applicable to Trusts and on their Recognition),法国、意大利等传统的大陆法系的国家也接受了该公约。① 而在最近由欧盟成员国的学者们起草的《共同参考框架草案》(Draft Common Frame of Reference)中就规定了一章信托法,其中对公益信托也作出了规定。②

(二)日本公益信托的发展现状

日本较早地引入了含公益信托在内的信托法这一普通法系的制度。"在近代法制上,信托制度引进日本,始于明治时代后期。当时的日本正处于近代产业资本的蓬勃发展期,从欧美等发达国家引进了各种制度与技术,其中之一就是在美国获得广泛利用的有助于产业振兴的信托。"③但是,历史上,日本信托法发展方面往往重视的是信托的金融功能,而往往忽视了信托在慈善事业发展中所发挥的特有作用,同时因为在传统的日本法上并没有公益信托这一制度,所以其并没有被民

---

① 根据该公约第2条的规定,"信托"这一术语是指一种法律关系,该法律关系由一个人即委托人在生前或者死亡时所创设的将其财产转移给一个受托人,由后者为了受益人的利益或者一个特定的目的而进行控制。一个信托具有如下特征:a)该财产构成一项独立的基金,并且其并非受托人自己财产的一部分;b)该信托财产的所有权归属于受托人或者代表受托人的其他人;c)该受托人根据信托条款或者法律所施加给他的特定义务,就其附有说明义务的部分,享有管理、利用或者处分该财产的权力与责任。委托人对一些权利与权力的保留以及受托人可以本人享有作为受益人的权利这一事实并不必然与一个信托的存在相矛盾。该信托的概念界定与特征描述,是对大陆法系与英美法系传统私法理论的一种调和,同时也显示了欧陆国家试图通过既有的私法理论诠释信托制度原理的努力。

② 关于共同参照框架草案(DCFR)中包括公益信托在内的整个信托法的系统论述,可参见 Alexandra Braun, Trusts in the Draft Common Frame of Reference: the "Best Solution" for Europe?, 70 Cambridge Law Journal, 2011。

③ [日]三菱日联信托银行编著:《信托法务与实务》,张军建译,中国财政经济出版社2010年版,第13页。

间社会所普遍接受,而第一个公益信托直到1977年才在日本出现。[①]

实际上,近十几年公益信托才真正在日本发展起来。截止到1985年,其公益信托事例已经有134件,所涉及的信托财产为现金41.7亿日元,有价证券1.8亿日元;[②]而到"2008年3月底,现在仍在实施的公益信托总数多达554件,账面余额共为691亿多日元"。[③] 从法律的角度而言,日本在东亚国家中率先建立了成文的信托法,系统地引入、构建起了信托法制,同时,日本之后又重新认识到了公益信托的独立价值与特殊规则,所以又单独创设了《与公益信托相关的法律》(『公益信託ニ関スル法律』)[④]这一独立的法律,开东亚公益信托单独立法之先例。因此,我们乐见日本的公益信托法制可能会向英国等普通法系国家那样向慈善法方向发展,不过,其中确实还存在诸多不确定性;但有一点是可以肯定的,即在日本,公益信托已经成为其国内乃至国际慈善事业发展中的一项十分重要的慈善法律制度。

(三)我国公益信托的发展现状

目前对于公益信托制度,中国是将其纳入到信托法中予以把握的,但实际上包括公益信托在内的整个信托法制度基本上借鉴的是日本现成的法律制度,在立法时国内并没有围绕公益信托展开有效的理论探讨与制度实践。目前在公益信托方面,国内除了理论研究的滞后与偏差之外,问题主要在于公益信托基本制度以及与公益信托相配套的登

① 该公益信托被称为"今井纪念海外协力基金"。起初,今井保太郎想为社会做些贡献,便拿出一部分钱打算设立一个财团法人(当时,其并不知道公益信托为何物)。三菱银行接洽此事并指出财团法人的设立的成本高,而且需要配置事务所、诸多设备、人员等;而公益信托则可以免除这些不必要的开支。因此,今井保太郎接纳了三菱银行的建议,通过公益信托制度设立了今井纪念海外协力基金(今井記念海外協力基金)以促进国际交流。参见方国辉译:《日本公益信托文萃选集》,台北市信托商业同业公会印,第61~64页。关于该公益信托的一些具体情况,可登陆今井纪念海外协力基金网站查看:http://www.imai-kikin.com/about.html。

② [日]川崎诚一:《信托》,刘丽京、许泽友译,中国金融出版社1989年版,第121页。

③ 张军建:《信托法基础理论研究》,中国财政经济出版社2009年版,第249页。

④ 大正十一年四月二十一日法律第六十二号;最终改正:平成一八年十二月十五日法律第一〇九号。

记制度、财务及审计制度、税收制度、监管制度等的缺失与不完善,①当然更谈不上有效运行了。诸如制度过于原则化、慈善地位的认定规则不详、监管主体混乱、税收减免制度缺失等方面的问题比比皆是,而公益信托在中国的发展则始终处于起步阶段。

当然,我国大陆地区公益信托制度发展也面临着前所未有的机遇,主要可以概括为以下几点:第一,政府对慈善事业的重视。无论是在洪涝、地震等突发性的自然灾害还是在弱势群体的维权方面,慈善组织、志愿服务者们都发挥了极为重要的作用。另外,对于诸如社会保障、贫困救济这种社会事务,单纯通过政府的力量是无法有效解决的。因此,政府现在也越来越认识到民间力量,尤其是以慈善组织为代表的非营利组织、非政府组织、第三部门的重要性。而作为慈善组织的一种重要的结构形式,公益信托制度的应用无疑会在今后的慈善事业中得到政府更为有力的扶持。第二,市场经济的发展推动着市民社会的崛起,进而推动着民间慈善力量的强大,因此,通过有效的法律制度来实现慈善事业发展的社会需求变得迫切。而公益信托作为发挥私法自治精神、吸收民间慈善资金的一项便利制度,无疑为我国今后民间慈善事业的发展提供了重要的制度支撑。第三,我国国家主导的社会保障事业不力,需要民间慈善力量的补充、合作与支持。在当前形势下,政府主导的社会保障事业不仅没有很好地实现较高的社会保障水平,相反由于各项社会保障基金的运行缺乏透明度与社会监督,往往衍生出私吞、挪用等新的问题。而无论是在救灾济贫还是照顾老年人等方面,政府与公益信托的目的都是相同的。而且公益信托因为有志愿者、慈善法人、信托公司甚或社会一般大众的参与、关注与支持,可能会发挥更为良性的实践效果。第四,慈善捐款额剧增,亟待在法制环境下保值增值。而公益信托恰恰在确保慈善资金的保值增值以及慈善资金经营的安全透明方面具有天然的制度优势。

五、慈善法视野下我国公益信托的理念更新

公益信托制度的完善涉及两个方面:一个是理念上的更新,另一个

① 王忠:“我国公益信托发展受阻的法律分析”,载《特区经济》2006年第9期。

是制度上的变革。这里首先探讨我国公益信托制度在理念层面上的更新与进步。

(一)关于公益信托内在理念的确立

在理念更新方面,正如上文所不断强调的,首先就应当明确公益信托的本质与灵魂在于其慈善目的性与公益性。因此对于政治性的目的以及不具有唯一慈善性目的的信托,往往不能认定为公益信托,进而不能使之享受慈善特权。另外,公益信托存在的价值就在于其慈善公益的属性,在其具体的制度、规则的配置过程中,应当始终秉承这种属性,确保公益信托不被滥用、误用,并对假借公益信托形式从事违法犯罪活动的行为依法予以坚决打击。

再有,应当在公益信托制度建构中确立民间性的理念。慈善事业是市民社会主导的民间性的事业,公益信托作为一种重要的慈善组织形式,应当秉持民间性这一理念。这对于政府的政策制定意义尤其重大。政府对公益信托进行监管的正当性依据就是维护社会公共利益,但其不可以通过严格限制而让公益信托在中国的设立几不可能,也不可以通过全面控制的方式介入公益信托的日常经营、管理之中。

(二)关于公益信托制度目标的确定

应当确定公益信托制度建构的目标是包含公众信任、公共利益、相符性、慈善资源、问责制在内的多元目标。如此一来,在建构相应的公益信托制度、设计相应的权利义务规则时,应当将上述制度目标考虑在内。

在公众信任目标方面,应当明确公信力、透明度是慈善事业长期存续的基本保证及相应的慈善法制建构的基本要求,并通过公益信托登记时的行政许可制度的完善,公益信托受托人报告、公示义务的强化,公益信托账目审计制度的确立,以及公益信托监察人制度的完善等方式来优化公益信托的治理架构,增进社会公众对于公益信托的信赖与信心。在公共利益目标方面,应当设立统一的慈善监管机构,并向社会公众普及公共利益标准的具体操作方式与规则,以增进社会对于公共利益要求之操作的认识与理解,并保障公益信托运行中公共利益的有效实现。在相符性目标方面,首先应当强化公益信托受托人在公益信托管理中进行控制与经营时的法定或意定义务来增进其相符性。另外,应当通过外在的公众监督、行政监督、司法监督等方式来更有力地保障公益信托受托人义务之切实履行。在慈善资源目标方面,通过实施有效的行政监管与司法救济来保障公益信托的信托财产得到高效利用。在问责制方面,通过提升公益信托受托人对捐赠人、受益人以及一般公众的说明解释义务、信息提供义务等来健全、强化公益信托的问责机制。①

(三)关于公益信托基本原则的贯彻

公益信托应当秉承慈善目的性、公益性、独立性、非政府性、非政治性、非营利分配性等慈善法的基本原则,并以此建构其具体制度并评判其制度建构与运行的正确与否。在背离了上述原则时,该信托要么不被认定具有慈善资格,要么被否定其相应的慈善资格同时其相关的责任人也应当承担相应的民事、行政甚至是刑事责任,受到相应的处罚。

例如,在建构相关的具体制度时,慈善目的与公益性是一个信托可能成为公益信托最为重要的前提条件,凡违反此原则者,或无法获得公益信托资格,或其活动得不到慈善资格的认定而无法获得相应的税收减免待遇。就独立性原则而言,公益信托的受托人应当严格按照信托文件内容对慈善财产进行管理处分,除非法律法规另有规定,否则不受政府机关或者企事业单位的任意干预。就非政府性原则而言,公益信托并非政府权力之延伸,而是作为相对独立的慈善组织架构,以实现民间慈善人士的慈善目的,并践行私法自治精神。就非政治性而言,公益信托的设立目的并不包含直接挑战现行政府权威或法制体系的内容,如果其设立目的包含政治性的目的,则不再属于公益信托之列。就非营利分配性而言,这是公益信托现实运行的一项基本准则,通过对慈善财产的管理、使用、投资等所获得的收益绝非受托人的私人收入,绝不能在受托人内部进行分配(当然,适当的报酬与费用并不在此列)。

① 当然,需要我们注意的是,上述制度目标具有相辅相承的内在联系,公共信任有赖于公共利益的准确理解、相符性的切实贯彻、慈善资产的高效利用以及问责制的有效执行;而公共利益目标的实现能够强化透明度与社会公众参与慈善事业、监督公益信托受托人义务履行情况以及慈善资金使用情况的积极性,等等。因此,这些制度目标不仅应当成为慈善监管机关的工作任务,同时也应当确定为我国未来公益信托领域制度建构的重要目标。

（四）关于公益信托法律属性的明确

应当明确公益信托制度是慈善法制的重要组成部分，同时它也是我国开展慈善事业、鼓励民间慈善捐款的有效工具。一般说来，“公益信托由于它的社会公益性，而深受国家的重视和鼓励”，[①]立法者与执法者都应当尽可能地推动其发展，宣传其比较性的制度价值，而非限制其存在。换言之，“为了让更多的资金用于社会的公益事业，国家必须大力宣传和鼓励公益信托的发展，让更多的人去了解公益信托的意义，从而拥有乐于投身公益事业的意识”。[②] 而社会大众则可以通过公益信托来进行慈善捐款，奉献爱心。而对于信托公司等专业性的受托人而言，也可以积极地开发公益信托业务，并在社会上进行与公益信托相关的知识普及与业务推广。

六、慈善法视野下我国公益信托的制度变革

在制度变革部分，笔者无意面面俱到地就公益信托的全部制度的革新进行重复介绍，[③]而主要从慈善法制的视角，对公益信托中最为重要、同时最需要进行完善的制度进行探讨。

（一）关于公益信托的单独立法

应当将公益信托单独立法或者将其作为未来慈善法典的重要组成部分规定在慈善法中，从而摆脱信托法的固有束缚，并与其他慈善组织制度一道形塑慈善法律制度的基本框架。将公益信托单独立法的一个好处即在于可以更为有针对性、更为具体地细化各项基本制度的适用条件、范围、方式、对象以及相关方的权利义务关系，从而使公益信托中的近似原则、信托监察人等具体的制度更具有现实适用的可能性。

（二）关于公益信托慈善地位的认定

关于一个信托是否成立公益信托并因此赋予其慈善地位的认定，

① 中野正俊、张军建：《信托法》，中国方正出版社 2004 年版，第 210 页。

② 中野正俊、张军建：《信托法》，中国方正出版社 2004 年版，第 211 页。

③ 方国辉：“公益信托与现代福利社会之发展”，中国文化大学三民主义研究所博士学位论文；赵磊：《公益信托法律制度研究》，法律出版社 2008 年版；谢锟：“英国慈善信托制度研究”，华东政法大学 2010 年博士学位论文。

一定要慎之又慎,应当结合本国国情,系统性地构建慈善目的认定的机制。在原有种类的基础上,借鉴英国的经验,确立公益信托要获得慈善地位应当满足的基本条件:一、具有慈善目的;二、具有公共利益;[①]三、具有排他的慈善目的专用性。[②]

同时对各慈善目的进行类型化的整理,在坚持上述三个基本条件的基础上,针对诸如扶贫、助残等具体的慈善目的类型设计出更为具体的规则,以便于实践中进行具体的认定操作。当然,对于慈善目的、公共利益、[③]慈善目的专用性等概念,依然有待于行政部门出台专门的实施细则以便于掌握。

(三)关于公益信托的设立制度

目前在公益信托的设立制度上,从法条的表述来看,我国沿用了大陆法系的一般做法,采用的是审查批准主义。[④] 但实际上,因为目前我国并没有统一的有关公益事业的管理机构,而是分头管辖、各自为政、条块管理,因此,我国当前的公益信托设立其实与公益法人的设立相仿,均受到了政府的严格限制。即便是民间慈善人士有意设立公益信托以实现其慈善目的,也往往因为程序烦琐、政出多门而只得作罢。这就导致公益信托在当前的慈善事业实践中几无应用,其慈善价值与制度优势根本就没有体现出来。

因此,本文认为,我国未来应当借鉴英美经验,确定公益信托设立的准则主义,从而适当降低公益信托的设立门槛,尽可能地推动公益信托这一良性的慈善组织形式得到广泛的利用。而"所谓公益信托设立的准则主义,就是指申请人设立公益信托只需符合法律所规定的设立

① 在英国,公共利益的要求主要包括两个方面:"其一,信托是为了社会公众的利益;其二,社会公众的受益必须是客观的,而不仅仅是财产赠与人的主观愿望。"参见谢锟:"英国慈善信托制度研究",华东政法大学2010年博士学位论文。

② See Part 1 of Charities Act 2006.

③ 在我国《物权法》制定前后,学界、立法界、实务界就曾围绕"公共利益"这一概念的内涵和外延进行过深入的探讨,这足以反映该概念关系各方利益与制度实践甚巨。而在公益信托制度中,公共利益作为慈善法的制度目标与基本原则,同时也是认定某信托是否构成公益信托的最为重要的标准,因此值得学界继续进行深入的探讨。

④ 参见我国《信托法》第62条。

条件，向登记机关申请登记即可设立，无须经特定机关批准”，[①]换言之，只要申请人按照法律的要求，提供了登记所需的文件、证明文书等，即可要求登记机关对其公益信托予以登记。

（四）关于公益信托受托人的义务配置

正如上文所述，公益信托的受托人是公益信托制度建构中极为重要的一环。而在其权利义务的配置中，受托人的义务又是重中之重。一般而言，一个较为完善的公益信托制度中，受托人的义务主要包括登记义务（duties of trustees in connection with registration）、[②]忠实义务（duty of loyalty）、注意义务（duty of care）、投资义务、告知义务、记账义务等。[③] 如果关于公益信托的受托人没有特别的规定，则适用关于信托法中受托人制度的一般规定。

就我国公益信托的受托人而言，在我国《信托法》中，规定了公益信托受托人负有将信托财产及其收益专用于公益目的的义务、[④]未经公益事业管理机构批准不得辞任的义务、[⑤]信托事务处理情况之公告义务、[⑥]终止报告义务[⑦]等基本义务。另外，根据我国《信托法》第四章第二节的规定，公益信托受托人作为受托人，同时还负有履行诚实、信用、谨慎、有效管理的义务，不得谋取私利的义务，报告义务等。由此可见，我国《信托法》中的规定基本上将公益信托受托人的义务进行了罗列与规定，但是毕竟过于原则化，在实践中缺乏可操作性（抑或赋予法官过大过多的自由裁量余地），需要进行进一步的细化规定。

另外，因为我国的信托法制基本上继受的是日本法，因此在公益信托受托人乃至一般的受托人的义务的种类、义务的内容、义务的适用条件、义务与义务之间的联系与区别等方面，与传统的英美法制存在很大

---

① 赵磊：《公益信托法律制度研究》，法律出版社 2008 年版，第 137 页。

② See Section 9 of Charities 2006.

③ 关于上述义务的详细论述，可参见赵磊：《公益信托法律制度研究》，法律出版社 2008 年版，第 151 ~ 160 页。

④ 参见我国《信托法》第 63 条。

⑤ 参见我国《信托法》第 66 条。

⑥ 参见我国《信托法》第 67 条。

⑦ 参见我国《信托法》第 70 条。

差别。因此,在解释时,如何确定各义务的性质、内容、适用条件、相互关系等将成为公益信托法制在解释论上的一个重大课题,[①]同时也是下一步法律修正中需要特别注意的问题。

(五)关于公益信托的监管体制

当前,围绕着公益信托的监管,主要存在三种立法例:一为英国模式,主要表现为存在一个独立的慈善委员会(Charity Commission),主要由其负责慈善事业的监管任务;二为美国、加拿大、澳大利亚、新西兰等国家的模式,主要表现为由检察总长负责其监管工作;三为日本、我国台湾地区的模式,主要表现为由慈善事业的主管机关负责公益信托的监管职责。[②] 鉴于我国当前“归口登记、双重负责、分级管理”的监管体制根本无法适应公益信托等慈善组织的发展要求,建议我国应当借鉴英国先进的慈善监管经验与理念,建立中央统一的慈善委员会,统一负责包含公益信托在内的慈善组织的登记、慈善资金的筹措、慈善活动的监督、管理等任务,同时为各方人士提供与公益信托的设立条件、运行结构、权利义务关系等相关的规则指导与信息咨询服务。[③]

(六)关于公益信托的税收制度

税收减免制度既是公益信托所享有的最为重要的特权之一,同时也是公益信托得到广泛适用的重要原因之一。但目前我国对于公益信托根本没有设计相应的配套税收减免制度,这就使得仅仅试图通过设计委托人、受托人等相关主体的权利义务关系就有力地推动公益信托在实践中的适用无异于痴人说梦。我国“实务界和学界的专家学者均一致认为目前公益信托税制的缺失正是困扰我国公益信托事业发展的最大关键”,[④]因此,我们应当借鉴英美国家先进的税收减免经验,系统地建构公益信托税收减免制度。

---

① 例如,对于诚实、信用、谨慎、有效管理这四种义务而言,其相互之间是何种关系?

② 王志诚:《信托之基本法理》,元照出版股份有限公司2005年版,第147页;方国辉:“公益信托与现代福利社会之发展”,中国文化大学三民主义研究所1992年博士学位论文。

③ See Charities Act 2006; Charities Act 2011.

④ 张军建:《信托法基础理论研究》,中国财政经济出版社2009年版,第259页。

以英国为例,该国围绕公益信托制度的各个环节,建立了系统的税收减免制度。截止到 2004 年,概而言之,其在所得税(income tax)方面,公益信托无须就任何贸易收益缴纳所得税,但前提是这些收益被专用于慈善目的并且来源于为实现该公益信托的首要目的而从事的贸易或者来源于公益信托的受益人所从事的工作。在公司税方面,也适用相似的豁免。在遗产税(inheritance tax)方面,对公益信托的款项支付免予缴纳遗产税。在资本增值税(capital gains tax)方面,如果公益信托的资本增值仅仅被适用于慈善目的,则该公益信托可以免予缴纳资本增值税;另外,公益信托的捐赠者也免予就其捐赠物缴纳资本增值税。在税率(rates)方面,公益信托就其所占有的营业场所可以在非住宅税率上少交 80%,而相关机关则可以将免税率提高到 100%;而一些宗教建筑则完全免税。① 总的来说,在英国,公益信托制度与税法很好地结合到了一起,②在公益信托的各个环节(如捐赠环节、资本增值环节、贸易环节等)与各方当事人(捐赠人、公益信托受托人等)中基本上实现了税法上的优惠、保障与激励,其先进做法殊值借鉴。

结语

我国对慈善法基础理论的研究尚处于起步阶段,因此,有必要提出慈善法基础理论中的一些核心范畴,作为进一步推动该法学领域学术研究与制度实践的分析架构与评判标准。一般说来,慈善法是调节慈善事业的基本法,其内在理念上具有慈善性、利他性、人道主义以及民间性等基本特质。而慈善法的制度目标主要在于其公众信任目标、公

---

① 关于英国公益信托的税制的理论梳理,see Edwards Richard, Nigel Stockwell, *Trusts and Equity* (6th edition), Pitman Publishing, 2004, p. 193; A. J. Oakley, *Parker and Mellows: The Modern Law of Trusts* (9th edition), Sweet & Maxwell, 2008, pp. 489 - 493;谢锟:"英国慈善信托制度研究",华东政法大学 2010 年博士学位论文;赵磊:《公益信托法律制度研究》,法律出版社 2008 年版,第 94 ~ 107 页。

② 当然,严格来说,关于公益信托的税收制度本身就是公益信托制度的一个有机组成部分,只不过学者们在论述时往往主要探讨公益信托在私法层面的制度设计,而未就其税法部分展开论述(多是在论述信托的一般税收制度时对公益信托的税制进行探究)。

共利益目标、相符性目标、慈善资源目标、问责性目标等,各目标之间相互协调,为建构包括公益信托制度在内的整个慈善法律体制提供了明确的方向引导。另外,为世界上主要的慈善法制发达国家所共享的基本原则包括慈善目的性、公益性、独立性、非政府性、非政治性、非营利分配性等原则。

而经过上述研究,我们认为,从慈善法视角解读公益信托制度,可以将公益信托在慈善法中的定位分为以下三点:第一,在内在理念上,公益信托是在慈善法的基本理念的基础上建立起来的制度,以慈善法的理念、目标与基本原则为归依。因此,在公益信托法制建构过程中,首先,应当将慈善法的基本理念贯穿始终,以保障公益信托目的的确定实现。其次,应当将公众信任目标、公共利益目标、相符性目标、慈善资源目标、问责性目标这几种慈善法的基本目标落实到具体的制度设计与实践中。最后,诸如慈善目的性、公益性、独立性、非政府性、非政治性、非营利分配性等慈善法的基础原则当然也应当适用于公益信托的理论与制度建构之中,并贯穿于其制度运行的始终。第二,在法律制度上,公益信托是慈善法律制度的重要组成部分,是建构、完善我国慈善法律制度的重要一环。第三,在慈善事业上,公益信托是发展慈善事业的重要制度架构,是调动民间力量、市民社会参与慈善事业的有力工具。基于公益信托在制度功能方面所具有的天然的比较优势,在未来的慈善事业建设与发展方面,公益信托可以成为一种得到广泛应用的慈善组织形式,并为民间力量、市民社会参与慈善事业,发挥慈善事业中的私法自治精神提供了一个极为便利的工具与手段。而通过对公益信托的诸项具体特征的细致分析,我们可以看到,公益信托的基本制度事实上也是按照慈善法的内在理念、制度目标与基本原则进行建构与设计的,而其制度设计与建构的有效性则取决于其在多大程度上贯彻了这些理念、目标与原则并对其进行了合理的协调。

在慈善法视野下的公益信托发展现状方面,普通法系的国家因为其在内在理念、制度目标、基本原则、具体制度建构与规则配置方面的先进性以及针对社会现实需求所作出的适时调整,发展现状最佳。而欧陆国家往往因排斥信托法而缺乏公益信托这一制度安排,所以无从评论。日本作为东亚国家中最早引入公益信托的国家,其公益信托长期处于“休眠”状态，只是最近十几年才获得了长足的发展，同时其将公益信托单独立法，体现了对公益信托制度的公共属性的重视。中国当前的公益信托制度不仅理念滞后，而且制度严重缺失与不足，需要尽快予以完善。

具体而言，应当在理念上接受英美法系国家慈善法的内在理念、制度目标与基本原则，同时将公益信托作为一项重要的慈善法律制度予以设计与把握。在制度上，应当单独制定公益信托法或者将公益信托纳入到未来的慈善法典中详备地规定其各项制度；此外，应当完善公益信托慈善目的的认定机制，明确公益信托的设立采取准则主义，按照公众信任目标、公共利益目标、相符性目标、慈善资源目标、问责性目标等制度目标来具体设计公益信托受托人的权利义务，建立统一的慈善监管机构，完善公益信托监管机制，建立系统完备的公益信托税收减免制度。

总的说来，公益信托的本质与灵魂就在于其慈善目的性与公益性，其不仅应当成为慈善法制的重要组成部分，而且也会成为推动慈善事业发展的有力工具。有鉴于此，同时基于我国社会保障不力、市民社会崛起、慈善事业的民间需求迫切等现实动因，本文将公益信托放入慈善法视野下进行探析，并尝试性地对其基础理论、发展现状及我国公益信托法制发展的应然进路进行了系统的梳理与探究，以期更好地解读公益信托制度的内在理念，并推动其在我国的制度完善与实践发展。

（李德健，山东大学法学院2010级硕博连读生；陈保君，山东大学法学院2010级硕士研究生。）

公司治理:监事会制度的挑战与兴革*

张志坡

目　次

2005年《公司法》对监事会制度作了重大修改,尤其是赋予监事会更多职权,并对其行使职权规定了保障措施,如必要信息的提供、经费支持等内容。这些修订有利于改变实践中监事会监督不力的状况,改变其“橡皮图章”的形象,其运作效果如何,仍有待进一步观察。但是,结合监事会独立性的精神内核,反思既有规定,确保监督实效,仍是公司治理的重大课题。

---

* 本文是笔者主持的中国法学会2012年度部级法学研究课题:《公司内部控制的法律问题研究》[项目编号:CLS(2012)C49]的中期成果。

一、中国公司治理的路径选择与问题点

公司治理的共识是"高级管理人员是人,有人一切的优质劣质,如无制约或驱动他会利用本身的内部人地位为自己谋取最大利益。要求他自动自觉地遵守法律为素未谋面的股东尽责,不是天真就是苛求"。① 对此,学界、实务界提出各种公司治理机制,以加强对董事、经理等高级管理人员的监督,以期改善公司绩效,提高公司质量,提升股东权益。根据监督力量的来源,公司治理机制分为两种类型:外部治理和内部治理。外部治理强调通过资本市场、公司控制权市场、经理人市场、产品或者服务市场的机制达到对高级管理人员的监督。内部治理则侧重在公司内部配置各种权力对高级管理人员进行监督,这主要包括股东对高级管理人员的监督、董事会对执行董事和经理人员的监督、专门的监督机关监事会或者监察委员会对高级管理人员的监督以及附带的审计委员会、检查人对公司财务会计的监督。由于股份有限公司股权的分散性和投资者的广泛参与性,专门的监督机关在实践中具有特别重要的意义:"监察机关的监督,对于保护股东的合法权益和公司债权人的利益,促进公司健全运营非常重要。"②如果将公司比喻为汽车,则董事会和总经理便是油门,监事会则是刹车,③二者均不可偏废,"刹车"的作用在于保证公司的健康运营。

然而,我国的监事会制度运行效果却不尽如人意。④ 实际上,我国台湾地区、⑤韩国等采纳日本型的公司机关模式的国家和地区,监事制度形同虚设几乎已成定论。⑥ 其原因为何值得探讨,但公司法制的不

---

① 何美欢:"中国上市公司'一股独大'的问题:尚未诊断,如何下药",载王保树主编:《投资者利益保护》,社会科学文献出版社2003年版,第103页。

② [韩]李範璨:《比較企業法講義》,ソウル:三知院2000年版,第170页。

③ [日]滨田道代:"日本企业的监察人制度",载王保树主编:《转型中的公司法的现代化》,社会科学文献出版社2006年版,第89页。

④ 赵万一:《公司治理法律问题研究》,法律出版社2004年版,第284页。

⑤ 刘连煜:《公司法理论与判决研究》(四),台北:刘连煜,2006年版,第15页。

⑥ 白国栋:"公司治理结构与投资者保护",载王保树主编:《投资者利益保护》,社会科学文献出版社2003年版,第187页。

完善则是其中的重要因素。在原《公司法》的框架下,监事缺少必要的监督检查权,行使职权受到各种条件的限制,修订后的《公司法》对此作了较好的完善,理论上看,监事的监督实效可以有较大幅度的提升。然而,我国的公司治理却有别于英美国家,这才是问题的根本所在。英美国家的股票市场相对较为分散,伴随着其所有和经营的分离,其面临的问题是"管理者剥削所有者",故而其重在解决对管理者的监督;而我国股权持有相对集中,还远没有达到所有和经营的真正分离,即使存在这种分离,该问题也不构成最严峻的问题,"大股东剥削小股东"才是我国亟待解决的公司治理问题。在股权结构相对集中的情况下,按照一股一权原则,具有股权优势的大股东几乎全面地控制着股东会、董事会和监事会,①现有的监事会制度能否保障公司治理的效果,需要深思。即便我们在大力推行独立董事制度,②在确见其成效以前,实不宜遽然废除实施已久的监事会制度。③ 相反,我们应继续改革我国的监事会制度,使之充实、完善。

二、监事独立——中国公司治理的灵魂

公司治理重在实现治理效果,监事制度功能不彰的原因固然众多,但监事本身的独立性确是一个根本问题。很难想象,当监事的选任权、解任权以及薪酬权完全掌控在被监督者或者与其具有共同利益指向的个人或者团体手中时,监事可以毫无偏私地、公正地监督。因此,健全

---

① 有调查数据显示,相当比例的股份有限公司的决策权、经营权和监督权都掌握在"自家人"手中,关联企业内部董事、监事、高级管理人员的兼职普遍。参见李燕兵:"股份有限公司监事会制度比较研究",载沈四宝主编:《国际经济法论丛》(第2卷),法律出版社2000年版,第265页。

② 独立董事的治理效果如何早已受到质疑,参见[美]Victor Brudney, Independent Director-Heavenly City or Potemkin Village? 95 Harv. L. Rev. 597(1982)。实际上,多数研究成果显示,独立董事的存在与公司业绩的提升之间并无直接关联性,有趣的是,有时甚至会给公司绩效带来负面影响。Laura Lin, the effectiveness of outside directors as a corporate governance mechanism: theories and evidence, 90 Nw. U. L. Rev. 898 (1996); David Yemack, higher market valuation of companies with a small board of directors, 40 J. Fin. Econ. 185(1996).

③ 刘连煜:《公司法理论与判决研究》(四),台北:刘连煜,2006年版,第22页。

中国的公司治理,完善监事会制度,在提高监事业务水平的同时,“关键是要赋予监事不受干扰的独立监察权”,①监事独立是中国公司治理的灵魂和核心。对于监事的这种独立性,有学者称之为“第三人性格”,②其意在强调监事与被监察人之间的区隔与阻断性质。然而,如何具体落实该独立性还有待研究。私见以为,要发挥监事(会)制度的实效,法律必须保障监事的独立意志和合法利益,精神和物质二者均不可偏废。其中,监事的独立意志对于监督具有绝对重要性,但由于利益也会影响到主体的意志,所以,对监事的合法利益、薪酬能否得到保障也必须给予充分的关注。监事(会)功能能否发挥有三点值得重视,即监事能不能监督、敢不敢监督、愿不愿监督,而监事的独立意志重在解决敢不敢监督的问题,是监事本身的主观意志。监事有监督能力,并有条件行使监督权,但是如果其出于某种原因不敢监督,则良法美意也只能落空,公司实践中出现的“花瓶”监事,与监事自身难以完全独立不无关系。此外,监事的独立性,也是监事监督报告能够产生可信赖性的基础。

具体而言:(1)监事能不能监督,这属于监督的客观性问题,既有监事个人的因素,又包括法律提供的规则、保障等因素。即使监事敢于监督并乐于监督,但是不具备监督的专业知识、时间和能力,也是枉然;或者像1993年《公司法》那样没有提供行使职权的经费保障,且职权有限,在这种情况下,强调监督并不具有可行性。现行《公司法》通过完善监事会的职权和行使职权的保障,在一定程度上解决了监事能不能监督的问题。(2)监事敢不敢监督,这体现的是监事本身的主观意志。监事具备监督能力,并有条件行使监督权,但是如果其出于某种原因不敢监督,法律的目的、治理的目标也是空谈。如果监事的报酬、职位稳定性受到被监督者的掌控,他们如何敢于监督?而在一股独大、几股独大的公司以及家族企业中,监事完全受制于人,所以,我们必须创造条件使监事们敢于监督。(3)监事愿不愿监督,这直接决定其是否

① 李维安等:《公司治理》,南开大学出版社2001年版,第93页。

② 黄铭杰:“公司监控与监察人制度改革论”,载《公开发行公司法制与公司监控》,台北:黄铭杰,2001年版,第48页。

监督以及监督的尽职程度。如学者所言,“知道什么是正确的并不一定就意味着人会去做正确的事情,重要的是要想做正确的事情”。① 故而,创造条件诱使监事认真履行职责,也是公司治理方案的应有选项。一些公司为了解决代理成本问题引入了股票期权,应用于管理层,这种制度同样也可以用于监督阶层,即对监事给予激励;面对激励,其尽职程度通常会得到较大的提高。

三、监事的身份独立——以监事的选任、解任为中心

(一)监事的身份独立:选任、解任之规整评述

2005年《公司法》修订,变革不可谓不大,然而,在监事的选任、解任问题上,着墨并不太多,修改、增加的内容也有限,总体来看,并未改变监事的选任、解任规则。这是否意味着,监事的选任、解任已经不存在问题,抑或是我们现行的《公司法》已经能够妥善地处理该问题了呢?私见以为,这次修法秉承了传统的思维模式,决定监事的选任和解任,态度趋于保守,其中的某些变革也值得商榷。

1. 监事选举权的归属

《公司法》第38条第2款和第91条是关于监事选举权的规定。第38条只是将1993年《公司法》关于董事、监事的内容合并在一款当中,选举和更换非职工监事的职权依然掌握在股东会手中,具体的选举则需结合一股一权原则。由此可以看出,不仅董事由多数股东选出,而且当选监事同样需要多数股东的支持,至少是出席股东会议的相对较多数股东的支持。第91条未作变动。正是这两条规定与一股一权原则的共同作用,为“大股东剥削小股东”提供了制度环境和合法的土壤。

2. 监事的任期

《公司法》第53条规定:“监事的任期每届为三年。监事任期届满,连选可以连任。监事任期届满未及时改选,或者监事在任期内辞职导致监事会成员低于法定人数的,在改选出的监事就任前,原监事仍应当依照法律、行政法规和公司章程的规定,履行监事职务。”该条规定

① [美]罗伯特·西蒙:《好人·坏人》,韩斌、叶隽译,新华出版社2001年版,第310页。

了两款内容，第1款内容未作变动，监事的任期依然是3年且可以连选连任；第2款内容系新增，是对于公司监事会出现异常情况时，为了保证公司的正常运作所作出的规定。

对于第1款规定，学者有不同的看法。赞成的学者认为，3年的任期与董事的3年任期一致，并且连选连任，这样监事能够对公司事务较为熟悉，减少了不必要的成本，可以更好地发挥监事的监督作用。反对的学者则认为，"监察人乃系监察业务，须冷眼观察才好，久之难免与被监察之对象发生感情，碍于情面，势难达成其监察任务也"。① 私见认为，监督重在保证其客观性和监督的实效，连任是否必然导致熟人的感情用事，端取决于监事个人的意志强度和人格品性。通常来看，监事以不连任为宜，但如果监事确实在其位、监其事、尽其责，则这样的监事连任效果更佳。具体是否连任，则需配合选任制度进行较为精细的构造。在德国，为保证监事会的新鲜流动性，有总数20%以上的公司规定每隔一段时间必须改选监事会中的一部分成员，如"每两年改选股东监事一半"或"每次开股东大会时必须改选至少一位股东监事"。②这种运作模式实际上是对监事独立性丧失的预防，可以减少变质监事发生的概率。

3. 累积投票权的任意性规定

《公司法》第106条规定："股东大会选举董事、监事，可以依照公司章程的规定或者股东大会的决议，实行累积投票制。本法所称累积投票制，是指股东大会选举董事或者监事时，每一股份拥有与应选董事或者监事人数相同的表决权，股东拥有的表决权可以集中使用。"

该条新增，是关于选举董事、监事可以采取累积投票制的规定。通过采用累积投票制，持有一定数量股份的小股东可能也可以选出自己利益的代言人，增加了少数股东参与公司董事会、监事会的机会。该种

---

① 郑玉波：《公司法》，三民书局1980年版，第144页。

② ［德］福格：《股份法和股份真实——董事会和监事会的组织和任务分工》，Nomos Verlagsgesellschaft，1980，p. 142。转引自朱慈蕴等：《公司内部监督机制：不同模式在变革与交融中演进》，法律出版社2007年版，第251页。

模式具有“很强的情感上的吸引力”,①尤其为中小股东所喜爱。但是,该种投票表决机制容易造成混乱,故而在采用累计投票的情况下,要求在选举之前明示;通常来看,采用累计投票需要精确计算,否则,稍有失误,便会失去本来可以获得的董事会或者监事会席位。《公司法》的该条规定为选择性条款,如果公司章程没有明确规定,也无股东大会决议予以采纳,则只能直接投票,也就是说,我国《公司法》采用的是选入模式。现在,美国大多数州赋予公司排除累积投票的选择权,我国台湾地区也认为该投票模式属于公司自治事项,公司可以章程排除之。② 必须指出的是,即便是强制性地适用累积投票制,公司同样可以采用缩减董事、监事名额或者交错董事会、监事会的做法达到规避的目的。对于累积投票制的效果,有学者持怀疑态度,认为“作为一种保护小股东的办法,累积投票制似乎没有多大作用”。③

4. 监事兼任的禁止

《公司法》第118条第4款规定:“董事、高级管理人员不得兼任监事。”董事、高级管理人员不得兼任监事,这已经形成共识,并被各国公司立法所确认,盖“业务执行者与监察者,如由一人兼任,则监察之意义尽失矣”。④ 我国的《公司法》也是在此意义上将董事和高级管理人员排除在监事任职之外,避免监事身兼二职,造成自身角色的冲突,目的在于“期望监察人能以超然立场行使职权,并杜流弊”。⑤

但该规定并不彻底,在现代公司中,尤其是公司集团中,如果监事扮演多种角色,仍然难以保证其监督身份的独立性。《日本公司法》规定,监事不得兼任公司或者子公司的董事、经理或其他使用人,需要注

---

① [美]罗伯特·W.汉密尔顿:《公司法概要》,李存捧译,中国社会科学出版社1999年版,第151页。

② 王文宇:《公司法论》,中国政法大学出版社2004年版,第317页。

③ 何美欢:“中国上市公司‘一股独大’的问题:尚未诊断,如何下药”,载王保树主编:《投资者利益保护》,社会科学文献出版社2003年版,第103页。

④ 柯芳枝:《公司法论》,中国政法大学出版社2004年版,第301~302页;同旨参见[日]末永敏和:《现代日本公司法》,金洪玉译,人民法院出版社2000年版,第165~166页。

⑤ 台湾地区1980年“公司法”第222条修正理由。

意的是,这里的兼任禁止并不限于公司本身,而且尚及于子公司。《韩国商法》第411条与该规定内容相同。[①] 按照学者的理解,这里的使用人不仅包括商业使用人,而且也包括基于委任关系为公司服务者,如公司律师;判例对此给予了肯定。[②] 这种较为严格的兼任禁止,有利于保证监事的独立地位,尤其是其相对于公司高级管理人员的独立性,并且可以确保其地位的安定和监督时的公平性。[③] 除此之外,董事、经理人之配偶、直系血亲或与董事、经理人具有同一生计关系的人,也应当明定不得担当公司的监事。[④]

对于身份受到兼任禁止的人员,尤其是公司董事、经理如果被选任为监事,则法律效果如何?值得探讨。对这种违反禁止兼任的选任决议的效力主要有两种观点,这主要取决于选任与监事就任的关系。持选任本身是公司的单方行为立场的学者认为,选任决议直接与商法的兼任禁止相违背,决议无效(铃木、竹内说);持选任并非公司内部的意思决定而是公司与被选任者的委任契约立场的学者则认为,选任决议以辞任选任当时两立的现职为停止条件,应解释为被选任者承诺接受监事职位时辞任现职,这是日本的通说。[⑤] 私见认为,通说更为可取,该做法不仅符合该选任的目的,符合法律禁止兼任的宗旨,而且还符合尽量使公司决议有效的立法理念和精神。另外,在日本,尚有"改任监事"是否与兼任禁止相冲突的探讨。所谓改任监事,是指监察对象期间中,曾担任过董事的人被选任为监事的情形。最高裁(1987·4·21商事1110·79)认为,《商法》第276条并未禁止公司或者其子公司的

---

① 《韩国商法》,吴日焕译,中国政法大学出版社1999年版,第92页。

② [日]田中誠二、堀口亘、川村正幸:《新版会社法(九全訂版)》,千倉書房1991年版,第246页。

③ [日]后藤纪一:《新会社法》,晃洋书房2008年版,第350页。

④ 在台湾地区公司实务上,颇多公司先生充任董事,妻子却担任监事,这种安排有违监事设立乃在监督董事不法、不当行为之目的。刘连煜:《公司法理论与判决研究》,法律出版社2002年版,第415页;赖英照:《股市游戏规则——最新证券交易法解析》,中国政法大学出版社2006年版,第105页。

⑤ [日]石山卓磨:《商法総則·会社法　論文式問題演習》,中央経済社1996年版,第190页;[日]弥永真生:《リーガルマインド会社法》(第10版),有斐阁2006年版,第250页;最判平成元年9月19日判時1354号第149页。

董事、经理或者其他使用人选任为监事,第273条也未要求监事的任期应与监察对象期间一致,所以并不抵触第276条规定。[①] 私见认为,所谓兼任禁止的指向必要要素是同一时间或者时间跨度内身兼数职,其中之一为监事身份,同时兼任公司或者子公司的董事、经理或者使用人,否则并不存在这里所讨论的兼任的问题。

我国《公司法》专门规定了职工监事,并且作为一项特色而存在,可以认为该规定显示了我国公司内部的民主。但是,职工成为监事对公司高管的行为进行监督,很容易造成二者之间的冲突。在监事和董事或经理人的身份中,其确实享有监督权,并可以督促其改正;然而,其本身出自于职工的这一身份却可能导致其受制于公司高管的命运,从而导致其想监督却又不敢监督的情形发生。正如有的学者所指出的那样,监事的职务是监察公司的业务执行,但是,当"监察的人从属于被监察对象的业务执行机关,就会失去监察的意义"。[②] 故而,日韩两国商法、公司法的兼任禁止及于使用人是有道理的,值得参考。

5. 监事的解任

《公司法》第147条第3款规定:"董事、监事、高级管理人员在任职期间出现本条第一款所列情形的,公司应当解除其职务。"该条第1款规定的内容是监事任职的消极条件,当监事任职期间出现该类情形时,理所当然应当解除其监事职务。除此之外,《公司法》对监事的解任和辞任并无其他规定,这导致了《公司法》规范供应的不足,规范缺省的后果便是不利于调整公司和监事任期中途解任或辞任的法律关系。当出现这类情形时,公司应如何应对、二者之间应如何协调相互之间的关系方能达成较好的平衡,这都是需要认真思考的问题。尤其是这种中途解任或辞任,其原因为何,通常既涉及监事的重大利益,也关系到公司的形象,妥善处理这种关系方能达成"双赢"的效果。

(二)监事的身份独立:选任模式之探讨

如前所述,按照我国现行的《公司法》规范,由于董事和监事均是

---

① [日]末永敏和:《现代日本公司法》,金洪玉译,人民法院出版社2000年版,第166页。

② [日]末永敏和:《现代日本公司法》,金洪玉译,人民法院出版社2000年版,第167页。

由股东大会按多数票选举产生,这将导致一个结果,即大股东既选举了董事又选举了监事,而且还占多数席位;如果监事人数较少,而大股东股权又较为集中的话,可能由大股东提名的人员当选了全部监事名额。[①] 这种角色混同,使得大股东及其选任的董事、监事之间很难发生实质性的监督关系,而这种虚拟的监督关系为公司内部不法交易、损害公司利益提供了温床。故而,按照三权分立之精神以及避免角色冲突之法则,这种集大股东、多数董事、多数监事利益于一体、控制公司的行为必须避免,否则监事会制度的良法美意将无法实现。之所以如此,乃是"在期望监察人能以超然立场行使职权",[②]"以免监守自盗"[③]之故也。

现有的法律规则难以适应我国公司实践的需要,也无力解决这一法律规则自身造成的问题,基于此,为了保证监事的独立性,实有必要对监事的选任规则进行再构造和尝试。私见认为,大小股东关系的关键在于是否对大股东的表决权施加限制以及施加何种限制。[④] 基于这一精神内核,监事的选任构造模式有如下几种可供尝试:

第一种模式,是采用大股东只能选任董事或者监事的做法。但这种做法过于激烈,恐怕大股东难以接受。毕竟,大股东在公司中有较多的利益,按照一股一权的资本平等原则,其应该有较多的话语权、参与权;其对于公司的经营运作具有直接的利益,并且对董事进行监督也是保护其自身利益的需要,完全剥夺大股东在执行机关或者监督机关上的参与权,并不现实。韩国的模式既考虑到大股东的这种要求,又兼顾中小股东的利益,其做法是:监事仍然在股东大会上选举,但是,"持有除了无表决权的股份的发行股份总数的3%以上股份的股东,就其超过3%的部分的股份"在监事的选任中不得行使表决权(《韩国商法》

---

① 监事独立性的问题根源在于为求所有权行使意思的一致,而设计的资本多数决制度,该制度不仅适用于董事选任,而且也被用于监事的选任过程中。参见柯芳枝:"日本法上外部监察人制度之探讨",载《台大法学论丛》1995年第1期。

② 张国键:《商事法论》,三民书局1980年版,第262页。

③ 潘维大:《公司法》,黄心怡修订,三民书局2006年版,第202页。

④ 何美欢:"中国上市公司'一股独大'的问题:尚未诊断,如何下药",载王保树主编:《投资者利益保护》,社会科学文献出版社2003年版,第103页。

第409条第2款);另外,公司还可以在章程中规定低于3%这一比例(《韩国商法》第409条第3款)。[①] 但是,当公司中小股东的股权相对分散时,这种机制能否发挥作用,值得怀疑。因此,私见认为,较为有效的做法是:(1)限制大股东的监事选举比例,在董事会无法选举成功的情况下,至少保证中小股东对监事的选举名额,从而能够监督董事、经理等高管人员,间接抑制大股东的不法、不当行为,以达到维护自身利益的目的。(2)确定大股东的最多名额,笔者认为,当大股东意图获取监事会的席位时,其至多不超过公司监事会席位的三分之一,在有两名监事时可以分享一个名额,这种设计对于抑制大股东的权力滥用具有一定的功效。需要注意的是,在选任时,将与大股东存在关联关系的股东视为一体,方能收得实效。这种做法比较好地协调了大股东利益的保护以及大股东全面操纵公司的可能,不失为一种良方,但若强制规定之,是否合适,还值得思考。

第二种模式,是明确累积投票制在监事选任上的适用。这可以为中小股东赢得一定的机会,而且"监察人之选任,若采斯制,则仅见其利,而无其弊,更易达监督之目的",[②]如果在选任时,将董事和监事联席合并选举,[③]那么中小股东将有更多的机会选出自己的监事或者董事,从而减轻代理成本以及大股东操纵公司的可能性。但强制要求公司采用累积投票制的做法,有过度干涉公司自治之嫌,这违背了公司法的基本精神,该种模式适宜提倡,而不适宜强制为之。

第三种模式,选举权仍然遵循一股一权的规则,但是限定监事的人选。譬如由某个公益机构确定监事的可供人选,由股东大会在人选当中进行选举。这些人选要求具备较高的社会地位和专业知识,珍惜这种得之不易的声誉,故而,"选社会上有声誉与专门学识之专家参加监察业务,俾免监察人等受董事之利用,而监察权得以无形提高"[④]这种

---

① 《韩国商法》,吴日焕译,中国政法大学出版社1999年版,第92页。

② 柯芳枝:《公司法论》,中国政法大学出版社2004年版,第303页。

③ 为了匡正监事会制度的既有缺失,赖英照教授也提出董事、监事合并选举的建议。参见赖英照:《股市游戏规则——最新证券交易法解析》,中国政法大学出版社2006年版,第106页。

④ 谢振民编著:《中华民国立法史》,中国政法大学出版社2000年版,第808页。

模式与外部监事的功能相当,也是一种可供参考的构造模式。老挝的《企业法》第52条规定:“监事由股东大会从注册会计师协会人选名册中挑选任命……股东大会规定监事的稽核费。监事在执行自己的工作时,必须在法律面前和对会计师协会规定的品行负责。监事独立执行自己的职务,只有法院或会计师协会有权罢免当事人的职务。”①意大利的做法与此类似,监事也是由股东会选举公开的专业人员组成,这些人员必须拥有法律、会计等专业背景,解任同样需要满足法定事由,并需经过法院批准方为有效。② 在老挝、意大利的这种模式下,监事完全独立于公司,其监督机关的独立性得到完全的确保,通过对老挝的《企业法》相关规则进行修改适用于我国的公司实践也是可行的。

总体来看,这三种模式经过立法的些许变通之后,均具有一定的可行性,但也面临着一定的障碍,甚至需要一些配套措施。囿于该项制度的特殊目的,这些构造模式可能难以适用于所有的公司,但至少在一股独大、几股独大的公司以及家族企业中推行预期可以取得较好的效果,故可供参考。

(三)监事的身份独立:解任之制度构造

监事的解任和选任同样重要。选任重在保证监事的独立性,并努力平衡大小股东的利益;而解任则重在监事地位的确保,防止严于履行监督职责的监事反而遭到报复,被不当解任。故而,对监事的解任同样应当予以关注,通过立法规制,保证监事可以放心履行职责而无后顾之忧。

在现有的立法框架下,采纳股东会特别决议解任监事的做法可能更有利于保证监事地位的安定。我国台湾地区修法便采纳了该模式,因为如果可以利用股东会普通决议,“随时将监察人予以解任;如此可能导致积极尽责的监察人,反而地位不保。本次修正第一九九条第二

---

① 米良、周麒主编:《东盟国家公司法律制度研究》,中国社会科学出版社2008年版,第162页。

② [意]Lorenzo Stanghellini, corporate governance in Italy: strong owners, faithful managers-an assessment and a proposal for reform, 6 Indiana International and Comparative Law Review 91(1995).

项规定,将解任之决议,由原来的普通多数决,提升为轻度特别决议,间接强化了监察人地位的独立性”。① 日本同样采纳该种模式,监事的解任要件是股东大会、种类股东大会的特别决议,目的在于“确保监事的独立性”。② 这种做法值得我们借鉴,以保障监事的职位,促进监事尽职尽责地监督。

在监事的选任已经采纳笔者建议的模式的情况下,则按照选任与解任相一致的原则,(1)如某监事在解任后仍能选任为监事,其非有正当理由不得解任,则监事的职位得以确保;(2)股东只能解任由其选举的监事,对其他股东选举的监事无解任权。此时,无须股东会特别决议也能达到保障监事地位的作用。

另外,在公司解任监事的情况下,应当保障监事的陈述权,通过监事与公司之间的沟通和对话,可以更明了地认识问题所在,防止不当解任行为的发生。在日本,公司法便赋予了监事这种陈述权,监事不仅可以就其他监事的选任陈述意见,而且可以就自己的选任和解任陈述意见。《韩国商法》第409条之2也明文规定了监事解任的意见陈述权。这种陈述权成为监事保护自己的防御手段,有利于减少不当解任行为的发生,确保监事地位的安定,不得被股东大会剥夺;公司在监事被解任后的首次股东大会召开时有义务通知被解任监事出席陈述意见。私见认为,在完善我国监事解任制度的问题上,有必要引入这种陈述权,以保证监事地位的安定,在公司方无正当理由时,监事可以请求损害赔偿。

四、监事会的构造——从组织和功能的视角

(一)监事会的组织结构:取消职工监事,明确全职监事

从监事会的总体构成来看,《公司法》规定了职工监事,这是我国公司法的一大特色。正如学者所指出的那样,在我国,职工监事的存在,“是为了在行使公司的业务监督与财务监督中,发挥股东和职工的

---

① 赖源河等:《新修正公司法解析》,元照出版有限公司2002年版,第286页。

② [日]弥永真生:《リーガルマインド会社法》(第10版),有斐阁2006年版,第248页。

两个积极性,以体现股东民主和职工民主的要求”,①这种规定的目的固然可嘉,但是职工监事能否敢于行使法律赋予他的监督权恐怕还是一个疑问,毕竟职工都是管理层的下属,要铁面无情地监督自己的上司恐非易事。公司实践中也是如此,“由于大多数监事的职位或社会地位较董事低,同时欠缺所需专业知识,因此这些监事往往未能真正监察董事活动”,“很多监事长由党委书记或工会主席担任,监事也往往是公司基层职工,本身已是董事长及总经理的下属……因此监事会往往形同虚设,重形式多于实际”。② 固然,德国公司法中也有职工监事,但由于我国的监事会地位与德国的监事会地位不可同日而语,在德国其“监察人会改成了一个对公司的业务执行官——董事进行选聘和监督的机构”,③故而不具有可比性或者可借鉴性,德国监事会中存在职工监事并不能用于证明我们的这项规定是合理的、可行的。我国台湾地区“公司法”以及《日本公司法》在这点上的规定则较为合理,即将监事不得兼职的范围扩及于公司职员,这样不会造成监事名额的浪费,并保证监督的实效。有学者认为:“职工参与是公司法发展的一个趋势,因而,职工监事是必须的。”④对此,笔者认为值得商榷。从大陆法系来看,日本、韩国、我国台湾地区对此严格禁止,德国的监事权威又与此截然不同,⑤不具有可比性;英美法系又无此项制度,趋势何来尚待论证。职工监事并非必须,职工的利益可以通过劳动法、集体协议、工会活动等实现,无须借助不能发挥效用的监事会制度。

另外,监事的构成还可以分为内部监事和外部监事,由于外部监事

---

① 王保树、崔勤之:《中国公司法原理》,社会科学文献出版社 2006 年版,第 184 页。

② 何顺文、李元莎:《中国内地公司管治评析》,中国财经经济出版社 2006 年版,第 42 页、第 44 页。同旨参见赵万一:《公司治理法律问题研究》,法律出版社 2004 年版,第 284 页。

③ [日]滨田道代:“日本企业的监察人制度”,载王保树主编:《转型中的公司法的现代化》,社会科学文献出版社 2006 年版,第 86 页。

④ 赵万一:《公司治理法律问题研究》,法律出版社 2004 年版,第 288 页。

⑤ 关于德国监事的选任,参见易明秋:《公司治理法制论》,五南图书出版股份有限公司 2007 年版,第 121 页。

和外部董事的任职资格要求相当、职能类似,所以,在我国已经存在外部董事的情况下,外部监事制度可以暂不考虑。监事的构成还可以分为全职监事和兼职监事,相对而言,全职监事具有更多的时间和精力来监督公司事务,而兼职监事则由于职务众多,分身乏术,难以保证充足的时间、精力专门就某一公司的事务进行监督。① 在日本,较大型的公开公司里不仅要求外部监事的人数占到监事会人数的半数以上,而且还必须通过互选推选出一名常勤监事,也就是全职、专职监事;《韩国证券法》则规定最近经营年度末资产总额达1千亿韩元以上的上市公司KOSDAQ上市法人必须设置一人以上的常驻监事,②以保证监督工作的实效。故而,我国公司立法应吸取这方面的实践经验和研究成果,宜明确规定全职监事的一定比例或者人数,只有如此,方能保证监督的效果——如果一个公司的监事皆为兼职人士,其监督的效果难免让人怀疑。在短期修法不可得的情况下,可以在司法解释或者规章层次的文件中作出指引规定,或者将其作为上市条件由证券交易所进行规定。

(二)监事会的功能构造:监督的边界与职权的扩展

各国的监事会制度经过改革,职权已经得到相当的充实,如对信息的获取权,必要时召集股东大会、董事会的权利,违法行为阻止请求权,代表公司诉讼的权利等,这些权利已经不存在太多争执,在我国的公司治理环境下,特别需要讨论的尚有如下三项内容:

1. 监察费用

监事作为公司的监察机关,其因为监察作业产生的费用,理应由公司承担。然而,监察费用的支付与证实的举证责任的配置对于监察费用能否及时、充分的实现至关重要。在韩国,费用的支出属于监察的必要费用的证明责任由监事承担;而在日本则采取举证责任倒置的办法,如果公司不能举证证明监事所请求的费用不属于执行职务的必要费

---

① 同旨参见[意]Lorenzo Stanghellini, corporate governance in Italy: strong owners, faithful managers-an assessment and a proposal for reform, 6 Indiana International and Comparative Law Review 91(1995)。

② [韩]郑灿亨:"最近韩国股份公司支配结构的变化——以业务执行机关及监事机关为中心",载王保树主编:《转型中的公司法的现代化》,社会科学文献出版社2006年版,第98页。

用,则公司不得拒绝监事的请求。① 要保证监事会的独立性,就需要从其经济来源、费用支出上保障其独立性,新《公司法》第57条便明确规定:“监事会、不设监事会的公司的监事行使职权所必需的费用,由公司承担。”但并未对该费用的举证责任进行明确说明。从利于保障监事会监督工作顺畅的角度看,日本的做法较为妥当,在对此发生争执诉至法院时应由公司方承担举证责任。

另外,应赋予监事会监察计划和预算提出权。监事会于每年年初向股东大会提出其次年年度的监察计划,并提出履行该监察计划所需监察费用等相关预算,请求股东大会予以承认。这种准预算独立的方式可以使监事会具备更强的独立性。②

2. 监事的监察定位

值得注意的是,日本的监察人制度往往因公司的规模大小以及是否为公开公司而有很大差异。③ 对于小公司而言,公司的监察人只有会计监察权,而大公司的监察人则既享有会计监察权,也享有业务监察权。其中,比较引人注目的是上市公司的监察人制度。对于业务监察的范围则值得探讨,这主要涉及业务的违法性和妥当性两个问题。一种意见认为,监事对董事执行业务的监督限于合法性;另一种意见则认为,除了合法性之外,尚应包括董事执行职务妥当性的监督。④ 私见认为,公司的运营和业务执行涉及商业判断,具有专业性的特点,一般来看,监事并不适合对这些商业决策作出判断;而且,如果对其决策、执行的妥当性作出监督,容易造成董事会和监事会机关权力的混淆,如果过

---

① [韩]李範瓈:《比較企業法講義》,ソウル:三知院2000年版,第173~174页。

② 黄铭杰:“公司监控与监察人制度改革论”,载《公开发行公司法制与公司监控》,台北:黄铭杰,2001年版,第60页。

③ [日]滨田道代:“日本企业的监察人制度”,载王保树主编:《转型中的公司法的现代化》,社会科学文献出版社2006年版,第85页。

④ [韩]李範瓈、崔埈璿:《商法》(上),三英社1999年版,第683页;[日]石山卓磨:《集中講義 会社法》,成文堂1999年版,第268页。转引自[韩]李範瓈:《比較企業法講義》,ソウル:三知院2000年版,第174页。

度介入,可能导致董事会权力的萎缩,[①]影响业务执行的顺滑与效率。[②]日本一直以来的通说也持该种观点。[③] 在意大利,学界通说也持该种观点,即监事监督权原则上限于监督董事执行职务的合法性,而不及于妥当性。[④] 但是,必须指出的是,在妥当性的问题上,监事并非无所作为,有学说主张,"在明显可以看出业务执行不当,并该当于'严重不当'"的情况下,仅就该范围内作涉及妥当性监察。[⑤] 这固然是一种积极行动,即便没有到达该程度的情况下,如果业务执行存在一定的不妥当性,则监事也应当提出积极的建议,须知,建议经过互动和良好的沟通可能会产生正确的导向作用。我国《公司法》第55条第1款规定的监事对董事会决议事项提出质询或者建议的权利,可以认为是对董事行为妥当性的监督。

3. 对会计师事务所的选任和解任权

根据《公司法》第165条第1句,公司应当在每一会计年度终了时编制财务会计报告,并依法经会计师事务所审计。如果公司上市,则财务事项的披露大多均需经过注册会计师的审计并签署意见。然而,根据《公司法》第170条第1款的规定,"公司聘用、解聘承办公司审计业务的会计师事务所,依照公司章程的规定,由股东会、股东大会或者董事会决定"。实际上,无论由该款规定的哪个机关决定,都直接或者间接地取决于大股东或者董事会的意见,这在一定程度上使得会计师依附于大股东或者董事会,有时为了获得更多的业务难以作出独立的客观公正的审查和检验。另外,《公司法》第55条第2款规定:"监事会、不设监事会的公司的监事发现公司经营情况异常,可以进行调查;必要时,可以聘请会计师事务所等协助其工作,费用由公司承担。"亦即由

① [韩]李範瓈:《比較企業法講義》,ソウル:三知院2000年版,第174页。

② [日]弥永真生:《リーガルマインド会社法》,有斐阁2006年版,第247页。

③ [日]弥永真生:《リーガルマインド会社法》,有斐阁2006年版,第247页。

④ [意]Lorenzo Stanghellini, corporate governance in Italy: strong owners, faithful managers-an assessment and a proposal for reform, 6 Indiana International and Comparative Law Review 91(1995).

⑤ [日]末永敏和:《现代日本公司法》,金洪玉译,人民法院出版社2000年版,第169页。

于财务的专业性质,有时监事无法独自进行,有必要借助会计师事务所的协助,这实际上增加了审计的成本和费用。同时考虑到审计的客观公正的要求,与其事后在发现疑难时再独立选任会计师事务所的协助,不如直接由监事或者监事会决定选任和解任会计师事务所,这样既可以做到有效的审查监督,又能节省公司运营成本。因此,在未来修订公司法时应赋予监事或监事会对会计师事务所的选任和解任权。

五、监事监督的诱因——激励与责任的有机结合

在实务中,"监事行使职能时相当消极,没有投入足够的时间和精力去了解公司现状、分析存在的问题",[①]对此,实有必要予以关注。通常对监事给予适当激励被认为是有效的,私见认为,如果将激励监事与监督董事结合起来则是更好的良方。这种激励机制的运作机理在于当监事发现管理层的不法行为、避免了公司损失的情况下,由监事分享本应属于管理层的一部分收益。具体做法如下:为了防止管理层为不法行为侵害公司权益,可以预先将董事、经理的薪金的10%提存于银行账户,冷冻期为五年,如果五年之内未发生或未发现其为有害于公司的行为,则该10%的薪金当然归属于管理层;但如果在此期间,监事及时发现或者制止了该不法行为,则由监事获得该笔薪金。

这种做法可以在公司设立之初便规定于章程之中,因为这属于私法自治的范畴,出于当事人之间的合意,如果不欲接受该条款的制约,可以不担任管理层职位,并无强制性的因素,故不存在违法剥夺私人财产的问题。只要管理层无损害公司的不法行为,该笔薪金只是在支付的时间上被延期,其权利仍然属于管理层,其目的只在于制约可能为不法行为损害公司利益的行为者,并不会打消诚信的管理层的积极性。同时,这种做法又能够刺激监事积极履行职责,发现管理层的不法行为,保护公司的利益。

在保障监事的监督能力、监督独立的前提下,这种做法具有一定的可行性,在将来修法时可参考,或者在公司章程指引上作出规定,使之成为公司章程的绝对必要条款。至于具体百分比和冷冻期时间跨度的

---

① 赵万一:《公司治理法律问题研究》,法律出版社2004年版,第285页。

确定还可以继续探讨。为了防止管理层与监事沆瀣一气、给予回扣,对于这种恶意串通、损害公司利益的行为有必要引进惩罚性损害赔偿。

除了上述恶意串通的情形外,对于监事的一般过失或懈怠,下列实务中的情形值得参考。如有人发现公司有受到重大损害之虞而向监察人报告,监察人置之不理,因而造成公司受有损害时,监察人对公司应负担损害赔偿之责。[①] 或者监事为不实不尽之报告,或不检举董事之情弊,致公司受有损害者,应负赔偿之责。[②]

六、小结

中国公司治理的特点在于大股东剥夺小股东,现行《公司法》的监事会制度无法保证监督的实效,故而仍有改进空间。独立性是监事会制度的灵魂,这需要关注监事能不能监督、敢不敢监督、愿不愿监督三个问题。为了保障监事的独立,有必要改革监事选任的模式,这可以通过控制大股东选举监事的名额、采用累积投票制对董事监事进行联席选举或者限定监事的人选的方式实现。在监事的解任上,则采用特别股东会议解任的构造模式,并赋予监事解任或辞任的陈述权。在监事会的构成上,应取消职工监事,明定全职监事的一定比例或人数。出于效率和职能的考虑,应赋予监事选任、解任会计师事务所的权利,并推行一种机制,对监事的监督行为给予激励,并在监事与董事恶意串通时引入惩罚性损害赔偿机制。

(作者单位:南开大学法学院。)

① 柯芳枝:《公司法论》,中国政法大学出版社2004年版,第313页。
② 张国键:《商事法论》,三民书局1980年版,第263页。

生育权问题的探讨

唐　卫

目　　次

在现实生活中不断出现因为生育问题而提起离婚诉讼的案例之后,2011年8月13日施行的最高人民法院《关于适用〈中华人民共和国婚姻法〉若干问题的解释(三)》(以下简称《婚姻法解释(三)》)第9

条首次规定侵犯生育权的可以成为离婚的理由,但是对于生育权本身却没有给出明确的概念,有关生育权的很多问题仍需讨论。

一、生育权的历史和现代法律依据

(一)生育权的历史

婚姻制确立之前的生育是一种自然状态,因为人们没有稳固的家庭结构,也没有一种自我的生育的意识。在婚姻制建立之后的生育权经历了从男性享有的独占式的生育权到男女平等式的生育权的发展过程。

生育权虽然是个现代法律概念,但是其实际存在却有很长的历史。中国的封建社会就很注重生育权的保护,只不过这种生育权只有男性才能享有,最典型和朴素的就是“七出之条”中的“无出”可以休妻和“不孝有三,无后为大”的典型宗法思想。“七出”一词到唐代以后才正式出现,其内容源于汉代《大戴礼记》中的“七去”,又称为“七弃”。内容为:“妇人七去:不顺父母,为其逆德也;无子,为其绝后也;淫,为其乱族也;妒,为其乱家也;有恶疾,为其不可与共粢盛也;口多言,为其离亲也;盗窃,为其反义也。”一直到《唐律》才把“七出”列入法律之中,属于丈夫或夫家单方面要求离婚的理由。因此妻无子当然地就成为丈夫要求解除婚姻的法定理由。

社会强调男性的生育权而漠视女性的生育权,并把不能生育的不利责任都归于女性,是很不公平的狭隘的男权主义的体现,但是由此也可以看出中国社会实际生育权的观念一直存在,尽管强调的是男性的生育权而忽视女性的生育权。在我国的封建社会,女性处于从属地位,没有独立的人格,严格按照“在家从父,出嫁从夫,夫死从子”的伦理生活。正因为如此,其生育权得不到认可和保护的状况也就可以理解了,足以为女子的生育地位的不平等而感叹。女子一直是男子实现生育权的工具而已,“不孝有三,无后为大”,“三妻四妾”是为了孝道,属于“德行之科”,是可以立碑建庙加以表彰的。后宫三千被认为是正常,“有不见者,三十六年”,人皆艳羡秦王,而少有为这些女子惋惜者。

在国外,生育权的观念也是源远流长的。公元前8世纪的罗穆鲁斯的王法就规定,妻子背着丈夫流产的,构成丈夫提出离婚的理由。这一规定得到以后各个时代罗马法的遵循。[①] 另外,公元前2世纪古罗马的著名改革家提比略·格拉古的姐姐塞姆普罗妮娅(Sempronia)就是因为无法生育子女而被其丈夫执政官小西庇阿休掉的。

到了近代社会,女性得到解放,社会地位不断得到改善和提高,出现男女平等的概念,在美国女权运动的推动下才出现生育权的概念和男女平等实现生育权的问题。中国的生育权的男女平等则是在新中国成立之后推行男女平等的过程中建立和发展的。

(二)生育权的现代法律依据

1966年的《关于人口增长和经济发展的决议》中说到"承认主权国家在制定和促进自己的人口政策时,要充分考虑到家庭规模应当由个人自由选择的原则"。[②] 国际人权会议于1968年5月13日在德黑兰宣布《德黑兰宣言》,该《宣言》的第16条规定"家庭及儿童之保护仍为国际社会所关怀。父母享有自由负责决定子女人人数及生产时距的基本人权"。1974年联合国在布加勒斯特召开的世界人口会议通过了被视为联合国开展人口活动和指导各国人口活动宪章的《世界人口行动计划》。其中的第14条F款对生育权进行了定义:"所有夫妇和个人都有自由和负责地决定生育孩子数量和生育间隔并为此而获得信息、教育和手段的基本权利;夫妇和个人在行使这种权利时有责任考虑他们现有的子女和将来子女的需要以及他们对社会的责任。"[③]第28条规定:"本行动计划承认有必要确保所有夫妇都能够做到生育他们所希

① 徐国栋:《民法哲学》,中国法制出版社2009年版,第194页。

② "Recognizing the sovereignty of nations in formulating and promoting their own population policies, with due regard to the principle that the size of the family should be the free choice of each individual family", "population growth and economic development", 17 December 1966, 2211 (XXI), 载 http://www.worldlii.org/int/other/UNGARsn/1966/79.pdf。

③ 原文为:All couples and individuals have the basic right to decide freely and responsibly the number and spacing of their children and to have the information, education and means to do so; the responsibility of couples and individuals in the exercise of this right takes into accountthe needs of their living and future children, and their responsibilities towards the community, "The World Population Plan of Action", 载 http://www.population-security.org/27-APP1.html。

望的孩子数量和所希望的生育间隔,并有必要为实现这种愿望准备好社会和经济条件。”①1984年联合国国际人口与发展会议通过的《墨西哥宣言》、1994年召开的国际人口与发展会议通过的《国际人口与发展会议行动纲领》都肯定了《世界人口行动计划》对生育权的定义,由此可以看出生育权不仅是夫妻的基本权利,同时也是个人包括男性在内的一项基本权利。1980年3月1日联合国大会开放签字的《消除对妇女一切形式歧视公约》中规定妇女“有相同的权利,自由负责地决定子女人数和生育间隔,并有机会获得使她们能够行使这种权利的知识、教育和方法”。

我国《宪法》第25条规定:“国家推行计划生育,使人口增长同经济和社会发展计划相适应。”该条款隐含一个前提,即公民本身首先是具有生育权的,在这个前提之下,国家推行计划生育,对公民的生育权予以一定的限制。《妇女权益保障法》第51条第1款规定:“妇女有按照国家规定生育子女的权利,也有不生育的自由。”该条确认了妇女的生育权,虽然只是强调了女性的生育权。《人口和计划生育法》第17条规定了“公民有生育的权利”,《婚姻法解释(三)》第9条规定:“夫以妻擅自中止妊娠侵犯其生育权为由请求损害赔偿的,人民法院不予支持;夫妻双方因是否生育发生纠纷,致使感情确已破裂,一方请求离婚的,人民法院经调解无效,应依照婚姻法第三十二条第三款第(五)项的规定处理。”这些都从国内法的角度肯定了个人的生育权。

二、生育权的权利性质的界定

我国法院判决中经常出现“生育权”、“生育选择权”等用词,但是却从未对这一权利的请求权基础加以说明和定性,那么生育权性质究竟为何?

(一)人格权

随着1968年的国际人权会议将生育权表述为一项基本人权以来,

① 原文为:“28. This Plan of Action recognizes the necessity of ensuring that all couples are able to achieve their desired number and spacing of children and the necessity of preparing the social and economic conditions to achieve that desire”,“The World Population Plan of Action”,载 http://www.population-security.org/27-APP1.html。

这种人权观点已经得到广泛的认同。既然生育权作为一项人权得到承认,每个人由于其生理特性生而都应当享有,其本身是人的自由权的延伸;该种权利要保护的是生育主体的自由决定生育的利益,是一种人格利益的体现。从《关于人口增长和经济发展的决议》、《墨西哥宣言》、《消除对妇女一切形式歧视公约》和《妇女权益保障法》等公约和法律的规定内容来看,生育权是个人均能独立享有和行使的权利,它的存在不依附于任何的身份关系,与是否结婚和有无配偶没有关系,即使单身仍然享有生育权。因此,生育权应该是一项人格权。但是这在民法的具体人格权中并没有涉及,生育权应当归于一般人格权的范畴受到保护。

(二)身份权

身份权说主张生育权是以一定的身份关系为基础的,只有具有婚姻关系的双方才可以享有,因而否定单身者也享有生育权。身份是民事主体在亲属关系以及其他非亲属的社会关系中所处的稳定地位,以及由该种地位所产生的与其自身不可分离、受法律保护的利益。① 身份权是指民事主体基于稳定的身份关系产生并由其专属享有,以其体现的身份利益为客体,为维护该种关系所必需的权利。② 身份权是一种对于有特定身份事物的支配权力,因此,将生育权归于身份权显然不妥。

三、生育权在私权领域的冲突

虽然生育权是一项基本人权,但是在其实现的过程中,男女双方有着很大的差异。在男女双方的生育权发生冲突时,应如何衡量二者的关系,是基于同等保护还是倾向于其中一方就成为实际面临的问题。

(一)女性的生育权与男性的不生育权的冲突

生育一般是男女双方通过性交合作的结果,但是由于存在生理结构的差异,女性在生育过程中享有比男性更多的信息。女性更早的知道怀孕的事实,男性只有在女性告知的情况下才会知道。如果女性在

① 杨立新:《人身权法论》,人民法院出版社 2002 年版,第 95 页。

② 同上,第 103 页。

怀孕后不告知作为胎儿父亲的男性致该男性不知情或者违背男性的意愿生下小孩,就有可能违背男性不愿成为父亲的意愿,侵害该男性不生育的权利。并且随着人工生育技术的发展,即使没有性交,只要拥有男性精子,女性就可以选择怀孕,这样女性生育权和男性不生育权的冲突就会加剧,这种冲突在实践中又如何呢?

在美国的 Davis v. Davis 案中 Junior L. Davis 和 Mary Sue Davis 夫妇结婚九年,在妻子 Mary 经历了五次宫外孕之后,医生决定对其进行手术治疗,这也导致她无法自然受孕而只能进行人工授精才可能生育孩子。因此在 1988 年 12 月 8 日,在医生的帮助下,用两人的精子和卵子各 9 个在实验室成功受精结合为受精卵。所有的受精卵在实验室中成熟,从四细胞阶段发育到八细胞阶段,并且所有的 9 枚受精卵都是优质的受精卵。1988 年 12 月 10 日,Mary 将其中的 2 枚移入体内,其他的 7 枚则保存以便以后使用。之后,丈夫向妻子提出离婚,便出现了谁有权支配这些受精卵的问题。Mary 希望能将这些受精卵移入体内,以便有机会成功受孕生下这些孩子,但是丈夫不同意。丈夫于是起诉到法院,法院判决这些受精卵先由母亲保管。丈夫不服,上诉至田纳西州上诉法院,最后法院判决有两人共同保管这些受精卵,对其拥有同等的决策权。在这个案例中,可以看到女性的生育权与男性的不生育权发生了冲突。最后法院判决两人共同决定这些受精卵的命运,实际上不仅承认女性的生育权,也肯定了男性的生育权,保护了男性的生育自由。

在中国这样一个重视香火延续的国度,倒是鲜有听闻哪个男子反对自己成为父亲,要行使自己的不生育的权利。中国的《婚姻法解释(三)》生效之后,男性生育权也首次得到法律的明确保护:因女方不愿生育而影响夫妻感情导致感情破裂的,丈夫可以向法院要求离婚。但是并未提及对男性不生育权利的保护。

(二)女性的不生育权与男性生育权的冲突

随着社会的发展,越来越多的女性选择走向社会。在女性经济越来越独立的情况下,其对家庭的依附也就相应地减少,结婚生孩子对她们来说不是生活的唯一目标。由于女性要承担生育的主要负担,而这可能会影响其职业发展;或者是受女权主义的影响等原因,女性选择不生育或暂时不生育的比例逐渐上升，这也就导致了女性的不生育权与男性生育权的矛盾的加剧。

国内这样的相关案例越来越多。例如，2010 年 10 月，潘先生与离异的石女士组成了新家庭，婚后潘先生向妻子提出生育孩子的要求，被妻子拒绝。潘先生因此向法院提起离婚诉讼，最终，离婚理由没有得到法院的支持。法院审理认为，石女士不同意离婚，希望和丈夫和好，夫妻感情尚未破裂，因此对于潘先生的离婚诉讼理由不予支持。案后，主审法官表示，按照我国法律规定，生育权是公民的一项人身权利，无论男女均享有这项权利。① 另外还有一个案例，阿芬和阿康是一对结婚多年的夫妻，2003 年 3 月阿芬怀孕，但是表示不愿生育，在经阿康同意后的 4 月，阿芬在医院做了人工流产，之后一直没有怀孕。2009 年 9 月，阿康曾动员阿芬去医院检查不孕的原因，却遭到了妻子的强烈反对。后来丈夫无意中发现，妻子多年不怀孕的真正原因是她在上次怀孕流产后就去医院放置了节育环。阿康认为阿芬骗了自己 6 年多，在刻意剥夺他的生育权。为挽救婚姻关系，2010 年上半年，阿康与阿芬参加了"新老娘舅"节目，但阿芬事后还是拒绝生育。于是阿康起诉至法院要求离婚。法院认为，阿芬、阿康这对再婚夫妻走过了 10 个年头，建立了一定的夫妻感情；婚姻须以感情为基础，据此判决阿康败诉。②

从以上两个案例可以管中窥豹，看到中国采取的女性的生育权高于男性的生育权的态度。《婚姻法解释（三）》让男性的生育权有了可实现的途径，虽然这将以终结婚姻为代价。但实际上，只能说是排除了不愿生育的妻子的妨害，如果要真正的实现，还要倚赖与其再婚的女性愿意生育并且能够生育。另外，实践中对于堕胎的问题法律也没有特别规定需要丈夫的书面同意或者是陪同才可以进行，只要怀孕的女性独自一人便可以决定是否到医院实施堕胎的行为，没有一定的程序设计对这一行为的实施加以适当的缓冲。

---

① "再婚妻子不愿再次生育丈夫因生育权要求离婚"，载《人口导报》2011 年 7 月 11 日，http://rkb.e23.cn/html/rkdb/20110711/rkdb9563601.html。

② 姚克勤："丈夫捍卫生育权要离婚被驳回"，载 http://news.ifeng.com/gundong/detail_2010_12/22/3633225_0.shtml。

(三)男性生育权的实现

男性的生育权如何实现?《婚姻法解释(三)》给出了一个解决的方式,即可以使生育权在一定程度上成为离婚的理由。由于生育过程中女性地位的不可替代性,男性的生育权虽然也得到广泛的承认和关注,但是其实现却比女性生育权的实现面临更多的问题。女性在受孕、怀胎再到分娩的过程中要承担相当大的生理和心理负担,从开始阶段的妊娠反应到生产时的阵痛,再到生产可能带来的生命危险以及对身体健康可能带来的损害,还有可能因为生育而身材变形、脸上长妊娠斑影响形象等。正因为如此,法律不宜强制规定为了实现男性的生育权而要女性必须生育或不生育,实践中也都倾向保护女性的生育自由。对于男性积极生育权①的实现不能采取积极的实现手段,而只能采取如《婚姻法解释(三)》规定的消极的解除婚姻关系的方式;对于男性消极生育权的实现,在不是直接通过性爱方式而是通过人工方式受孕的情况下,可采取阻止女性将精子与自己的卵子结合并人工植入体内的方式加以实现。

(四)女性植物人的生育权

植物人是指大脑皮层功能严重受损,受害者处于不可逆的深昏迷状态,丧失意识活动,但皮质下中枢可维持自主呼吸运动和心跳的人。植物人的生育权是否因为其失去大脑意识而丧失?如果没有,由谁来决定是否要行使这项权利?例如,2011年8月11日的《天府早报》曾报道达州一位孕妇在怀孕4个多月后成为植物人,之后其丈夫替妻子作出继续妊娠的决定,并希望能够生下这个孩子。②

在美国的苏珊案例中苏珊在癌细胞扩散至脑部造成脑死亡时已经怀孕15周,丈夫为了生下这个孩子而坚持维持苏珊的生命直到26周孩子能够独立生存。这个案件在美国引起很大争议,反对者认为既然

---

① 这里的积极生育权是指选择成为父亲的权利;消极生育权是指选择不成为父亲的权利,也就是上面提到的不生育权。

② 杨丹:"沉睡中孕育——植物人妈妈,昏睡2个月;宝宝,6个月大了",载《天府早报》2011年8月10日。

苏珊没有苏醒的可能而让她生下孩子,就是把她当成生孩子的机器。[①]虽然脑死亡和植物人不是同一概念,但其相似之处都是当事人没有自主意识,无法表达其自己的意愿,因而在这一点上人们对于苏珊案的争议也可以适用于植物人的生育问题。这里存在的问题是丈夫是否有权替妻子作出继续妊娠的决定以及这是否侵害了成为植物人的妻子的生育权。在植物人状态下,虽然其没有意识,属于无行为能力人,但是这并不影响其作为法律上"人"的存在,其仍然享有法律赋予的各项权利,享有人格权,权利能力也没有减损,只是无法完成意思表示积极实现自己的权利。这只表明其不能积极行使权利,其消极不作为的权利不应减损,因此在植物人状态无法表明其意思时不能使其承担有一定风险的生育行为,应视为其不愿行使生育权,他人不得代替其作出生育的决定。对于这个问题中国尚无相应的法律与完善的司法实践,但是应以遵循"不出生权优先原则"[②]为宜。

四、父母的生育权与胎儿的生命权的冲突

在怀孕后决定终止妊娠会涉及父母的生育权与胎儿的生命权之间的冲突。在我国这种冲突没有相应的法律和案例可以参考,在国外的有关案例中,有的倾向于保护生育权,有的则倾向于保护生命权,没有定论。1973 年美国最高法院判决的 Roe v. Wade 案是一个关于堕胎的具有里程碑意义的案件。德克萨斯州的单身孕妇 Jane Roe 想要堕胎,但是这是违反该州禁止堕胎的法律的,于是 Jane 向法院提起诉讼。该州南部的地方法院审理判决该州禁止妇女堕胎的法律违宪,于是 Jane 上诉至最高法院。法院判决根据正当程序条款第十四宪法修正案中的隐私权延伸至妇女有权决定堕胎,但是这要在保护胎儿生命和孕妇生命健康之间取得平衡,在怀孕三个月后胎儿的生命利益将大于孕妇堕胎权益。该案肯定了在胎儿能生存以前,妇女具有堕胎的权利。这里

---

① "美国一名女植物人顺利产下一名健康女婴",载 http://news.sina.com.cn/s/2005-08-04/09456611193s.shtml。

② 杨立新、张莉:"论植物人的权利行使和保护",载 http://www.yanglx.com/dispnews.asp? id=655。

的生存定义为"脱离母体子宫后,在人为帮助下有活下去的可能"。[①] 这种生存能力通常在28周时就具有了,但是也可能更早,在24周时就具备。

这个案例在母亲的生育权与胎儿的生命权之间做了一个平衡:在怀孕的初期侧重保护女性的生育权,在怀孕的后期则侧重保护胎儿的生命权。但是这个案例也引发了很多的争议,如堕胎是否应该合法化、在多大范围内合法化、由谁决定堕胎是否合法、最高法院应以何种方法作出宪法性裁决、宗教和道德观念在政策领域的作用。该案例改变了美国关于堕胎的政策,使得很多州分立为重生命和重选择两大阵营,不断有支持两个阵营的民众运动发生。

对于胎儿的生命始于何时,对此也并无定论。在上述的 Davis v. Davis 案中,1989 年的初级法院就采纳了人类的生命始于受孕(conception)的观点。在 Roe v. Wade 案中则否定了生命始于受孕的观点,而认为胚胎和胎儿不受宪法的保护。胎儿在母体内的发育是一个连续的过程,需要266天,通常分为三个时期:(1)胚前期,是指受精卵形成到第二周末;(2)胚期,是指第三周到第八周的人胚,此阶段包括卵裂、三胚层形成和各器官的原基的建立,胚的外貌初具人形;(3)胎儿期,指第九周末至胎儿娩出,在此期间胎儿逐渐长大,各器官的结构和机能逐渐完善。[②] 对生命开始的时间点的认识各方持不同的观点,如有反对堕胎的观点依据生命开始于何时的遗传学观点认为生命始于怀孕之时,即精子和卵子一结合就有了人,这个人出生前必须和出生后得到同样的尊重,因为人的遗传结构作为独特个体的创造物在怀孕时就已经确定。[③] 赞成流产的观点认为妇女对自己的身体拥有绝对的权利,只要胎儿没出生都是母体的一部分,胎儿的生命始于出生。[④] 对于胎儿生命到底开始于何时,从什么时间点将其视为"人"而

---

① potentially able to live outside the mother's womb, albeit with artificial aid.

② 张荣德主编:《组织学与胚胎学》,天津科学技术出版社2008年版,第135页。

③ [美]J. P. 蒂洛:《伦理学——理论与实践》,孟庆时、程立显、刘建等译,北京大学出版社1985年版,第246页。

④ 同上,第252~253页。

适用有关人的生命权保护的有关法律不仅仅是个生物学的问题,它还涉及宗教,伦理和政治等诸多的因素,对这一问题的判断要求得到所有人的认同几乎是不现实的,因此,还是只能根据个案的具体情况加以考量。

五、国家公权力对生育权的干涉

(一)我国计划生育政策对公民生育权的限制

为减轻人口增长过快的压力,20 世纪 70 年代初以来中国政府开始大力推行计划生育,在 1978 年后计划生育成为一项基本国策。《宪法》第 25 条规定:“国家推行计划生育,是人口增长同经济和社会发展相适应。”第 49 条规定:“夫妻双方有实行计划生育的义务。”《婚姻法》也规定夫妻双方有实行计划生育的义务。《人口和计划生育法》第 17 条规定:“公民有生育的权利,也有依法实行计划生育的义务,夫妻双方在实行计划生育中负有同等的责任。”第 18 条规定:“国家稳定现行生育政策,鼓励公民晚婚晚育,提倡一对夫妻只生一个子女;符合法律法规规定条件的,可以要求安排生育第二个子女。”公民在怀孕前需要取得生育指标,没有取得指标之前就怀孕的需要堕胎之后再申请怀孕指标;生育需要计划生育服务证,不然生育的小孩在上户口和入学时都会遇到麻烦。

在执行计划生育以减少人口增长压力的同时(中国人民大学社会与人口学院院长翟振武认为,计划生育使中国人口减少了 4 亿[①]),国家对生育权的限制也导致了一系列问题的出现,如社会老龄化提前到来、出生人口男女性别比例失调等(这将在后面予以条论)。根据国家统计局公布的 2010 年第六次人口普查的数据,中国目前 60 岁及以上人口为 177,648,705 人,占总人口的 13.26%,其中 65 岁及以上人口为 118,831,709 人,占总人口的 8.87%。[②]。国际上通常把 60 岁以上的人

① “世界 70 亿人口日推迟 5 年”,载 http://www.tianjinwe.com/tianjin/tjyl/201110/t20111027_4477329.html。

② 国家统计局“2010 年第六次全国人口普查主要数据公报(第 1 号)”,载 http://www.stats.gov.cn/tjgb/rkpcgb/qgrkpcgb/t20110428_402722232.htm。

口占总人口比例达到10%,或65岁以上人口占总人口的比重达到7%作为国家或地区进入老龄化社会的标准。依此标准,中国已经进入老龄化社会。美国布鲁金斯学会资深研究院、清华—布鲁金斯公共政策研究中心主任王丰表示:“人口老化会对支出、劳动力供给、存储资本、家庭一系列的事情起到‘拉后腿’的作用。例如日本20年经济处于低迷状态,早先认为是20世纪80年代末经济泡沫没有处理好造成的,现在大家的共识就是由于人口老龄化。”独立人口学者、自主生育提倡者何亚福表示:世界各国的发展历史表明,没有一个国家能在严重老龄化的情况下实现崛起。如果中国不能有效提高生育率,那么到2050年,经济总量居世界首位的国家只会是美国或印度,而不会是中国,因为那时中国已深陷严重老龄化和性别比失衡的泥潭中。[①]

(二)胎儿男女性别的选择

生育权的内容当然地包括生男生女的自由,但是社会男女的比例却会影响社会的发展,因此也不可能是绝对的自由的性别选择。虽然按照概率生男孩和生女孩的比例各占50%,胎儿的性别只有在其出生后才可以确定,一个社会的性别比例不会有大的问题;但是如果借助现代的胎儿性别鉴定技术,在胎儿还未出生时就根据性别而有选择地生育,则可能导致社会结构的不稳定。特别是在中国这样有浓厚的重男轻女氛围和实行计划生育的国家,问题就可能更加严重。我国一直以来的社会发展水平和生产生活条件以及传宗接代、延续香火的思想都使得人们倾向于生男孩,这在很多诗句里都有所体现,如白居易《长恨歌》中“遂令天下父母心,不重生男重生女”等。该诗感叹杨贵妃这一女性得宠福荫全家而使得天下的父母都不愿生男孩而愿意生女孩的反常心态,从这里可以推知中国的“天下父母”一直以来倾向的都是生男孩。

在中国实行计划生育政策的前提下,父母一般只能生一个孩子,在重男轻女思想的影响下就更希望生个男孩;在发现胎儿性别是女性后,很可能会终止妊娠,以待下次怀孕能有机会生个男孩。为了防止这样

① “美学者:假如中国不停止计划生育　就没办法走向富裕”,载 http://finance.ifeng.com/news/special/laolinghua/20110104/3151835.shtml。

的问题出现,我国也有相应的立法。例如,《人口和计划生育法》第35条规定:“严禁利用超声技术和其他技术手段进行非医学需要的胎儿性别鉴定;严禁非医学需要的选择性别的人工终止妊娠。”第36条对于“利用超声技术和其他技术手段为他人进行非医学需要的胎儿性别鉴定或者选择性别的人工终止妊娠的”规定了相应的处罚措施。《母婴保健法》第32条规定:“医疗保健机构依照本法规定开展婚前医学检查、遗传病诊断、产前诊断以及施行结扎手术和终止妊娠手术的,必须符合国务院卫生行政部门规定的条件和技术标准,并经县级以上地方人民政府卫生行政部门许可。严禁采用技术手段对胎儿进行性别鉴定,但医学上确有需要的除外。”

但是法律的运行情况并不理想,实际情况是中国社会在实施计划生育30年后的今天,出生人口性别比例严重失衡。联合国明确认定了出生性别比的通常值域为102到107之间,其他值域便是异常。1982年的第三次全国人口普查,我国的出生人口比例为108.47,出生性别结构开始失衡,之后一直快速持续上升,2004年达到历史最高几率121.20,这使得我国成为世界上出生性别结构失衡最为严重的国家之一。①

南开大学经济学院人口与发展研究所教授原新表示:“男女比例协调本是自然进化的规律,然而在我国,出生人口性别比失衡已成为一个社会顽疾。”中国人民大学社会与人口学院院长翟振武指出:“性别比例失衡的直接影响是‘婚姻梯度挤压’现象凸显。”同龄适婚女性短缺,男性就会从低年龄女性中择偶,挤压到一定程度,就要向别的地区发展。“婚姻挤压”的结果不仅是会产生相当多的人找不到配偶的问题,更将导致这种负担主要由处于社会弱势的贫困人口来承担。由于农村出生性别比失衡比城市严重,今后“剩男”将更加沉积于边远贫困地区。贫穷又无子嗣的男性剧增,可能会增加买卖婚姻、拐卖妇女、卖淫嫖娼等违法犯罪行为,危及婚姻家庭和社会的稳定。国家人口计生委宣教司司长张建强调,我国出生人口性别比长期失衡与人口老龄化

① 李晓宏:“中国出生人口男女性别比达119.45:100”载http://politics.people.com.cn/GB/1026/11275308.html。

交织,将加剧人口结构的不合理性,未来的社会阶层结构、消费结构、组织结构等都将更为男性所主导,其深远危害,不亚于20世纪中叶的人口膨胀。①

六、未婚者的生育权

生育权究竟只存在于婚姻关系中还是不限于婚姻关系每个人都可以享有,是未婚生育是否能得到保护的关键所在。在前面生育权的性质部分已经讨论过,生育权应当是一种人格权,当然是每个人都应该平等享有的,不应受到是否存在婚姻关系的限制。这不仅体现为一种法制的进步,也是保障人权的进步。

之所以大家不愿承认未婚生育的权利,一方面是因为担心这样会导致社会道德的沦丧,促进"小三"、"二奶"以此为依据合法生育,导致家庭的不稳定。但是这只是道德的问题,不应与法律是否承认未婚生育权相混淆,法律是否承认的关键应该是依据权利的性质而定。法律只是最低限度的道德,如果把道德强加于法律,那么法律无疑就与道德混淆了。

另一方面,现行《宪法》、《计划生育法》等中采用的"夫妻"一词,让人误以为生育权的主体需要以一定的身份为条件,即只能是有婚姻关系的夫妻双方。但是正如前面所说,基于生育权本身就是一项人格权,相关的国际公约采用的多是"夫妻或个人"的用语。如前面提及的1968年《德黑兰宣言》第16条规定的决定子女数量和生育间隔的是"父母",只要是孩子的父亲和母亲就可以了,没有要求一定是"夫妻";另外在《关于人口增长和经济发展决议》中采用的"individual"的用词;在《世界人口行动计划》第14条f款定义生育权的主体是采用是"all couples and individuals",第28条采用的是"all couples",对于"couple"朗文当代英语词典的定义是"two people who are married or having a sexual or romantic relationship",剑桥高级学习词典的解释则是"two people who are married or in a romantic or sexual relationship, or two people who are together for a particular purpose",并没有像翻译过来的

① 李晓宏:"整治'女孩失踪'遏制性别失衡",载《人民日报》2011年8月17日。

中文“夫妇”那样限定一定是已婚的夫妻。由此推知，国际普遍承认的生育权的主体包含已婚的夫妇也包括未婚的个人、男性和女性，由此观之，未婚者也同样平等地享有生育权，生育权的行使并不依赖特定的身份关系。

七、小结

生育是人类繁衍的必需环节，但是在现代社会中生育权的实现却是相当的复杂，它涉及男女双方的生育权、国家的政策对生育权的限制以及生育权的实现与胎儿生命权之间的平衡等诸多问题。生育权作为人权的基本内容，是每个人都生而享有的。生育权的内容应该包括生与不生、生几个、生男生女、生孩子之间的间隔时间等。就我国的情况而言，目前讨论较多的是生与不生的问题，稍有涉及的是生男生女的问题，生几个和生孩子之间的时间间隔的问题由于国家的计划生育政策，大多数人是没有选择的余地的。现代社会生育已经不再仅仅是单个个体的私人事务，还涉及整体社会的利益，如社会劳动力供给、社会性别比例和人口老龄化等。诸多复杂相关者之间的权益的保护、利益的平衡是今后的立法和研究应当考虑的内容。

（作者系四川大学法学院国际法方向硕士研究生。）

两岸物业管理制度比较研究*

赵　月　张晏瑲

目　次

引言

近年来,随着人们生活水平的提高,物业管理问题日益成为人们关注的焦点之一,物业管理质量低下和物业收费难等问题也引发了业主和物业管理公司的种种矛盾。为此,大陆地区颁布了《物业管理条例》、《住宅专项维修资金管理办法》等专门性法规及办法来规制物业服务的相关问题。随着2007年《物业管理条例》的修改,我国在物业管理上的相关制度取得了不小的发展,但是仍存在不少漏洞。我国台湾地区早在1995年就颁布了"公寓大厦管理条例",其在物业管理的制度上起步早,规定也较为完备,其中不乏值得中国大陆借鉴之处。

因此,本文将通过对比两岸在物业费用、物业管理模式和物业质量

* 作者感谢山东大学自主创新基金项目对研究工作的支持,项目编号:IFW10053。

保障三个方面的制度,寻求台湾地区制度中的可取之处,以实现我国在物业管理制度上的进一步完善。鉴于居民住宅中的物业问题是最重要也是最突出的,因此本文将主要探讨两岸关于住宅中物业管理的相关规定和做法。

对比前,兹将两岸关于物业的对应名词进行说明:中国大陆的“业主”对应台湾地区的“区分所有权人”,“物业使用人”对应“住户”,“开发建设单位”对应“起造人”,“业主大会”对应“区分所有权人会议”,“业主委员会”对应“管理委员会”或“管理负责人”。

一、两岸物业费用制度比较

两岸的物业费用都包含两个部分:中国大陆的物业收费包含专项维修资金和物业服务费用,而台湾地区包括了公共基金和物业管理服务费用。

其中,物业管理服务费用与物业服务费用是一致的,都是开发建设单位(起造人)或业主委员会(管理委员会)和物业公司签订的物业服务合同中约定的应当支付物业公司的费用。但是其在收取原则上仍有所不同。中国大陆的物业服务费用虽遵循了《合同法》的意思自治原则(《物业管理条例》第35条第2款),但是某些物业服务定价仍受到有关行政主管部门制定的价格标准和浮动幅度的制约(《物业管理条例》第41条,《物业服务收费管理办法》第6条及第7条),因此,除个别实行市场调节价的物业类型外,其定价仍是以政府指导为主。而台湾地区关于物业管理服务费用的收取,完全遵循其“民法”的“契约自由原则”,由管理公司和区分所有权人在物业管理合同中进行约定。

这种设置与中国大陆和台湾地区物业服务市场的发达程度以及业主对物业的参与程度有关,对于物业服务业还不甚发达、业主参与度不高的中国大陆,实行政府指导定价有一定的好处。业主参与物业管理的意识不高导致业主大会难以成立或者成立后难以运作,物业管理企业往往仍延续了开发建筑单位先前指定的企业或者由其自己成立的物业公司进行物业管理,而其收取的物业管理费是根据它自己所认为的物业管理服务内容单方面确定的,这并不必然符合物业业主的意愿,造成了业主与物业管理企业之间的矛盾。因此实行政府指导价格,制定物业管理服务等级指导标准,并可按这些标准确定相应的物业管理费标准,使双方在协商的过程中能够不偏离轨道①。而随着物业服务市场的进一步完善以及业主参与意识的进一步加强,宜采取市场调节的方式来确定物业服务费用,让业主自由选择他们满意的物业服务企业以及服务内容和标准,而这种竞争机制也会促使物业服务企业不断改进服务质量,降低成本,以获得更大的市场。

公共基金与住宅专项维修资金是相对应的,两者都遵循专户储存,专款专用,并且使用需由所有权人决策的原则(《住宅专项维修资金管理办法》第4条,“公寓大厦管理条例”第18条第3款)。但是两者的使用范围不甚相同:中国大陆的专项维修资金仅用于“住宅共用部位、共用设施设备保修期满后的维修和更新、改造”(《住宅专项维修资金管理办法》第18条),而台湾地区的公共基金用途更加全面,还涵盖了共用部分的管理和维护(“公寓大厦管理条例”第11条)。这一方面是由于中国大陆的管理和维护费用被物业服务费用所涵盖;另一方面管理和维护费用属于经常性的支出项目,而中国大陆的专项维修资金是一次性交纳的(《住宅专项维修资金管理办法》第12条),如果将管理维护费用这类经常性的支出纳入住宅专项维修资金的使用范围,那么将很难确定交纳的数额。

有关物业费用的问题主要包含两个方面,即物业费用交纳问题和物业费用使用问题,接下来将对这两个方面分别进行分析:

(一)物业费用交纳问题

1. 交纳主体

中国大陆物业服务费用交纳主体,根据《物业管理条例》第42条以及《物业服务收费管理办法》第15条及第16条的规定,主要包括业主、物业使用人和开发建设单位。在房屋未交付业主前,开发建设单位是交纳费用的主体;当房屋交付业主后,这项义务也就转移给了业主。但是从总体上来说,业主仍是交纳物业服务费用最主要的主体,一方面,业主拥有房屋所有权的时间相对较长;另一方面,业主的交纳物业服务费用的义务要求更为严格,这从业主承担物业使用人不交纳费用

① 李永然:“物业管理法律问题研究”,中国政法大学2005年博士学位论文。

的连带责任中可以看出。而台湾地区物业管理服务费用的主体根据“公寓大厦管理条例”第21条的规定,是区分所有权人或住户,这与中国大陆的缴费主体是基本一致的。

关于中国大陆住宅专项维修资金的交纳主体,根据《住宅专项维修资金管理办法》第6条的规定,主要是业主,而且其交纳义务是强制性的。而根据台湾地区“公寓大厦管理条例”第18条的规定,公共基金的交纳主体是区分所有权人和起造人。其中,起造人的交纳义务是强制性的,而关于区分所有权人的缴纳该条例并未作出强制性的要求,而是交由区分所有权人会议决议;另外,通常情况下,起造人交纳的基金数额在台湾地区的公共基金中所占的分量是最重的①。这样看来,台湾地区公共基金主要的交纳主体是起造人。表面上来看,两岸在该项目上的主要缴费主体截然不同,但是实际上,这一区别并不是一个关键性的问题,因为即使中国大陆的专项维修资金改由开发建设单位交纳,最终这一款项也会被其变相地分摊在房价中,最终实质性的交纳主体仍是业主。

2. 物业费用缴费难问题

物业费用收费难的问题一直是中国大陆物业管理问题中最重要、也是最难解决的问题,这业已成为了物业服务行业的一个普遍现象②。而鉴于中国大陆的住宅专项维修资金的收取是强制性的,不交纳就无法办理产权证书,所以,收费难的问题主要发生在物业服务费用的交纳上。

造成物业服务费用收费难的原因主要有以下几点③:首先,中国大

① 李永然:“物业管理法律问题研究”,中国政法大学2005年博士学位论文。

② 张锦京:“浅谈如何解决物业管理收费难的问题”,载《中国科技信息》2008年第23期。

③ 李永然:“物业管理法律问题研究”,中国政法大学2005年博士学位论文;张锦京:“浅谈如何解决物业管理收费难的问题”,载《中国科技信息》2008年第23期;王德军:“关于物业管理收费难问题的探讨”,载《经济师》2008年第7期;陈少林:“浅析物业管理收费难现状及对策”,载《中国电力教育》2006年研究综述与技术论坛专刊;胡信布、王非、程小军:“物业管理收费难的博弈分析及对策研究”,载《现代经济》2008年第7卷第1期;张虹:“物业管理收费难的重新思考”,载《大学时代》下半月2006年10月。

陆普遍存在"搭车消费"的问题,这是造成物业服务费用收费难的最主要的原因。物业服务消费同其他消费相比,很大的不同就是提供物业服务的企业是单一的主体,享受服务的主体具有广泛性,是某个区域内的全体业主,而单独业主不交或少交费不会中断物业服务,许多业主会利用此特点,逃避交纳物业费。其次,许多业主仍未形成正确的消费观念,计划经济下人们长期的福利待遇观念使其难以转变思想"花钱买服务"。最后,目前中国大陆的物业服务市场正处于起步时期,很多物业服务企业是由国有企业、行政事业单位的房管所演变来的,其竞争意识不强,服务质量低下,达不到应有的物业服务标准,但是仍单方面收取与其服务质量不相符的物业服务费用。

台湾地区相较于中国大陆,首先从区分所有权人的角度来讲,其消费观念不同于中国大陆的业主,早已意识到接受物业服务也是一种消费行为,甘愿花更多的钱来获得更加优质的服务。从物业管理公司的角度来看,物业服务业已经比较发达,市场机制更强,为了竞争,会想方设法提供更好的服务。而不管在消费观念还是在物业服务企业的竞争意识和服务水准上,中国大陆还需要一个漫长的时间来调整和规制。

虽然,中国大陆也存在相关措施来督促业主及物业使用人交纳物业服务费用,如物业管理企业可向人民法院起诉(《物业管理条例》第67条),但是并不能起到很好的震慑作用。而台湾地区"公寓大厦管理条例"除在第21条规定了向法院起诉进行追缴外,又进一步在第22条规定了在一定条件下,对欠缴物业费用的住户可采取强制迁离制度,即管理负责人或管理委员会可以依区分所有权人会议决议,诉请法院对"经强制执行后再度积欠金额达其区分所有权总价百分之一者"采取强制迁离措施。这一措施具有极强的惩罚效果,对于严重拖欠者有较大的震慑作用。但是,目前这一规定在中国大陆并没有其存在的基础。从诉请主体的角度来讲,根据《物权法》第83条的规定,业主大会及业主委员会并未被赋予诉讼主体资格,这主要是由于它们不拥有自己独立的财产,不能独立承担民事责任①;另外,对业主的强制迁离制度从

① 黄松有主编、最高人民法院物权法研究小组编著:《〈中华人民共和国物权法〉条文理解与适用》,人民法院出版社2007年版,第267~268页。

本质上来说是一种物上请求权，其保护的对象是区分所有权人而不是基于合同关系而受到损害的物业服务企业，因此物业服务企业也无法成为强制迁离的诉请主体①。从业主物业参与度的角度来讲，业主参与度不高，业主大会难以成立，也就无法作出决议。尽管如此，其立法理念还是值得借鉴的，即引入对欠缴主体的"惩罚性"措施，如可对长期不交纳物业费用的住户设置较高数额的罚款，也可通过对欠缴主体名单进行公示的方法来促使其交纳。

（二）物业费用使用问题

此处关于物业费用的使用，主要探讨的是两岸住宅专项维修资金和公共基金使用程序上的差异。

中国大陆的专项维修资金的使用程序因管理主体的不同而不同。业主大会成立前，住宅专项维修资金是由物业主管部门代管的（《住宅专项维修资金管理办法》第10条和第11条）；而业主大会成立后，资金将转由业主大会或业主委员会管理（前办法，第15条）。

因此，根据《住宅专项维修资金管理办法》第22条的规定，在住宅专项维修资金划转业主大会管理前，需要使用住宅专项维修资金的，需要按照以下程序办理：物业企业或业主提出使用建议——规定数量的业主讨论通过建议——实施使用方案——物业企业或业主向管理部门申请列支——管理部门审核同意后向专户管理银行发出划转通知——专户管理银行划转至维修单位。显而易见，这是一个繁杂的使用程序，而且法条中缺失了对管理部门审核时限的规定，极易造成审核部门审核时效率低下。

而当住宅专项维修资金划转给业主大会后，根据前述办法第23条的规定，需按以下程序办理：物业企业提出使用方案——业主大会通过方案——物业企业实施方案——物业企业向业主委员会或负责部门提出列支请求——审核同意后并报主管部门备案——向银行发出划转通知——银行划转至维修单位。专项维修资金划归业主大会后，物业企业的列支请求无需主管部门审核同意，只需备案即可，但是其中此项规

① 潘丽芳："建筑物区分所有权强制剥夺法律问题研究"，载开平市人民法院网，http://fayuan.kaiping.gov.cn/article.asp? id=1511，最后访问日期：2011年5月27日。

定"……主管部门……发现不符合有关法律、法规、规章和使用方案的,应当责令改正",又给人一种名为"备案"实则"审查"之感。

总体来说,中国大陆的专项维修资金使用程序比较复杂,需依申请使用,造成申请困难、效率低,这也是造成资金使用率低的一个极为重要的原因。当然,造成使用率低的另外一个不可忽视的原因是,目前我国房屋普遍比较"年轻",仍未出现大规模修缮问题①,而积累下来的专项维修资金也可以为日后出现重大修缮问题时提供充足的资金保障。

台湾地区的公共基金依"公寓大厦管理条例"第18条第3款的规定,"应依区分所有权人会议之决议为之",即其使用无需管理部门审核,亦无需备案,程序简便,效率高。

当然,台湾地区这种完全自治的使用程序,是建立在其区分所有权人参与意识普遍较高的前提下的。如前所述,中国大陆地区的业主参与物业管理的意识仍普遍不强,导致业主大会和业主委员会迟迟不能成立。这样就导致专项维修资金长期处于主管部门的控制下,资金划拨需经历漫长的审核批准程序,不利于物业管理企业的资金运作和业务开展。

另外,即使成立了业主大会和业主委员会,实务中,将主管部门代为存留的专项维修资金移交给业主委员会的相关程序也十分烦琐②。而且使用专项维修资金时的名为"备案"实则"审核"的烦琐程序也造成了其"交时容易用时难"。

因此,中国大陆地区首先需要在政策和制度上规定主管部门的审核期限,并尽量缩短该期限,提高其办事效率;另外,要尽量简化专项维修资金移交给业主大会的程序,当资金移交业主大会后,可仿效台湾地区遵循业主大会自治原则,避免政府的过多干预。而要从根本上解决问题,需要的是业主参与物业管理意识的进一步提高。

---

① 王亦君:"北京:130亿商品住宅专项维修资金使用率只有3%",载http://finance.qq.com/a/20071031/002708.htm,最后访问日期:2011年4月1日。

② 王亦君:"北京:130亿商品住宅专项维修资金使用率只有3%",载http://finance.qq.com/a/20071031/002708.htm,最后访问日期:2011年4月1日。

二、两岸物业管理模式比较

目前，中国大陆着重推行一种物业管理模式，即通过物业服务企业对小区物业进行管理的模式，但是在台湾地区还存在另一种模式，即业主自营式物业管理①。所谓业主自营式物业管理，就是住宅小区的物业管理不由房地产开发公司或物业管理公司负责，而是由楼房业主自己打理②。从本质上说，这种模式是一个区分所有权人自治的管理模式。这种业主自营式的管理模式相较于物业管理公司的管理模式来说，最大的优势是成本低廉，业主或区分所有权人只需花很少的钱就能实现对物业的管理。

在这种管理模式下，住户往往推选出一个比较精干的管理委员会全权负责小区中的共有部分的管理，而且其管理是义务性的。另外，台湾地区的物业管理队伍非常精干，专职人员只有两位，一位是干事，另一位是守门员兼监控员，另外有少量的临时工由干事根据需要聘请，这就大大降低了人员方面的成本。而在物业管理公司的管理模式下，人工成本往往在总成本中所占的比例较高，因其不仅包含了管理服务人员工资，而且还要涵盖按规定提取的工会经费、职工教育经费以及根据政府有关规定应当由物业服务企业交纳的住房公积金和一系列社会保险费用，这在自营式的管理模式下是不需要支付的。业主自营式物业管理最大的特点是，可以从出租的房屋中收取管理费，所收的管理费在支付了一系列公共开支以后，一般还有节余，无需再向住户收取费用，从而减轻了业主的经济负担。表面上看来，在中国大陆这种物业服务企业与业主矛盾重重、中低收入业主占多数、物业收费困难的形势下，采用台湾地区这种业主自营式的管理模式刚好可以解决这些问题。但是，这种模式是否在中国大陆真正具有可操作性呢？

由以上分析可看出，业主自营式的物业管理需要业主具有较高的参与物业管理的意识和能力，而如前文所述，中国大陆地区居民的参与

---

① 梁敬芝、高鹏："物业管理实现双轨制符合国情"，载《中国律师》2003 年第 5 期。

② 付春光："谈谈台湾的'自营式'物业管理"，载《中国房地产》1999 年第 10 期；梁敬芝、高鹏："物业管理实现双轨制符合国情"，载《中国律师》2003 年第 5 期。

物业管理服务的意识并不高,这一方面是由于我国社会并没有公民自治的传统①,通常的情况是过度依赖物业公司;另一方面目前多数小区中的住户彼此并没有过多的联系,业主对其所在小区的认同感和归属感并不强,往往是“各人自扫门前雪”,不愿花费过多精力参与其中。这些因素都不利于实行业主自营式的物业管理。

因此,尽管自营式物业管理模式能够极大地降低物业成本,满足中低收入人群的需要,但是在目前的情况下,仍不能够在中国大陆的大部分地区很好地实行。尽管有学者认为可发挥政府及居民委员会的引导作用,为业主自治管理提供管理程序及规则②,但是意识和思想的转变仍需要一个过程。当然,从管理模式本身的特点来说,业主自营式的管理模式更加符合中国大陆中低收入者的需要;尽管这种模式服务的专业性相较于另一模式来说并不高,但是仍可以满足一般业主的需求。因此,要在中国大陆实行这种模式,需要具体问题具体分析,在某些业主参与意识很强的小区中可以率先引入。

三、两岸物业服务质量保障比较

中国大陆和台湾地区都采取了政府干预的原则对物业服务质量予以保障。中国大陆通过建立物业管理企业资质管理制度、物业管理人员资格认证制度、制定物业管理服务等级指导标准来保证物业服务的质量,台湾地区也同样通过规定公寓大厦管理维护公司和管理服务人的相关资格来规制物业服务。

台湾地区将管理服务人员分为三类,即公寓大厦事务管理人员、公寓大厦防火避难设施管理人员、公寓大厦设备安全管理人员,分别设定要求③,这样可以更好地促进服务专业化、专门化,精进服务质量。而中国大陆相对于台湾地区来说,专门化的程度要低很多,仅仅设定了物业服务人员职业资格证书,并没有这样根据服务类型的专业化分类,容

① 陈锦雯、孙建英:“在老住宅小区实行自营式业主自主管理的利弊分析”,载《中国物业管理》2008年第1期。

② 同上。

③ “公寓大厦管理服务人管理办法”第2条。

易造成服务内容笼统、分工不精细、服务人员专业知识不强。因此,中国大陆可以借鉴台湾地区的人员分类方式,将物业服务人员按服务内容进行划分,分别设定不同的考核内容,以促进物业服务质量的提升。

台湾地区物业公司的营业项目并不包括建筑物人车出入管制、登记查访等安全防护工作即保全业务,因为在台湾地区保全公司和管理维护公司的业务是严格区分的,这些业务通常是由保全公司负责的。从一个方面来讲,这种分工有利于业务专门化,提升促进服务质量;但是从另一个侧面来讲,实务中,台湾地区的物业公司,为求生存,只好另设保全公司,而由保全公司与其物业公司"合署办公",这是相当不经济的,而且会削弱管物业公司的竞争力①。而目前中国大陆同时存在保安公司提供的安保服务和物业服务公司提供的安保服务,并未有像台湾地区一样的限制。但是中国大陆的保安公司至今仍仅限于公安部以下各级公安单位投资设立的,私人几乎无法设立保安公司,因而缺乏足够的竞争机制。中国大陆应借鉴台湾地区,允许私人开办保安公司,对外接受小区中的安全防护业务,形成保安公司和物业服务公司皆对外承接安保业务的竞争局面。保安公司提供的业务专业性更高,相对质量更高,因此,费用也较高;而物业服务公司的费用较低廉,但质量也缺乏一定的专业性。此时,选择权就转移到了业主的手中,追求更高安全服务质量的业主可以选择保安公司的服务,而相反,仅需要相对基础的安全防护服务的业主,就可以选择物业管理公司的服务了。而且,在这两方的良性竞争下,其结果就是,物业公司为了提高竞争力努力提高其提供的安保服务质量;而保安公司就努力在保证质量优良的前提下,努力通过各种技术性措施降低成本。这样,就有利于整体的物业服务质量的提升。

结语

综上所述,中国大陆的物业发展仍处于成长时期,与台湾地区的物业管理相比存在较大的差距,这主要是由于中国大陆人民总体生活水平和质量仍不高,多数小区业主对物业服务中其扮演的角色和地位没

---

① 李永然:"物业管理法律问题研究",中国政法大学2005年博士学位论文。

有清晰的认识,物业管理的参与意识并不强。因此在目前的状况下,台湾地区一些业主高度自治的物业管理制度设置仍不适用于中国大陆地区。这就需要政府加强其在物业管理中的引导作用,加大宣传力度,逐步转变业主的传统观念,不断加强其物业管理参与意识。

通过前文的分析,随着业主参与意识和对生活质量要求的不断提高,中国大陆可以从以下几个方面借鉴台湾地区的物业管理相关制度:应简化住宅专项维修资金的移交程序和使用程序,扩大业主的自主管理权利,避免政府在资金使用时的过多干预;应加大对不履行缴纳义务的业主的惩罚力度,如对其处以较高数额的罚款;逐步引入台湾地区的业主自营式的物业管理模式,由业主自主管理小区物业;在物业服务人员的资格认定上,将其按服务内容进行划分,设定不同的考核内容,以促进物业服务的专门化,提高物业服务质量;应逐步允许私人开办保安公司,形成保安公司和物业服务企业的良性竞争局面,将服务的选择权交到业主手中。

(赵月,山东大学法学院2010级硕士研究生;张晏瑲,山东大学法学院副教授,硕士生导师。)

调查报告

关于公有住房使用权纠纷案件的调查与分析

目　　次

(四)公有住房买卖(置换)合同案件裁判规则

(五)涉公有住房纠纷离婚案件裁判规则

(六)公有住房拆迁安置案件裁判规则

(七)公有住房腾房案件裁判规则

一、前言

1998年,国务院出台了《关于深化城镇住房制度改革的决定》,标志着我国住房制度改革向纵深发展。城镇住房制度改革在坚持国家统一政策目标指导下,地方分别决策,因地制宜,量力而行;坚持国家、单位和个人合理负担;坚持“新房新制度、老房老办法”,平稳过渡,综合配套。住房制度改革的稳步推进,使我国延续多年的福利型、供给型的住房制度进一步向商品化、社会化的住房供给体系转变,在出售公有住房、加大租金改革力度和全面推行住房公积金制度等方面取得明显成效。与此同时,公有住房使用权进入到流通领域且价格飙升,历史遗留问题凸显,与公有住房使用权(承租权)有关的纠纷不断,大量诉讼案件涌入人民法院。

公有住房的“使用权”或称“承租权”,是我国传统福利住房分配政策和计划经济体制的产物,是政府对劳动者广泛实行的变相工资分配方式。在住房制度改革以前,取得公有住房使用权的承租人,必须是在国家机关或者国有企事业单位工作的员工;其工作达到一定年限,组织上就会根据其工龄长短、职务高低、工作业绩大小、家庭人口多少等诸多因素,确定分配给其家庭一定面积的房屋,并建立起职工与国家或单位之间的房屋租赁关系。公有住房的使用权实际上隐含了价值,是职工多年工资中住房消费的补偿,也是劳动力价值的组成部分。① 住房制度改革以后,符合一定条件的公有住房使用权被允许上市交易,并且限制条件呈逐步减少的趋势。对于进入市场的公有住房使用权,已经

---

① 陈慧:“公房使用权有偿转让的法律问题探讨”,载全国法院系统第十届学术讨论会论文评选委员会编选《当前民事经济审判疑难问题研究》,人民法院出版社1998年版,第5页。

体现了市场交易价值。但是,由于法律对公有住房使用权的性质界定不清,纠纷的解决缺乏统一的法律规范和裁判标准,加之住房政策带有浓厚的地方特色,不同法院对此类案件的处理方式差异很大,当事人的合法权益不能得到及时有效保护。应当说,公有住房使用权纠纷案件是我国特定历史阶段的特有产物,属于历史遗留问题,在某些问题上应予特殊对待,这是本课题研究应确定的前提。

课题组通过调取2008年1月至2011年4月天津市城区六家法院公有住房使用权纠纷案件信息及裁判文书,梳理争议的主要问题,结合天津市的地方政策,从法理角度深入研究,力求为统一裁判规则提出切实可行的对策建议。

二、案件的整体情况

据不完全统计,2008年1月至2011年4月,天津市城区和平、南开、河西、河东、河北、红桥六家基层法院,累计受理涉及公有住房使用权纠纷的一审民事案件867件,审结858件(参见表2)。具体情况如下:

表2 2008年1月~2011年4月天津市城区法院审理公有住房使用权纠纷案件统计表 (单位:件)

案由	旧存	新收	结案	结案中			
				判决	调解	撤诉	驳回起诉
房屋租赁合同	9	574	573	181	101	283	8
权属变更与确认	25	134	128	67	18	31	12
其他租赁合同	0	4	4	2	0	1	1
离婚	0	11	10	6	5	0	0
财产损害赔偿	0	4	4	2	1	0	1
房屋买卖(置换)合同	19	57	58	36	7	15	0
相邻关系	0	18	17	7	3	6	1
返还原物(腾房)	1	41	40	30	4	6	0
用益物权	0	1	1	0	1	0	0

续表

案由	旧存	新收	结案	结案中			
				判决	调解	撤诉	驳回起诉
拆迁安置	2	19	18	9	4	5	0
物业服务合同	0	2	2	1	1	0	0
赠与合同	0	1	1	1	0	0	0
借用合同	0	1	1	1	0	0	0
合计	56	867	858	343	145	347	23

(一)拖欠公有住房使用费案件为主要案件类型

从具体的案件受理情况看,约有66%的案件为租赁合同纠纷案件,其中又以公有住房使用人拖欠产权管理单位使用费纠纷为主;诉讼主体上,原告为产权单位,被告为公有住房使用人。在收案中,主要的案件类型还有权属变更与确认纠纷、房屋买卖(置换)合同纠纷、返还原物(腾房)纠纷,分别占此类案件收案总数的15%、7%、5%。

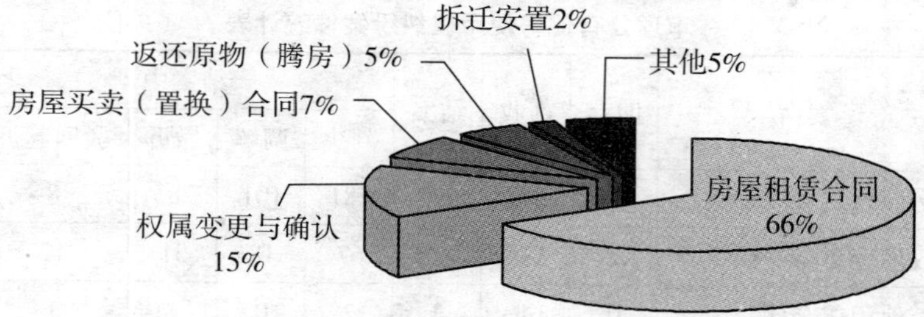

图1 2008年1月~2011年4月天津市城区法院各类公有住房使用权纠纷案件收案比例图

(二)结案方式总体上以判决和撤诉为主

在结案方式上,公有住房纠纷案件大多为判决和撤诉,占所有结案方式比例均为40%左右。其中,涉及公有住房的房屋租赁合同纠纷案件的结案方式较为特殊:以调解和撤诉为主,调解率和撤诉率分别为17.63%和49.39%;以判决方式结案的案件相对较少。涉及公有住房的房屋租赁合同纠纷案件讼争焦点主要是公有住房使用人拖欠使用费,矛盾较容易化解。但在权属变更与确认、房屋买卖(置换)合同、返还原物(腾房)等纠纷案件中,结案方式则以判决为主,判决占所有结案方式比例分别高达52.34%、62.07%、75%。这在一定程度上反映了此类案件矛盾调处难度较大,当事人诉争点也较为复杂。因此,后面几类案件亦为本课题研究重点。

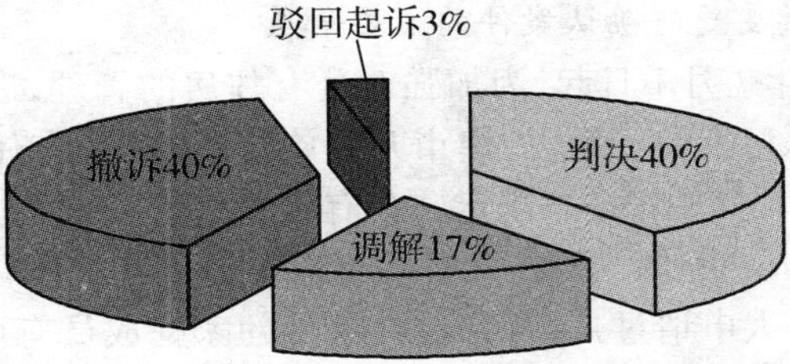

图2 2008年1月~2011年4月天津市城区法院公有住房使用权纠纷案件结案方式比例图

(三)变更承租人纠纷案件实务处理争议较大

在调查中,课题组了解到,权属变更与确认纠纷案件是公有住房使用权纠纷案件中司法实践处理方式最具争议的案件类型。对于原承租人死亡后公有住房变更承租人过程中家庭成员之间存在承租权纠纷的民事案件,各法院的处理方式差别较大:有的法院不予受理;有的法院给予立案,但在案件审理过程中对于不能经过调解达成一致意见的,驳回原告起诉;有的法院对此类案件依照继承法的相关规则进行处理。

三、案件主要争点的整理

由于缺乏相对统一和完善的法律规范,人民法院对公有住房使用权纠纷案件的处理差异性很大,而案件本身所反映出的矛盾焦点也是五花八门。为了全面掌握此类案件的矛盾所在,课题组调取了多家法院不同类型案件的裁判文书,对其中反映的法律认识上的争点进行了梳理。

(一)房屋租赁合同案件的主要争点

涉及公有住房纠纷的房屋租赁合同案件,以使用人拖欠公有住房使用费(租金)的讼争为主。在公有住房的管理方式上,我国现行做法是将公有住房的承租权作为债权对待,即房产公司与公有住房承租人之间通过签订房屋租赁合同来确定双方的权利义务。因此,原告房产公司起诉使用人拖欠公有住房租金的案件,案由一般确定为“房屋租赁合同纠纷”。此类案件的主要争点在于,被告以房产公司拒绝或瑕疵履行公有住房的修缮义务为抗辩理由,能否对抗房产公司主张租金的诉讼请求。

(二)权属变更与确认案件的主要争点

自2007年7月1日起,为加强对公有住房的管理,进一步规范公有住房变更承租人的行为,天津市开始施行新的《公有住房变更承租人管理办法》①,其中第2条规定:“公有住房承租人死亡或者户籍迁出本市的,承租人的配偶、子女、父母等可以申请过户。公有住房使用权过户只能由一人申请过户,符合过户条件的家庭成员有两人以上(含两人)的,应当达成一致意见后方可申请过户。”“没有符合过户条件的,出租人可以收回该公有住房使用权”。第3条规定:“公有住房承租人死亡后没有符合第二条规定过户条件的,承租人的兄弟姐妹等在本市主要报纸刊登公告,公告三个月期满无异议的,提交具结书后可以申请过户。”

针对上述规定,实务中对于公有住房变更承租人的案件,在处理方式上主要有以下两种观点:一种观点认为,公有住房管理单位与承租人之间形成租赁合同关系,由谁继续承租应由公有住房管理单位和要求变更的承租人协商一致后重新签订承租合同;公有住房因原承租人死亡、户口迁出本市或者其他原因等需要变更承租人的,法院无权主动干预,因此,对于此类案件人民法院应不予受理。另外一种观点认为,公有住房使用权通过单位分配、国家调配等方式取得,在历史上被排除在遗产的范围之外;但随着时间的推移和住房制度的改革,绝大部分公有住房使用权允许上市交易转让,其财产属性增强,身份属性消退,可以自由流通,因而,对原承租人死亡重新确定承租人的案件可依继承法相关规则处理。此外,公有住房使用权人在生前所立关于指定续任承租人的遗嘱是否具有法律效力,也是实务中经常发生争议的问题。

---

① 该文件由天津市国土资源和房屋管理局于2007年6月3日发布,当年7月1日起实施,文件编号为“津国土房管[2007]489号”。

(三)房屋买卖(置换)合同案件的主要争点

公有住房承租人为改善居住条件,已购买其他住房,需要转让公有住房使用权的,在征得同户籍共同生活的家庭成员同意后,有权申请公有住房置换。但根据天津市公产房置换管理的有关规定,公房置换必须到天津市津房置换有限责任公司进行挂牌、摘牌的程序;房管部门将挂牌公示作为公房承租权变动的必经程序。在实务中,对于没有经过挂牌公示程序而私下签订的房屋置换合同效力的认定存在争议,同时,对此类合同能否继续履行亦有不同认识。第一种观点认为该合同有效。理由是,诉争房屋虽然是公有住房,但在目前的社会经济条件下,公有住房的承租权亦具有财产的属性,而国家政策也默许了承租人的处分权,虽然因为未按照规定的交易方式办理置换手续而导致合同无法履行,但该合同仍为有效合同。第二种观点是该合同无效。理由是,公有住房变更承租人应当执行《天津市公有住房变更承租人管理办法》的规定,即通过公有住房产权人或者其委托的经营管理单位、置换经营单位回购或者代理转让的形式变更承租人,而直接签订的房屋买卖协议,因不符合上述《办法》的规定而无效。第三种观点是该买卖协议属于效力待定的合同。理由是承租人的行为属于无权处分,应当依据《合同法》第51条的规定认定为属于效力待定的合同。

(四)涉公有住房纠纷离婚案件的主要争点

1996年最高人民法院印发《关于审理离婚案件中公房使用、承租若干问题的解答》的通知,其中规定:“夫妻共同居住的公房,具有下列情形之一的,离婚后,双方均可承租:(1)婚前由一方承租的公房,婚姻关系存续5年以上的;(2)婚前一方承租的本单位的房屋,离婚时,双方均为本单位职工的;(3)一方婚前借款投资建房取得的公房承租权,婚后夫妻共同偿还借款的;(4)婚后一方或双方申请取得公房承租权的;(5)婚前一方承租的公房,婚后因该承租房屋拆迁而取得房屋承租权的;(6)夫妻双方单位投资联建或联合购置的共有房屋的;(7)一方将其承租的本单位的房屋,交回本单位或交给另一方单位后,另一方单位另给调换房屋的;(8)双方均租有公房,婚后合并调换房屋的;(9)应当认定为夫妻双方均可承租的情形。”应当说,这一规定对夫妻双方离婚时所居住公有住房的分配条件作了一定程度的限制,但随着住房制度改革的不断深化,国家对公有住房进入市场交易的政策进一步放宽,公有住房的市场价值已经接近或相当于私有产权房屋的价值。在离婚案件中,对公有住房的分配能否如同私有产权房屋的财产分割方式,而不必受前述司法解释的限制,是其主要争点。

(五)公有住房拆迁安置案件的主要争点

公有住房原承租人死亡后,在尚未变更或确定新承租人时,房屋即遇拆迁,此时在相关利害关系人(主要是原承租人的各继承人)之间如何进行房屋拆迁补偿安置,是实践中遇到的主要问题。这实际是前述房屋承租权变更或确认纠纷在房屋遇到拆迁时的自然延伸。原承租人死亡后,原承租人家庭成员因争议而无法达成一致意见的,通常无法在房管部门变更新的房屋承租人。而实践中,虽然尚未变更新承租人,但公房内却往往存在实际居住人。他们有的是在原承租人死亡之前即已与原承租人共同居住于公房之内,而有的则是在原承租人死亡后抢先占据了公房。这些实际占住人通常主张独占或要求得到绝大部分拆迁安置补偿,而其他未实际占住房屋的原承租人的继承人则主张依据继承的规则平均分配拆迁安置补偿。对于此类案件各法院基本上均予以受理,但裁判尺度还有待进一步规范、统一。

(六)公有住房腾房案件的主要争点

实践中涉及公有房屋的腾房案件主要有三种类型:第一种是发生于亲属之间的纠纷,通常是具有公房承租人身份的长辈起诉居住于公房内的晚辈。比如,因家庭关系不睦,父母起诉同居一处的儿子、儿媳从诉争公房内迁出;公婆起诉丧偶的儿媳从公房内迁出,等等。第二种是因为公房转租而引起的纠纷,即公房承租人将公房又转租给他人,后因欠租或租期届满等原因起诉次承租人腾房。第三种是公房承租人起诉非法强占人腾房,此类案件的原告多是承租公房的企事业单位。比如,职工因远年分房争端长年强占单位办公用房作为自己的生活用房,患者因医疗事故长年霸占医院病房等。上述腾房案件在审判实践中面临的主要问题是缺乏明确的裁判依据。尤其是第三类强占公房案件,有不少原告在提起诉讼的时候已经超过了《物权法》第245条规定的一年除斥期间,而原告本身作为公房承租人又不能行使所有物返还请求权,法院在裁判的时候,往往只是依照公平原则等一般法律原则作出判决,而对具体法律依据则作模糊处理。这一问题同上述公房承租人变更、确认纠纷一样,都是与公有住房使用权本身的法律属性紧密相关的。

四、相关法律属性的界定

(一)公有住房使用权的法律属性

公有住房的“使用权”或称“承租权”的性质,是理论和实务上争议颇多的一个问题。如果认为公房使用权是物权,确切地说,是物权中的用益物权的话,则上述争点中的很多问题将迎刃而解。比如,既然公房使用权是物权,则其自然可以作为遗产继承,在原承租人死亡后,所有继承人都有权要求实际取得公房使用权的继承人给予相应的补偿,在房屋遇到拆迁时,也可以获得与继承份额相当的拆迁安置补偿权益;在离婚的时候,也可以比照私有住房的规则进行分割,由实际继续承租的一方给予另一方补偿;而对于强占公房的案件,则无论经过多久,公房使用权人都可基于物上请求权要求无权占有人返还房屋。但如果认为公房使用权就是普通的基于房屋租赁合同产生的债权,则很多问题要么面临解释困难,要么会得出极其不合理的解释结论。

就公有住房使用权的性质,实务界大致有三种观点:第一种观点认为,公有住房使用权系因房屋承租人与公房管理部门签订公房租赁合同而产生,故该使用权属于合同债权。第二种观点认为,公有住房使用权人对房屋享有占有、使用、收益、(有限制的)处分等各项权能,且该权利具有永续性和经济价值,故应当将其认定为用益物权。第三种观点认为,公有住房使用权实质上具有用益物权的性质,但由于我国物权法没有将其规定为法定的物权种类之一,受物权法定原则的制约,在现阶段只能认为公有住房使用权是一种高度物权化的债权,或者也可以将其视为一种属性模糊的财产权;这种观点实际只是第二种观点的变通而已。

我们认为,第三种观点较为可取。理由如下:

公有住房使用权虽然需要同房管部门签订公房租赁合同之后方能取得,但其与一般的因房屋租赁合同而取得的房屋使用权显然具有重大区别。第一,公房使用权的存续具有永续性。公房使用权不受期限限制,租期届满后自然续期,非因特定事由,房管部门不得终止公房租赁合同;承租人死亡的,其配偶、子女、父母等还可以申请继续承租公房。这样,承租人对公有住房就获得了永久性的占有和使用权,这与一般的私有房屋租赁是明显不同的。第二,公房使用权因其租金远低于市场租金水平,因而具有高度的价值性。公有住房的租金由政府统一规定,一般只相当于同地段同档次私有住房租金的5%～10%,承租人交纳的公房租金基本只用于房屋维修的成本费用支出,房管部门并不从公房租金中经营获利。由于公房承租人只需支付很低的租金即可获得远高于租金价值的房屋使用收益,其所取得的使用收益与其支付的租金明显不构成对价关系,这与一般的私有住房租赁存在本质不同。第三,公房使用权的取得需要支付对价,遇拆迁时可以获得补偿。公有住房虽然租金低,但其最初取得使用权却需要支付其他对价,初始投入成本巨大;对于私有住房承租权的取得,承租人只需按期支付租金即可,在签订租赁合同时无需支付其他对价。但公房承租权的取得或是因计划经济时代作为实物工资的一部分分配给承租人,或是公房政策改革后,由承租人通过市场置换(使用权有偿转让)等途径从前手承租人处出资购得,其置换价格往往相当于同地段同档次私有住房价格的90%～95%,可见,公有住房虽名义上属于公有,但其绝大部分价值构成应归承租人享有。与之相对应,当公有住房遇拆迁时,按照天津市现行拆迁政策,被拆迁公有住房补偿金额的95%应给予公房承租人,而房管部门只能得到补偿金额的5%①;而出租私有住房遇拆迁的,承租人通常不能获得补偿。第四,公有住房使用权可转化为完全所有权。按照现行公房政策,直管公房的使用权人只需支付很小的价款(大致相当于同地段同档次私有住房价格的5%～10%),即可购得公房所有权。该购房资格只有承租人才具有,非承租人不能以如此低廉的价格购得公有住房的所有权。承租人购得公有住房的所有权后,公有住房即转化为私有房屋,完全受物权法的规制。第五,公有住房使用权具有实质上的可处分性。由于公房租金远低于市场租金水平,使得公房使用权具有高昂的经济价值。按照现行的公房政策,承租人在向房管部

① 依据《天津市城市房屋拆迁管理规定》第32条的规定。

门备案后不仅可以将公房以市场价格对外转租，而且还可以通过置换的方式以市场价格将公房使用权转让。而对于私有住房而言，由于私有住房按照市场价格确定租金，只要支付市场化的租金，随时可以租到相同的私有住房，使得私有房屋承租权不具有在市场上进行有偿转让的现实需要。

上述区别说明，公有住房使用权具有迥异于一般私有房屋租赁使用权的性质，其所具有的永续性、支配性、可转让性等特征，使其在性质上更接近于物权而非债权，将其界定为普通的合同债权，无法准确、全面地反映其法律特质。虽然公房使用权实质上具有用益物权的特征，但由于我国物权法没有将其规定为法定的用益物权种类，受物权法定原则的制约，将公房使用权界定为用益物权，在目前的法律框架下难以获得法理上的有力支撑。鉴于此，我们认为，将公房使用权界定为一种高度物权化了的特殊债权较为可行，在进行法解释的时候也相对容易些。实则无论是债权还是物权，公有住房使用权是一项具有财产价值的财产权，这一点应该是没有疑问的。

（二）公有住房“租赁合同”的法律分析

目前，房管部门对公有住房的管理模式是采取产权单位与承租人之间通过签订“房屋租赁合同”的形式来约定双方的权利和义务。这种管理模式虽然存在对权利人权利保护不充分的问题，但从法律适用的角度看，承认其租赁合同的性质、适用债权的保护方法来解决此类案件的争议问题，最为妥当。物权法定原则是物权法的基本原则，物权的种类不应任意创设，在公有住房使用权的法律定性上，不宜突破物权法定原则。公有住房使用权是福利分房制度的遗留问题，随着时间的推移，公有住房会逐步退出历史舞台，涉及的纠纷案件也会逐渐减少直至消亡。当然，也要关注到此类合同的特殊性：从公有住房租赁合同的实质内容上看，所谓的“公房租金”远低于私产房屋的租赁价格，并不能成为房屋使用上的合理对价；公有住房租赁权，无论是以实物工资分配形式还是通过交易流转取得，均属于财产性权利，应充分保护。基于这些理由，公有住房的租赁合同应当获得法律上更为严格的保护。以合同的解除权为例，所谓的出租人——产权管理单位当然不能以承租人拒不交纳“公房租金”为由解除公有住房租赁合同而收回房屋。

(三)公有住房"置换合同"的效力认定

根据天津市公有住房置换管理的有关规定,公房置换必须到天津市津房置换有限责任公司进行挂牌交易程序,房管部门对于没有经过此项程序的交易不作承租权变动登记。这里涉及的主要问题是,未经房管部门规定程序由买卖双方私下签订的公有住房买卖(置换)合同的效力如何认定。应当说,房管部门的此种规定,并非隶属法律或行政法规的强制性规定的范畴,当事人签订的此类合同并不因违反该规定而无效。同时,房管部门出台此项规定的初衷是维护公有住房入市交易的市场秩序,是加强市场监管的需要,无可厚非。在案件的处理上,人民法院不应以违反房管部门的有关规定为由而认定当事人私下签订的公有住房买卖(置换)合同无效,同时,也应尊重房管部门对公有住房入市交易的行政管理权。如遇此种情况,课题组认为,应当按照合同履行不能相关规则处理。如房管部门拒绝按当事人签订的买卖(置换)合同办理承租权变更手续,则应认定合同履行不能,依违约责任处理。

五、司法裁判规则的建议

(一)确定裁判规则需要明确的原则与思路

1. 必须着眼于解决实际问题,拓宽法律解释的思路。公有住房使用权制度是一个具有高度中国特色的产物,按照传统的民法理论,无论是将其界定为用益物权还是一般合同债权,恐怕都有难以自圆其说的地方。我们不妨调整一下思路,从实用主义出发,更多地将注意力置于规则设计的实用性和妥当性上,而不必过分执著于理论体系的圆融自洽。即使在一些具体问题的处理上与传统的民法理论有些许的冲突和不协调,但只要规则设计的结果符合公平正义的大原则,应该也是可以接受的。

2. 必须立足于地方的实际情况。公有住房使用权纠纷又是一个地方特色十分鲜明的问题,全国各地的公房管理政策不尽一致,面临的问题也不尽相同,因此在确定裁判规则的时候,必须立足地方的实际情况,以解决审判实践中最亟须解决的问题为出发点,探寻符合本地区实际的问题解决方案,而不必强求与其他省、市保持一致。

3. 必须加强与房管部门的协调沟通。公有住房纠纷的解决是一项政策性极强的工作，人民法院应注意与房管部门加强沟通协调，尽量让裁判结果获得房管部门的认可和支持。在条件允许的情况下，可考虑由法院会同房管部门共同研究制定适合实际情况的公房管理政策规定，使其既作为房管部门管理公房的行政执法依据，又成为人民法院审理相关案件的司法裁判依据。

（二）房屋租赁合同案件裁判规则

如前述，公房租赁合同纠纷案件的主要问题是房管部门怠于履行维修义务是否构成公房承租人拒交或减免房屋租金的理由。从实践情况看，房屋承租人通常只是被动地以房屋欠修为由提出抗辩，一般不就维修问题提出反诉或另诉。对此，有的法院只根据房屋欠修的程度酌情减免租金的数额，但不在判决中涉及维修内容，而是要求承租人（被告）另案起诉解决维修问题；而有的法院则在根据房屋需要维修的程度酌情减免租金数额的同时，还进一步作出了相互履行的判决，即在判决承租人给付租金的同时判决房管部门对房屋进行修缮。我们认为，承租人以管理单位未能履行维修义务为由进行抗辩，实际是在行使同时履行抗辩权。为了使原告的请求权能够顺利获得满足，必须消除对方所提出的同时履行抗辩权的障碍，因此即使被告不提起反诉，法院也应该作出相互同时履行的判决，即一方面支持原告要求支付租金的请求（当然应该根据之前欠修的情况，将房屋欠修期间的租金酌情予以减免），另一方面原告须先消灭对方的同时履行抗辩权，即须自己先履行房屋维修义务。这样处理，更容易被双方当事人接受，也更有利于实现案结事了。此外，公有住房的承租人也可以通过反诉或者另案起诉的方式，依据《合同法》第 221 条的规定，要求产权单位在合理期限内维修房屋；产权单位未履行维修义务的，公有住房承租人可以自行维修，维修费用由产权单位负担。对于产权单位以公有住房承租人拖欠租金为由，要求解除合同收回房屋的请求，人民法院不予支持。

（三）权属变更与确认案件裁判规则

此类纠纷在当前实践中矛盾较为突出，应予重点关注。如前所述，天津市部分法院着力对此类案件进行诉前调解，一旦调解不成，则以纠纷不属民事诉讼受理范围为由，裁定不予受理。另一部分法院虽然受理,但受理后仍然主要是做当事人的调解工作,尽量争取在当事人达成一致意见后,变更新的公房承租人;而一旦调解不成,即以当事人不能达成协议为由,判决驳回诉讼请求。这两种处理方案的后果是,由于司法不对承租权变更问题进行干预,那些在原承租人死亡后率先实际占据房屋的人成为最大的受益者,而对于其他未实际占据房屋的继承人而言是不公平的。

我们认为,人民法院受理此类案件并依照继承案件规则进行处理,是公平而且必要的。从实体裁判规则看,公有住房本身虽然不属遗产,但公有住房使用权则无疑应属于遗产。如前述,公有住房使用权具有高昂的财产价值,具有可处分性和可变现性,是一种具有高度财产属性的权利。我国继承法并没有将遗产范围限定为所有权,而是公民一切合法财产都属于遗产,既然如此,不管将公房使用权界定为物权还是债权,都应该将其作为遗产来对待。在原承租人死亡后,由某一继承人独得该公房使用权显然有违公平原则。法院审理此类案件的时候,应通过竞价、评估、协商等方式确定诉争公有住房使用权的市场价值,由实际获得公有住房使用权的继承人对其他继承人进行货币补偿;在法律适用上,可以援引《合同法》第234条以及《继承法》的有关规定。

至于原承租人就公有住房使用权所立遗嘱的效力,也是争议较大的问题。我们认为,既然公房使用权具有财产属性,就理应容许权利人按自己的意愿进行处分,所以该遗嘱的效力应该获得充分尊重,应当认定有效。

(四)公有住房买卖(置换)合同案件裁判规则

当事人没有依照房管部门规定到指定场所进行挂牌、摘牌等交易程序,私下签订公有住房买卖(置换)合同,而房管部门拒绝依此办理承租权变更的,应视为合同因行政管理部门原因致履行不能,可依照合同法上履行不能的相关规则加以处理。因双方当事人的民事行为并不违反法律、行政法规以及社会公共利益,而仅仅是不符合房管部门有关政策,合同效力并不能因履行不能而受影响。但由于合同履行不能,依据《合同法》第94条的规定,双方当事人享有合同的解除权;合同解除后,根据履行情况和合同性质,当事人可以要求恢复原状或采取其他补救措施,并有权要求赔偿损失。

(五)涉公有住房纠纷离婚案件裁判规则

在离婚案件中,对公有住房的分割应等同于私产房屋的分割方式。1996年最高人民法院出台的《关于审理离婚案件中公房使用、承租若干问题的解答》中的有关规定,已经背离了修改后的《婚姻法》的精神。例如,"婚前由一方承租的公房,婚姻关系存续5年以上的","离婚后双方均可承租",这一规定有违《婚姻法》关于夫妻共同财产与一方个人财产的有关规定。因此,在审理涉公有住房纠纷离婚案件中,不宜再适用此项司法解释,可径行按照分割私产房屋的方式来处理公有住房使用权的分割问题。

法院判决变更公房承租人的案件,通常都会将房管部门列为第三人;但按照习惯做法,离婚案件不列第三人,故房管部门无法参与到离婚诉讼中来,这为法院判决变更公房承租人设置了一定的障碍。但从实践情况看,房管部门对于究竟变更谁为公房承租人通常不发表意见,而是表示尊重法院的判决结果,这又为此类案件的变通处理创造了条件。我们认为,对于夫妻双方婚后取得的公有住房使用权,应作为夫妻共同财产予以分割,判决由一方继续承租的,应按该公房的市场价值给予另一方补偿。在需要变更承租人的时候(比如,原由夫承租,变更为妻承租),可不列房管部门为第三人,由法院书面征询房管部门意见后作出判决。

(六)公有住房拆迁安置案件裁判规则

如前所述,公有住房使用权具有财产属性,理应列入遗产范畴。公有住房原承租人死亡后,在尚未变更或确定新承租人,房屋即遇拆迁时,如房屋内无实际居住人,则所有拆迁安置补偿应由全体继承人依继承规则分配,如房屋内存有实际居住人的,则应将安置补偿区分为对房屋的补偿与对居住人的补偿两部分。其中对房屋的补偿由所有继承人按照继承的规则分配,而对实际居住人的补偿,比如搬迁补助费、设备迁移补助费、安置补助费、搬迁奖励、困难补助费等,因其具有人身专属性,所以不应作为遗产,而应由实际居住人独得。当然,这里的实际居住人应该是指在原承租人死亡之前即已经在公房内合法居住的人,或者是在原承租人死亡后经其他继承人同意迁入公房内居住的人。如果实际居住人是在原承租人死亡后抢先强占进公房的,则应视为无实际居住人,仍应将全部安置补偿由全体继承人依继承规则分割。

(七)公有住房腾房案件裁判规则

由于公有住房使用权界定上容易发生争议,因此对于涉及公房的腾房案件,应尽可能从租赁合同、占有物返还请求权等角度寻求裁判依据。对于原被告之间不存在租赁合同,且已经超出占有物返还请求权行使期间的案件,如前面提到的职工多年强占企业公房案、患者多年霸占医院病房案,则可以根据《侵权责任法》第15条、第21条,以“停止侵害”、“排除妨碍”等条款为依据,判令被告腾房;停止侵害请求权与排除妨碍请求权不受诉讼时效的限制。

(致谢:课题组感谢中国社科院法学所梁慧星教授的悉心指正与宝贵意见。)

(天津市高级人民法院课题组主持人:张勉;课题组成员:吴广、孙欣、李超、高治。)

判解研究

不当得利:一则核心案例的延展

皮特·博克斯*著　刘　桥译

目　次

在构成私法必要基础的科目之中,不当得利是唯一未受到教科书作者们在 19 世纪中叶于英格兰和美国发起的理性化运动影响的。该科目零碎难名,介乎合同与信托之间①。结果,直到 21 世纪初期,"不

* 皮特·博克斯(Peter Birks)生于 1941 年 10 月 3 日,卒于 2004 年 7 月 6 日。英美法学界不当得利法领域的旗手、先驱及楷模,逝世前任牛津大学大陆法钦定讲席教授(Regius Professor of Civil Law)。他的遗著《不当得利》(第二版)(Unjust Enrichment, 2nd edn, OUP, Oxford 2005)为其在该领域的学术思想之集大成者。全书中文版将由清华大学出版社 2012 年出版。本文为该书第一部分"概论"第一章"一则核心案例"。在此章中,作者极其生动鲜明地提出了不当得利是一个独立于合同和不法行为(如侵权)的请求权基础(即作者所谓"原因事件"—causative event),并产生对现存得利的严格返还责任这一全书的核心命题。本章统领全局、钩玄提要,值得更大范围内的中国读者关注和学习。经出版社许可,特此整理成文,单独发表,以飨诸君。感谢我的博士研究生任翔出色的校对工作。文责自负,不待赘言。

① 这里尽量避免使用假想合同或假想信托等陈旧术语。关于这个问题更详细的讨论见原书最后两章。

当得利"这一概念对于多数普通法系的法律人而言,仍属陌生,也将不会在他们知识体系的形成中发挥独立的作用。不当得利这一现代名称源自大陆法,因而与普通法之间略显琴瑟难调;人们对革新性学说本能的抵触,更加剧了对这一陌生事物的疑虑。实际上,不当得利并没有革新的倾向。它确因人为的疏忽而变得难以捉摸且有失条理,但大陆法系的经验显示它绝非天生便具有破坏性①。本文将通过一则核心案例介绍这一概念。

不当得利法就是处理与错误偿付并不存在的债务②实质上等同的所有事件的法律,这种偿付产生了一项请求返还的权利。正如赔偿法是基于损失而获救济的法律一样,返还法是基于得利而获救济的法律,因而请求返还的权利是对被告所获利益提出请求的权利,而请求赔偿的权利则是请求被告弥补原告所受损失的权利。"返还"(restitution)一词与"赔偿"(compensation)并非完全对称③,对其含义必须作出调整,以契合其角色;"吐出"(disgorgement)一词因为不具特定的法律血统而可能更加合适与贴切。在本文的后面我们还将再次遭遇这一别扭的情形。我们最后将回到不当得利产生的权利是否不仅是,而且只能是返还请求权这一困难的问题上。在英格兰法上,它必然如此。

不当得利法不如返还法那样广为人知。这是因为在20世纪30年代的美国,正是在后一名称下,人们才真正开始努力清除那些剥夺了不当得利在法律版图上应有位置的错误描述与不当分类,努力的成果体现为美国法律协会的《返还法重述》(Restatement of the Law of Restitution)。

在英格兰,返还法自1966年以来,就吸引了人们广泛的关注。在

---

① 考虑到"大陆"一词会经常出现,有必要从一开始就加以提醒,它指代那些基于罗马法的欧洲大陆法系及其承继者。"市民"的拉丁文是"*civis*"。罗马人称他们的法律为"*ius civis*",意思是"关于市民的法律(*ius*)"。他们不说"罗马的",就像"普通法"不提及英格兰一样。英美法之所以称为普通法,不过是因为在英格兰被诺曼征服后,王室法官坚称英王之法普遍适用于整个疆域。有些法系是混合法系。比如说苏格兰法就借鉴了大陆法及普通法两方面的成果。

② 我国学者称之为"非债清偿"。这里仍采英文直译。

③ 【译者注:英文"返还"(restitution)一词兼具"恢复原状"之意,未必涉及得利的交出或交回。】

那一年,高夫(Goff)和琼斯(Jones)的开拓性的教科书首版发行①。这一伟大的著作一版再版,历久弥厚,对实务工作者来说是标准的参考书。同时,一些篇幅较短的著作使这一课题更加易于理解,其中安祖·巴柔斯(Andrew Burrows)教授简洁通达的作品最为广泛流传②。

但是,返还法在那时的成功,现在反而成为了不当得利法获得承认的障碍。原因可简述如下:基于得利而获救济的法律在范围上比不当得利法更广;所有不当得利都必然产生请求返还的权利,因而归属于返还法;但这一命题却不能逆向成立,因为基于得利而获救济的权利也经常构成法律对其他一些原因事件的回应。

一个严重而又非常易犯的错误是认为所有基于得利而获救济的情形必然属于不当得利。返还并非是单因的,本文最后的任务是要强调它的多因性。不当得利是一种独特的原因事件,而返还则是多因性的回应。为了对此加以恰当理解,不当得利需要研究自身的专著,并非要否认不当得利总是在返还法著作中占据大量篇幅的事实,只是想说明,只有且直到不当得利能够与其他基于得利而获救济的情形相分离并被专门研究时,它作为一种独立原因事件的特质才会得以清楚地展现。

1. 第三类型(*Tertium Quid*)

在英格兰法上,19 世纪的凯利诉索拉里案(*Kelly v. Solari*)③对因错误而偿付并不存在的债务作出了经典论述。索拉里先生(Mr Solari)

---

① 高夫(Goff)、琼斯(Jones):《返还法》(*The Law of Restitution*)。R Goff and G Jones, *The Law of Restitution* (Sweet & Maxwell London 1966), now G Jones (ed), Lord Goff of Chieveley and G Jones, *The Law of Restitution* (6th edn Sweet & Maxwell London 2002)。【译者注:最新版为 Goff and Jones, *The Law of Restitution* (7 th edn Sweet & Maxwell London 2006)。】

② 安祖·巴柔斯(Andrew Burrows):《返还法》(*The Law of Restitution*)。A Burrows, *The Law of Restitution* (Butterworths London 1993), now (2nd edn Butterworths London 2002); see also A Burrows and E McKendrick, *Cases and Materials on the Law of Restitution* (OUP Oxford 1997).【译者注:最新版为 A Burrows, *The Law of Restitution* (3rd edn OUP Oxford 2011); A Burrows, E McKendrick and J Edelman, *Cases and Materials on the Law of Restitution* (2nd edn OUP Oxford 2006)。】

③ (1841) 9 M & W 54, 152 ER 24.

过世了,他生前购买了人寿保险。他的遗孀,也是他的遗产执行人,根据保险单提出请求并得到了赔偿。之后保险人发现他们并无义务支付保险金额,因为索拉里先生之前忘记支付了某一期保险费,在他死前保险单已失效。实际上保险单上已注明"失效"字样,但在处理偿付请求时办公人员根本未予检查。财税法庭判决认为,除非在重审中陪审团发现保险人其实并未错误偿付,或者他们即便存在错误,却对看似重要的事实漠不关心,遗孀就有义务返还钱款。

至于遗孀并无过失,或保险公司疏于注意,这些都无关宏旨。帕克男爵(Parke B)对后一点这样认为:

"[如果钱款]因对真实事件的错误印象而获支付,一般来说,不管支付方有多么地不小心,或对事实的检查多么地疏于尽到合理的注意,他都可以请求返还付款。在这种情况下收款方无权拥有钱款,而支付方也无意让她拥有。"①

索拉里夫人(Mrs Solari)的律师也以她的无辜为由抗辩——寡妇的良知是清白的。关于这点若夫男爵(Rolfe B)说:

"[被告方]辩称钱款仅当对其保留为违背良知时方须返还。我认为只要钱款因对事实的误解而支付,并且当事人若知悉该事实便不会支付,保留它就不可能不违背良知。"②

这显示了此处使用"违背良知"(unconscientions)一词的危险性。该词及其他相同类型的形容词很自然地暗示在收取钱款时存在恶劣行为,这是有误导性的,因为法律并未要求被告须有过失或类似情形。索拉里夫人确实是一位完全诚实无辜的原告,但这不影响判决结果。

唯一起作用的违背良知是一种事后的违背良知,但这不过反映了前面已得出的结论:是其他原因事件导致钱款必须返还。也即,返还的义务使保留钱款成为违背良知的行为,但该义务产生的原因绝不可能是任何含义的"违背良知"。正如帕克男爵所言,这个原因是"收款方无权拥有钱款,而支付方也无意让她拥有",占有应该返还的东西是违

---

① 上注59,27。

② 此处表达与曼斯孚德勋爵(Lord Mansfield)在牟斯诉马克夫兰[*Moses v. Macferlan* (1760)2 Burr 1005,1012,97 ER 676,681]一案中的用语交相映照。

背良知的。这种事后的违背良知显然不具阐释法理的价值①。

乍一看,允许一个疏忽大意的保险公司从一名完全无辜的寡妇那里讨回钱款着实令人震惊,但震惊促进了反思,而反思正揭示了不当得利责任的必然本质。任何其他的制度都将是不可容忍的。这可能是本书最为重要的命题。如果这一命题为假,不当得利将丧失其独立性。刚刚竭尽全力从合同和信托中剥离出来,不当得利法就有可能被抽空,并被不法行为法(the law of wrongs)占据。但上述命题为真,因而不当得利也就不可能被不法行为法或其他任何人们更为熟悉的法律类别所取代。一个简单的例子就能说明凯利诉索拉里案的正确性,虽说这种正确性最后也要在一个重要方面受到限制。

假设一个多找零的情形。你在一个朋友陪同下去买东西,当你们正要走出百货商场的时候,售货员跑过来告诉你,你给了他一张 20 英镑的钞票,他却不小心把它当成 50 英镑来找零,多找给你 30 英镑。你可能不禁要说你是无辜的,确实,找钱的时候你正和朋友聊天,因而没有注意到找了多少钱。但你马上就能看出,这样的反驳不会增加你保留 30 英镑的正当性,你的无辜与此无关;同样,对售货员的疏忽大意表示愤怒也无济于事,他也会承认自己的疏忽,但事情仍然是明摆着的:只要你还占有那因错误而支付的钱,你就无法反驳他提出的返还请求。

须注意的是,你的返还义务并不完全取决于那三张 10 英镑的钞票仍然在你钱包里,即便你不再占有获付的特定金钱,结论也仍然相同。假设你去那家商场买五件东西,而多找钱的交易只是你的第一笔购买;售货员找到你时你已经买了其他四样东西,你的钱包现在已经空了,你已不再占有获付的金钱。但如果把你的财富抽象地视为一笔单独的基金,它仍旧膨胀了 30 英镑。你用钱包内的钱支付了你本来就要购买东西的价款,可你原本是需要从取款机中取钱或使用信用卡才能支付这些价款的。

---

① 对比括默尔(B Kremer),"Restitution and Unconscientiousness: Another View" (2003)119 LQR 188 对 *Roxborough v. Rothmans of Pall Mall Australia Ltd.* [2001] HCA 68,(2002)76 ALJR 203 一案的评论。比较 *National Australia Bank v. Garcia* (1998) 155 ALR 614,624。

显然,在上述情形下那使人难以接受的严格责任其实是唯一可以接受的制度。这是因为,售货员的请求并非旨在让你承担某种损失或接受某种威慑性的惩罚,这些会让人境况变糟的不利结果需要强有力的事实来支持。那个售货员并不是要让你的境况变糟,他只不过想让你返还你以商店为代价①而获得的利益;他请求你回到若未收取那本就无权获得的商店钱款所处的,并将一直处于的境况。严格责任正反映了请求被告承担损失与请求被告返还得利之间的区别。只需要非常轻微的事实,就能使一项现存利益的移转成为正当;得利方的过失并非要件之一。这种责任不仅严格,而且也不受原告疏忽与否的影响。

上面给出的例子有一个重要特点,即你把多找的钱花在了你本来就要购买的东西上。但假设你仍然诚实地以为自己不知为何低估了短期流动资金的额度从而邀请你的朋友共进午餐,这在现今法下就会导致不同的结果。比方说你本来只会花5英镑买些零食,多找的钱诱使你买了两个人的午餐外加每人一杯酒,共计30英镑。因为你已经把多找的钱的绝大部分用在了你本来不会进行的花费上,你就可以理直气壮地说,商店想要把它的所有损失转嫁到你的头上。你的财产膨胀将不超过5镑——你本来就会②花费的数目与实际花费的数目之差。如果让你返还所有的30英镑,这将使你的财富少于你没有收取多找的零钱时的水平。

当收取方的财富并未膨胀时,严格责任就难以接受。现在,法律通过“境况变更的抗辩”来避免这种情况的发生③。仅靠非常轻微的事实就能产生一项严格权利,以请求返还以他人为代价而获得的现存利益,因而这种极端化的严格责任也必将脆而不坚。重点在“现存”一词上。一旦利益的净增不复存在,问题就转化了,新的问题是如何分配损失:不是此方承担,就是彼方承担。如果上述抗辩成立,法律对此的回答是:由原告承担损失。

---

① 【译者注:“以……为代价”在此具有特定含义,并不表示原告损失为暗含要件,详见原书第四章。】

② 【译者注:这里“就会”疑为笔误,应作“不会”。】

③ 这一抗辩在原书的第五部分予以讨论。

我们不知道索拉里夫人是否已诚实地改变了她的境况，但在当时，这个问题倒无关紧要，因为错误付款在当时被视同贷款对待。无论所借钱款发生了什么，借款人都必须还款。假设钱借到后仅五分钟就被人骗走了，虽然借款人从未使用该款，他仍须偿还贷款人。

基于错误的返还请求因为请求权自身受到限制而大幅减少，这部分地掩盖了将贷款规则扩展适用于错误付款的苛刻性。错误仅当其具有引发法律责任的表征时才起作用。即便如此，“不知法律不免责”（*ignorantia iuris neminem excusat*）的格言也会适用。从而，如果你基于对法律的误解而认为你有义务作出付款，你将无法请求返还。这些限制意味着，在需要作出判决时，相对来说并没有多少足以引发返还的错误，从而贷款的类推适用便悄无声息地被接受了。因此，法律在当时选择了一把钝得可怕的大锤作为寻求正义的解决措施；而现在，法律则采用了灵敏的抗辩制度这一更加锋利的工具。现在请求权更易产生了，但严格的返还请求权却不免脆弱——当得利消失时，它也随之消失。

前面的段落已经显示出错误付款返还责任的一个显著属性，即至少当被告的财产总体上膨胀时，这一责任是严格的；当与原告过失的无关性并置，这种严格性就更加突出了。然而，真正非同寻常的一点是，足以引发上述责任的“非常轻微的事实”与通常用于解释被告还款义务的两种原因事件一点不沾边。简而言之，它既非合同，也非不法行为，这对不当得利法的独立性至关重要。当不当得利成立时，返还义务的基础就绝不会是合同或不法行为。显而易见，在凯利诉索拉里案中，两者均不存在。

首先，在该案中，请求返还错误付款的权利与收款方的同意表示无关。该权利不取决于收款方承诺或以任何形式同意交出得利，是明显经由大多数人的道德评判而获公认的法律强行施加了这一交出义务。收款方不但不会同意，并总是抗拒这一义务。可这并不重要，错误一方请求返还的权利并非基于合同，索拉里夫人没有承诺退款。我们可以说，一个体面的人会立即答应退款，但这也不起任何作用——一个体面人总会答应履行所有的债务，但并非所有的债务都产生于合同。

其次，该案中也不存在不法行为。权利确实常常产生于合意之外的原因，大多数情况下这种“原因”是不法行为。索拉里夫人并非一个不法行为者。如果认为她保留本应退还的钱款是一种不法行为,我们就会陷入想将她的责任归结于违背良知的那些人所处的怪圈。也就是说,我们就会规避这样一个问题:为什么在缺乏不法行为及合同这两种原因事件的情况下,她从一开始就负有还款的义务。收取错误付款的行为不一定要构成违反义务的行为——不需要有侵权,不需要有衡平法上的不法行为,也不需要有违约。

因此,凯利诉索拉里案所例示的非同寻常的严格责任显然产生于既不构成合同也不构成不法行为的轻微事实。如果有合同或不法行为存在,本案就不会诱发人们特殊的兴趣。合同和不法行为是人人熟悉的原因事件,但上述的严格责任是在两者均无的情况下产生的。仅就我们的核心案例而言,它产生于对错误付款的收取。在合同与不法行为之外,显然存在一个 *tertium quid*,即第三类型,这个第三类型的原因事件就是不当得利。

2. 正如拉布拉多猎狗之于狗

尽管一个遇到邻居家的拉布拉多猎狗而不得不下车的骑车者可能将它称为“犬”,并强调(不管是否带上粗略的修饰语),它在进化形态上类似于狼和澳洲野狗。但通俗地说,它就是一条狗,它是狗、犬、哺乳动物和动物。正如一个有拉布拉多猎狗的邻居必然是一个有狗的邻居一样,一个包含收取错误付款在内的原因事件列表也必然包含以他人为代价的不当得利。说收取错误付款是一个原因事件,或者一个买卖合同或一次诽谤侵权是一个原因事件,都与说“一只拉布拉多猎狗是动物”大约处在同一个概括化层次上。就它们产生可在法庭上实现的权利的意义而言,这些事件是“原因性”的。在稍低的概括化层次上,与说“一只拉布拉多猎狗是犬”一样,收取错误付款是以他人为代价的不当得利。以他人为代价的不当得利——简称为“不当得利”——不过是收取错误付款的一个概称而已。

这种概括化具体是这样形成的:收取付款意味着收取金钱,而收取金钱又可概括为得利。“得利”(enrichment)与“付款”(payment)一样是动名词,大多数这种名词都兼具过程与结果之意。强调过程因素很重要,因为与“付款”一样,“得利”也是一个事件,它实实在在地发生在这个世界上。付款也意味着得利产生于来自他人的财产移转,因来自他人的财产移转而产生的得利可概括为以他人为代价的得利。而错误则是,或者说反映了,必须放弃钱款的、既非合同亦非不法行为的理由;必须放弃以他人为代价的得利的概括性理由就是其不当性。

上面对概括化进行重述的用处在于使我们得以搜寻并识别与核心案例实质上等同的其他例子,如果确有这样的例子存在的话;这就像"狗"一词将罗特韦尔犬、阿尔萨斯犬、班尼犬、斑点猎狗、特锐犬、达尔马提亚狗等所有的狗集合到拉布拉多猎狗周围一样。在一定阶段我们必然会接近概念的边界。边界的确定几乎总是麻烦的,趋近"狗"的边界时,对正确用语须进行辩论,人们的意见也会开始出现分歧。除了作为犬科雄兽这一特殊用法使用之外,"狗"不能用于狐狸,也不能用于狼;用于澳洲野狗会出现麻烦,因为它们通常被称为野生狗,而此处"野生"不能作为评判的关键。

我们搜寻其他不当得利的例子,旨在找到所有依据核心案例中解释返还请求权的逻辑而产生返还请求权的事件,无论过去探讨这些事件时采用了何种用语,其确定必然是麻烦的,其繁杂会被有些人用于显示我们的这一努力从开始就注定会失败,这是不正确的。类型的划分并不因其边界产生争议就变得有失条理或不可靠,不然没有几种分类能得以存续。

通过从收取的金钱到得利的概括,我们可以探究这一逻辑是否可以扩展适用于其他获取的利益;如果是,则在何种条件下其他利益会受到与金钱同样的对待。而通过从来自原告的财产移转到以原告为代价的概括,我们可以探究除了简单的财产移转,还有什么样的纽带足以将潜在的原告与其所请求被告交出的得利连接起来。最后,通过从错误到不正当的概括,我们可以探究是否存在同样为非合同、非不法行为的其他原因可以迫使得利人放弃以原告为代价获取的得利。

如果我们认为从错误到不正当的概括鼓励我们去搜寻支持得利必须交出的每一项理由,那么我们就会发现那些约定放弃得利的合同和可以据以请求得利的不法行为。错误付款最重要的性质是它的非合同性与非不法行为性,这昭示着确实存在这么一个第三类型,一个独特的需要诠释和阐述的请求权基础。合同和不法行为都是久经涉足的领域,而在普通法范围内,错误付款及其同类的疆域还从未接受过勘察。

近年来返还这一法律回应的整体已经拥有了很好的版图,但正因为返还是一种回应,而且具有多因性,这些版图未能使不当得利脱颖而出。它们收集了每一个得利须被放弃的原因事件,但却没有仔细地圈定一个既非合同亦非不法行为(或者更准确一点说,既非同意之表示亦非不法行为)的原因事件子集。

3. 不当得利之外的返还

"返还"与"赔偿"两相对应,赔偿是基于损失的索偿,返还是基于得利的索偿。一个稍加限缩的定义会更贴近"返还"的本意,但人们却强行把它作为"吐出"的同义词。此处有必要举一两个返还的原因事件不是不当得利的例子。

一个明显的例子是依据合同的返还。若一项得利必须予以交出的理由是当事人已经有效约定在特定情形下必须如此,则这显然不属于第三类型。这种返还普遍存在。比如,我丢失了钱包而找你借了30镑来渡过周末的难关,我就负有返还的义务,这里有一个返还借款的合同。换言之,一次消费借贷(罗马法上称"mutuum"①)产生了返还之债。同样,有时一方当事人据另一方要求作出付款,以此换取另一方承诺——若发现并无欠款即予退还,此处返还义务的来源同样是合同。

因不法行为而获得基于得利的补偿则没有那么明白无误。例如,在波德曼诉菲普斯案(*Boardman v. Phipps*)②中,作为一家持有某公司少数股份的信托机构的法律代理的一名律师获知该公司业绩严重欠佳。利用代理过程中获得的信息,他赚了一个盆满钵满,之后,他自行出资收购了公司的多数股份。这不仅改善了公司的长期前景,而且给所有的股东带来了即时利润,信托机构及其他少数股东,同时也包括信托机构的受益人,都得到了很大的好处。然而,不计律师的诚实与成功,事实仍然是他的行为违反了避免利益冲突的信托义务,而他的行为

---

① 【译者注:指借贷金钱、谷物、酒类等种类物以供消费,并约定偿还等量同种物的合同。】

② [1967]2 AC 46(HL).

未曾获得信托机构在充分知情前提下的许可。

这一违反衡平义务的行为使该律师负有返还责任,即将所获利益呈交给作为所有受益人代表的信托机构,而他仅能保留对其劳务和技能的报酬。这个案例说明了基于得利的获偿是违反信托义务这一不法行为引发的一个回应。案件事实可以轻易地用不当得利的语言装扮起来,可以说波德曼以信托机构为代价不正当地获得了财富的净增。但是仔细分析就会发现这种语言所描述的并不是区别于不法行为的一个请求权基础。

证据是我们根本不可能抛开该不法行为而对律师交出利润的义务作出不法行为之外的其他解释。"以原告为代价的不当得利"这一短语成功地掩盖了这一点。这种语言虽使用起来足够简单,但它未能指明一种与错误偿付并不存在的债务实质上等同的请求权基础。在何种意义上可以说得利是以信托机构为代价而获取的呢?它是通过违反信托义务的行为获取的,简言之,它是通过不法行为获取的,除不法行为之外原告与得利之间再没有任何联系。因而,这里的案情超出了那种在不存在合同或不法行为但存在一个返还理由的情形下对索回错误付款作出解释的逻辑的范围。不当得利是与此不同的事物,它从来不会是一种不法行为。不管使用何种术语,事实仍旧是,波德曼诉菲普斯案中的责任产生于一项不法行为。

总检察长诉布雷克案(*Attorney-General v. Blake*)①涉及一名叛国者的自传。布雷克曾是一名秘密特工,他的叛变使很多同事送掉了性命。经过在英格兰的关押生活后,他逃到了莫斯科这个安全的地方。他违反合同写作了一本回忆录并期望以此致富(与其他所有特工一样,他曾承诺王室绝不会未经授权写书)。总检察长成功地申请到阻止向他支付稿费的禁令,发布禁令的前提基础是,如果他实际上收到了稿费,他立即就会承担将其交还给王室的义务。上议院(House of Lords②)开拓性地判决认为,本案属于一种少见的、因违约这种不法行

① [2001]1 AC 268(HL).

② 【译者注:现在已成为英国最高法院(The Supreme Court of the United Kingdom)。】

为而索回基于得利的补偿的情形。

这同样也是因不法行为而作出的返还,该案归属于违约法,[①]与不当得利根本无关。所有法律人都知道二重分析有时是可行的,有时从同一事实中可以找到两个原因事件,凭欺诈而取得的钱款既可以表述为一项欺诈侵权又可以抛开对欺诈的指控而当作一次错误付款。但是在布雷克案中不可能进行这样的替代分析。正如波德曼诉菲普斯案一样,本案中王室如果不将案情定性为包含构成违约的不法行为,就根本不能在自身与涉案利益之间建立任何的联系。因此,很清楚,这里唯一的争议问题是该违约是否会产生一个返还请求权,以取代通常的赔偿请求权。

返还是单因的这一观点很容易就影响到这类案件,并会错误地用不当得利的语言将它们装扮起来。从被告交出得利的责任出发,这一观点推导出他以原告为代价而不当得利,但这种宽泛的用语混淆了不同原因事件之间的界限。基于错误付款的内在逻辑,不当得利要求原告与得利之间有联系,且这一联系独立于不法行为,同时还要有一个非不法行为的返还理由。根据布雷克案或波德曼案中的事实,这些条件无法得到满足:两案中的责任都明确地源自不法行为;两案均涉及基于得利的获偿,却跟作为第三类型的不当得利毫无关系。不当得利的"不当"总意味着一个既非同意之表示又非不法行为的返还理由。

牟斯诉马克夫兰案(*Moses v. Macferlan*)[②]则是一个更为微妙的同类例子。乍看之下,对它似乎可作出在布雷克案中明显不可能的替代分析,但实际上却不是这样。马克夫兰(Macferlan)承诺牟斯(Moses),如果牟斯将几张本票背书给他,他绝不会根据牟斯的背书追究其责任。牟斯照办了,但马克夫兰却违背约定将他告上了法庭。第一审法院认为不追究责任的合同承诺无关紧要。牟斯在【遵照判决】支付之后即向王座法院(King's Bench)提起了一个新的诉讼。这并不是任何形式

---

① 【译者注:这是因为布雷克(Blake)写书使用的信息已不属机密信息,而已进入公共领域。如若不然,他的行为除构成违约外,还可能构成侵害财产的侵权。但即便如此,这仍是一种不法行为。】

② (1760)2 Burr 1005,97 ER 676.

的上诉,而只是一个全新的起诉,今天称为对被迫支付钱款的返还之诉。他赢了这场官司。

马克夫兰因来自牟斯的【财产】转移而得利,显然,该转移本身就足以建立原告与得利之间的充分联系,且不需依靠任何不法行为。看起来这里似乎存在一个可类比于错误的不当因素,因为钱款是通过施压而获得的。但这里有一个致命的暗桩。唯一的压力来自于正当的法律程序——马克夫兰诉请付款并已获得了支持其请求的【第一个】判决;曼斯孚德勋爵(Lord Mansfield)作出的支持牟斯的【第二个】判决因其未认可正当法律程序不能构成引起返还的压力而备受谴责[①]。上述结论也可通过另一途径得出,即【第一个】判决为得利提供了完全合理的解释,而该得利也就不能再被视为缺乏法律基础。当一个判决作出时,除非它被撤销,否则就不会产生请求返还【判决标的】的权利。诉讼开始后认输也同样适用既判原则(res judicata)[②]。因此,牟斯诉马克夫兰案是无法用不当得利原则来分析的。

但是,作为一个基于不法行为而返还的例子来考虑,该案就呈现出不同的意义来。在18世纪,不当得利和基于不法行为的返还的区别并未被清楚地阐明,但我们可以回过头去为曼斯孚德勋爵的判决辩护,因为人们仅仅是反对其对不当得利的分析,而非反对关于违约之诉的部分。曼斯孚德勋爵的论证前提是牟斯无疑有权提起违约之诉[③],这样的诉讼完全不与尊重其他法庭的判决相冲突;且该判决虽属有效,但却是通过违约行为获得。如果违约之诉仍然成立,则不管寻求的获偿方式是什么,它都是成立的。

直到1760年,原告在"侵权免除"(waiver of tort)一词的外衣下寻

---

① *Phillips v. Hunter*(1795)2 H Bl 402,414-416,126 ER 618,624-626;*Marriot v. Hampton*(1797)7 TR 269,101 ER 969. 比较 Goff and Jones,6th edn(第283页注①)[44-001].

② Res judicata 指既有事项,或更广义一些,"判决已下达的事项"。【译者注:这种事项除上诉外不得再次提请法院裁断。】与"终局性"相关联的诸抗辩在原书第十章论述。

③ 贝克(JH Baker),"The History of Quasi-Contract in English Law" in WR Cornish and others(eds),*Restitution Past,Present,and Future*(Hart Oxford 1998)37,55.

求不法行为收益的返还已并不罕见[1]。上一段的分析将牟斯诉马克夫兰案理解为允准基于违约而提起同种请求。最终在联合澳洲有限公司诉巴克利银行有限公司案(*United Australia Ltd. v. Barclays Bank Ltd.*)中[2]上议院对侵权免除的历史进行了审查,爵爷们[3]揭露出这种"免除"的虚妄本质。摆在他们面前的是一个侵占(conversion[4])支票的案子。被告银行辩称侵占原告支票之诉不能成立,因为在该案早期,原告已通过向第三人提起一项几乎马上随即终止的返还之诉而一次性地免除了侵权。这一论辩的谬误在于所谓返还之诉产生的"免除"是虚妄的。引入该词的目的在于保证不会发生再次请求赔偿的问题,并且为返还之诉最初所必须采用的合同诉讼形式作出铺垫。

爵爷们判决认为,原告之所以可以请求返还被告侵占所得的钱款的真实原因不在于侵权可以真正地被免除,而在于一个简单得多的事实,即侵占这种侵权类型产生了两个救济性的权利。无需依赖一项新的请求权基础,原告就可以选择实现赔偿请求权或返还请求权两者之一。

联合澳洲案显示,原告可以因侵占侵权而获得返还,正如上议院所设想的,这是一种基于不法行为的返还,与不当得利毫不相关。但与前面三个例子不同的是,这里似乎可以进行二重分析。也就是说,侵占的受害人既可以依据侵权本身产生的返还请求权获偿,也可以依据准确意义上的不当得利获偿。这不是通过对不法行为的免除,而是简单地将案情另作定性。上议院没有考虑这种可能性,虽说它同样有效地驳回了基于免除的论辩。如果你把我的汽车卖了 5000 镑,我是否可以不依据侵占或其他不法行为拿回这 5000 镑就成为一个不但棘手,而且重

---

① 这一做法在 *Lamine v. Dorrell*(1701)2 Ld Raym 1216,92 ER 303 一案中被勉强批准了。

② [1914] AC 1(HL).

③ 【译者注:爵爷们(their Lordships)通常用于指称上议院和上诉法院的法官们。】

④ 【译者注:Conversion 是侵权的一种,以剥夺财产占有为特征。本案中被告银行误将以原告为受益人的支票兑现给第三人,其行为构成侵占。原告向第三人提起返还之诉并随后撤回。被告银行以此为由主张原告通过向第三人起诉的行为"免除"了其侵权责任。】

要的问题。这深刻地影响到不当得利法的范围①。

4. 结论

对收取错误偿付并不存在债务的钱款的分析揭示了一种第三类型的原因事件,它既非如合同般的同意表示,也非不法行为。最初令人意外的是,其所产生的责任虽受抗辩的限制,却是严格的,这种原因事件统称为以他人为代价的不当得利,这种概括化使我们可以据此寻觅与核心案例实质上等同的其他事例。但我们不知道,倘若存在这种事例,它们会有多少,它们可能因得利的形式差异而各异。得利可能不表现为金钱,这些事例也可能因得利与原告之间联系的性质不同而有别;得利可能不由原告转移而来;最重要的是,得利的不当性可以有不同的理由。乍看之下,"不当"一词缺乏确定性,颇为不妙,但却承担着帮助我们理解这些理由的任务。不管这种理由是多是少,它们都既非合同又非不法行为,却在法律上足以产生对以原告为代价而收取的得利的返还请求权。

对核心案例的研究不仅没有告诉我们这个第三类型是大是小,而且也没有显示如果该案例并非独立存在,那么聚集在它周围的这个族群会是一个类似侵权法的松散联合体,还是一个像合同法一样的紧密结合体。普通法系中,侵权法属前一类型,表现为一长串难以相互合并的特定不法行为;相反,就合同法而言,各种特定合同都服从单一合同法下的一般原则,这种服从达到了这样的程度,以至于关于合同的著作和课程都将诸如买卖、合伙、代理等特定合同视作细节问题,留待那些范围较窄但程度更深的专业性著作来处理。直到十年前,人们仍可以预言普通法系中成熟的不当得利法会更像侵权法——表现为一个特定不当得利的列表,然而,一系列关于无效合同下价值流转的巨额诉讼迫使法律改变了前进的方向。现在的不当得利因其更加紧密的一体化,开始呈现出与合同法更为相似的面貌。

本文的第二个主题是不当得利与返还之间的重大区别。返还与赔偿一样,是一个回应的类别,而不是原因事件的类别,它的原因事件并

① 这个问题在原书第二章中讨论。

不总是不当得利。从而,当我们将返还请求权根据原因事件加以划分时,就会发现不当得利法是返还法的一个子集。我们在上面已经确认了,这一命题绝对正确的前提是准确意义上的不当得利必定会产生请求返还的权利而绝不会产生其他性质的权利。

这一命题在英格兰法上是正确的,但却不是普遍和必然成立的。也就是说,英格兰法的现状是不当得利只会产生返还请求权,但在我们的核心案例中是可以将错误一方的权利理解为赔偿性的,因为该权利用另一方的得利弥补了错误方所受的损失。有些法系确实采用了这种赔偿性观点,但同时又补充规定可索回的损失以另一方的得利为上限。例如,新的《荷兰民法典》(*Dutch Civil Code*)规定"得利人必须补偿原告所受的损失……以其得利为上限"①,这表明原告可索回的最高损失仅限于他方得利,但这不过是原告只在他方得利构成自己损失的程度上才可追索的另一种表达方式。关于这一思路,我必须作出两点至关重要的评论。

第一点,德国法干脆地否决了这种附上限赔偿的分析办法所依据的前提条件。该前提条件是一个有效的请求权基础仅当不当得利的原告遭受损失时才产生,并且仅就损失的程度而存在。一旦某一法系决定不当得利原告确已且仅仅遭受了与被告得利相对应的损失,也只有在此时,他的权利才可以被描述为请求弥补损失的权利。这是一个非常棘手且敏感的问题。我们将会看到,现有的证据显示英格兰法与德国法秉持同一观点,认为原告无须被认定为遭受损失的人。

这一点将在本书第四章进行讨论,因为它关系到"以……为代价"的含义,或者更准确地说,因为该短语的含义取决于其功能,这一点又关系到原告与其想要索回的得利之间的必要联系的性质②。仅仅因为附上限赔偿办法凑巧与核心案例相契合就采用它,这会不合理地封闭对问题的讨论,并且会给那些显示英格兰法的选择已经与德国法的选

---

① Book 6 article 212:"is verplicht. . . diens schade te vergoeden tot het bedrag van zijn verrijking". The translation is taken from PPC Haanappel and E Mackaay, *New Netherlands Civil Code*, *Patrimonial Law*(Kluwer Deventer 1990)324.

② 参见原书第四章。

择相一致的判例制造不可逾越的困难,尽管这些判例只是本能地,且未经充分和公开地辩论就得出了这一结论。

第二点同样重要。如果认为不当得利请求是为了索回损失,即获得赔偿,那么该损失就必须以被告的得利为上限;即便是那些真正采用了附上限赔偿办法的法律体系,也坚持这一上限。这一同义反复需要加以强调,因为“损失”(loss)和“赔偿”(compensation)两词本身就有损于不当得利法的存在机理(*raison d' être*),从而一经提及它们就立即意味着上限的必不可少。这种第三类型的原因事件之所以必须区别于其余,是因为非常轻微的事实就可以引起交还现存得利这一严格责任,该种事实的轻微性意味着它们不足以让所有得利人都对原告所受间接损失负责。可能会出现这样的情况,我以为我欠你钱(但实际上并没有)而支付给你50,000英镑,由此我未能挽救生意,只得接受托管,或无力喂养我的牲畜,或未能购买结果证明带来巨大利润的金矿股份。这些损失完全超出了那些使我有权索回那50,000英镑的轻微事实所能支持的请求范围。我们已经看到,不当得利的严格责任与现存得利紧密相连,那些不构成不法行为或合同的非常轻微的事实也仅仅局限于要求现存利益的转移。

如果括默尔博士(Dr Kremer)的话可以信赖,不单单是伽谋法官(Gummow J.),整个澳大利亚最高法院(High Court of Australia)都将开始一次摒除不当得利法的尝试。①如果是这样,在所有的法系中,澳大利亚将为普通法将不当得利法掩藏在不合适的位置的偏好支付最昂贵的代价。这次,澳大利亚法好像打算把它埋藏在民事不法行为法的边缘地带,在那里它将成为不当行为(unconscionable conduct)的衡平赔偿法的一部分。但不当得利并不以不当行为为要件,除非是无意义的事后(*ex post*)不当行为。② 依据产生不当得利返还请求权的轻微事实根本不能主张损失的赔偿,除非损失以得利为上限。从而,任何企图摒除不当得利法的法系必定迟早被迫从那个它自行驶进的死胡同中倒

① 括默尔(前注)188第189页设想不当得利法将“在内脏部位”(at visceral level)发挥余热。这种语言是不恰当的,实际上对这种原因事件也并不适用。

② 上文“1.第三类型”部分正文。

车出去。

错误偿付并不存在的债务所例示的、非合同非不法行为的第三类型原因事件确实根本而且独特,它不可或缺,其严格的返还责任与获利的转移明确相连。如果在英格兰法最终得以挽回将不当得利埋藏于合同与信托之中的破坏性错误之际,另一个伟大的普通法系却有意用民事不法行为来遮掩它,这将是多么沉痛而又代价昂贵的讽刺啊。

(刘桥,牛津大学法学博士,西安交通大学法学院腾飞特聘教授,博士生导师。)

职务行为:商事司法与商事立法

刘文科

目　次

一、职务行为:中国的经验与逻辑

(一)两则案例

以司法裁判文书为文本进行研究,可以帮助我们得到很多新的知识。比如,在我国的民事司法裁判文书中,"职务行为"这一用语的广泛出现。[①]

---

① 在笔者统计的2万余个商法案例中,出现"职务行为"的案例共有344个。

1. 案例一

在乌鲁木齐市新市区人民法院(2010)新民二初字第67号民事判决中,孙某以市建工集团的名义向天一建工公司出具了两份欠条,对于欠条的法律效力,法院审理后认为:“天一建工公司出具的欠条和原始凭证均是孙某个人签名,并没有市建工集团的授权委托书等证明代理关系的证据,故不能直接证明本案的债务是孙某代理市建工集团履行职务行为形成的欠款。对此应认为天一建工公司未尽到相应的注意义务,其要求市建工集团承担本案债务的理由不能成立。”

在本案中,法院所需查明的是孙某与市建工集团是否存在代理关系;但是,判断其是否存在代理关系的依据是孙某的行为是否属于职务行为。换句话说,法院的思路是,如果属于履行职务行为,那么孙某与市建工集团之间就存在代理关系;反之,如果不属于,则不存在代理关系。

2. 案例二

上海市闵行区人民法院审理的(2009)闵民二(商)初字第233号判决所涉案件中,钱某系“××证券营业部”主持工作的副总经理,原告夫妇到钱某位于营业部的办公室,商谈委托理财事宜。双方谈定,由原告在“××证券营业部”开设股票账户,存入500万元,不用原告管理,由钱某具体负责操作,保证年收益20万元,超出20万元的收益,双方按比例分成,若年收益达不到20万元,由钱某负责补足。对于钱某的行为是否由“××证券营业部”承担责任,法院审理后认为:“虽然口头合同是在‘××证券营业部’钱某的办公室内达成的,钱某又具有主持工作的副总经理的身份,但是钱某的行为不是职务行为,而是个人行为,因为具有一般常识的人都知道,证券公司是不能帮助个人炒股票的,故钱某的身份不能足以让原告相信其是代表公司的,也不能因为钱某有此身份,就一概认为其就是代表公司,退一步讲,即使有证券公司违规帮助个人炒股的情况存在,那也没有必要由主持工作的副总经理具体负责操作,完全可由其手下工作人员操作,故钱某亲自操作,只能推定为是其个人的行为,而且,原告在开设股票账户时,按规定签署了以证券公司名义交给原告的风险告知书等文件,该些文件明确了证券公司是禁止对客户做出任何有关保证收益等内容的承诺的,因此,原告应该知道与其发生委托理财合同的是钱某个人。”

在本案中,虽然钱某是证券公司营业部的副经理,而且案件发生的地点是在他的办公室内,但是法院并没有以此认定证券公司承担法律责任。之所以如此,是因为钱某的行为不属于职务行为,而是个人行为。

(二)职务行为的解析

1. 职务行为在术语使用上的广泛性

“职务行为”在我国是一个被广泛使用的法律词语,不仅在司法实践中出现,也在学术文献中出现,并且在不同部门法中也都有使用。

在法理学的文献中,法律责任被区分为职务责任和个人责任。职务责任是指行为主体以职务的身份或名义从事活动时违法所引起的法律责任,它是由该行为主体所属的组织(机关、企业、事业或其他组织)来承担责任的。所谓个人责任,是指行为主体以个人的身份或名义从事活动时违法所引起的法律责任,它是由该行为主体个人来承担责任的。①

在行政法学中,职务行为用来指称国家公务员行使职权的行为。行政法学者指出:“国家公务员的职务行为实质上是行政主体的行政行为,其本质属性在于它是在运用国家行政权力处理事务,公民个人行为是不可能具有这一属性的,由此,最能反映国家公务员行为时身份及行为性质的标志是行政职权的运用。”②

在刑法学上,“职务行为的不可收买性”被认为是受贿罪所侵害的法益之一。学者进一步指出:“国家工作人员之所以索取他人财物,显然是因为其职务行为具有为他人谋取利益的性质,所索取的财物是其正在实施的职务行为的不正当报酬,与其正在实施的职务行为之间具有对价关系,因而侵犯了受贿罪的法益。”③

考察以上文献,基本上可以看出,所谓“职务行为”实际上是与个

① 张文显主编:《法理学》,法律出版社2007年版,第198页。

② 方世荣:“论国家公务员职务行为与个人行为界限的几个问题”,载《法商研究》1995年第4期。

③ 张明楷:“论受贿罪中的‘为他人谋取利益’”,载《政法论坛》2004年第5期。

人行为相对的一个概念。但是严格来讲,职务行为本来应当是公法上的概念,因为“职务”一词的本来意义应当是国家机关中的公职,而非企业中的职务。之所以在企业中也称为职务行为,似乎出自计划经济和苏联法学的影响。在苏联的法律文献中,普遍把法律主体划分为两个基本的类别,一是个人主体,即公民;二是集体主体,即组织。① 在这种理论的指导下,任何组织都是相同的,只是履行的社会职能不同,所以,其工作人员都是在履行“职务行为”。

2. 民法学中的职务行为

(1)法律依据

职务行为的法律依据,是《民法通则》的规定,尽管《民法通则》并没有使用“职务行为”这一用语。《民法通则》第 43 条规定:“企业法人对他的法定代表人和其他工作人员的经营行为,承担民事责任。”与此相配合,最高人民法院《关于贯彻执行〈中华人民共和国民法通则〉若干问题的意见(试行)》第 58 条规定:“企业法人的法定代表人和其他工作人员,以法人名义从事的经营活动,给他人造成经济损失的,企业法人应当承担民事责任。”在与此相关的诉讼上,最高人民法院《关于适用〈中华人民共和国民事诉讼法〉若干问题的意见》第 42 条规定:“法人或者其他组织的工作人员因职务行为或者授权行为发生的诉讼,该法人或其组织为当事人。”

(2)职务行为在民法学理中的解释和民事审判中的应用

在解释上,《民法通则》第 43 条及相关司法解释所涉及的内容包括三个方面,在法律适用上,也相应地应当包括三个方面的法律制度:第一,如果是法人的法定代表人或者是法定代表人之外的其他机关(如公司的董事会、经过授权能够对外代表公司行为的董事、公司的执行董事等)的行为由法人直接承担责任;第二,如果只是法人的一般工作人员,其从事的法律行为,则应视为法人的代理人;第三,如果其在执行职务中造成他人损害,则应根据雇主责任的规则由法人承担转承责

① [苏]C. C. 阿列克谢耶夫:《法的一般理论》(下册),黄良平、丁文琪译,法律出版社 1991 年版,第 521 页。

任。[①] 有学者提出,应当对企业法人对其法定代表人和工作人员的职务行为承担民事责任所适用的法律制度作出“引致”规定,如规定企业法人对其法定代表人和工作人员职务上的侵权行为承担民事责任应适用侵权法的有关规定,对工作人员职务上的法律行为承担民事责任应适用代理制度的有关规定。[②]

由此可以看出,“职务行为”这一表述,本质上形成了一个归属规范,它的作用是,将某人(此处应当是自然人)的行为归属于为其提供“职务”的法人。在学理上,职务行为可以被分解为三个归属规范:

第一,法人机关的责任。在我国的民法学说上,法人机关的行为视同法人本身的行为,法人应对其法定代表人和其他机关成员的经营活动承担民事责任。因为他们代表法人从事经营活动时,其职权是由法律和章程规定,其活动的内容和范围主要是由法人规定的。[③] 法人机关的责任,既包括合同法上的责任,也包括侵权法上的责任。[④]

第二,法人工作人员的代理。企业法人其他工作人员履行职务的行为,属于职务代理行为;因此,企业法人其他工作人员履行职务的行为,如为法律行为,应按代理制度的规定由企业法人承担被代理人的民事责任。[⑤] 此处的代理,被限定在法律行为的代理上,换句话说,只有在其他工作人员为法律行为时,适用代理的规范;而在侵权行为(事实行为)的场合,则适用雇主的替代责任的规范。

第三,雇主的替代责任。雇主的替代责任是指雇主对在雇佣过程

---

① 王利明等:《民法学》,法律出版社 2008 年版,第 72 页。

② 李开国:“关于完善《民法通则》法人制度的几点思考”,载《现代法学》1996 年第 3 期。

③ 王利明等:《民法学》,法律出版社 2008 年版,第 72 页。

④ 我国《民法通则》第 106 条第 1 款规定:“公民、法人违反合同或者不履行其他义务的,应当承担民事责任。”此处的民事责任主要是指合同法上的责任。第 2 款规定:“公民、法人由于过错侵害国家的、集体的财产,侵害他人财产、人身的,应当承担民事责任。”第 3 款规定:“没有过错,但法律规定应当承担民事责任的,应当承担民事责任。”此两款规定的是侵权责任。

⑤ 李开国:“关于完善《民法通则》法人制度的几点思考”,载《现代法学》1996 年第 3 期。

中雇员的侵权行为承担责任的一种特殊的侵权类型。① 一般认为,职务行为是雇主承担责任的构成要件之一。我国《侵权责任法》第34条规定:"用人单位的工作人员因执行工作任务造成他人损害的,由用人单位承担侵权责任。"学者进一步指出,职务行为的认定标准有:(1)雇主意思说认为,应当以雇主的意思为标准,雇主指示雇员应当处理的事情,就是执行事务的范围。(2)雇员意思说认为,还应当考虑雇员的意思,雇员在雇主指示不够具体明确或者因情势变化,为实现雇主的指示所包含的利益而自行对该指示进行适当调整的,该行为亦应属于执行事务的范围。②

司法实践中,法院的判决书以《民法通则》第43条为依据,将"职务行为"这一表述分别适用于代表和代理两种情况。③

例如,广州海事法院(2009)广海法初字第171号民事判决中,被告陈某是为中山某疏浚公司法定代表人。本案中,被告陈某租用原告广州某船舶联合运输服务公司经营的何某的船舶进行挖泥疏浚,但未支付租金。被告陈某签名出具欠条,记载"实欠'粤广州货0488'船工程款陆拾玖万叁千叁佰柒拾陆元整。此据";同日的借条记载:"今借到'粤广州货0488'船柴油叁吨。此据。证明人:陈某。"法院审理后认为:本案争议的焦点问题是涉案合同的另一方当事人是被告陈某还是疏浚公司。"本案查明的事实显示,确实是被告与原告何某(船舶所有人)联系合同事宜,但是,双方并没有订立书面合同,也没有直接的证据证明双方订立合同当时的意思表示,因此,谁为合同另一方主体必须通过合同签订、履行过程中的客观事实进行认定……根据双方的合同约定以及通常的工程作业习惯,原告何某所属船舶要入场作业,需由承包人办理相关的签证手续,在作业过程中,发包方与承包方应对工程进行验收和测量,在长达三个多月的作业过程中,原告何某不应该不知道涉案工程系疏浚公司承包的工程。2006年8月17日,原告何某收到疏

① 曹艳春:《雇主替代责任研究》,法律出版社2008年版,第48~49页。

② 尹飞:"用人者责任研究",载《法学杂志》2005年第2期。

③ "职务行为"在雇主替代责任的案件中也经常出现,但限于本文的研究范围,此处不做讨论。

浚公司出具的支票,并于同月21日领取了涉案费用,说明原告何培华在当时已经明确知道涉案工程为疏浚公司的工程。原告何某在2006年8月17日之后仍继续在福州港江阴港区作业至9月23日,期间未有相关证据表明其对合同相对方主体问题提出异议。2007年9月12日,被告以证明人的身份出具欠条,原告何培华也未提出异议。结合被告为疏浚公司法定代表人的身份,应认定原告知道涉案工程为浚海公司承包的工程,被告所为行为为职务行为。”在本案中,被告陈某作为法定代表人,其行为被认定为职务行为,故而由公司承担责任。

再如,最高人民法院关于新疆国际置地房地产开发有限责任公司与宏源证券股份有限公司乌鲁木齐北京路证券营业部、宏源证券股份有限公司委托监管合同纠纷一案请示的答复(2003年12月25日[2003]民二他字第54号)中指出:“你院请示的案件,应首先明确签订委托监管协议的行为究竟是唐某的个人行为,还是置地公司授权或者事后追认的职务行为,只有在这个事实依法认定的前提下,才能认定置地公司是否有权以证券公司违反合同约定为由提起诉讼。如果认定签订委托监管协议系唐朝金的个人行为,则置地公司仅享有以侵权为由向证券公司提起诉讼的权利。请你院在查清事实的基础上依法作出裁判。”在本案中,最高人民法院的批复并没有要求查明唐某是否为法定代表人,而只是要求查明是属于个人行为还是职务行为。由此可见,职务行为包含了非法定代表人的行为。

霍姆斯曾说:“法律的生命在于经验,而非逻辑。”“职务行为”这一术语的出现,源于在逻辑上我国民法理论中还存在“代理说”和“代表说”的模糊认识。诚然,关于法人的法定代表人的代表问题,并无太多异议,但是有对外代表权限的法定代表人以外的法人其他工作人员究竟是法人的代表人还是代理人,以及他们是具有代表权限还是代理权限,甚至于代表权限和代理权限究竟有何种区别,并不是没有争论的。例如,有学者认为法人机关的行为就是法人的行为,其行为效果归属于法人;[①]另有学者认为,在多元法律关系中,以公司经理为例,他充当了

① 梁慧星:《民法总论》,法律出版社2011年版,第135页。

代理人、公司机关、公司代表和雇员的多元化角色。[①] 理论逻辑上的认识差异,直接导致了在司法实践中为了回避逻辑上的难点而直接以"职务行为"这一既可以涵盖代表行为又可以涵盖代理行为的词语来描述所有的法律事实。司法实践虽然需有其理论基础,但是,当理论上出现争论的时候,司法实践并不能由此而中止,它必须对现实的法律问题给予及时的回应,"职务行为"这一术语正好解决了这个问题。

那么,其他国家的立法和司法实践又是怎样的呢?本文以下部分将分别考察大陆法系和英美法系国家立法和判例中的类似制度,以期对我国的这一法律现象进行更深入的反思。

二、比较法上的职务行为

(一)大陆法系的类似规则

大陆法系国家的商法上,并没有"职务行为"的概念,但是这些国家的商法中所规定的"商事代理"制度是值得研究与借鉴的。[②]

大陆法系的商事代理种类非常繁杂,既包括营业辅助人的代理行为,也包括代理商的代理行为;从功能上来说,这两种代理行为都是为了扩大商人的营业。不论商自然人还是商事组织,其营业实现和营业扩大都需要商人本人以外的其他人辅助。[③] 对于商人通过雇员而扩大营业的形式,可以称为营业辅助人的商事代理;而对于商人通过代理商人(或称辅助商人)而扩大营业的形式,则可以称为辅助商人的商事代理。而通常来讲,能够属于职务行为的,应当是指商事辅助人的行为,不是独立的商人,不具有商人的资格,他与特定的商人缔结雇佣契约,从成为特定商人的雇员,对外以代理的形式辅助特定商人的营业。[④]

所谓商事辅助人,也称营业辅助、商业使用人、商业雇员,是指从属于特定的商人,辅助其营业的人。商人通过契约,接受辅助者(即使用

---

① 王保树、钱玉林:"经理法律地位之比较研究",载《法学评论》2002年第2期。

② 大陆法系国家也存在法人的代表制度,但是限于篇幅,这一问题将另文研究。

③ 王保树:《商法总论》,清华大学出版社2007年版,第200页。

④ 王保树:《商法总论》,清华大学出版社2007年版,第201页。

人)提供劳务(此为事实行为),以此扩大营业。① 一般来说,大陆法系上,商事辅助人包括经理人、部门经理、店员等。

1. 经理权

所谓经理权,是指经理人依照法律的规定所拥有的有关营业的一切诉讼上与诉讼外的代理权,故而,经理权是一项代理权,它的存在以及权限来自于法律的直接规定。例如,《德国商法典》第49条第1款规定:"经理权授权实施由营利事业经营产生的一切种类的诉讼上的和诉讼外的行为和法律行为。"《日本商法典》第38条第1款和第2款规定:"经理人有代替营业主人实施有关营业的、裁判上或裁判外一切行为的权限。"《瑞士债法典》第459条规定:"对于有利害关系的善意第三人,经理人视为被授权在委托人贸易或者营业范围内签署票据、实施全部法律行为,对委托人具有约束力。"《意大利民法典》第2204条规定:"经理得完成委任给他的全部经营活动,委托书中的限制性规定除外……经理对其完成的被委任的活动,得以企业主的名义出庭。"

经理人并不等同于总经理,而是泛指商事组织内部具有一定管理权的人;除了总经理之外,还有部门经理等,他们也同样通过法律的规定获得授权。例如,《日本商法典》第43条第1款规定:"主任、科长及其他就营业某种类或特定事项受委任的使用人,有就该事项实施裁判上及裁判外一切必要的权限。"

2. 商事代理权

这里所谓的商事代理权(Handlungsvollmacht),②是指并非授予经理权而被授权经营一项商事营利事业,或者实施属于一项商事营利事业的一定种类的行为,或者实施属于一项商事营利事业的个别行为的代理权。此时,代理权扩及于由经营此种类的商事营利事业或者实施

① 関俊彦:『商法総論総則』,有斐閣2003年版,第192页。

② 此处所谓的商事代理权是指德国商法上的Handlungsvollmacht。以往国内学者一般将其译作"代办权"(参见杜景林、卢谌译:《德国商法典》,法律出版社2010年版,第54条;范健:《德国商法》,中国大百科全书出版社1993年版,第292页)或是"代办全权"(参见[德]C. W. 卡纳里斯:《德国商法》,杨继译,法律出版社2006年版,第383页)。采取这种翻译也许是为了将此表述区别于代理商的商事代理权。但由于本文的研究主题,故而仍然采取商事代理权的译法。但是如不另加说明,这一表述和代办权是通用的。

此种类的行为通常所产生的一切行为和法律行为。《德国商法典》上的这一制度,其意义在于使每一个第三人都可以根据通常状况来考虑商事代理权的范围。①

以《德国商法典》为例,商事代理权包括三种类型:全权商事代理权、种类商事代理权和个别行为商事代理权。但这三个种类商事代理权,都是必须是在营业中,这是商事代理权的前提条件。在此种情况下,代理人拥有由经营此种类的商事营利事业或者实施此种类的行为通常所产生的一切行为和法律行为的代理权限。

商事代理权也受到法定的限制。《德国商法典》第54条第2款规定:"对于土地的出让和负担设定,对于票据债务的承担,对于借贷的继受,以及对于诉讼的实施,仅在向代办商特别地授予此种权限时,代办商始享有实施此种行为的权利。"由此可见,商事代理权的法定授权要远远小于经理权。

在法律性质上,《德国商法典》第54条共三款的规定属于权利外观保护的范畴。第54条第3款规定:"对商事代理权进行其他限制的,第三人仅在自己知悉或者应当知悉此种限制时,始需要承受此种限制的效力。"但是,法律的规定并不是关于商事代理权的存在与范围。首先,第54条第1款并不能包括商事代理权存在的推断。这是因为,相比之下,经理权需要登记,经理权的存在可以通过第三人查阅商事登记簿而推断。其次,第54条第1款所提供的三种类型,对于第三人而言,并不能完全确定。它只是列举了三种情况,而没有说明在什么情况下,就一定拥有哪一个种类的授权。法律在这里的规定仅是对其范围的推定,并为与推定范围不符的情况提供了善意的保护。②

3. 店员等的推定代理权

《德国商法典》第56条规定:"在店铺或者公共仓库被任用的人,视为有权进行在此种店铺或者仓库通常所发生的出卖和受领。"与此类似,《日本商法典》第44条第1款规定:"出卖物品的店铺的使用人,就该店铺物品的出卖,视为有权限者。"

---

① [德]C. W. 卡纳里斯:《德国商法》,杨继译,法律出版社2006年版,第384页。
② [德]C. W. 卡纳里斯:《德国商法》,杨继译,法律出版社2006年版,第390页。

对于此种规定,德国学者解释说,第56条的规定是权利外观责任的构成要件,是基于一定地位的承认而产生的虚假商事代理权的构成要件,由它可以推断此类商事代理权的存在。但是这一推断是可以反驳的,营业主必须提供有力的证据证明雇员没有代理权或是超越了代理权,否则就要承担后果。①

4. 总结:商事代理制度通过归属规范保护交易安全

代理制度本身是一种归属规范——代理人在代理权限内作出的法律行为归属于被代理人。所谓归属规范(Zurechnungsonormen),是指将一个人的行为所产生的法律后果归属于另外一个人的规定,与代理同属于归属规范的还有传达、履行辅助人、执行辅助人、机关、占有辅助人等。②

代理制度通常通过有效代理的构成来确认行为的归属,即如果代理人的行为满足代理的构成要件,则行为的法律后果归属于本人,否则将由行为人自行承担责任。一般来说,代理的法律要件包括:(1)有代理权;(2)法律行为上的意思表示;(3)以本人名义为之;(4)代理人本身的要件;(5)代理行为的容许性。③ 考察民法和商法的差异,将从这些方面入手。

民法和商法上关于代理成立要件的规定,在代理人本身的要件和代理行为的容许性上面,差别并不是很大;相差较大的是代理权限、法律行为上的意思表示以及以本人的名义三者。在这些问题上,商法采取了不同于民法的态度,对民法进行补充、变更规定。

例如,民法上的意定代理权的权限以授权人的意思表示为依据,换句话说,代理人是否有从事某项行为的权限取决于本人的授权;然而,商法上很多代理权限,不仅来自法律的直接规定,也来自法律推定和拟制。关于这一问题,前文已述及,在此不赘。

---

① [德]C. W. 卡纳里斯:《德国商法》,杨继译,法律出版社2006年版,第398~400页。

② [德]迪特尔·梅迪库斯:《德国民法总论》,邵建东译,法律出版社2000年版,第790~799页。

③ 王泽鉴:《民法总则》,中国政法大学出版社2001年版,第449页。

再如,民法上的代理,仅以作出法律行为上的意思表示为限;而商法上的代理,将代理的内容扩及到"由营利事业经营产生的一切种类的诉讼上的和诉讼外的行为和法律行为"。因而,商事代理在某种程度上已经突破了代理的内容必须是法律行为的要求。

最后,是否以本人的名义,在商法上也是有所不同。民法上的代理严格地按照显名主义的原则,但是商法上的代理却并不都是以显名为必要。

以上的各种情况说明,商法上的归属规范,实际上是扩大了代理的范围,因为许多法律事实在民法上来说是不能构成代理,也就是不能将此行为人的行为后果归属于本人的,但是商法却将这些行为后果归属于本人。

(二)英美法系的类似规则

在普通法系国家,代理法在商事领域中被广泛运用,大多数商事组织法(特别是非公司制的商事组织)都是从代理法开始的。代理法在普通法系国家和地区中,被运用到诸如合伙、公司、贸易、证券交易、保险、诉讼等诸多领域。

1. 合伙中的代理

早期普通法上,合伙被认为仅仅是成员的简单集合,而并不被认为是一个有独立地位的实体,[①]故而,每一个合伙人都是另一个合伙人的代理人,同时也是委托人。例如,根据英国《1890年合伙法》第5条的规定,每位合伙人在执行合伙的业务时,都同时是合伙企业及其他合伙人的代理人。美国早期的判例中,合伙被认为是一个相互的代理关系:"合伙关系建立时起,在两个或更多的人之间就建立起了这样的关系,即每一个人都是所有其他人的商务上的委托人或是代理人……代理只是这一相互关系的代名词。"[②]这也就意味着,每一个合伙人自动地成为了委托人或是代理人。正因为如此,法律对合伙人行为的限制便是

---

① William A. Gregory, Thomas R. Hurst, *Incorporated Business Associations*, St. Paul: Thomson West, 2006, p. 434.

② Morgan v. Farrel, 58 Conn, 413, 20 A. 614 (1890).

代理法上的,如表见授权以及其他类似的规定。[①]

1914 年美国的《统一合伙法》并没有改变集合说的路线。但是,后来的美国《统一合伙法》第 9 节规定,每一个合伙人"因为商务目的作为合伙的代理人"。如此一来,每一个合伙人将不再必然是另一个合伙人的代理人,而是合伙的代理人。但是,即便是修改过的《统一合伙法》,也存在集合说的遗迹,可见,集合说与实体说并不是非黑即白那样泾渭分明。[②]

合伙关系的创设,就意味着代理关系的创设。[③] 合伙人的代理权限,按照代理法的一般原理,包括实际授权和表见授权,实际授权包括明示授权和模式授权;除此之外,还包括事后追认获得的授权。合伙人的授权范围,关系到交易的安全,所以,在任何法系,代理权限的默示范围,都是非常重要的。英国《1890 年合伙法》第 5 条规定,每一位合伙人以通常的方式开展所在的合伙企业的业务时,与第三人订立的合同均对合伙企业及其他合伙人产生拘束力,除非订立合同的合伙人事实上就其订立的合同缺乏相应的代理权限,而且第三人也知道其缺乏此种权限或者不知道或不认为其是合伙企业的合伙人。

2. 公司中的代理

英美法系国家和大陆法系国家的法人学说不尽相同。在大陆法系国家,通说是法人实在说,认为法人是一个与其成员或职能机关的个体相分离的法律实体。[④] 而在普通法系国家,通说则是法人拟制说。马歇尔法官早在 19 世纪的判例中就曾经说道:"公司是一个人造的存在物,看不见、没有形状,并且只有在考虑到法律的时候才存在。"[⑤]

在法人拟制说看来,公司作为法人,是一个人造的、法律拟制的主

---

① Harold Gill Reuschlein, William A. Gregory, The Law of Agency and Partnership, St. Paul: West Publishing Co. , 1990, p. 268.

② 宋永新:《美国非公司型企业法》,社会科学文献出版社 2000 年版,第 48 页。

③ 徐海燕:《英美代理法研究》,法律出版社 2000 年版,第 324 页。

④ [德]卡尔 · 拉伦茨:《德国民法通论》,王晓晔等译,谢怀栻校,法律出版社 2003 年版,第 182 页。

⑤ Trustees of Dartmouth College v. Woodward, 17 U. S. (4 Wheat.) 518, 636 (1819).

体,它本身的行为必须通过其他自然人代为执行;包括董事和经理在内的公司管理者,都是公司的代理人。董事是公司的代理人,这是与大陆法系的重要区别。例如,英国法院在处理因董事行使权力而发生的案件时,在不同的场合将董事的地位认定为"代理人"、"受托人"或"经理合伙人"。杰塞尔在森林煤业公司案(1878年)的判决中所作的说明是:"董事,不论怎样称呼他们都行,只要你能理解他们的真实地位,那就是,他们只不过是一些生意人,只是为了本身的利益和公司所有其他股东的利益,才对一家商业公司进行管理的。"①

在英美代理法上,代理人通过自己的行为将本人(委托人)约束于公司之中,但前提条件是他必须有相应的权限。但是,按照代理法,如果某人没有获得实际授权或是表见授权,但是根据其"固有代理权"(inherent agency powers),他也可以将本人约束于合同之中,无论本人是自然人还是公司。② 当然,本人也可以通过追认来授予其代理权限。

美国公司中的各种职员(officer),都具有一定的代理权限。以往的公司中,首席执行官(CEO)、总裁、副总裁、司库和秘书都是经常要被提起的公司职员,现代的立法趋势是不再细致规定这些职位。公司职员或是代理人通过订立合同或是贸易行为约束公司是通过董事会的授权得到权限的,因为公司的所有权力都必须由董事会执行或是由董事会授权执行,并且公司所有的商务都要由董事会管理或是在董事会指导下管理。但董事会的授权也不是没有限制的,例如,董事会不能将变卖所有公司不动产的权力授予总裁;③但如果是只是将履行期限和履行方式授予,而不是决定价格,则是有效的。④

在传统的美国公司治理体系中,公司的首席执行官或是总裁的权力通过公司章程授予。在实践中,首席执行官或是总裁将明示地获得

---

① [英]R. E. G. 佩林斯、A. 杰弗里斯:《英国公司法》,《公司法》翻译小组译,上海翻译出版公司1984年版,第203页。

② James D. Cox, Thomas Lee Hazen, *Corporations*, 2nd edition, New York: Aspen Publishers, 2003, p. 118.

③ James D. Cox, Thomas Lee Hazen, *Corporations*, 2nd edition, New York: Aspen Publishers, 2003, p. 121.

④ Clarke Memorial College v. Monaghan Land Co., 257 A. 2d 234 (Del. Ch. 1969).

处理公司事务的权限,或者是明示地获得其中的一部分。这样,由于存在与公司日常事务处理的总括性授权,他们便无需再获得某一事务的特别授权。再进一步讲,如果没有明示授权的存在,公司也不得反对(estopped to deny)它的首席执行官或是总裁的这些权力。①

董事会主席在美国公司中的角色各不相同。在有些公司中,董事会主席除了召集董事会之外没有任何其他更多的责任;有的公司中,董事会主席要向总裁或是董事会提供建议和咨询。而在另一些公司中,董事会主席则身兼总裁或是总经理,如此一来,同一个人将既是董事会主席,又是公司总裁,这种指定的结果就将授予他将公司日常事务约束于合同之中的表见授权;②同样的授权也适用于公司的执行董事。③

三、商事司法与商事立法的互动:一种实践的观点

(一)司法实践中的使用对学说的突破

西方学者盖格尔认为,法律规范是严格的准则,而法官规范则是未来判决的范本。④ 我国司法实践中对职务行为的适用,在一定程度上突破了现有的学说;如果仔细观察可以发现,这些司法判决体现了国外商事立法的某些精神。具体来说:

1. 职务行为不限于法人的工作人员

如果以《民法通则》为依据,职务行为应当限定于企业法人。但事实上,我国企业的种类远非法人型企业一种,除此之外还有大量的合伙企业、个人独资企业。我国法院的司法判决也将“职务行为”这一表述适用于有关这些非法人企业的案件审判之中。

广东省佛山市南海区人民法院(2006)南民一初字第215号民事判决中,原告佛山市南某电热制品有限公司的法定代表人何厚平与被告佛山市某五金厂(个人独资企业)的员工杨某通过电话协商,达成了

---

① James D. Cox, Thomas Lee Hazen, *Corporations*, 2nd edition, New York: Aspen Publishers, 2003, p. 123.

② American Express Co. v. Lopez, 340 N. Y. S. 2d 82, 84 (Civ. Ct. 1973).

③ Covington House. Dev. v. City of Covington, 381 F. Supp. 427 (E. D. Ky. 1974).

④ [德]托马斯·莱塞尔:《法社会学导论》,高旭军等译,上海人民出版社2008年版,第107页。

由原告将发热盘交予被告进行加工(砂光)业务的合意。但是关于这一业务的合同并没有该企业公章。法院认为:“可以认定与原告洽谈、送货、收货、退货及确定加工费等业务往来的人即杨某是五金厂聘请的员工,依照《中华人民共和国个人独资企业法》第十九条的规定①,杨彪与原告达成的加工发热盘的合同业务,应视为其代表五金厂所为的职务行为,其法律后果应由五金厂承担。”

在本案中,法院将个人独资企业所雇佣的员工对外洽谈业务并签订合同的行为,通过“职务行为”这一概念,归属于企业本身。虽然我国《个人独资企业法》第19条规定的是个人独资企业委托管理人行为归属问题,但本案中法院仍然将这一规定适用于个人独资企业员工的行为。此外,我国《民法通则》没有对事业单位和社会团体法人如何承担社会责任作出明确规定,但司法实践中一般均将该条予以扩张解释,从而适用于其他类型的法人。②

国外法律上的商事代理制度,不仅可以适用于公司等法人型企业,还可以适用于合伙企业等非法人型企业。在这一点上,我国的司法实践与国外立法存在相似性。

2. 在“职务行为”的语境下包含了推定授权

宁波海事法院(2009)甬海法台商初字第71号民事判决中,被告王某因渔业生产需要向原告购买了价值225,000元的网具,为此向原告出具了一份《还款协议》。此后,原告上海某水产公司的股东项某向被告王义昌出具了收条一份,载明上海某水产有限公司收到王某支付的《还款协议》中的全部欠款共计225,000元,与公司的一切账目全部结清。法庭审理后认为:“原、被告间签订的《还款协议》的内容系双方真实意思表示,被告主张其已将欠款偿付原告的股东项某,且项某为此亦出具了收条,已构成被告将欠款偿还给项金来的初步证据……项某作为原告的股东,曾任原告上海某水产有限公司的总经理,其收受被告还款的行为应视为职务行为,法律后果应由原告上海某水产有限公司

① 《个人独资企业法》第19条规定:“个人独资企业投资人可以自行管理企业事务也可以委托或者聘用其他具有民事行为能力的人负责企业的事务管理。”

② 李显冬主编:《民法总则典型案例疏议》,法律出版社2008年版,第163页。

承担。”

在本案中，法院并没有强调作为水产公司总经理的项某是否为法定代表人，也没有强调项某是否具有代理水产公司收款的代理权限，而是由于项某是水产公司的总经理，将其收受还款的行为“视为”职务行为。由此可以看出，法院认为职务行为包含了总经理因其职务而具有推定授权。

国外商事立法中存在商事代理人推定授权的相关规定。如大陆法系国家规定的商事代理人的“代理权扩及于由经营此种类的商事营利事业或者实施此种类的行为通常所产生的一切行为和法律行为”，[①]再如，普通法系国家代理法上的固有授权规则。在这一点上，我国的司法实践又与国外立法存在相似性。

（二）商事审判中的经验路径

即便法院“职务行为”这一表述的确存在诸多缺陷，然而，司法实践对“职务行为”这一表述的使用经验，却体现了商事活动的需要。总体上讲，我国民法中的代理制度，在商事活动中存在一定的不适应性。例如，按照民法的代理规则，代理人必须有被代理人的明确授权，才能构成有效的代理，否则将成为无权代理。一般来说，体现代理授权存在的证据就是授权书，而商事活动中，如果所有的代理行为都必须以授权书的存在为前提，那么将有很多的代理行为因为无效而导致其所代理的法律行为无效。这与鼓励交易的商法目标是矛盾的。故而，商法中便发展出许多不同于民事代理的制度，如商事代理权的推定授权等。

法院的司法审判赋予了职务行为新的内涵。如上所述，如果从逻辑上来讲，法人的法定代表人及工作人员的行为，要么是代表行为，要么是代理行为，法院在使用职务行为作为判断依据的时候，必须要查明当事人是否具有代表权限，或是是否具有代理权限。这是逻辑上严格推理的结果，因为，按照代表的规则，不具有代表的权限，当事人就不能代表法人；同理，如果不具有代理的权限，当事人的行为也不能构成代理。但是，“职务行为”这一表述，就完全可以忽略这个问题。职务行为意味着不需要考虑是否具有代表权限或是代理权限，而只需要考虑

---

① 《德国商法典》第54条第1款。

当事人的行为是否为《民法通则》所规定的"经营行为",如果是,则无需考虑代表还是代理,就直接可以将他的行为归属于法人,从而就出现了法院在判决中采取推定授权的方式认定当事人的行为归属于法人。① 在这个意义上,有学者提出,应当直接将"经营活动"改为"职务行为",从而更进一步明确以及扩大适用的范围。②

(三)规则的发生理论

哈耶克的规则理论可以帮助我们更好地理解这个问题。哈耶克的理论将秩序区分为"人造的"(made)秩序与"增长的"(grown)秩序,人造的秩序是一种源于外部的秩序或安排,而增长的秩序是一种自我生成的或源于内部的秩序。③ 自生自发的(增长的)秩序与"目的"这一概念之间存在一种特殊的关系:一方面,这种秩序不是由一个外在的能动者所创造的,所以这种秩序本身也就不可能具有目的;但另一方面,它的存在对于那些在该秩序内活动的个人是极具助益的。④ 自生自发的秩序的形成乃是它们的要素在应对即时性环境的过程中遵循某些规则所产生的结果。⑤

经济学家认为,制度对经济的发展有着非常重要的作用。制度的关键作用是增进秩序,它是一套关于行为和事件的模式,具有系统性、非随机性,因此是可理解的。在存在社会混乱的地方,社会的相互交往必然代价高昂;秩序鼓励着信赖和信任,并减少着合作的成本。当秩序占据主导地位时,人们就可以预见未来,从而能更好地与他人合作,也能对自己冒险从事创新性试验感到自信。⑥

---

① 参见上述宁波海事法院(2009)甬海法台商初字第71号民事判决。

② 此观点认为企业法人需要为之承担民事责任者,不可能仅限于"经营活动"。参见李开国:"关于完善《民法通则》法人制度的几点思考",载《现代法学》1996年第3期。

③ [英]弗里德利希·冯·哈耶克:《法律、立法与自由》(第1卷),邓正来等译,中国大百科全书出版社2000年版,第55页。

④ [英]弗里德利希·冯·哈耶克:《法律、立法与自由》(第1卷),邓正来等译,中国大百科全书出版社2000年版,第58页。

⑤ [英]弗里德利希·冯·哈耶克:《法律、立法与自由》(第1卷),邓正来等译,中国大百科全书出版社2000年版,第63页。

⑥ [德]柯武刚、史漫飞:《制度经济学:社会秩序与公共政策》,韩朝华译,商务印书馆2000年版,第33页。

无论如何,规则有其产生的社会背景,随着社会的变化而变化。规则像潮水一样随着这些力量而起落,服从人们看不到的力量的牵引。[①]无论是在大陆法系,还是在普通法系,都存在经理人拥有法律上的推定授权的制度,这些制度是在它们所适用的社会经济环境中逐渐产生的,体现了经济上的理性。总体来说,这些制度降低了交易的成本。交易成本由信息搜寻(如在作出决策之前找到足够数目的交易伙伴,弄清他们的地址、他们产品的设计、质量可靠性以及大量其他相关的方面)成本构成,还有谈判成本、缔约成本、监督履约情况的成本、可能发生的处理违约行为的成本,这些信息成本和为契约做准备的成本都是先于交易决策而"沉淀"的。[②] 随着商业的不断发展,商人之间通过交易习惯、自治规则、制定法等各种规则,不断降低交易成本。这里所谓的规则,实际上就是科斯所说的产权的界定问题,将产权分配给最有可能降低交易成本的一方,则总的社会成本就会降低。换句话说,在交易的领域,相对于苦于调查的交易方,授予代理权的一方更能够控制与了解代理人的行为,也更能够控制自己的授权,因此,应当将这一交易成本赋予授权的一方。所以,在现实中,无论是商人间的交易习惯,还是其他国家的法律,都如此界定产权。诚如卡尔·拉伦茨曾经说的,生活关系如果具有共同特征,那么它们就不只是纯粹的事实;从这个意义上说它们包含着度量该生活关系中的个人行为的尺度。[③]

司法审判必须解决所面临的纠纷,在商事审判领域,这一点就显得更为重要。早在中世纪的欧洲,商人法院对商法的发展就起到了很大的作用。法院的法官一般由市场或集市的商人们推选或由行会首脑选择几名行会的商人成员来担任,商人法院的判决是商事法的重要渊源之一。[④] 商事交易要求有一套稳定的交易规则存在,当事人必须对未

---

① [美]弗里德曼:《法律制度》,李琼英、林欣译,中国政法大学出版社 1994 年版,第 361 页。

② [德]柯武刚、史漫飞:《制度经济学:社会秩序与公共政策》,韩朝华译,商务印书馆 2000 年版,第 239 页。

③ K. Larenz, über Gegenstand und Methode völkischen Rechtsdenkens, Berlin 1938, S. 27.

④ 任先行、周林彬编著:《比较商法导论》,北京大学出版社 2000 年版,第 151 页。

来的法律后果有所预期。我国目前的法律制度中,并没有明确地规定商事代理权,但是司法判决却体现了商事交易所需要的那种制度。考察以上的司法案例,法院在解决这些问题的时候,既依据《民法通则》第43条的规定,又没有局限于这一规定,而是根据不同的情况,对这一法律规定作出解释。通过对"职务行为"这一术语的运用,法院自身建立了一套解决问题的方案与规则。同为大陆法系的德国学者认为,蕴藏在事物内部的秩序称为事物的本质;如果没有实证法的规范,或者这样的规范不完整不清晰,那么不断思考着的法律工作者就必须回溯到事物的本质。① 故而,如果将这些规则总结出来,就可以发现法院通过判决所建立起来的商事代理制度。这说明,在我国,法院的司法实践回应了商事活动的需求。

在我国,法院的判决会发挥"范例提示"的作用,也就是日后类似的纠纷或问题出现的时候,人们只要知道法院以往的判决,就会更为清晰地具体知道自己应当做什么、可以做什么、必须做什么。② 也就是说,法院的判决一方面可以使我们发现法官如何适用法律,另一方面可以使我们发现法官在适用法律的过程中如何发展了法律。法律条文必须要经过法官的解释才能得到适用,如此一来,法官在对法律条文的不同解释过程中,也就发展了法律。

回到哈耶克的规则理论。他认为,法官自身是自生自发秩序中的一种制度。法官将会始终发现,这样一种秩序乃是作为一个展开的过程的一种属性而存在的,而在这个过程中,个人之所以能够成功地实现他们各自的计划,乃是因为他们可以就其同胞的行动形成一些极有机会得到兑现的预期。③ 法官的工作乃是在社会对自生自发秩序赖以形成的各种情势不断进行调试的过程中展开的,换言之,法官的工作是这个进化过程的一部分。法官参与这个进化选择过程的方式,就是坚决

---

① H. Demburg, Pandekten, Bd. I, 7. Aufl., Berlin 1902, S. 84. 转引自[德]魏德士:《法理学》,丁晓春、吴越译,法律出版社2005年版,第382页。

② 刘星:《法理学导论》,法律出版社2005年版,第416页。

③ [英]弗里德利希·冯·哈耶克:《法律、立法与自由》(第1卷),邓正来等译,中国大百科全书出版社2000年版,第153页。

采纳那些更有可能使人们的预期相吻合而不是相冲突的规则。① 法官在法律的产生与演进的过程中发挥了重要的作用。我国学者也认为,法的需要最初表现为人对社会秩序的需要,而这种需要包含着生命财产的安全、行为结果的可预见性等,进而表现为个人自由、社会正义的要求。从历史上看是先有"法院"和审判活动,然后有法律,而最初的"立法"不过是对先前的审判中所产生的法律的整理、系统化和文字表达。只有树立法是生成的观点,认识到法的制定不过是对已生成的法律的"发现"、整理和准确阐述,我们才可能以科学的态度和方法进行立法工作。②

商事审判中,由于商法所固有的发展性与变动性,成文商事立法不可能完全满足调整商事交易实践活动的需要,势必需要借助灵活的法律适用方法。③ 商事司法在商事法律的发展过程中起到了重要的作用。苏力教授认为,如果不是把立法仅仅视为由某个贴了立法机关之标签的机构按照所谓的立法程序制定出来的法律条文,而是将立法视为对社会实际生活规定或确认规则,那么司法必然是广义上的立法之构成部分。法官以及有关的司法人员,每天都直接面对大量、多变的现实,直接面对活生生的人和事,因此他(她)更容易发现立法的不当之处、空隙和盲点;由于法定的职能,他(她)又必须作出具体的决定。④

虽然说法院的判决也许正在影响着我们的法律成长,但是我国毕竟是制定法国家,法律的缺失不能只靠法院的司法来发展,还必须依赖于制定法的完善。哈耶克也认为,法律发展的司法过程必定是渐进的,而且也可能是发展得太慢,以至于不可能使法律对全新的情势作出可欲的且迅疾的调试。⑤ 司法实践中通过使用"职务行为"这一说法来解

---

① [英]弗里德利希·冯·哈耶克:《法律、立法与自由》(第1卷),邓正来等译,中国大百科全书出版社2000年版,第185页。

② 严存生:"法的生成的几个问题",载《华东政法学院学报》2002年第1期。

③ 范健、王建文:《商法基础理论专题研究》,高等教育出版社2005年版,第95页。

④ 苏力:"为什么研究中国基层司法制度——《送法下乡》导论",载《法商研究》2000年第3期。

⑤ [英]弗里德利希·冯·哈耶克:《法律、立法与自由》(第1卷),邓正来等译,中国大百科全书出版社2000年版,第136页。

决商事纠纷,并不同于法官立法。法官立法需要得到国家的承认,也就是判例作为国家认可的法律渊源存在,但是我国的司法判决并没有这样的法律效力。

不过,通过对我国的司法案例的分析,至少可以看出,法律不是凭空制定出来的,第一,它取决于一个国家已有的经济社会环境与制度环境。一项制度是否与这个国家的经济社会环境相契合,是法律制度产生的宏观背景;而一项制度是否与这个国家的制度环境相契合,是法律制度产生的微观背景。第二,法律制度即便是通过移植来产生,也需要考虑移植国家现有的制度需求。否则凭空出现,制度并没有存在的价值。第三,通过对现有判决中出现的规则的归纳,可以发现法官在适用现有法律时出现的制度不足,因为有许多判决是超越了现有制度的。

这些归纳在国外,特别是判例法国家可以被称为法律重述。卡多佐大法官指出,法律面临着重述的需要,这些重述从先例的荒漠中找出法律的确定性和有序性。① 法律重述不同于制定法,它是通过对制定法、判例法中的法律规则进行归纳与总结,得出具有一定体系性的规则系统,此规则系统对司法实践具有指导的意义。美国法学会(American Law Institute,ALI)对法律重述的定义是:指向法院和其他适用既有法律的主体的法律文件。也即法律重述主要为法院判案提供指导,为法律适用者提供参考。重述的目的在于澄清普通法,法律规范的相关因素或变化,反映法律目前的状况或对法庭将来审判的影响。黑体条文的形式旨在描述法律现在的状况(law as it is)。② 卡多佐法官认为,法律重述是"对法律进行科学、精确的重新表述"。③ 大小法院的判决纷至沓来,致使引用先例反而不如诉诸有启发的原则更有价值。④

卢埃林在一次演讲时说:"在认可和实施新生的商业制度方面,法

---

① ［美］本杰明·N. 卡多佐:《法律的成长·法律科学的悖论》,董炯、彭冰译,中国法制出版社2002年版,第4页。

② A Handbook for ALI Reports and Those Who Review Their Work(2005),p.4.

③ ［美］本杰明·N. 卡多佐:《法律的生长》,刘培峰、刘骁军译,贵州人民出版社2003年版,第5页。

④ ［美］本杰明·N. 卡多佐:《法律的成长·法律科学的悖论》,董炯、彭冰译,中国法制出版社2002年版,第5页。

律的行动应比现有的速度更快;在通过个案完善这些制度的细节时,应当允许法律具有比现在更大的灵活性;在做上述两件事情的时候,法律应当热切地关注与制度相关的经济的作用、而非其法律外壳;为了满足商业需要而进行的法律重述,必须朝着这些目标开展,蓬勃地开展。"①在这里,我们得到的启发是,我们需要审视已有的制定法以及现有的各种司法判决,发掘司法判决文本中所包含的新生成的规则,归纳与提炼它们,并用更加精准的法律语言重塑它们。德国学者认为,说话者可以确定所表述的词的含义,所以通过规定定义规范如制定法,立法者也能够在一定程度上确定词的含义。②

如果说未来中国的法律特别是商事法律如何产生,笔者认为,这将是一条可行的道路。

(刘文科,清华大学法学博士。)

---

① [美]本杰明·N.卡多佐:《法律的成长·法律科学的悖论》,董炯、彭冰译,中国法制出版社2002年版,第70页。

② [德]魏德士:《法理学》,丁晓春、吴越译,法律出版社2005年版,第90页。

国际私法

国际私法中的惯常居所:新的住所?*

[英]P. 罗格松著　杜焕芳译

目　　次

* 本文译自《国际比较法季刊》(International and Comparative Law Quarterly,ICLQ)2000年第49卷第86~107页,原文标题"Habitual Residence:The New Domicile?"。作者P. 罗格松(Pippa Rogerson),法学博士,英国剑桥大学高级讲师。《中华人民共和国涉外民事关系法律适用法》已于2011年4月1日起施行,该法有关法律适用规则的属人法连结点主要采用"经常居所地",但对于如何认定并适用"经常居所地",该法并无明确规定,中国涉外民商事司法实践中也无一致做法。本译文对于"惯常居所"的论述,可以为中国法院在涉外民商事司法实践中如何认定并适用"经常居所地"予以启发,并为中国最高人民法院起草涉外民事关系法律适用法的相关司法解释给予借鉴。

一、引言

在过去几年中,涉及"惯常居所"(habitual residence)[①]含义的案例被屡次报道,这种新的术语不仅大量用于国内立法,而且也被用于为改革国际私法的大量海牙公约中,在欧洲委员会中也得到广泛运用。惯常居所是一国法院行使管辖权的基础,特别是涉及婚姻诉讼和儿童监护[②]问题时。例如,它已被欧洲委员会在一项关于民事管辖权和判决执行的新公约[③]中作为住所的替代而得到采用。惯常居所在有关税收和社会保险事项[④]中也很重要。它在《1971 年移居公约》[⑤]中被有条件地使用。除了分配管辖权外,惯常居所正开始作为法律选择的一个联结因素而被采用,例如,《罗马合同法律适用公约》[⑥]第 4 条第 2 款规定:消费者的惯常居所地法可以决定消费合同的法律适用(在没有明示选择法律的情况下)。而且,消费者受到他/她的惯常居所地强制性

---

① *Re A.* (*Abduction*: *Habitual Residence*) [1996] 1 F. L. R. 1; *Re M.* (*Abduction*: *Habitual Residence*) [1996] 1 F. L. R. 887; *D.* v. *D.* (*Custody*: *Jurisdiction*) [1996] 1 F. L. R. 574; *Re M.* (*Care Orders*: *Jurisdiction*) [1997] 1 F. L. R. 456; *M.* v. *M.* [1997] 2 F. L. R. 263; *Nessa* v. *Chief Adjudication Officer* [1999] 1 W. L. R. 1937; *Re A.* (*Abduction*: *Habitual Residence*) [1998] 1 F. L. R. 497; *Re S.* (*Custody*: *Habitual Residence*) [1998] 1 F. L. R. 122.

② 例如,Family Law Act 1996, s. 19(2)(b), Domicile and Matrimonial Proceedings Act 1973, s. 5(3)(b), Family Law Act 1986, s. 46(1)(b), Adoption Act 1976, s. 17, Child Abduction and Custody Act 1985, Schedule 1.

③ Council Act 22 Dec 1997(OJ. 1998 C33/20 31. 1. 98).

④ 例如,*Swaddling* v. *Adjudication Officer*, C-90/97, *The Times*, 4 March 1999, Fifth Chamber 25 Feb. 1999; *Nessa* v. *Chief Adjudication Officer* [1999] 1 W. L. R. 1937; *R.* v. *Secretary of State for Social Security*, *ex p. Sarwar* (1995) 7 Admin. L. R. 781. 这样使用惯常居所,在欧洲和国内已是一门发展中的法学。

⑤ Rayden & Jackson on Divorce #2. 26 n. 1.

⑥ 该公约在英国已被制定为 1990 年《合同(准据法)法》。如果当事人没有选择准据法,那么推定"特征性履行"合同的当事人的惯常居所地法作为准据法(第 4 条第 2 款)。采用这种推定并因此决定当事人惯常居所的必要性,一部分原因在于许多合同有明确的法律选择条款,另一部分原因在于大多数可能的诉讼产生于商业合同,在这些合同中,主要商业地代替了惯常居所。

法律规则的保护[①](第5条)。另外,任何一方当事人在特定情况下可以援用其惯常居所地国家的法律来确证他/她并未承担合同义务[②](第8条)。在公约新的草案中,侵权人和受害者的惯常居所在决定侵权行为的法律适用时将会更重要,这是可能的。惯常居所值得如此广泛运用吗?回答这个问题之前,先讨论以下两个问题会有所帮助:第一,什么是惯常居所?它在任何立法或公约中都没有直接定义,这是为了防止与住所和国籍这两个可替代概念相联系产生的僵硬,[③]因此,留给法官去解释。判例法提供了惯常居所在实践中运用的一些方法指导。第二,它是一个能满足许多立法目的的满意的概念吗?特别是,它不仅作为管辖权分配的基础,而且作为法律选择的规则,这合适吗?

二、英国法中的惯常居所

虽然惯常居所已经应用于许多不同立法中,但法官仍在重申以下原则,即除非立法本身另有规定,语词在所有情况下具有相同含义。[④]这就要遵守以下规则,即语词具有一般的字面含义而不是艺术术语。因此,由于不同立法有不同目的,语词应考虑每个立法中的特定目的而具有不同的含义,这种争论显然是不可能的。

无论一个人的惯常居所的概念在立法中作何规定,确定他或她事实上的惯常居所不应因这种决定是否为管辖权、法律选择或税收所需要而不同。然而,只要稍作观察,很明显,法院对这种规则往往是口惠而实不至,经常参考立法目的以确定事实上的"惯常居所"。例如,在

---

① 第5条。

② 第8条。

③ *Dicey & Morris*:*The Conflict of Laws* (12th ed. 1993) p. 162. 但是,欧洲理事会外长委员会曾作出过一个统一的定义而宣称:"决定一个居所所是否为惯常的,要考虑居所的期限和连续性,以及其他私人或专业性因素,来指明某人与其居所之间的持续性联系。"对惯常居所进行定义的其他实质性尝试,参见 Beaumont and McEleavey,*The Hague Convention on International Child Abduction* (Oxford,1999) p. 89, n. 10。

④ 这一点已明确,涉及通常居所(ordinary residence)的 *R.* v. *Bamet London Borough Council*, *ex p. Shah* [1983]2 A. C 309 at p. 34O,以及考虑惯常居所(habitual residence)的 *Re J.* (*A Minor*) (*Abduction*:*Custody Rights*) [1990]2 A. C 562 at p. 578。亦可参见 *Nessa* v. *Chief Adjudication Officer*[1999]1 W. L. R. 1937。

Nessa v. Adjudication Officer 案中,为什么为了确立惯常居所,一定的居住时间是必要的?部分原因在于立法旨在限制给予收入资助的权利。[①] 而在 *Oundjian* v. *Oundjian* 案[②]中,法国人 J 注意到了使用惯常居所的目的,即保证在当事人之间有正确的联系,并保证这个国家有行使管辖权的充分理由;他在决定是否已经确立惯常居所时考虑了上述情况。在实践中,有许多未明示的考虑可以解释更多矛盾的案件。例如,法官在考虑 1985 年《儿童监护和绑架法》中的儿童的惯常居所时,尽可能地认定该儿童有惯常居所,儿童在被剥夺该法保护时也同样如此。[③] 有关税收的案件,更多地考虑公共政策,如避免逃税。法官在考虑移民或社会保险立法时,倾向于避免在该国产生惯常居所,其目的是减少可能提出请求的人数。[④] 不考虑背景的惯常居所是一个单一的概念,因此这个原则是虚幻的。坚持原则但在实践中又背离它,这就产生困惑,这主要是因为决定的根本原因是模糊的。假如,有目的地解释惯常居所成为现实,那么,就必须清楚表达该目的。如果依靠个别立法的目的,就会在惯常居所的不同使用上和含义上产生歧义,这种批评可能会受到已有主张的反对。使目的作为原因的一个明确部分,这将会对法律关系具有较明确和较易预见的结果。

或许,确定性和可预见性的重要性在管辖权的分配上要比在法律选择问题上逊色一点,在处理事后发生的管辖权竞合和分歧问题上,有可能存在第二层次的分配规则。但是,通常需要预先知道哪一法律将支配如合同的某些方面,以及这种法律选择规则要求更为精确。如果现在的惯常居所规则要为法律选择的目的而被使用,那么它们无疑将作为补充。假设法院坚持"惯常居所"这个词具有相同的含义而不管

---

① The Court of Appeal [1998] 2 All E. R. 728 Sir Christopher Staughton at p. 733 and Morritt LJ at p. 743. 在 *Swaddling* v. *Adjudication Officer* 案后,在欧洲背景下需要谨慎对待判决,因为合理时间的要求与共同体对惯常居所的解释相反。

② [1980] Fara. Div. 198.

③ 法官 Thorpe 在上议院判决 *Nessa* v. *Adjudication Officer* 案([1998] 2 All E. R. 728 at p. 737)的异议意见中表达了这种担忧。

④ 这也是 *Nessa* v. *Adjudication Officer* 案的结果。同样参见 the House of Lords [1999] 1 W. L. R. 1937。

它们存在于哪部法律中,那么如何来解释这些词?在一个有影响的 *Re J.* (*A Minor*)(*Abduction*:*Custody Rights*)案①中,法官 Brandon 主张,惯常居所这个术语将根据“惯常”和“居所”这两个词的通常的字面含义来理解。② 他进一步认为,一个人的惯常居所在哪里,这是个由考虑案件各种情况所决定的事实问题。③ 照此理解,确定一个人的惯常居所应该是由直接的事实决定而不需要法律规则或法院的干预。然而,正如《戴西和莫里斯论冲突法》的主编指出的,“尽管法官们坚持认为他们不是在处理艺术术语,但有一种遗憾的趋势,那就是他们针对惯常居所什么时候可以确定、什么时候不可以确定,正在发展一些规则”。戴西和莫里斯进一步希望“法官会抵制针对惯常居所而确立具体和严格的规则的倾向。每个案件的有关事实和客观情况应该不借助于推定和假设而仍能得到确认”,④这种现实已被法院重申。⑤ 然而,最近10年,在有关惯常居所的案件报道中,8件是由上诉法院决定的,⑥3件是由

---

① [1990]2 A. G 562,同样参见 *C.* v. *S.*(A Minor:Abduction)。

② [1990]2 A. G 578 - 9. 亦可参见 *Levene* v. *Commissioners for Inland Revenue* [1928]AX. 217;*I. R. C.* v. *Lysaghl* [1928]A. C. 234。

③ 法官 Seaman 在早期的 *R.* v. *Bamet London Borough Council*, *ex p. Shah* 案([1983]2 AX. 309 at p. 344)中同样表达这种观点:“这最终是个事实问题,主要依赖于可接受的客观事实证据,而非主观心理状态。”

④ 12th ed. 1993, pp. 162 - 3. 亦可参见 Clive[1997]Jur. Rev. 307。

⑤ *Re M.*(*Abduction*:*Habitual Residence*)[1996]1 F. L. R. 887 at p. 896;*D.* v. *D.* [1996]1 F. L. R. 574 at p. 579.

⑥ *M.* v. *M.* [1997]2 F. L. R. 263;*H.* v. *H.* [1996]2 F. L. R. 570;*Nessa* v. *Chief Adjudication Officer* [1998]2 All E. R. 728;*Re F.* (*A Minor*)(*Child Abduction*)[1992]1 F. L. R. 548;*Re K.* (*Abduction*:*Consent Forum Conveniens*)[1995]2 F. L. R, 211;*Re M.* (*Abduction*:*Habitual Residence*)[1996]1 F. L. R. 887;*Re M.* (*Minors*:*Residence Order*:*Jurisdiction*)[1993]1 F. L. R. 495;*Re N.* (*Child Abduction*:*Habitual Resilience*)[1993]2 F. L. R. 124;*Re R.* (*Wardship*:*Child Abduction*)[1992]2 F. L. R. 481;*Re* 5. (*A Minor*)(*Abduction*)[1991]2 F. L. R. 1;*Re S.* (*Minors*)(*Child Abduction*:*Wrongful Retention*)[1994]1 F. L. R. 82.

皇座法庭决定的。[①] 乍一看,这么简单的问题还需要高级法院来决定,很惊奇;但进一步观察,显然惯常居所不是一个简单的问题,法院和顾问们也提不出更好的建议来解决这个问题。

首先,惯常居所这个概念本身包含一个相当主观的因素,它需要对人的心理状态进行调查。词语"居所"在一般的用法中表示一个人的"家"。这种主观因素是规则的重要组成部分,因为它与仅仅"出现"相区别。这也导致了法官干预的必要性。当惯常居所引起争论,决定一个人的惯常居所在哪里的问题时,法官的判断是必须的,因为这种争论不可能仅依赖于一方当事人对其惯常居所的主张。在许多案件中,决定惯常居所的法律规则已经确定。法官 Brandon 在 *Re J.* (*A Minor*)(*Abduction*)案中主张,在一国内的惯常居所应该根据该人在哪个地方有定居的意图来决定。早期有关通常居所的案件认为,住所应根据"自愿"和定居的"目的"来决定。[②] 同时,主观因素导致不可预见性,即使同样的案件,由于"心理同意"不同也会导致惯常居所的不同。正因为这个原因,在住所问题上,主观因素的旧规则受到了批评。[③]

相反,在管辖权领域,一个人"出现"的客观事实在一段时间里成了决定性因素,这里没必要用法律规则去判断一个人是否实际出现,[④] 仅仅"出现"就可以作为管辖的根据。例如,在赋予英国法院管辖权[⑤] 和决定是否承认外国判决问题上,[⑥]"出现"是个确定可预见的规则;但它对分配英国法院管辖权来说,[⑦]也不是一个完全满意的规则,过度使用这个规则,会使那些与该国毫无联系的案件也包括进去。作为结果,

---

① *Re J*,(*A Minor*)(*Abduction*:*Custody Rights*)[1990]2 A. C 562;*Re S.* (*Custody*: *Habitual Residence*)[1998]1 F. L. R. 122;*Nessa* v. *Chief Adjudication Officer* [1999]1 W. L. R. 1937.

② *R.* v. *Bamet London Borough Council*, *ex p. Shah* [1983]2 A. C 309.

③ Fentiman[1991]C. LJ. 445.

④ 另一方面,有些法律规则在管辖权领域视为出现,但事实上并未出现。

⑤ *Maharanee of Baroda* v. *Wildenstein* [1972]2 Q. B. 283.

⑥ *Adams* v. *Cape Industries plc* [1990] Ch. 433.

⑦ 例如,"出现"明确地被排除作为管辖依据来起诉在布鲁塞尔民事管辖权和判决执行公约缔约国设有住所的人(第3条)。

英国法院基于不方便法院(*forum non conveniens*)[①]理由根据普通法规则已经对诉讼案件提出严格的要求。用“居所”代替“出现”同样能达到目的,因为居所要与一个国家有较多实质性联系,“居所”显然不同于“出现”。但是,正因为不方便法院已经抛开了基于“出现”的规则的确定性和客观性,惯常居所同样也会遇到这个问题。但是,通过确定一些原则来帮助法官判断,已经使引进不方便法院原则导致的不确定性得到改善。因此,一个人的惯常居所通过附加法律规则可以得到较为预见性的确定,法律规则的发展因而是不可避免的。

其次,“居所”这个词的普通意思不仅需要一个人合理的出现,而且是要在行使管辖权的那段时间里出现。在许多案件中,这已被定义为“合理的时间”,而且已成为另一个被发展的例子。[②] 但确定多长时间才算合理又是一个比较困难的问题。例如,在 *Nessa* v. *Chief Adjudication Officer* 案[③]中,上诉法院的多数法官认为用1天来计算合理时间太短了,但不能说多长时间就足够了;相反,持异议的法官 Thorpe 认为1天足够了。在 *Swaddling* v. *Chief Adjudication Officer* 案[④]中,法官认为过了8个星期,惯常居所就可以确立。在 *Re S*(*Custody*: *Habitual Residence*)案[⑤]中,一位爱尔兰妇女,回到英格兰尽力弥补其关系,被认为在英格兰已重新取得其惯常居所,即使不到8个星期。[⑥] 而在 *Re B* 案[⑦]中,仅一个月就被认为足够。上述案件的结果不同,部分是因为“合理的时间”这个概念本身随着一个人的心理状态的变化而变化。[⑧] 对一个已经下定决心将在可预见的将来住在一个特定地方的

---

① *The Spiliada*, *Spiliada Maritime* v. *Cansulex Ltd* [1987] A. C 460. 在有关承认外国判决方面尚未发展出同样的限制,但亦出现了这种运动的一些信号(Rogerson[1998] CJ. Q. 91)。

② 法官 Brandon 认为“合理的时间”对于一个定居的意图来说是必要的,这可被认为是惯常的{*Re J.* (*A Minor*)(*Abduction*: *Custody Rights*)[1990]2 A. C 562 at pp. 578－9}。

③ [1998]2 All E. R. 728.

④ Case C－90/97, *The Times*, 4 March 1999.

⑤ [1998]1 F. L. R. 122.

⑥ 她看来只在英格兰待了大约6周。

⑦ [1994]2 F. L. R. 915.

⑧ *Nessa* v. *Chief Adjudication Officer* [1999]1 W. L. R. 1937 at 1943.

人来说，“合理的时间”要求很短，甚至几天。[①] 在 *Nessa* v. *Chief Adjudication Officer* 案中，当事人订购单程票，随带所有她已打包的物品，离开孟加拉国而来到英格兰开始新的生活。

在某人没有下定决心的场合下，要确定何谓合理的时间，更为困难。然而，与一个人停留时间的长短相比，这种困难基本上是由一个人的心理状态的波动引起的。*Re B* 案[②]是一个很难解释结果的典型案件。一位离婚妇女在 1980 年从英国迁居到加拿大，1992 年，她返回英国并打算在英国和她的子女定居，在英国居住了 1 个月后，她又回到加拿大居住了 2 个月并打算与她的丈夫和好。这 2 个月的时间并不构成充分合理的时间使她丧失在英国刚取得的惯常居所以及重新在加拿大取得惯常居所。另一方面，仅 1 个月的居住时间，对于她在英国已经取得的新的惯常居所来说，显然足够了。但有一点是可能引起争议的，也就是在第二次返回加拿大时，她没有与英国切断联系足以使她能够在加拿大重新取得惯常居所。[③] 但是，这并不能解释在英国和加拿大取得惯常居所的必要的时间长度之间的分歧。真正的困难在于，在她的婚姻有和好的可能性时，该妇女并没有在英国定居的意图，在她的婚姻失败时她也不想居住在加拿大。这种案件是常见的，从而也不可避免地导致前后不一致的结论。法院的判决是根据对“合理时间”的判断作出的，但事实上，法院是按照一个人是否有充分的定居意图来作出的。这些处理不一致的案件[④]的一些结果可以根据不同理由得到确证。它们中的许多是这样一些案件，为了确定法院是否有管辖权，父母的惯常居所根据《海牙儿童诱拐公约》正在被认为能够决定儿童的照

---

① 是对恢复原始住所规则的回应。但是，与恢复规则相反，在惯常居所方面存在空隙，因为一个人很容易丧失其惯常居所，且可以通过一段时间重新获得一个新的惯常居所{*Re K.* (*Abduction*：*Consent Forum Conveniens*)[1995]2 F. L. R. 211 at p. 215}。

② [1994]2 F. L. R. 915.

③ 这是一个法院和学术界反对劝勉的“具体化规则”的例子。

④ 亦可参见 *Re F.* [1992]1 F. L. R. 548（在澳大利亚，1 个月足以取得一个惯常居所）；*V.* v. *B.* [1991]1 F. L. R. 266（2 个月是必要的）；*A.* v. *A* [1993]2F. L. R. 225（8 个月还不够）。

顾和控制;这项认为丧失惯常居所比取得惯常居所[1]要容易得多的规则所可能产生的真空是减少了对儿童的保护。法院反对这种规则,为了使英国法院能行使管辖权,而倾向于认为父母在这里有惯常居所。但这种解释,对将来的判决并无任何有益的分析。

其他案件表明,"定居目的"包括迁移到另一个国家但没有真正确定定居的意愿。下定决心并使之成为永久的"家"而获得惯常居所,这是有可能的。例如,在 *Re B(minors)(Abduction)(No. 2)*案[2]中,全家人到母亲在德国的家去解决他们之间的分歧,法官 Waite 认为他们的意图仅是"观望";但在德国住了6个月,就已表明在德国取得惯常居所。当事人迁移到德国之前,在苏格兰处置了他们的商业,这可能很重要,但处置商业是下定决心的表现这一点并不明显,更多的企图是,究竟在德国还是其他地方开始新的家庭生活之前能得到一段考虑的期间。[3] 在难以确定留在一个国家的真正意图时,惯常居所的这种发现有不自然的味道。这方面一个极端例子是 *University College London* v. *Newman* 案,[4]这个案件是有关通常居所的。Newman 是一个新西兰人,他作为一个几乎无目标的流浪者在欧洲旅行了3年,但没有证据表明他在任何一个国家停留过数个月。这就很难说他有在某地定居的意图,但他仍然被认为已通常居住在欧洲。这是一个擦边球的案件,唯一可选的结论是,他在三年前离开的新西兰有住所。但毫无疑问,他在完成旅途后最终要回到新西兰的"家",他的住所很明显在新西兰,他与那个国家有最强联系,否则他会被发现没有居所(这点连门外汉也理解)。这个结论对法律选择或其他事项来说,是一个灾难性的结果。虽然可能不合适,但解决方法已经找到。

然而,注意这一点很重要,即一系列案件的最后结果表明,客观因素在决定某个人的惯常居所时总体上起主导作用。正如 Clive 所指出

---

① 如果带有足够确定不再返回的意图而离开一个国家时,惯常居所会立即丧失{*Re K.* (*Abduction*:*Consent*:*Forum Convenient*)[1995]2 F. L. R. 211 at p. 215}。

② [1993]1 F. L. R. 993.

③ 亦可参见 *Re B.* (*Child Abduction*:*Habitual Residence*)[1994]2 F. L. R. 915。

④ *The Tines*, 8 Jan. 1986, Court of Appeal.

的，一旦某个人在某个管辖区域内客观出现一段时间，仅仅已停留在那里的事实就压倒所有其他主观因素。[①] 他进一步认为，假如居住已持续超过1年（甚至在假期和工作期间不在那里居住），也不管居住仅仅为了有限的目的，这也会被法院确认为惯常居所，甚至一个已在考虑惯常居所的人十分想住在其他地方，只因为环境所迫，他只能住在这个国家，在上述事实很清楚的情况下，居住在那个国家超过1年的事实压倒了他的愿望。[②] 看来，缺乏与一国的联系或者想离开的主观因素不会阻止惯常居所的取得。在 *Re A* 案[③]中，孩子们通过美国空军投邮到冰岛，这个事实被认为在冰岛有惯常居所，尽管他们除了投邮之外，并没有在冰岛居留，除了有形出场之外，与冰岛也没有联系。这位母亲认为冰岛空军基地是美国的，以避免他们在那儿有惯常居所的结论，她证明他们很少离开基地甚至去商场。确实，接受教育、住房和其他必备设施，都是由空军基地提供，然而，决定孩子们的惯常居所仅考虑到他们在冰岛居住2年的客观事实。[④] 调查一个犯人的地位或居住在一个国家完全非自愿或从某种程度是被迫的，这很有意义。有人提出，一旦某人在某国居住超过1年，尽管缺少居住的自愿，这种情况就成为一项客观事实。这很难说这个人是住在这个国家而不是另外地方。另一方面，法院似乎赞同，在这些案件中完全缺乏自愿排除了任何定居意图或者自愿停留的意图。[⑤] 这些例外推翻了这种观点，即惯常居所的问题从某种程度上可以完全客观地被确定。这就增加了案件处理结果的不确定性，因为“自愿”事项是一个程度问题。例如，在 *Re A* 案中，法院

---

① [1997] Jur. Rev. 307.

② *M.* v. *M.* [1997] 2 F. L. R. 263. 在该案中，家人为了挣足够的钱生活在英格兰，但离开西班牙后只待在苏格兰。在苏格兰生活了2年，当事人被认为已惯常居住在苏格兰，尽管她只是不情愿地在苏格兰而从未想在此生活。

③ [1996] 1 F. L. R. 1.

④ 这种规则明显有利于明确性和确定性，但并不灵活，而且总是会产生不适当的结论的可能性。在 Re A 案中，通过认定儿童惯常居住在爱尔兰，结果就是爱尔兰法院拥有案件管辖权。但是，事实上这些法院并不拥有管辖权。当然，作为法律选择规则的连结点，惯常居所是否已经满足，这是有争议的。爱尔兰法律会适当地认为儿童与爱尔兰之间缺乏真实联系以及考虑他们与其他国家的强烈联系吗？

⑤ *R.* v. *Barnet London Borough Council*, *ex p. Shah* [1983] 2 A. C 309 at p. 344.

得出结论,被派到国外义务服兵役的士兵能取得他们被派驻地的惯常居所,因为这与商业机构被派到国外从事商业活动是不同的。参加部队与选择受雇于一家跨国公司是一样的,因此,一个人不能认为,他不是自愿地到被雇主派驻的地方居住。但是,法庭已确认,自愿服役士兵不取得他们被派驻地的惯常居所。这可能会被认为,正如一个受雇于一跨国公司的人应知道他有被派驻国外的可能性一样,一个自愿参军服役的人也应知道他有被派驻国外的可能性。因此,这既不是一个被派驻国外的可能性的认知问题,也不是一个可能被派驻国外受雇的自愿接受问题,这会阻止一个人否认在国外取得惯常居所。这里可能会有一个对这种特定结果和公共政策的解释问题,因为自愿服兵役可能会成为驻地部队的一部分,因而会产生其他更多的问题。然而,这种例外表明即便是"自愿的",也不是一项完全明确的规则。

但是,另外一些案件表明,即使在一国的出现是为某种特定原因,该人仍能被认为在该国有惯常居所。假如为避免一个人停留时间超过1年,那种在有限时间内的特定原因是合理的,这种情况尤为如此。*Kapur* v. *Kapur* 案经常被援引为权威性案例,尽管它并不是无懈可击,有许多证据表明该人想居留在英国比他的目的是通过边检并且确实已在这里待过1年以上还要长些。[①] 那个案件可以同另一个在 *Re S* (*Minors*) (*Child Abduction*: *Wrongful Retention*) 案[②]中的裁决相比较,该裁决认为不能取得英格兰的惯常居所,因为父母只在英格兰待过1年有限的时期。这种区别可以通过 *Re S* 案的事实得到解释,父母已回到叙利亚,因此,这可证明他没有在这里居住的意图,而且,通过 *Re S* 案的事实,取得惯常居所的时间只要6个月。我们已经看到,停留一个较长时期的客观因素可能会胜过任何居住的意图,因此,由于移民控制而严格限制在一个国家停留的做法不足以阻碍一个已经事实上居住了1年多的人取得惯常居所。[③] 这可以与在英国的居住是非法的(由于违反移民规则)情况相比较,然后当事人无法依靠那种非法的居住来取

---

① *Kapur* v. *Kapur* [1984] F. L. R. 920.

② [1994] 1 F. LR. 82.

③ *Kapur* v. *Kapur* [1984] F. L. R. 920.

得惯常居所。[①] 这种结果只能在公共政策的基础上得到解释,在这种情况下,显然有在这里居住的确定意图。居住已持续1年或更多时间的案件产生了大量相同的争议,但需要法院的注意是不同的,因为结果是一定的。

另一方面,一个人在一国停留较短时间或者已在两国或更多国家停留的情况下,出现的客观因素起不了决定性的作用。正如前面讨论过的,大多数疑难案件都是通过参考某人将一国作为他或她的"家"的意图来解决的。这种对家的定性的主观概念应由法律规则来规定,以此给予规则一定的稳定性和确定性。如果没有法律规则,不确定性需要更多的司法裁决,因为每一个案件将不得不根据特定的事实临时作出决定。出于这些原因而急于使惯常居所的概念摆脱司法干预是错误的,在实践中也是不可行的。

三、惯常居所与其他居所的比较

惯常居所在英国法中是一个相对新的概念,而通常居所(ordinary residence)有一个较长的历史。回顾一下通常居所的发展,来看一下是否有惯常居所的迹象,这可能会有意义。对于两者之间是否相同还有一些争论。[②] 一方面,在"惯常"和"通常"之间,更多的是有关语意的区别。一些人会主张如果是"惯常"的,那么它比仅仅是"通常"要更加连续和持久;[③]而且,如果词语有不同的意思,国会用"惯常"代替"通常"也有意义。另一方面,"居所"意味着它是一个人通常生活和惯常生活的一部分,因此两者又融合。也有英国和欧洲的判例法表明,惯常

---

① *R.* v. *Barnct London Borough Council*, *ex p. Shah* [1983]2 A. C 309 at p. 343. 但是,由于当事人通常居住于此,仍有纳税的义务,而不论其居所的非法性与否(*R.* v. *Secretary of State for the Home Department*, *ex p. Margueritte* [1992]3 All E. R. 909)。在税收案件中,不同的结果会成为不同政策事项的例子。这证明了这种主张,无论法院说什么确实存在居所的不同含义,使用惯常居所的立法的不同目的导致了这些不同含义。

② 尽管法官 Slynn 不认为两者是同义词,但他在 *Nessa* v. *Chief Adjudication Officer* 案中并未就此作出决定([1999]1 W. L. R. 1937 at 1941)。

③ 在 *Cruse* v. *Chittum* 案中,法官 Lane 对于惯常居所的取得和选择住所的取得进行了比较,认为通常居所和惯常居所是不同的([1974]2 All E. R. 240 at p. 243)。

居所、通常居所和平素居所(plain and simple residence)之间在结果上没有什么区别。在 *Hopkins* v. *Hopkins* 案①中,法官认为,形容词“通常”加在名词“居所”之前没有什么意义。在 *Swaddling* v. *Chief Adjudication Office* 案中,欧洲法院第五法庭认为第 1408/71 号规则第 10a 条中的“居所”意指“惯常居所”,这有一个共同的广泛含义。法院继续认为:“在那种情况下,应特别考虑受雇人的家庭背景;导致他搬迁的原因;他的居所的长期性和持续性;他处于稳定的受雇的事实以及从各种情况显示出来的他的意图。”这种描述在英国法中涵盖了居所、通常居所和惯常居所。然而,欧洲法院不会接受以下观点:取得居所或惯常居所,一个最低程度的合理时间是必要的。这种观点与法官 Slynn 在 *Nessa* v. *Chief Adjudication Officer* 案中的观点完全相反,后者坚持认为,最低程度的合理时间的要求是取得居所作为“惯常”的必要部分。②在这个国家取得通常居所没有被要求特别的最低程度的时间,因此,合理时间的要求仅仅是通常居所和惯常居所之间可能的显著区别。

在国内层面上,如同在欧洲背景下,一些事实表明居所、通常居所和惯常居所之间没有什么区别。在 *M.* v. *M.* 案中,上诉法院认为,通常居所和惯常居所受同样的规则支配。法官 Millet 认为:“在通常居所更为传统的概念和惯常居所更为现代的概念之间没有任何实际区别,为了同样的要求,居所应该是惯常的,也就是说自愿和定居两者同时具备。”③这种主张是可能的,随着时间的过去,各种形式的居所趋向于重合和融合,但这里会有危险。世界上存在有关通常居所含义的大量的判例法,特别是有关税收案件。法庭已经重述过,通常居所与惯常居所一样,是个事实问题,④而词语具有字面含义。⑤ 不考虑这些观点,有关

---

① [1951]P. 116 at pp. 121 - 122.

② 比较上诉法院法官 Thorpe 在判决中的异议意见([1998]2 All E. R. 728, at p. 737)。

③ [1997]2 F. L. R. 263 at p. 273. 也可参见法官 Butler-Sloss 的判决。

④ *Reid* v. *I. R. C.* (1926)10 T. G 673 at p. 681. 法院因此只好推翻了税务专员在极其限定条件下做出的决定。

⑤ *R.* v. *Bamet London Borough Council*, *ex p. Shah* [1983]2 A. C 309.

通常居所的案件需要一定程度的持久[①]和自愿选择留在一个国家[②],这可以大致类似于决定惯常居所的"合理时间"和"定居意图",这种类比是引人注意的,即在惯常居所的合理时间和通常居所的持久性之间具有确切相同之处。两个案件中有关决定居所的结果是非常矛盾的,这需要靠其他因素来作进一步解释。在一些税收案件中,无论平素居所还是通常居所,都表明一定程度的必要的持久确实很明显。在 *Commissioners of Inland Revenue* v. *Lysaght* 案中,一个纳税人被发现通常居住在联合王国。虽然他在那儿卖掉了房子去了爱尔兰生活是个事实,但他很有规律地返回联合王国,每四个星期中有一个星期待在旅馆里,而其他时间在爱尔兰的家里生活,显然这是他的通常居所。[③] 还有一个相伴的案件,在 *Levene* v. *Commissioners of Inland Revenue* 案中,当事人在英格兰卖掉他的房子,并去了摩纳哥,他居住在摩纳哥的许多旅馆里,但一年中大约有 5 个月时间返回英格兰,这也被认为他通常居住在英格兰。[④]

乍一看,两个案件的结果让人诧异,特别是 *Lysaght* 案,分配英国法院管辖权是不合理的,更不用说法律选择了。但是,这些税收案件可以作这样的解释。首先,在任何一个案件中,当事人所做的努力足以摆脱这样一个居所,即他已经在这个国家取得的产生纳税义务的居所。其次,上议院煞费苦心地认为这是个事实问题,既然已这样做就不能推翻税务专员作出的决定。相反,在近期的 *Goodwin* v. *Curtis* 案[⑤]中,上诉法院认为,一个人只拥有一套他居住了 5 星期的房屋,在他出卖房产之前,出于免除资本收入税的目的,他并未通常居住在此。法院认为他的居所没有足够的持久,仅仅是暂时的。这是肯定的,纳税人将在 5 个星期后离开那个居所;但结果是,为了这 5 个星期,他在任何地方都没有

---

① *Brokelmann* v. *Ban* [1971]2 Q. B. 602,611. 在其他一些案件中,"持久性"被描述为"定居意图",参见 *R. v. Barna London Borough Council*, *ex p. Shah* [1983]2 A. G 309。

② *R. v. Barna London Borough Council*, *ex p. Shah* [1983]2 A. G 309.

③ [1928]A. C. 234.

④ [1928]A. C. 217.

⑤ [1998]S. T. C. 475.

通常居所。这些案件能够在 *Goodwin* v. *Curtis* 一案的基础上得到调和,在该案中,在那间房屋的停留被限制在一开始,如果在每隔一段时间作短暂停留,*Lysaght* 案是正常的。这些案件相互矛盾的结果可能不吸引人,因为有限的目的(这足以成立惯常或通常居所)和暂时的居所(这不足以构成一个人的通常居所)之间的界限是很难划清的。然而,通过对有关惯常居所的案件的进一步观察,有限的目的已被认为是足够的,人们可以看到,停留的时间应该是一个比 5 个星期相对长的时间,通常至少 6 个月。① 因而,这些案件更接近这个界限,在一个国家停留较长时间的客观因素已胜过居住的主观意图。然而,当一个人可能没有通常居所或因此没有惯常居所时,*Goodwin* v. *Curtis* 案的结果就留下了可能的漏洞,为了法律选择的目的,不得不填补这个漏洞。

如果有关惯常居所和通常居所的规则更加融合,如同一个人没有惯常居所,一个人拥有一个以上的惯常居所是可能的,这将会被接受。而且,如果有许多超过较长时间的时期,惯常居所可以通过甚至比 8 个星期还短的时期取得。惯常居所除了作为法律选择的联结因素外,更适合于作为在一个案件争议中,多种可能的决定性因素,譬如支配已有规则之间冲突或矛盾的法律。结果将会是混乱和带来不可接受的不确定性,特别是在商业合同中,确定性是相对重要的。

四、惯常居所和住所的比较

在法庭上有许多主张,认为惯常居所将不遵循住所法,正如法官 Donaldson 在 *Re J* 案中所说的,“这种表述将不被看作带有特殊含义的艺术术语”。② 然而,我们发现,识别某人的惯常居所不像初看起来那么容易。在当事人已经在一国生活了将近一年的案件中,内在较不精确的主观因素的集中加剧了裁决的不确定性,我们认为这在疑难案件中是不可避免的,因为它们的确是疑难案件。求助住所可能是有帮助

---

① *Kapur* v. *Kapur* [1984] F. L. R. 920(居住在英格兰超过一年并希望在此居住更长时间)。

② [1990]2 A. C 562 at p. 578. 亦可参见 *Re M.* (*Abduction*:*Habitual Residence*) [1996]1 F. L. R. 887 at p. 896。

的。大约140年前,法官Cranworth愉快地指出:“住所意味着家,永久的家;如果你不了解你永久的家,我担心,来自外国作者或外国语言的表述将不会对你有很大的帮助。”①自那时起,住所作为某人永久的家的概念已经被法律规则容纳,而这些规则曾受到包括法官Scarman在内的其他人士的批评。

在*R.* v. *Barnet London Borough Council*, *ex p. Shah*案中,法官Scarman指出:“这个困难的概念在我们的法律中长期臭名存在,靠的是对歪曲的重新定义,微妙且费时的司法调查,并转向一个人的心理状态。”②的确,住所已经被认为是这么一个多变的概念,以至于引起了立法委员会改革的兴趣。在这一点上,立法委员会没有采用惯常居所作为代替选择,因为这不具有决定性,他们更愿意改变住所法中许多不被接受的规则。③ 然而,考虑到有关惯常居所的规则的发展历史已超过10年,在同样的观点被应用到惯常居所时,不应发挥过多的想象来过早地预见下一个世纪。这是因为,即使用很清楚的规则来处理处于困境的案件,这也是普通法的事。对法律原则而言,不从这些不可避免的有关疑难案件和一定相互矛盾的裁决结果的积累中发展是不可能的。如果惯常居所将作为一个实际的、客观的、能确定的基础概念来推迟上诉,那么法庭将会铭记于心。特别是,这同样将在许多案件中重复(譬如那些当事人已经在一国生活了一年多的案件),居留的客观因素几乎成为决定性的因素。

现在已有一些类似于住所规则的现象,这种趋向已被上诉法院注意到。④ 在这两者之间已有明显的重叠,因为“居所”是个普通的因素。《戴西和莫里斯论冲突法》一书的编者认为,对于住所的取得,至少到场是必要的,但他们仍然引用大量有关居所的税收案件。⑤ 住所中的焦点已倾向于放在持久还是定居的意图上,正如我们所看到的,定居的

---

① *Whicker* v. *Hume* (1858)7 H. LC 124.

② [1983]2 A. C 309 at p. 345.

③ Law Commission Report No. 168 on the Law of Domicile(1987).

④ *Nessa* v. *Chief Adjudication Officer* (1998]2 All E. R. 728 at p. 737.

⑤ *Dicey &Morris*:*The Conflict of Laws* at pp. 126 *et seq.*

意图也是取得惯常居所所要考虑的。从另外一个同样规则的例子可以看出,为了取得惯常居所,一个人必须如同要有在那儿生活定居的意图一样在同样时间出现在该地域。① 这已在住所规则中得到清楚的回应,一个人必须在同样时间取得定居事实和定居意图,②意欲离开或实际上已离开现在的居所都不能使惯常居所消灭。③ 另一方面,正如丧失选择住所,惯常居所也能够在一天里通过带着不再返回的意图离开一国而丧失。④ 惯常居所或真正的家的重要性在如下事实中得到反映,即一个人容易在已经居住的一国取得惯常居所。⑤ 同样在住所法里,摆脱原始住所是很困难的。⑥ 在处理以下案件时,两个概念之间最显著的区别就出现了,当事人有生活在一国的意图,但仅仅为了特定的目的或者仅仅生活了特定的时间。这种限制可以阻止选择住所的取得,⑦但通常不能阻止惯常居所的成立,⑧然而,区别大致上是个程度问题。

五、惯常居所作为法律选择的联结因素

惯常居所在其他海牙公约中作为管辖权行使依据和法律选择的联结因素而被采用,这是可能的。为了管辖的目的,惯常居所已为判例法所确认,但惯常居所作为法律关系适用法律的概念,可能会发生不同预见的结果,无论是概念本身(它有可能因考虑不同的目的而有变化),还是由于指引了一个不合适的法律而带来不利结果。惯常居所作为法律选择的联结因素与作为管辖权行使根据是有所不同的。当涉及的事

① *He M.* (*Abduction*:*Habitual Residence*) [1996] 1 F. L. R. 887.

② *Bell* v. *Kennedy* (1868) LR. 1 Sc & Div. 307 at p. 319.

③ *Re M.* (*Abduction*:*Habitual Residence*) [1996] 1 F. L. R. 887.

④ *Re J.* (*A Minor*) (*Abduction*) [1990] 2 A. C 562.

⑤ *Nessa* v. *Chief Adjudication Officer* [1999] 1 W. L. R. 1937 at 1943.

⑥ *Wlnans* v. *A. C.* [1904] A. C. 287 at p. 290.

⑦ *Udny* v. *Udny* (1869) LR. 1 Sc. & Div. 441.

⑧ *R.* v. *Barnet London Borough Council*, *ex p. Shah* [1983] 2 A. C 309 at p. 344; *Kapur* v. *Kapur* [1984] F. L. R. 920; *Re S* (*Minors*) (*Child Abduction*: *Wrongful Retention*) [1994] 1 F. LR. 82.

项是管辖问题时，英格兰法院只会考虑某人是否“惯常居住”在英格兰，而无须考虑该人在其他地方是否还有惯常居所，因此，一个人可以有多个惯常居所也可以没有。在管辖权争议中，两个法院重叠管辖权的情况很少，更多的问题是当原告没有主张他的权利而被告能够免责时，没有一个有管辖权的法院。在早期的主张中，法院曾认为，惯常居所和通常居所一样具有字面含义，因此，一个人不可能根据立法目的为使它得到采用而主张惯常居所有不同的定义。

然而，值得重提的是，特定税收案件相当于法律的特殊主体，考虑到不同目的，如果遵循这些处理结果，可能不合理；采用这些案件的结论来决定惯常居所，可能会导致一些不幸的结果。重要的是，许多税收案件背后的政策可能会产生不同于管辖事项甚至法律选择背后的政策的思路；法官在解释税法时，可能希望避免逃税，因此尽可能将居所的概念作扩大解释。有关这方面的证据可以从法官 Viscount Sumner 在 *I. R. C.* v. *Lysaght* 案①中发表的意见中看出，他说：“纳税人居住在何处，我尽可能解释成他居住在他能纳税的地方。”这一点在 *I. R. C.* v. *Levene* 集团诉讼案②中也是很明朗的，证明某人没有通常居所是非常困难的。*Lysaght* 案以后的案件显示，为了能在该国有义务交纳各种税，获取一个通常居所不需要有太多联系。因此，在法律规则运用的过程中可能会产生不平衡，因为这些法律规则并不符合法律选择的目的。尽管法律选择规则肯定会产生解决争议的合适的法律，但针对个别法律选择，它们应当是中性的。这一点在 *Lysaght* 案中也清楚地表达了，一个人在同一时间拥有两个通常居所，这是可能的。③

当然，英格兰法院不必过多关注这些观点中的最后一点，这里起决定性作用的是在英格兰纳税的义务问题。然而，如果法官在惯常居所问题上采用同样的通常居所规则，那么，会产生更强有力的互惠和其他公共政策问题。这一点会特别引起争论，英格兰法院根据孩子的惯常居所在英格兰而行使管辖权，并决定 Lysaght 先生的任何一个孩子的

① [1928] A. C. 234 at p. 245.

② [1928] A. C. 217.

③ [1928] A. C. 234 at p. 245.

监护权;更为令人吃惊的是,由 Lysaght 先生订立的一宗消费合同应受英格兰法支配,特别是可供替代的法律是以色列法。这一点没有从下面的主张中得到满意的回答,为了在众多惯常居所中取得一个作为支配这些问题的惯常居所,第二类规则将得到发展。将决定单一惯常居所的规则看作法律选择规则需要的规则,这是比较清楚、合理、合逻辑的。诉讼进展的稳定性是很重要的,这经常超过法律选择规则的需要,特别是针对合同事项。达到这种效果的一种方法是结束以下托词:"惯常居所"只有一种单一的意思,而不考虑它使用的背景。税收案件的多变的另一个原因是,整个税收制度是在多年的评估中运作的,尽管在该年度,一个通常居所的要求对纳税义务来说已足够,①但这点很清楚,在一个特定税收年度里,时间的分配是一个很重要的因素。②*Goodwin* v. *Curtis* 案产生的异常结果,可能的解释就是相对于一个税收年度365天而言,35天太短以至于无法确定某人的主要居所。但是,也没有必要在税收年度里特定的开始日和结束日居住生活,在其他一些案件中没有涉及纳税义务。

这一点也是很显然的,《海牙儿童诱拐公约》有关分配管辖权的案件考虑了个别政策因素。例如,阻止父或母单方面改变儿童的惯常居所的特殊规则反映了父母之间的公平的必要性。这种政策超过了儿童因此被认为在那儿有惯常居所,③这些案件也因此被描绘成自成一格(*sui generis*)的诉讼,既不是控辩式也不是纠问式。④ 法院已经认为他们需要一个快速的全面的解决方案。⑤ 为了使法院行使管辖权,有关决定一个人是否在英格兰惯常居住的案件,不得不在诉讼过程的前期

---

① Davies, *Booth's Residence, Domicile and UK Taxation* (Butterworths Special Edition 1997) para. 2.05.

② 例如,参见对于 Levene 先生在 1920～1924 年期间在该国生活的时间的评估方法([1928] A. C. 217 at p. 220)。

③ 例如,*D.* v. *D.* (*Custody*: *Jurisdiction*) [1996] 1 F. L. R. 574; *Re A.* (*Wardship*: *Jurisdiction*) [1995] 1 F. L. R. 767.

④ *Re N.* (*Child Abduction*: *Habitual Residence*) [1993] 2 F. L. R. 124.

⑤ *Re B.* (*Minors*) (*Abduction*) (*No.* 2) [1993] 1 F. L. R. 993.

作出决定,而且尽可能效率高,特别是只涉及无争议的经宣誓的证据。[1] 为了使那个国家的法院成为方便法院,近来有关儿童与管辖权之间的联系因素是很重要的。而且,《海牙儿童诱拐公约》的运作方式要求,在被诱拐的儿童迁移后立即提起返还的申请,因此,法院在儿童的居所改变的几个星期内可以决定该儿童的惯常居所。当然,当事人的居所在前期可能是混乱的,既是家庭破裂的结果又是家庭破裂的原因。

正如 Beaumont 和 McEleavey 所指出的,没有任何理由不允许存在多个惯常居所。[2] 出于这种目的,管辖权分配规则的灵活性、不确定性和不可预见性是可以接受的,甚至在这些特殊的背景下是受欢迎的。法院事后保证了最好的结局。尽管其他管辖权案件也可以快速地作出决定,但更有可能的是,引发的诉因和请求事项之间的间隔会更长、更固定。提起诉讼请求时的惯常居所对管辖权来说更为重要。但是,法律选择规则需要更多的确定性。为了阻止诉讼,预先能够知道将会适用哪种法律规则体系,这一点通常很重要。在特定背景下,采用无论是税收立法,还是《海牙儿童诱拐公约》发展而来的规则都将会导致不切实际的结果。在有关法律选择的案件中,单一的法律制度是确定的,不多也不少,这是很重要的。假如存在两种等同的法律制度,但它们在有关案件的事实处理上有不同的结果,我们还需要进一步的规则来在两者之间进行选择。假如没有一种法律制度被确认,也就不存在个别案件引起的问题的答案了。

解决这些困难,有可能吗?当然,为了管辖权和同样的目的,正如《1982 年民事管辖权和判决公约》第 41 条所规定的那样,使用可驳回的推断,为大量的困难案件提供了更多的确定性,而且无需过度牺牲灵活性。如此推断无法回答惯常居所重叠的问题,也无法解决找不到任何一个惯常居所的空隙问题。为了法律选择,在现有规则中,避免空隙是紧迫的,这是因为,毕竟一个人不能没有一个住所,而恢复某人的原

---

① *Re F.* (*A Minor*) (*Child Abduction*) [1992] 1 F. L. R. 548.

② Beaumont and McEleavey, *Hague Convention on International Child Abduction*, pp. 90 - 91.

始住所的理论是必要的。这种理论的产生受到了个别的责难,但没有一种可供选择的方法能单独解决以上困难。这在有关惯常居所的案件中也是事实。假如某人携带所有家产离开一国,完全没有再回来的意图,但同时,他只有在其他地方惯常居住,无论是离开一个未曾变动的原有的惯常居所,还是给予他们一个在该国的惯常居所,都是人为的,但当事人意图在这个国家安家这一点是可以相信的。① 前一个居所已确定被抛弃,问题也就产生了,因为一个人不可能决定性地确定其惯常居所。这种规则也将因同样的原因而不确定。在某些规则方面进行妥协,这是可能的,譬如,在一国居住生活一固定时期(例如3个月)就可以取得惯常居所;在离开前一个惯常居所之后,原有的惯常居所在同样的时期里仍有效,除非在这之前已经取得了新的惯常居所。妥协的做法可以增强稳定性,尽管仍然是人为的。但是,这种人为性是值得的,甚至在有关长期旅途中的非常极端的案件中也值得关注。

为了能在已经找出的两个或更多的惯常居所之间作出区分,已产生了一些规则,有关住所的 *I. R. C.* v. *Plummer* 案②提出了这个问题。在该案中,法官考察(两个居所中)主要的居所来确定当事人住在哪里。他沿袭了 *Udny* v. *Udny* 案中有关住所的认定,在该案中,法官Westbury通过参考一个人的单一或主要的居所来确定选择住所。该案的结果受到了批评,因为主要居所被认为是当事人读中学和大学的英格兰,而不是她度假的地方,也不考虑她一旦完成学业后意欲居住的地方的证据。有人主张,当事人有更多自愿确定的意图"居住"在她的家人生活的地方,而不是她寄宿在学校的地方。尽管受教育已被看作一个确定的目的,可以产生一个惯常居所,但无论如何,仅仅在另一国上

---

① 在有些案件中,尽管当事人的意图非常明显,如在 *Macrae v. Macrae* 案中,法官Somervell指出:"通常居所可以在一天内加以变动。一个男人通常居住在一个地方直到某一天,他然后与该地切断联系——本案中,他离开妻子;在另一个案件中,他可能处置其房产——并作出安排,将家安在其他地方。他迁移到的地方是他意欲将其作为特定时期的家,在这种情况下,从那时起,他就被认为他通常居住在他要去的地方"([1949]2 All E. R. 34 at pp. 36-37)。

② [1988]1 W. L. R. 292.

学本身这个事实使她在该国拥有惯常居所,这是不够的。[①] 另一方面,在该国就学的事实已足够在该国取得通常居所。[②] *Plummer* 案是一个有关纳税义务的案件,因而可能会受制于一些特殊的考虑。[③] 困难在于,如何建立决定哪一个居所是主要居所的原则。按照每个居所所停留的天数来计算,这种方法由于简便而可能受到欢迎。但是,某人只能在事后或特定时间里才能算总的天数,这对于需要及时清楚地预见的法律选择规则的确定而言,并不是一个合适的方法且有可能受当事人的人为控制。假如使用另外一些原则,譬如一些因素比其他因素更重要,这就没有理由不采用这些原则,从一开始来确定单一惯常居所。这种方法的危险之处在于,这些原则具有决定性,从而排除客观因素的考虑。这一点特别正确,正如在 *Plummer* 案中发生的,这些原则可能集中在个人的意图使得特定的场所成为他的“家”。另外,在解决那些两个或没有一个惯常居所的困难案件方面,法官将会重述,裁决不作为一般适用,因此惯常居所不能遵循住所一样的方法。

六、结论

在大多数情况下,确定某人惯常居所的国内规则,执行起来是合理的。尽管某些案件中,如当事人已在某国居住生活了近一年的案件,会有一定程度的不确定性,但这是无法避免的。在整个“居所”的概念内涵中,只有“出现”而完全抛开主观因素,这是可能的。惯常居所在分配管辖权方面似乎特别成功,它也很有可能被海牙国际私法会议有关国际私法的新公约——《国际民商事管辖权和外国判决公约》——采用作为管辖基础。由单一的国家法院来确定两个或没有惯常居所,这有可能产生稍微不同的问题。除非所有国家采取同样方法对“惯常居所”进行界定,否则不同国家之间管辖权的重叠是不可避免的。例如,假如某原告被 A 国认为在 A 国有惯常居所,而被 B 国认为在 B 国有惯

---

① 在一个案件中,法院明确地认为,被送往海外读书本身不足以在受教育所在国家获得一个新的惯常居所{*Re A.* (*Wardship*:*Jurisdiction*)[1995]1 F. L. R. 767}。

② *Miaegaes* v. *I. R. C* (1957)37 T. C. 493 at p. 500.

③ 例如,当事人每年在英格兰待上数天。

常居所,两国根据公约都有管辖权;同样,管辖权的落空也是可能的,也就是说,该原告被A国认为在B国有惯常居所而被B国认为在A国有惯常居所。管辖权的重叠可以用有关未决诉讼的规则解决,正如在同样事项上的布鲁塞尔和洛迦诺公约所规定的。另一种可能的解决方法就是采用英国有关公司住所所使用的类似方法。① 管辖权的积极冲突和消极冲突问题应该在公约中规定。

采用惯常居所规则进行法律选择,这有违管辖目的,因此可能会有无法克服的缺陷,特别是,这些规则既不能很好地适应单一场所的选择,也不能避免真空状态。通常居所规则是否应该更多地转化成惯常居所规则,这可能需要法官更多的认真考虑。通常居所规则如果被采用为法律选择目的的话,则会产生更多的复杂性,因为它们容易导致同时存在两个或更多的通常居所。而且,这些规则的复杂性对于预先的确定性尤为重要的法律选择来说,是不合适的。另外,惯常居所在某些案件的可能的合适性会受到质疑。税收案件和其他有关海牙儿童诱拐公约的案件有着如此分明的功能,以至于为了这些目的,惯常居所规则一般不可适用。

为了找出一个符合法律选择的惯常居所的目的而不考虑立法背景,准确地看出法官如何推断出惯常居所只有一个单一的含义,这是困难的。尽管为达到这些目标,有可能产生更具体的带有人为性和僵硬性危险的规则,这一点已被住所法证实。因此,法官在每一案件中采用惯常居所时应清楚说明原因,并且将惯常居所概念的目的牢记在心,这一点很重要,即使在管辖权案件中。

(杜焕芳,法学博士、中国人民大学法学院副教授。)

① Civil Jurisdiction and Judgments Act 1982, SS. 42(7), 43(7).

国际私法与非洲经济共同体：呼吁更大的关注

Richard F. Oppong 著　朱伟东译

目　次

一、导论

国际私法处理的是具有涉外因素的问题,在一个国际关系——无论是商事关系还是人事关系——频繁的环境中,此类问题十分常见。经济一体化就提供了这样一个环境,在这一环境下,人员、商品、服务和资本经常跨境流通。因这种经济一体化所产生的各因素的自由流通就会产生需要运用国际私法来解决的问题。经济共同体不能仅仅依赖经济规则来运行,还必须关注解决跨境争议的法律规则。

因此,欧盟①和其他经济共同体②对国际私法都给予了高度关注。

当下,非洲正通过非洲经济共同体来追求经济的一体化。在有关经济一体化的众多论述中,人们却很少探讨国际私法在这一过程中的作用,为实现经济一体化而制定的各种法律文件对此也缄默不语,这一状况令人不安。国际私法在非洲如此被人冷淡,以致有学者称其为"养在深闺人未知的灰姑娘"。③ 国际私法在非洲的落寞,以及非洲各国对其所采用的不同方法,被认为是非洲一体化的重要障碍之一。④

---

① 在欧共体成立时,完善的国际私法制度就被认为会在内部市场的建立和维护中发挥关键作用。因此,《罗马条约》第220条就授权成员国彼此谈判以确保国民利益得到保护,"有关互惠承认和执行判决和仲裁裁决的程序得到简化"。正如随后的评论所指出的,"只有确保有充分的法律保护,六国之间的真正内部市场才能建立。如果不能保证因多样化法律关系所产生的各种权利得到承认和执行,共同体的经济生命就会遇到麻烦和困难。"See Note sent to Member States on 22 October 1959, quoted in Council Report by Mr Jenard on the Convention of 27 September 1968 on Jurisdiction and Enforcement of Judgment in Civil and Commercial Matters OJ 1968 C59/1.《民商事事项管辖权与判决执行公约》(现在的《布鲁塞尔条例 I》)就是该条规定的直接产物。

② See eg work in the Organisation of American States (OAS) and the Common Market of the Southern Cone (MERCOSUR) cited in Part Ⅱ below.

③ cf Forsyth *Private International Law* (Juta Cape Town 2003) 43. Other African textbooks on the subject include: Christian Schulze *On Jurisdiction and the Recognition and Enforcement of Foreign Money Judgments* (UNISA Press 2005); J Kiggundu *Private International Law in Botswana, Cases and Materials* (Bay Publishing Gabarone 2002); John Ademola Yakubu *Harmonisation of Laws in Africa* (Malthouse Press Ltd Lagos 1999); IO Agbede *Themes on Conflict of Laws* (Shaneson Ltd Lagos 1989); RA Sedler *The Conflict of Laws in Ethiopia* (Faculty of Law Haile Sellaise I University Addis Ababa 1965).

④ Bankole Thompson. Legal Problems of Economic Integration in the West African Sub-Region. (1990) 2 African J of Intl and Comparative L 85, 99. 100; Bankole Thompson and Richard S Mukisa. Legal Integration as a Key Component of African Economic Integration: A Study of Potential Obstacles to the Implementation of the Abuja Treaty. (1994) 20 Commonwealth Law Bulletin 1446, 1454; Yinka Omorogbe. The Legal Framework for Economic Integration in the ECOWAS: An Analysis of the Trade Liberalisation Scheme. (1993) 5 African J of Intl and Comparative L 355, 364; Muna Ndulo. The Promotion of Intra-African Trade and the Harmonisation of Laws in the African Economic Community: Prospects and Problems. in MA Ajomo and Omobolaji Adewale (eds) *African Economic Community Treaty, Issues Problems and Prospects* (Nigerian Institute of Advanced Legal Studies Lagos 1993) 107, 111. 12.

完善的、协调化的国际私法制度是任何经济共同体不可或缺的重要因素。国际私法会影响人员、商品、服务和资本的自由流通,并因此影响经济共同体的运行,所以,任何经济共同体都应对其有所关注。例如,在欧共体内部,国际私法规则的协调化被认为可以推动内部市场的建立;协调化的国际私法规则通过适用统一的、确定的法律制度,有助于促进欧共体公民以及在欧共体内部市场经商、诉讼的其他商人得到平等的对待和保护;国际私法的协调化可以增强法律的稳定性,减少欧共体内部商人交易和诉讼的成本。这些因素影响到欧共体通过的许多条例,并构成许多条例的基础。①

考虑到国际私法对促进国际商业并因此促进经济发展的重要意义,②非洲落后的、被人忽视的国际私法制度会带来利益、货币和其他方面的损失。它会使商人对非洲现有的法律制度失去信心,也会妨碍通过学术研究文献和司法判例发展出有关这一学科的一致性的法理体系,而学术文献和司法判例正是国际私法规范的两个基本渊源。所有这一切都要求对国际私法这门学科给予更大的关注。

二、非洲经济共同体与国际私法

(一)现状

非洲大陆范围内的经济一体化开始于 1963 年非洲统一组织(现在的非盟)的成立。非洲统一组织基本上是一个政治组织,1991 年《建立

---

① See eg the Convention (and now proposed Regulation) on the Law Applicable to Contractual Obligations (OJ 1998 C 027) (Rome Convention) which is concerned with creating the right conditions for an internal market with the free movement of persons, goods, services and capital within the Community; the Brussels Regulation on Jurisdiction and Enforcement of Judgments in Civil and Commercial Matters (EC Regulation No. 44/2001) (Brussels I Regulation) aims at securing the free circulation of judgments within the Community to ensure that. theeconomic life of the Community is not disturbed and trade is thereby encouraged. ; Cheshire and North *Private International Law* (Butterworths London 1999) 481.

② IFG Baxter. International Conflict of Laws and International Business. (1985) 34 ICLQ 538; J Darby. The Conflict of Laws and International Trade. (1967) 4 San Diego L Rev 45.

非洲经济共同体条约》签署后,它开始关注经济一体化问题。① 该组织设想通过非洲不同的区域经济共同体最终建设一个覆盖全非洲的经济一体组织,目的是逐步消除成员国内影响人员、商品、服务和资本自由流通的各种障碍。该组织的主要目标之一就是实现成员国经济的一体化,建立"共同市场"被认为是确保实现这一目标的一种方式。2002年非盟取代非洲统一组织后,经济一体化注入了更多的活力。非洲经济委员会要求非洲各国将追求经济一体化作为迫切需要解决的头等大事,它指出:"可以合理预期,这一千年最重要的趋势就是全球性竞争。各国都在致力于将本国经济与邻国相融合。这一转型对于非洲来说,至关重要。在非洲,相对小的经济总量、国际贸易条件、殖民主义的遗产、治理不善以及冲突等诸多因素混合在一起,这意味着我们还没有实现我们的全球市场份额,虽然我们有庞大的市场。"②

经济一体化与经济发展是非盟的两大主要目标。对非洲经济进行一体化的设想是受国际商业可以促进经济发展这一经济哲学的启发而形成的。人们认为,对非洲经济进行一体化可以扩大经济规模,使它们更具竞争力,能够参与更广阔的贸易和投资空间,促进对地区市场的出口,并能获得进入全球市场的必要经验。一体化也为非洲提供了共同发展金融、交通和通讯等服务业方面的合作框架。③

在所有这些尝试中,非洲国家显然没有重视法律特别是国际私法在促进和维护经济一体化中的作用。《建立非洲经济共同体条约》和其他后来旨在推动经济一体化的法律文件只是简单提及争端解决制

① Treaty Establishing the African Economic Community: reprinted in (1991) 3 African J Intl Comparative L 792, and (1991) 30 Intl Legal Materials 1241; see generally MA Ajomo and Omobolaji Adewale (eds) *African Economic Community Treaty, Issues Problems and Prospects* (Nigerian Institute of Advanced Legal Studies Lagos 1993). The AEC Treaty entered into force in 1994.

② Forward to: *Assessing Regional Integration in Africa*, ECA Policy Research Report July 2004.

③ ECA Annual Report on Integration in Africa (2002) 2.

度,而没有更多谈及法律,①有关国际私法的内容更是微乎其微。这与其他经济共同体的做法形成鲜明对比。兹以美洲国际间组织(OAS)为例,该组织也把经济一体化作为其目标之一。该组织通过其下属的美洲间国际私法会议这一机构已谈判并通过了20多个有关国际私法的公约。② 这些公约涉及国际私法的不同方面,包括判决的承认与执行以及合同的法律适用。③ 该机构近来的会议主题主要关注该地区的贸易自由化事项。④ 同样,南锥体共同市场(MECOSUR)也将"相关领

① In the 65 - paged Treaty the word. law. appears thrice; in the preamble, Article 18 (2), and 35 (1) a. Assigning a minimal role for law has been noted as a characteristic of Africa. s integration effort and has been criticized. See P Kenneth Kiplagat. Dispute Recognition and Dispute Resolution in Integration Processes: The COMESA Experience. (1994. 1995) 15 North Western J Int. l L & Business 437; P Kenneth Kiplagat. An Institutional and Structural Model for Successful Economic Integration in Developing Countries. (1994) 29 Tex Int. l L J 39, 50. 1.

② See 〈http://www. oas. org/main/main. asp? sLang = E&sLink = http://www. oas. org/documents/eng/aboutoas. asp〉 Friedrich Juenger. The Inter American Convention on the Law Applicable to International Contracts: Some Highlights and Comparisons. (1994) 42 AJCL 381; Alejandro Garro. Unification and Harmonization of Private Law in Latin America. (1992) 40 AJCL 587; Jose Daniel Amado. Recognition and Enforcement of Judgments in Latin American Countries: An Overview and Update. (1990. 91) 31 Virginia J Intl L 99; Leonel Pereznieto Castro. Some Aspects Concerning the Movement for Development of Private International Law in the Americasthrough Multilateral Conventions (1992) 39Netherlands Intl L Rev 243; Paul A O. Hop Jr Hemispheric Integration and the Elimination of Legal Obstacles under a NAFTA - Bases System. (1995) 36 Harvard Intl L J 127, 163. 6.

③ See, Inter-American Convention on the Law Applicable to International Contracts (1994) and the Inter American Convention on Jurisdiction in the International Sphere for the Extra Territorial Validity of Foreign Judgments(1984).

④ Diego P Fernandez Arroyo and Jan Kleinheisterkamp. The VIth Inter-American Specialized Conference on Private International Law(CIDIP VI): A New Step Towards Inter-American Legal Integration. (2002) 4 Yearbook of Private Intl L 237, 254.

域法律的协调化”视为“加强一体化进程的”关键,[1]国际私法就是相关领域之一,南锥体共同市场在此领域付出的关注和取得的成果“令人叹为观止”。[2] 实际上,美洲国家在国际私法领域的合作可追溯至 19 世纪,早在 1928 年广为人知的《布斯塔曼特法典》即《泛美国际私法法典》就已通过。而在非洲 14 个以上的经济共同体中没有一个将国际私法作为其议事日程,这实在是令人大跌眼镜。[3] 的确如此,非洲国家不但忽视缔结有关判决承认与执行的双边协议,还从来没有通过谈判就这一主题制定国际公约。笔者认为,真正的一体化不但要关注清除人员、商品、服务和资本流通的障碍,还应关注清除法律障碍:不完善的、被人忽视的国际私法制度就是这样一个法律障碍。

由于非洲全面的国际私法体制的发展停滞不前,随着世界范围内商事交易的数量、结构和方式的发展,非洲国家的法律制度可能不能满足新生的商事方式的需要。在商事领域其中一个显著的趋势是电子商务的广泛使用,[4]人们日益认识到,必须对国际私法规则进行修正以应对国际商事中出现的新挑战,[5]其他挑战还包括互联网、知识产权保护以及跨境环境问题。非洲经济合作的加强会导致私人之间越来越多的跨境商事活动,强有力的法律框架的存在,对于促进此类商业发展至关重要,而完善的国际私法制度是这一法律框架必不可缺的部分。

例如,经济共同体的成功必然依赖一套深思熟虑的外国判决执行制度,如果判决的执行复杂、耗时、费钱,它就会构成经济一体化的障

---

① See Article 1 of Asuncion Treaty 1991, available at 〈http://www. sice. oas. org/trade/mrcsr/mrcsrtoc. asp〉also Diego P Fernandez Arroyo. International Contracts Rules in Mercosur:End of an Era or Trojan Horse. in Patrick J Borchers and Joachim Zekoll(eds) *International Conflict of Laws for the Third Millennium, Essays in Honour of Friedrich K Juenger* (Transnational Publishers New York 2000)157. 63.

② Fernandez Arroyo, ibid 172.

③ 《东非共同体条约》第 126 条授权成员国“推动法院判决的标准化”以及“对与共同体有关的国内法进行协调化”,该条规定可以解读为包括了国际私法问题。但笔者还不清楚是否已根据该条规定对国际私法采取了相应的行动。

④ See, SO Manteaw. Entering the Digital Market Place-Commerce and Jurisdiction in Ghana. (2003)16 Transnational Lawyer 345.

⑤ Baxter(n 6).

碍,并阻止稳定的经济共同体的发展。① 当然,还需要有完善的管辖权制度和法律适用规范。复杂、多样的国际私法规范会产生不确定性,增加交易的成本,可能会吓跑投资者。对于商人而言,确定性、可预见性、交易的安全性、有效的救济以及低廉成本是进行投资决策的重要考虑因素。② 在一个争相吸引投资者的时代,非洲在国际贸易和外来投资量本来就已很低的情况下,更不应在这些因素的评价中得分更低。

(二)非洲各国对国际私法所采用的不同方法

在非洲,对国际私法的不同方面存在不同方法,这是非洲大陆不同法律传统的一个反映。非洲大陆存在下列法律传统:普通法、大陆法、罗马—荷兰法、伊斯兰法和习惯法。

可以表明这种多样化的一个领域是有关外国判决承认和执行的规则。③ 对于如何确定外国法院的国际管辖权、被请求执行国法院的权力包括审查外国判决据以作出的案件的实体问题的权力、可以执行的外国判决的类型以及拒绝承认与执行外国法院判决的理由,非洲国家采用了不同方法。下面将探讨五个非洲国家的相关法律制度,④内容十分概括,主要是为了说明非洲国家所采用的方法的多样性以及这为

---

① P Hay. The Common Market Preliminary Draft Convention on the Recognition and Enforcement of Judgments. Some Considerations of Policy and Interpretation. (1968) 16 AJCL 149; PMC Koh. Foreign Judgments in ASEAN. A Proposal. (1996) 45 ICLQ 844; Robert C Casad. Civil Judgment Recognition and the Integration of Multi-state Associations: A Comparative Study. (1980 – 1981) 4 Hasting Intl & Comp L Rev 1 where he identifies. an effective scheme for the mutual recognition and enforcement of civil judgments. as one feature of any economic integration initiative. likely to achieve significant integration.

② BA Caffrey *International Jurisdiction and the Recognition and Enforcement of Foreign Judgments in the LAWASIA Region: A Comparative Survey of the Laws of Eleven Asian Countries Inter-se and with the EEC Countries* (CCH Australia Ltd North Ryde 1985) 6,他在该文中指出,“可预见性、交易的安全性和权利的快速执行”是影响未来投资决策的因素。

③ S Thanawalla. Foreign Inter Partes Judgments: Their Recognition and Enforcement in the Private International Law of East Africa. (1970) 19 ICLQ 430. Forsyth (n 3) 332 et al.

④ 该条规定仅适用于金钱判决的承认和执行。普通法国家只执行金钱判决,但肯尼亚《外国判决互惠执行法》第3条第1款(b)却规定可以对来自指定国家的有关动产交付的判决进行登记。

非洲国际经济关系所带来的挑战。

1. 南非

南非是一个罗马—荷兰法国家。在南非,[①]外国判决的承认和执行主要受普通法和成文法调整。[②] 根据普通法,外国判决债权人不得直接执行判决,必须在南非法院提起一个新的诉讼,以便外国判决能够成为南非当地法院的命令,这当然会耗时、费钱。外国判决要在南非得到执行,首先,它必须是由根据南非国际私法规则具有国际管辖权的外国法院作出的。判断外国法院是否具有国际管辖权有两个依据:居所和接受管辖(submission)。虽然说起来很容易,但"居所"和"接受管辖"这两个术语却很难界定。[③] 对于其他依据如国籍、住所和财产扣押能否构成国际管辖权的基础,南非还存在持续不断的争论。[④] 其次,外国判决必须是终局的。最后,外国判决不得违反南非1978年《商业保护法》的规定。[⑤] 南非也存在拒绝承认与执行外国判决的理由,包括外国判决违反公共政策、违反了自然公正原则以及外国判决是通过欺诈方式获得的等。这些理由在解释时会存在很大困难,并为司法自由裁量权留下了许多空间,这种不确定性会妨碍商业发展。

外国判决债权人还可根据南非1988年《民事判决执行法》的规定请求承认和执行外国法院作出的判决。该法旨在为来自指定的国家的判决提供一个快速的执行机制。特别重要的是,与其他非洲国家的成

---

① 这一领域的法律正面临审查,以便进行改革:See South African Law Reform Commission, Consolidated Legislation Relating to International Cooperation in Civil Matters, Project 121 Discussion Paper 106 〈http://www.law.wits.ac.za/salc/issue/ip21.pdf〉.

② The Enforcement of Civil Judgments Act 32 of 1988, Protection of Business Act 99 of 1978.

③ PSG Leon. Roma non Locuta est.: the Recognition and Enforcement of Foreign Judgments in South Africa. (1983) 26 Comparative and Intl L J of Southern Africa [CILSA] 325; See the Ugandan case of *Transroad Ltd. v. Bank of Uganda* [1998] UGAJ No. 12 Civil Appeal No. 3 of 1997 on the difficulty of defining submission.

④ Ibid 338.9.

⑤ 根据该法第1条,有些判决如涉及矿产开发的判决不能在南非得到执行,除非得到南非经济事务部长的许可:For a discussion and critique of this Act see Forsyth (n 3) 435.7。

文法不同,该法不要求所指定的国家提供互惠待遇。该法规定了外国判决的登记程序,一经登记,外国判决就可视为是由南非地方法院作出的判决。外国判决债务人可对判决登记提出异议,异议的理由和普通法中拒绝承认和执行外国判决的理由相似,包括欺诈、违反自然公正、时效已过、外国法院缺乏管辖权以及违反南非的公共政策。不过,该法仅适用于南非地方法院的执行程序,而南非地方法院只能受理标的额为10万兰特以下的案件。由于国际商事争议标的额都比较高,该法似乎不能发挥太大作用。因此,对于外国当事人而言,该法规定的体制可能无法使用,可能仍不得不在南非高等法院根据普通法请求执行外国判决。

2. 安哥拉和莫桑比克①

安哥拉和莫桑比克是南部非洲两个大陆法系国家,它们有关外国判决承认和执行的规定都在各自的、仿照1966年葡萄牙《民法典》而制定的《民事诉讼法典》中。外国判决要得到承认必须满足下列条件:第一,外国判决是真实的。被请求承认判决的法院必须确信该外国判决是真实的。这是一个证明的问题,不会产生太多困难。第二,外国判决在外国必须是终局的,相关事项不应在被请求承认的法院内再次提出,除非该法院最先受理案件。这一要求考虑到了同一事项在不同法院提起的多重诉讼情形。第三,被告已得到有关诉讼程序的适当通知,在缺席判决的情况下,提起程序的最初通知必须已亲自递交被告。这一要求与普通法中的自然公正和正当程序相似。第四,在那些被请求承认判决的法院地国的国际私法规范规定应适用该国的实体法的案件中,外国法院作出的影响被请求承认判决的法院地国的国民的判决与该法院适用被请求承认判决的法院地国的实体法情况下作出的判决相比,不会对该国民带来不利。换句话说,被请求承认判决的法院地国的国民不应得到低于在本国法院所应得到的待遇。第五,根据被请求承认判决的法院地国的冲突规范,外国法院必须具有国际管辖权。

---

① This part relies heavily on the work of Andre Thomashausen of the Institute of Comparative Law South Africa. See A Thomashausen. The Enforcement and Recognition of Foreign Judgments and other forms of Legal Cooperation in the SADC. (2002)35 CILSA 26.

不过,只有在被请求承认判决的法院对案件不主张管辖权的情况下,才会认可外国法院具有管辖权。被请求承认判决的法院会在下列情况下主张管辖权:(a)被告已在本地居住至少6个月,或当事人一方是本国国民;(b)产生诉讼的行为是在被请求承认判决的法院地国内发生的,或该行为是由该国国民实施的,只要受害人国籍国法院在其本国国民针对被请求承认判决的法院地国的国民实施该行为时,也会主张管辖权;(c)本请求承认判决的法院是审理案件的最适当法院,且案件与法院存在实际联系。

依据管辖权协议作出的外国判决不会得到承认——如果该协议的目的是排除被请求承认判决的法院的管辖权,无论该管辖权是根据《诉讼程序法典》而存在,还是因当事人一方是被请求承认判决的法院地国国民而存在,或因案件涉及位于被请求法院内的财产而存在。这样的管辖权协议被认为是无效的。这种对管辖权协议所采取的敌视态度与拉美国家以前采取的做法相似,这些国家也反对在管辖权方面采用当事人意思自治原则——这一原则在国际商事交往中十分重要。[①]这种对待管辖权协议的做法会构成国际商事关系发展的障碍,因为在当前进行跨境交易的实践中,在合同中加入管辖权条款是一种十分常见的做法。

除了上述规定在解释方面存在的困难外,人们不难看出,这些规定还采取了片面的民族主义做法,试图保护本国国民。在国际商业背景下,这会妨碍外国国民同本国国民进行商事交易。

3. 坦桑尼亚[②]

坦桑尼亚是东非的一个普通法国家,外国判决在该国的承认和执行可根据普通法规则和成文法规定进行。成文法为来自指定国家的判决的承认和执行规定了登记程序。虽然此处不会过多谈及普通法规则,[③]应注意的是,外国判决不能消灭最初诉因的普通法规则,即不满

---

① Juenger(n 11)386.8.

② 感谢Mrs Eleanor Ngao为我提供了有关坦桑尼亚相关法律的资料。

③ 本部分我只关注成文法规定,因为普通法中的规则是相似的。

判决的任一方当事人都可重新提起诉讼这一普通法规则[①]在坦桑尼亚不适用。这是因为根据坦桑尼亚1966年《民事诉讼法》,“外国判决应对同一当事人之间的争议作出最终处理”。[②] 这一推定使得当事人申请法院作出简易判决更为容易,因为在此种情况下外国判决更不容易受到异议,并且被告应承担证明责任和相关费用。[③] 在不存在判决具有既判力这一规则的法域,当事人不得不依赖普通法中禁止反言的规则,并且要提供此类证明。对于判决债权人来说,这会增加额外的诉讼费用,并花费更多的时间。

坦桑尼亚有关判决承认与执行的成文法规定包含在1935年《外国判决互惠执行法》[④]以及两个附属立法即《外国判决互惠执行令》[⑤]和《外国判决互惠执行规则》[⑥]中。根据《外国判决互惠执行法》,“判决”是指法院在任何民事程序中作出的判决或裁定,或法院在任何刑事程序中就受害人的赔偿或补偿所作出的要求支付一定数额金钱的判决或裁定。

该法在互惠基础上适用于来自所指定的外国国家的判决。坦桑尼亚总统在确信坦桑尼亚法院的判决会在另一国得到相同待遇时,会指定该国作为该法的受惠国。[⑦] 所以,和非洲其他国家有关判决承认与执行的成文法规定一样,互惠原则是根本。因此,该法只对少数几个指定国家的判决债权人有利。该法第3条第2款规定,外国判决只有满足下列条件才可予以登记:(a)外国判决是终局的,且;(b)判决请求支付的金钱不是税款、罚金或具有相似性质的金钱。根据该条规定,即使

① 英国已通过1982年《民事管辖权与判决法》第34条废除了这一规则。

② Discussed in Thanawalla(n 21)430.

③ 不过,这一推定可通过证明缺乏管辖权、欺诈、违反自然公正或违反坦桑尼亚现行有效的法律或国际法,以及判决没有就案件实体问题作出处理等事实而被推翻。See ss 11 and 12 of the Civil Procedure Code 1966.

④ Ch 8 of the Revised Laws of Tanzania.

⑤ GN Nos 8 and 9 of 1936.

⑥ GN No. 15 of 1936.

⑦ 《外国判决互惠执行令》在附件中指定了下列国家:莱索托、博茨瓦纳、毛里求斯、新南威尔士、赞比亚、塞舌尔、索马里、津巴布韦、斯威士兰王国和英国。

外国判决仍在上诉中,仍可视为是终局的。

该法第4条第1款规定,外国判决债权人在判决作出之日起6年内的任何时间,或在上诉时在最终判决作出之日起6年内的任何时间,可向坦桑尼亚高等法院申请对判决进行登记。判决登记申请可单方提起,并提供相应的事实证明。[①] 如果判决已被全部执行[②]或不能在作出判决的最初法院通过执行方式实施,[③]则该判决不予登记。登记后,该判决同登记法院作出的判决具有同样的效力,并自登记之日起生效。

该法规定了可以提出撤销登记的申请的理由。撤销判决登记的申请应通过有事实佐证的申请书的方式向登记法院法官提出。[④] 该法第6条第1款规定在下列情况下登记法院应撤销判决登记:[⑤](a)该判决不应适用该法的规定;(b)作出最初判决的外国法院对案件没有管辖权;(c)判决债务人即原案件的被告在最初的法院程序中没有收到有关程序的通知,并且没有出庭;(d)判决是通过欺诈方式取得的;(e)判决的执行会违反登记法院地国的公共政策;以及(f)提出判决登记申请的人不享有判决中的权利。如果登记法院确信,在最初法院作出判决之日前,对案件具有管辖权的法院已对该争议作出终局判决,则判决登记也可撤销。

4. 加纳

加纳是西非的一个普通法国家,外国判决的承认和执行受普通法和成文法调整。在此领域存在的少量判例法[⑥]和文献使人们很难确定或建议加纳法院应在多大程度上偏离继承自英国的普通法的限制。

根据加纳的普通法,外国判决债权人不能直接在加纳执行判决,他必须就判决提起诉讼。普通法将外国判决视为债务的证明,因此,只有

① The Reciprocal Enforcement of Foreign Judgment Rules, GN No. 15 of 1936, s 3(1).

② The Reciprocal Enforcement of Foreign Judgment Act, 1935, s 4(1)(a).

③ Ibid s 4(1)(b).

④ Reciprocal Rules(n 39) s 10(1).

⑤ Enforcement Act(n 40) s 6(1)(a)(i-vi).

⑥ *Yankson v. Mensah* [1976] 1 GLR 355; *Republic v. Mallet, Ex Parte Braun* [1975] 1 GLR 68.

要求支付确定数额金钱的判决才可在加纳得到执行。要想在加纳得到承认和执行,外国判决必须是终局的,并且必须是由根据加纳国际私法具有国际管辖权的外国法院作出的。在执行外国缺席判决时,判决必须是终局的这一事实可能会产生一些难题,此类判决在大部分法域可在某一确定时间内被撤销。不过,外国判决正被上诉的事实并不影响该判决在加纳成为终局判决,但加纳法院可推迟此类判决的执行。请求承认和执行外国判决而提起的诉讼中的被告可以提出某些抗辩,包括作出判决的外国法院没有国际管辖权、违反自然公正、欺诈以及与加纳公共政策不符等。加纳承认和执行外国法院判决制度的一个突出特色是,加纳法院不会审查案件的实体问题,并且不要求存在互惠。

在加纳外国判决的承认和执行程序是,判决债权人向法院提出申请,并主张判决债务已经到期且尚未偿还。他可以根据《高等法院民事程序规则》[①]第 14 条请求法院作出简易判决,理由是被告没有真正胜诉的希望。送达传票的要求、交换书状所需要的时间以及案件的实际审理意味着判决的执行需要很长的时间,特别是判决债权人碰到法院案件积压时。

除普通法制度外,加纳成文法还规定了判决的登记程序。成文法的规定可追溯至 1908 年,[②]目前是受 1993 年《法院法》第五部分的规定调整。该法以互惠原则为基础,因此,如果加纳总统确信某一外国也会给予加纳法院判决相同待遇时,他就会通过立法文件指定该国作为该法的受惠国。[③] 当某一外国法院给予加纳法院的判决较低待遇时,加纳总统也可通过立法文件下令加纳法院不受理根据外国法院判决追偿任何金钱的案件。[④] 这种权力是否仅适用于以前所指定的国家,还值得讨论;从该条规定所使用的语言来看,并非如此。

成文法的规定仅适用于来自所指定的国家的判决,只要外国判决是终局的,所请求支付的金钱不是税收、罚金或类似性质的费用,该判

① Constitutional Instrument 47 of 2004.

② Foreign Judgments Extension Ordinance 1907, No. 4.

③ Section 81(1) of Act 459,

④ Section 87 of Act 459.

决就可根据该法得到登记。针对外国判决的上诉正在进行或在法律上存在上诉的可能性并不影响该判决在加纳的终局性。①

判决债权人可在判决作出后的6年内请求加纳高等法院对判决进行登记,只有登记后,外国判决才能得到执行。如果外国判决已被全部执行或外国判决不能在作出判决的外国法院以执行方式实施,则该判决不能在加纳法院得到登记。② 此外,如果外国判决中请求支付的金钱是以外币计算的,则登记时该笔金钱应根据最初法院作出判决之日银行的汇率转换为加纳货币。③ 这一货币转换规则可能对双方当事人都具有重要的经济意义,特别是汇率变动剧烈时。这一规则可能给一方当事人带来不利结果。这一规则看来是法院不能作出外币判决这一普通法规则的延伸。④ 英国已放弃了这一规则,其他法域也对这一规则做了修正,可能是它们意识到了该规则可能带给当事人的不利后果。⑤ 这一规则的存在亦与当前的学术观点不符。在加纳,这一规则在普通法诉讼中并不适用。⑥

判决债务人可请求加纳法院撤销对判决的登记。在加纳,撤销判决登记有强制性理由和自由裁量的理由。强制性理由包括外国法院没有管辖权、由于没有给予当事人充分准备答辩的时间使得当事人没有在法院出庭、欺诈以及违反加纳的公共政策。⑦ 加纳法院认可外国法院具有管辖权的依据包括居所、接受法院管辖以及在涉及企业时企业的主营业地、营业地或办公室位于外国。撤销判决登记的自由裁量理由包括:首先,登记法院确信在最初法院作出判决之日前其他具有管辖

---

① Section 81 of Act 459.

② Section 82 of Act 459.

③ Section 82(7) of Act 459.

④ *Manners v. Pearson* [1898] 1 Ch 581.

⑤ *Miliangos v. George Frank(Textiles) Ltd.* [1976] AC 443.

⑥ *Royal Dutch Airlines(KLM) v. Farmex Ltd.* [1989.90] 1 GLR 46; RE Bannermah. Award of Damages in Foreign Currency: A critical look at the Judgments. [1993.5] 19 Rev of Ghana L 231.

⑦ Section 81(1)(a) of Act 459.

权的法院已就相同案件作出最终判决。[①] 这一规则考虑到了可能存在两种相冲突的判决的情形,法院可行使自由裁量权对提交给它的判决不予登记。[②] 其次,针对外国判决的上诉正在进行或申请人有权提起上诉的事实可以成为撤销判决登记的理由。

从上述所选定的几个国家的有关外国判决承认和执行程序的规定可以看出,[③]这些国家对国际私法所采用的方法存在一定程度的多样性。不过,不应夸大非洲这种多样化的程度。由于殖民统治的原因,非洲国家可以划分成几个具有相似法律制度的区域。例如,普通法国家如加纳和坦桑尼亚的法律制度通过与英国和英联邦的联系而对国际私法采取了基本一致的方法,[④]这种趋势因立法者向姊妹国家借鉴立法经验的倾向而进一步加强。

对于国际商人而言,一个重要考虑是,这些制度在多大程度上能够提供一个经济、快速和简化的判决执行方式,这些制度能否提供这样的方式还令人怀疑。它们没有规定判决的自动执行制度,[⑤]并且还存在以含糊的和民族情绪的理由拒绝登记判决和执行判决的可能性。另一个令人忧虑的趋势是,在这些判决的承认和执行制度中,国家尤其是行

---

① Section 81(1)(b) of Act 459.

② For alternative solutions see M Wolff *Private International Law* (Clarendon Press Oxford1962) 263, *Showlag v. Mansour* [1995] 1 AC 431 and s 34(4) of the Brussels I Regulation.

③ For a discussion of the regimes in other African Countries see Schulze(n 3); Louis Garb and Julian Lew (eds) *Enforcement of Foreign Judgments* (Looseleaf) (Kluwer Law International 2002); Philip R Weems (eds) *Enforcement of Foreign Judgments Abroad* (Looseleaf) (Mattew Bender New York 1993).

④ KW Patchett *Recognition and Enforcement of Commercial Judgments and Awards in the Commonwealth*, (Butterworths London 1984); HE Read *Recognition and Enforcement of Foreign Judgments in the Common Law Units of the British Commonwealth* (Harvard University Press Cambridge 1938).

⑤ 比较一下《布鲁塞尔条例 I》所采用的方法,该条例对判决规定了自动自行程序,只有很少的程序限制,拒绝执行的理由也做了十分有限的规定:Cheshire and North(n 5) 481。

政机关的作用仍然存在。[①] 例如,互惠原则将纯粹的私人权利提升到国家公共利益的高度,以致可以此理由拒绝执行判决,或在判决执行之路上添加了更多障碍,因为在这种情况下,判决的执行取决于一国政府是否也给予判决执行国同样的待遇。对于这一点,个人是无法左右的。

此外,这些法律制度有的已不符现代商业发展的需要,[②]加纳的规则就是这样的一个例子。根据加纳规则,在对外国判决登记前,需要将判决中的外币转换为加纳货币塞地。在一个汇率变动司空见惯的国家,这一规则可能对一方当事人不利,尽管当事人并不存在过错。[③] 这一规则是否符合国际法,也令人怀疑。如果某一国家对加纳法院判决采取较低待遇,加纳总统可以宣布来自该国的判决不可执行,这样的规定可能会被认为违反了国际人权法。一项判决构成判决债权人的一项财产,国际人权法承认个人有拥有自己财产的权利。《世界人权宣言》第17条第2款特别强调:"任何人不得被武断地剥夺其财产。"就目前而言,这一规定构成一项一般国际法,加纳不能以个人无法控制的国家事务(对加纳判决给予较低待遇)作为个人享有这项权利的前提,这样做就等同于对个人财产的武断剥夺,并限制了当事人获得司法救济的权利。如果我们希望推动非洲大陆商事交易的发展,就需要对这些法律制度进行重新审视。

法律规则的多样化不仅仅存在于判决的承认与执行领域,管辖权和法律适用方面同样如此。例如,普通法国家都以当事人的出现和

---

① 与此形成有趣对比的是,是埃塞俄比亚、埃及和突尼斯所采用的方法,它们都规定由司法部门判断是否存在互惠:See Art 457 of the Ethiopian Civil Procedure Code 1965, Art 296 of the Egyptian Civil and Commercial Procedure 1968 and Art 319 of the Tunisian Code of Civil and Commercial Procedure. Also, S Teshale. Reciprocity with respect to Enforcement of Foreign Judgments in Ethiopia: A critique of the Supreme Court. s Decision in the Paulos Papassinous Case. (2000) 12 African J Intl Comparative L 569。

② U U Chukwumaeze. Enforcement of Foreign Judgment in Nigeria: A Clog on the Wheel of Globalisation. 2004 Nigerian Journal of Legal Studies 1.

③ 比较一下澳大利亚和新西兰所采取的规则,它们都规定判决债权人有权在申请中载明是否希望判决以最初判决中确定的货币进行登记:section 6(11)(a) of the Foreign Judgment Act 1991 (Cth) of Australia, s4 (3) of the Reciprocal Enforcement of Judgments Act, 1934 of New Zealand。

居所作为管辖权依据,而避免将住所和国籍作为管辖权依据,大陆法国家则并非如此。此外,普通法国家有关管辖权的某些原则看来在其他一些国家却并不存在。例如,对于罗马—荷兰法国家南非是否存在不方便法院原则还存在争议。① 在法律适用方面,对于当事人能够在多大程度上自由选择合同所适用的法律因法域和交易类型的不同而不同。例如,有人指出南非罗马—荷兰法中当事人意思自治概念还"模棱两可",②并且在侵权的法律适用方面也没有明确的规则。③ 对于普通法国家来说,它们能在多大程度上偏离英国和其他普通法国家都已放弃的陈旧的侵权法律选择规则,还需拭目以待。④ 因此,在任何有关非洲国际私法改革的讨论中,都需要对国际私法进行深入、通盘的审视。

三、呼吁改革

鉴于非洲国家对国际私法所采用的多样化方法,非洲需要对国际私法制度进行全面审视和改革,只有这样,有关共同市场的讨论才有意义。如果不对国际私法进行改革,确保"人员、商品、服务和资本自由流通"的目标⑤就不能取得实质进展。⑥《建立非洲经济共同体条约》将"共同市场的建立"作为实现共同体目标的一个阶段。⑦ 随着共同市

---

① C Schulze. Forum non-Conveniens in Comparative Private International Law. (2001)118 S African L J 812,827. 828;Forsyth(n 3)173. 176.

② Forsyth(n 3)298. See also George Nnona. Choice of Law in International Contracts for the Transfer of Technology:A Critique of the Nigerian Approach. (2000)44 J of African L 78.

③ Forsyth(n 3)325. 327.

④ Kiggundu(n 3)281. 283;Agbede(n 3)159. 74;*Signal Oil and Gas Co. v. Bristow Helicopters* [1974]1 GLR 371;Private International Law(Miscellaneous Provisions)Act 1995 of UK;*Tolofson v. Jensen* [1994]3 SCR 1022,120 DLR[4th]289;*Regie National des Usines Renault SA v. Zhang* (2002)210 CLR 491.

⑤ AEC Treaty(n 7)Art 4(2)(1).

⑥ A Ovrawah. Harmonisation of Laws with the Economic Community of West African States(ECOWAS). (1994)6 African J Intl Comparative L 76.

⑦ AEC Treaty(n 7)Art 4(2)(h).

场的建立以及人员、商品、服务和资本的自由流通,可以预见的是,跨国关系如跨国婚姻以及国际商事必然大幅增加,这就意味着需要更多求助于国际私法来解决跨境争议。同样还需要对国际私法规则进行协调化,以调整不同国内实体法规范的运行。①

虽然《建立非洲经济共同体条约》没有为共同市场的建立设定时间表,但从该条约中可以推断出,共同市场会在40年内建立。笔者认为,现在就需为此做好准备。幸运的是,非洲有现成经验可以借鉴。《建立非洲经济共同体条约》没有明确提及将法律的协调化作为实现共同体目标的一种方式,但可利用该条约第77条作为法律协调化的依据;对该条规定进行目的性解读,就可得出这样的结论。根据该条规定,成员国同意"互相协商,对其他领域的各自政策进行协调,以促进共同体的有效运行和发展"。② 我主张共同体应通过立法设立一个机构,专职负责对国际私法制度进行调查。《建立非洲经济共同体条约》第25条第2款规定,国家或政府元首大会有权设立其他专门技术委员会,这可以作为上述立法的依据。就权能或权限而言,立法比依据条约的解释更为有效。③ 在制定这样的立法前,笔者建议根据《非洲经济共

① HD Tebbens. Private International Law and the Single European Market: Coexistence or Cohabitation. in *Forty Years on: The Evolution of Postwar Private International Law in Europe* (Kluwer Deventer 1990)62.

② AEC Treaty(n 7) Art 77.

③ The wisdom of such a mandate is revealed by the speed with which a European private international law is emerging after the Community was specifically mandated by Article 65 of the Treaty of Amsterdam to legislate in the area of private international law. Article 65 provides that measures in the field of judicial cooperation in civil matters having cross-border implications, to be taken in accordance with Article 67 and insofar as necessary for the proper functioning of the internal market shall include: (a) improving and simplifying... the recognition and enforcement of decisions in civil and commercial cases, including decisions in extrajudicial cases, and, (b) promoting the compatibility of the rules applicable in Member States concerning conflict of laws and of jurisdiction. Article 65 must be read together with Article 61(c), 95 and 67. The literature on this article is vast see generally, Andrew Dickinson. European Private International Law: Embracing New Horizons or Mourning the Past. (2005)1:2 J Private Intl L 197; Katharina Boele-Woelki and Ronald H Van Ooik. The Communitarization of Private International Law. (2002)4 Yearbook of Private

同体与地区经济委员会之间关系的议定书》设立的、主要职责之一是对“一体化立法”①进行协调和统一的协调委员会应宽泛地解释这一职责，以便使之不但包括“立法”，还包括对非洲现有法律制度对共同体成功的影响进行评估。合同的法律适用、管辖权以及外国判决的承认和执行都是需要马上引起关注的领域。

不过，应认识到对于一体化经济的运行是否需要以及在多大程度

Intl L 1,11. 24; Jürgen Basedow. The Communitarization of the Conflict of Laws under the Treaty of Amsterdam. (2000) 37 CML Rev 687; Jona Israel. Conflicts of Law and the EC after Amsterdam: A Change for the Worse? (2000) 7 Maastricht J of European and Comparative L 81; Ulrich Drobnig. European Private International Law after the Treaty of Amsterdam: Perspectives for the next Decade. (2000) 11 Kings College L J 190; Jurgen Basedow. European Conflict of Laws under the Treaty of Amsterdam. in Patrick J Borchers and Joachim Zekoll (eds) *International Conflict of Laws for the Third Millennium, Essays in Honour of Friedrich K Juenger* (Transnational Publishers New York 2000) 175. For examples of legislation adopted or proposed under the mandate of this Article 65 see eg Regulation on Jurisdiction and the Recognition and Enforcement of Judgments in Civil and Commercial Matter EC Regulation No. 44/2001 (Brussels I Regulation); Council Regulation EC Regulation No. 1346/2000 of 29 May 2000 on Insolvency Proceedings; Council Regulation (EC) No. 2201/2003 of 23 November 2003 Concerning jurisdiction and the Recognition and Enforcement of judgments in Matrimonial matters and the matters of Parental Responsibility, repealing Regulation (EC) 1347/2000; Proposal for a Regulation of the European Parliament and the Council on the Law Applicable to Contractual Obligations (Rome I) COM (2005) 650 final; Proposal for Regulation of the European Parliament and the Council on the Law Applicable to Non-Contractual Obligations (Rome Ⅱ) COM (2003) 427 final amended proposal COM (2006) 83 final; Green Paper on Wills and Succession. COM (2005) 65 final and generally Marie-Odile Baur. Projects of the European Community in the Field of Private International Law. (2003) 5 Yearbook of Private Intl L 177. The European experience with to the subject, the adopted Regulations, other regional experiences and international conventions offer a great body of knowledge that the African Economic Community can rely on in trying to develop the subject for the AEC.

① Art 7 (3) (b) of the Protocol on the Relationship between the African Economic Community and the Regional Economic Communities: reprinted in (1998) 10 African J Intl Comparative L 157.

上需要统一或协调化的国际私法规范这一问题还存在争议,[①]不同的经济体对此有不同的回答。欧盟和美国所采用的不同方法值得关注。欧盟采取了普遍主义的方法(a universalist approach),它为成员国就某些特定事项如管辖权、法律适用、外国判决的承认和执行制定了统一规则。例如,《布鲁塞尔条例I》关注的是民商事事项,而《罗马公约》仅适用于合同。而美国各州在遵守宪法的前提下对管辖权、法律适用问题分别采用了各自的方法,但判决的承认和执行要受宪法中完全诚信(full faith and credit)条款的规范。从中可以获取的经验是,我们应避免在国际私法的协调化中采取公约的方式,因其适用范围过于宽泛。再者,此类公约不应通过谈判达成。我们同样可以认识到,如果国内法律体系中存在有完善的国际私法制度,即使成员国有不同的法律制度,经济共同体也能运行良好。

应从国际和国内角度设置国际私法的改革议程。最终目标是确保制定一个深思熟虑的国际私法制度,它可以为非洲国际商事交易的发展带来稳定、安全和可预见性。

从国内层面上讲,迫切需要将国际私法规范制定成文。[②] 普通法国家在国际私法领域的一个重要特征就是缺乏法典化的成文法规范,只是偶尔在一些一般性的立法中散见一些国际私法规则。[③] 在将国际私法规范制定成成文法典时,需要在确定性和灵活性之间小心寻求一种平衡。灵活性有助于通过司法判决过程适应新的挑战,这在普通法国家是一种常见的方法。实际上,普通法世界国际私法的发展在很大

---

① Peter Hay et al. Conflict of Laws as a Technique for Legal Integration. in M Cappelliti et al(eds) *Integration through Law Europe and the American Experience* Vol. 1(2) (Walter de Gruyter Berlin New York 1989) 168.

② F von Schwind. Problems of Codification of Private International Law. (1968) 17 ICLQ 428.

③ Section 32 of the Matrimonial Causes Act 1971 and s 17 of the Wills Act 1971 of Ghana.

程度上都是法官和"古怪的教授"推动的。[①]

在推进国内国际私法改革的同时,大陆层面的改革也应协同跟进,非盟应牵头对非洲国际私法规范进行统一化。应当认识到,具有不同文化和法律传统的国家可以通过实体方面或通过国际私法来实现国内法的协调化。美国和欧盟在一体化的经济中对法律协调化所采取的方法再次证明了这一点。不过,它们也都面临各自的挑战。

在美国,通过《统一商法典》对商法进行统一化取得了巨大成功。欧盟在此领域却没有多大建树,相反,它通过指令关注最低标准和目标的协调化;可是,欧盟却成功制定了《布鲁塞尔条例I》和《罗马公约》——它们都涉及国际私法方面。因此,通向罗马的道路并非只有一条。但无论采取哪种方法,都应认识到这种方法的局限,并了解所处的社会、经济和政治环境。

在非洲,人们能感受到在这两个层面上所做的一些努力,对此,需要提及非洲商法协调组织(OHADA)和南部非洲国际私法研究所的工作。非洲商法协调组织是根据《非洲商法协调化条约》成立的,目前有16个成员国,分别是贝宁、布基纳法索、喀麦隆、中非共和国、科摩罗、刚果(布)、科特迪瓦、加蓬、几内亚、几内亚比绍、赤道几内亚、马里、尼日尔、乍得和多哥。[②] 显然,这一名单中没有英语非洲国家,虽然该条约向所有非洲国家开放。该条约的中心概念是促进非洲经济一体化。[③] 条约的目标是对成员国的"商法进行协调化",[④]根据这一目标,该组织已制定并通过了许多统一法,涉及商法的不同方面,包括一般商法统一法、商事公司统一法、担保法统一法、破产统一法、债务追偿统一

① WL Prosser. Interstate Publication. (1952. 3) 51 Michigan L Rev 959, 971, but see Peter North. Private International Law: Change or Decay. (2001) 50 ICLQ 477 and Christopher Forsyth The Eclipse of the Private International Law Principle? The Judicial Process, Interpretation andthe Dominance of Legislation in the Modern Era. (2005) 1:1 J Private Intl L 93.

② http://www.ohadalegis.com/anglais/presohadagb.htm.

③ Preamble to the Treaty 〈http://www.ohadalegis.com/anglais/presohadagb.htm〉 on the Harmonisation of Business Law in Africa.

④ Article 1 of the Treaty on the Harmonisation of Business Law in Africa.

法和会计统一法。[①]

非洲商法协调组织所采取的方法旨在对实体法进行统一化,这与国际私法的统一化形成对比。该组织的方法有其优缺点。[②] 实体法的统一化可以带来稳定性,跨境交易的当事人将适用统一的实体法。确实,对一些人而言,只要可能,他们总是倾向于对实体法而不是国际私法进行统一化。[③] 但实体法的统一化面临许多困难,它被认为是"虔诚的人们为解决国际商事交往中不可避免的冲突问题而鞠躬尽瘁的"产物,[④]但它们并不能终结国际私法在国际商事交往中的作用。正如古德(Goode)所承认的,"实体法的统一化可以减少法律冲突。不过,由于实体法的统一化存在实际的限制,在可预见的将来,国际私法在解决跨境争议中仍将发挥重要作用"。[⑤]

实体法的统一化并不能消除潜在的国际私法问题,"冲突法并不能如此容易地被清除出对外贸易的王国"。[⑥] 在缺乏独立性的法律体制对统一法作出统一解释时,统一法就可能出现各种不同的解释;此外,识别问题也不会就此消失。[⑦] 因此,无论在什么时候采取实体法的统一化,一定要同时对国际私法规范进行改革。

在对国际私法进行统一化的同时,不改变实体法的多样化,这种方法有可取之处。[⑧] 这种方法仅仅会给国内法律制度带来最低程度的干扰。国际私法规范仅处理具有涉外因素的事项,实体法的统一化就不

---

① See B Martor et al *Business Law in Africa*, *OHADA and the Harmonization Process* (Kogan Page UK 2002); Claire Moore Dickerson. Harmonising Business Laws in Africa: OHADA case Calls the Tune. (2005) 44 Columbia J Transnational L 17.

② Helen Elizabeth Hartnell. The New International Economic Order: Private International Law. (1993) 87 American Society Intl L Proceedings 462.

③ Hay (n 75) 256.

④ Derby (n 6) 67.

⑤ R Goode. Rule, Practice and Pragmatism in Transnational Commercial Law. (2005) ICLQ 539, 541.

⑥ Derby (n 6) 70.

⑦ Ibid 71. 非洲商法协调组织内就设立司法与仲裁共同法院,以对统一法作出统一解释:See Article 14of the Treaty on the Harmonisation of Business Law in Africa。

⑧ Hay (n 75) 169.

是这种情况。因此,对于那些希望保留本国独特的或自认为高人一等的法律制度的政治家来说,国际私法的统一化可能更有吸引力。并且国际私法统一化的过程可能更为简单,几个法律选择规范就可能涵盖一部实体法的内容。在出现争议时,这样的法律选择规范可以将国际商人指引到某一特定法域及所适用的法律,从而可以带来可预见性。

设立一个有权对统一化的规范进行权威和最终解释的法院有助于这种方法的成功。根据《建立非洲经济共同体条约》,共同体法院的管辖权可以拓展包括这一作用。① 这还需要有互信及对国内司法机关管辖权的尊重。

南部非洲国际私法研究所②在法律统一化领域尤其在南部非洲法律统一化领域也做了大量工作。该机构在2006年成立,是南非约翰内斯堡大学的一个研究机构,其目标是为南部非洲发展共同体和/或非盟起草一部国际私法法典,这是学者们在这一领域所做的令人称道的贡献。非盟应推动该机构的研究,并制定一个全非洲范围内的计划。

非洲在进行国际私法统一化的同时,还应积极参与有关国际私法问题的国际论坛。目前,非洲在这些论坛中的参与微乎其微,例如,只有三个非洲国家即埃及、摩洛哥和南非是海牙国际私法会议的成员。③ 在全球化时代,我们不能对其他地方的发展置若罔闻。④ 虽然欧盟的

① AEC Treaty(n 7) Art 18.

② http://general. rau. ac. za/law/English/ipr/ipr. htm.

③ http://hcch. e-vision. nl/index_en. php? act = states. listing,2004年被吸收进海牙国际私法会议,但至今尚未签署《海牙国际私法会议规约》。在接受规约前,它只能作为观察员参与该组织的程序。一些非洲国家看来愿意签署海牙国际私法会议公约。除三个成员国外,14个非洲国家(尼日尔、布隆迪、博茨瓦纳、莱索托、几内亚、毛里求斯、斯威士兰、利比里亚、马拉维、马里、纳米比亚、塞舌尔、布基纳法索和津巴布韦)已签署了不同的海牙公约:See Information Concerning the Hague Conventions on Private International Law(2005)52 Netherlands Intl L Rev 249. 82。

④ Thalia Kruger. The South African Litigant and European Union Rules of Civil Procedure. (2005) 38 CILSA 75; Charles T Kotuby. Internal Developments and External Effects: The Federalization of Private International Law in the European Community and its Consequences for Transnational Litigants. (2001.2) 21 J of L & Commerce 157; JJ Fawcett. The Europeanisation of Private International Law: The Significance for Singapore. [1997] Singapore J of Intl & Comparative L 69.

所有成员国都是海牙国际私法会议的成员,但欧盟作为一个整体也在寻求加入该组织,[①]这可以使它在修改该组织制定的国际私法规则时,发出更强的声音。只有通过这种参与,我们才能取人之长,我们的声音才能得到倾听,在制定国际私法的公约时才能考虑我们的特殊需要和利益。笔者主张,非洲经济共同体除鼓励其成员国加入该组织外,自己也应加入该组织,以便它有关国际私法问题的呼声能够被国际社会听到。

四、结语

本文揭示了在经济一体化进程中非洲国际私法被冷落的状态。文章分析了非洲国际私法的现状,在非洲对国际私法的冷落会给经济一体化的实现和维护带来挑战,需要对该学科给予更大关注,推动国际私法改革,从而应对经济一体化所带来的挑战。如同其他共同体所经历的那样,这会带来一定的牺牲,一些法律制度可能不得不放弃在国际私法领域所长久坚持的原则和方法;各国必须作出妥协,如果不作为,风险更大。可以从其他经济共同体对国际私法的态度中吸取经验,但不应盲目模仿。非盟、其组织机构、法官、律师和非洲学者都应发挥各自的作用。时不我待,行动应在当下!

[Richard F. Oppong,法学学士(加纳大学)、法学硕士(剑桥大学、哈佛法学)、法学博士(加拿大不列颠哥伦比亚大学)、英国兰卡斯特大学法学院、加拿大汤姆森里佛斯法学院讲师;朱伟东,法学博士、湘潭大学非洲法律与社会研究中心副主任、首尔国立大学法学院客座研究员、2008年6月至2009年5月在剑桥大学法学院进行博士后研究。]

---

① See,Recommendation to the Twentieth Session of the Hague Conference on Private International Law on the Admission of the European Community to the Hague Conference on Private International Law 31 March. 1 April 2005. See Kruger(2006)55 ICLQ 447,455.

欧盟法

宪法权利适用于私法的三种思路*

——以欧盟私法统一为视角

付俊伟

目　次

一、引言

受大陆法系国家传统公私法划分的影响,处于公法核心地位的宪法权利与私法一直处于相互隔离的状态之中。按照该划分标准,宪法权利通常规定于国内的宪法性文件或国际人权条约当中,是公民对抗国家的有力保障;而纯粹的私法关系于此则丧失了与宪法权利相互关联的基本理论依据。该种划分起源于古罗马时期,古罗马法学家乌尔比安认为公法是以保护国家公益为目的,而私法则是以保护个人利益

* 本文系"教育部社科研究青年基金项目"资助。

为目的。[1] 出于简单商品经济发展的客观需要,古罗马法学家更加注重于私法的构建。正如梅因所述,古罗马时期的法律框架其实就是人与人、人与物以及人与国家之间的相互关系。[2] 人与人之间的关系即产生出对人之诉,人与物的关系则衍生出对物之诉,以上两种关系都由私法进行调整;而第三种人与国家的关系则涵盖于公法领域。现代社会进步的标志则主要体现于私法上从身份到契约的转变过程。罗马法孕育的这一思想脉络为后世公私法的互动与隔离奠定了坚实的基础,于十六七世纪在国家主义浪潮的推动下得到更进一步发展和升华,在19世纪达到鼎盛。正如奥斯丁在1832年的《法理学讲义》中明确指出的,公法即是关于公共权利机构和官员的设置、权力及限制等方面的法律,而私法则是分配私人之间权利和义务的法律。前者直接涉及公共权力的行使;而在后者当中,政府并不直接参与私人间事务的管理,而只作为一个中立方为解决私法争端提供一种法律机制。[3] 此种公私法之间界限的划分得到了学界普遍的认同。

然而,自20世纪中叶已来,随着“二战”以后人权运动的蓬勃兴起和政府对市场经济的广泛干预,人们对基本权利的真实内涵又进行了不断深入的探讨,对人权与法治的学术价值和实践意义也进行了更加理性的思考与建构。传统的公私法划分已逐渐模糊,运用于公民对抗国家的宪法权利也逐步延伸到私法领域,公法与私法之间开始出现了相互融合的发展趋势。[4]

20世纪50年代德国的吕思(Lüth)案[5]开创了宪法权利运用于私

---

① Clifford Ando & Jorg Rupke, Religion and law in classical and Christian Rome, 2006, p. 70.

② Olha Cherednychenko, Fundamental Rights, Contract Law and the Protection of the Weaker Party, European Law Publisher, 2007, p. 21.

③ John Austin, The Province of Jurisprudence Determined, 1832, pp. ix – lxiii.

④ Chantal Mak, Fundamental Rights in European Contract Law: A Comparison of the Impact of Fundamental Rights on Contractual Relationships in Germany, the Netherlands, Italy and England, Kluwer Law International, 2008, pp. 5 – 8.

⑤ VerfG 15 January 1958, BVerfGE 7, 198 (Lüth).

法案例的先河。[1] 该案中,韦特·哈尔兰(Veit Harlan)是纳粹体制下的一位著名电影导演,他制作完成了1940年反对犹太人的宣传电影《犹太人苏斯》(Jud Süss)。在1950年,也就是他被赦免纳粹犯罪的几年之后,他重新导演了一部名为《不朽的爱人》(Immortal Lover)的影片。在一次"德国电影周"的发行人会议上,汉堡出版协会主席爱瑞克·吕思(Erich Lüth),一个试图消除基督教徒与犹太人之间隔阂的积极人士,因为哈尔兰的灰色过去而以个人名义呼吁对该新影片《不朽的爱人》进行抵制。新电影制作人担心哈尔兰的呼吁会对影片的销售造成经济损失,随后基于《德国民法典》第826条禁止与善良风俗相违背的故意损害而向汉堡州级法院(Superior Court of Hamburg)提起诉讼,请求法院禁止吕思更进一步的抵制行为。法院认为吕思的抵制呼吁是为阻止哈尔兰像过去一样成为德国电影业的代言人而作出的,但他的行为实际上却阻止了哈尔兰制作电影院上映的普通电影的发展空间。由于哈尔兰已经被赦免了他过去的纳粹行为,他不应当被阻止在他所属领域内的发展。吕思表达他反对纳粹的哈尔兰并没有过错,但是他呼吁对哈尔兰的电影进行抵制将造成哈尔兰不能成为电影导演的正常事业,并且同时也会使得电影制作方和发行人遭受巨大的经济损失。因此,判决吕思败诉。吕思上诉至汉堡上诉法院(Hamburg Court of Appeals),上诉法院对该案给予了驳回。而后,吕思转向联邦宪政法院(Federal Constitutional Court)并提起宪政诉讼。联邦宪政法院认为吕思对电影抵制的呼吁受《德国宪法》第5条"言论自由"的保障,并且认为德国宪法所保障的基本权利不仅能够用于对抗国家,同时也是包括私法在内的整个司法体系所应当遵循的价值理念。[2]

可见,仅仅涉及私法关系的吕思案,最后还是通过宪政法院对宪法的考量来进行最终的判决,足以折射出处于公法领域的宪法对私法干预的身影。可以说,德国吕思案开启了宪法权利对私法领域干预的先河,它为战后开启人们尊重和崇尚人类与生俱来权利的风潮奠定了一

---

① Donald P. Kommers, The Constitutioal Jurisprudence of the Federal Public of Germany, Duke University Press, 1997, p. 361.

② Christoph Busch, Fundamental Rights and Civil Litigation in Germany, 2009, p. 3.

定的理论与实践基础,并且也引发了学界对于宪法权利与私法之间关系的激烈讨论。① 从某种意义上可以说,学界的广泛讨论又进一步助推了宪法权利对于司法实践的具体影响,也使得更多相类似的判决在吕思案的基础之上寻求其正当性。以至于有学者评价道:"吕思案,一场在世界范围内开启了使法院增加采用司法平衡语言来使他们对宪法权利的判决获得正当性的运动。"②

吕思案判决所带来的直接影响是,随着政府对社会与市场经济干预的加强,宪法权利对私法领域不同程度的适用也随即出现在了荷兰、意大利、爱尔兰、加拿大等国,③英国1998年所颁布的《人权法案》(Human Rights Act)更是进一步加深了人权对私法关系的影响。值得注意的是,这些干预不仅体现在对最初的(合同)自由的限制之中,同时也出现在侵权法、家庭法和继承法以至于整个私法体系当中。因此,有学者指出,私法已由一个完全以个人利益为导向的推理过程逐渐转变为以公共政策为主导的法律推理过程,④而在此过程的转变当中,人权保障与社会正义的理念价值和现实意义见证了它的发展历程。因此,今天,当我们论及宪法权利与私法的关系时,我们所应当探讨的并非是宪法权利是否可以适用于私法领域,而是宪法权利在多大程度上可以适用于私法领域,以及私法在何种程度上可以维系其结构自治和独立的传统。

二、宪法权利对私法运用的思路

宪法权利通常包含着两层含义:第一层即表述为公民对抗国家的

---

① Olha Cherednychenko, EU Fundamental Rights, EC Fundamental Freedoms and Private Law, European Review of Private Law, Vol. 1, 2006, p. 29.

② Jocco Bomhoff, Lüth's 50th Anniversary: Some Comparative Observations on the German Foundations of Judicial Balancing, German Law Journal, Vol. 9, 2008, p. 122.

③ Brun-Otto Bryde, Fundamental Rights as Guidelines and Inspiration: German Constitutionalism in International Perspective, Wisconsin International Law Journal, 2007, pp. 189-208.

④ Hugh Collins, Utility and Rights in Common Law Reasoning: Rebalancing Private Law Through Constitutionalization, LSE Law, Society and Economy Working Papers 6/2007, p. 3.

武器,第二层含义则体现为国家对公民基本权利的保障。在第一种表述当中,“合理”是国家应当恪守的道德尺度和最低标准,其主要目的是防止过分强大的国家政权对公民基本权利的侵害;而在后者情形之中,“履行国家职责”即防止“不充分的国家干预”则是维系整个社会健康运行的基石,其主要目的是防止公民的基本权利受到其他公民的侵害。以上两种含义既相互对立,又相互补充,其最终目的则是达到对人与生俱来权利的有力保障。第一层含义简单地可表述为国家应当克制其干预,而第二层含义则是加强国家的干预。在某种意义上来说,两者之间又存在一定对立的空间,国家对公民之间权利的侵害如果作出不当干预的话,可能会演变为国家对公民权利的侵犯。因此,一个成熟的法律体系必然要在这两个极点之间寻找到自身的平衡和支撑点。而宪法权利适用于私法领域则是第二层含义的理性表达,纵观和梳理两大法系国家的经验与成果,宪法权利可以通过以下三种路径运用于私法领域:

(一)直接适用说

该学说认为公民的宪法权利是维系社会健康运行的基础,是所有社会关系赖以生存和维持的重要保障;当公民的宪法权利遭到严重侵犯时,宪法应当肩负起保障公民基本权利的历史使命,它不仅制约着国家恪守其应有的职权,同时要求公民也应当受到宪法的直接约束。因此,在该种学说性质和形态的解读下,公民能够以宪法性文件中规定的基本权利而非私法规则为主要依据提起诉讼,法官在作出判决时只需考量该宪法权利而无需顾及该权利是否已经存在于现有的可执行的私法规则当中。[①] 私法在此过程中所起的作用只是调整该判决作出后产生的影响。例如,在合同有效性纠纷当中,按此学说,法官仅依据宪法来判定合同是否有效,而合同法所起的作用则只是对该有效性判决作出后产生的结果进行调整。也就是说,当合同依据宪法被认定无效时,法官则按照合同法规定当中的无效合同产生的结果(如损害赔偿)来完善其判决。此种学说对宪法权利或基本人权的保障提供了强劲有力

① Chantal Mak, The Constitution of a Common Frame of Reference for European Contract Law, European Review of Contract Law, vol. 4, 2008, pp. 555 - 557.

的理论基础,其理论源泉直接来自对人与生俱来权利的尊重。同时,由于宪法是万法之源,在一个比较成熟的法治国家的法律体系建构当中,宪法应当处于最高法律地位,任何部门法不得对宪法规定的权利进行更改。但是“直接适用说”有违传统大陆法系国家公私法的划分,有悖于宪法权利不直接干预私法领域的传统理念,因此受到多数学者的强烈反对。但是德国宪政法院1993年10月19日对“担保”(Bürgschaft)案件[①]的判决则是“直接适用说”的具体实践。

在该案件中,当事人一方是位21岁未受过高等教育并在鱼厂工作、每月只有1150马克的低收入少女,案件另一方的银行同意为该少女的父亲提供10万马克的贷款,但前提条件是需要该少女作为担保人。在其签订担保文件时,银行工作人员要求该少女根据银行的规定签订一份合同作为银行备案资料,并且告知该合同的签订并不会让该少女承担很重要的义务。少女同意并签订合同。不久,其父生意倒闭,银行根据该少女签订的合同,向其主张贷款及其利息共计16万马克的债务。银行起诉至法院,一审州法院认定该合同有效,少女应当偿还所担保的债务。上诉高等法院则认为由于银行在让少女签订合同时并没有履行告知义务,所以该少女不受合同约束。而联邦最高法院(Federal Supreme Court)又认为,依据该少女的年龄,她应当要意识到签订合同所带来的风险,因此判决合同有效。而后,该少女上诉至联邦宪政法院,认为最高院的判决侵犯了宪法第2条第1款赋予的自治权(private autonomy),并且也违背了第20条第1款所要求的“社会国”原则(principle of the social state)。联邦宪政法院从基本权利角度考量,判决该合同无效。法院认为,如果判决该少女需要偿还债务的话,按其收入,其余生都将在清偿债务中度过。鉴于法律保障弱势群体的理念,法院认为该少女是在结构不平等(structural inequality)的协商中签订了该担保合同,而该合同的签订将导致弱者背负上沉重的法律责任。因此,法院通过公序良俗及诚实信用的一般原则认定该合同无效。正如该判决所述,当双方私法诉讼主体在“结构不平等”的情形下缔结合同,而该合同的签订将使弱势一方背负沉重法律责任的时候,那么法院

---

① BVerfG 19 October 1993.

将不得不出于人权保障的理念而立致于为弱势方宪法权利提供有力保障。

可以说,在上述“担保”案的判决中,民事法庭主要都是围绕着银行是否应当履行充分的告知义务而展开,但联邦宪政法院实际上是通过宪法所赋予的“意思自治”和“社会国”原则而对该案作出判决;“公序良俗”与“诚实信用”只不过是法院在已经通过宪法作出判决的基础之上,寻求或借用的一项工具而已,真正对该案起到决定性作用的依然是对宪法的直接适用。这种解决私法纠纷的方式有违传统意义上的公法不对私法进行干预的理念,在德国的判决当中也为之甚少,但在爱尔兰的法律体系中则得到了更为普遍和广泛的适用。[①]

(二)扩大解释说

该学说认为宪法权利无需直接适用于私法领域,公民也无需受到宪法的直接约束,仅对私法上富有弹性的基本概念(如诚实信用、公序良俗)或原则作出扩大解释即可。更加严格地说,扩大解释说认为宪法权利仅仅通过私法中一些开放性的概念,将以前在私法领域中没有被认可的新的理念价值融入私法当中,既维护了私法的自治性地位,同时也能有效地保障公民的基本权利。与之相适应的是,宪法权利并非法律直接适用的规则,而是整个法律体系和社会所应当追求和遵循的最高价值目标与理念。在司法实践中则具体表现为:私人主体不得直接依据宪法提起诉讼,必须在有效的私法规则当中找到相应的诉讼依据;而法官在解决纠纷的时候也无需直接适用宪法权利,只需对已有私法中富有弹性的概念或原则作出扩大解释而使宪法权利在私法领域内能够占据一席之地,最终达到对宪法权利所蕴涵的最高价值理念的遵循。

意大利最高院在1994年4月20日对“福佳”案[②](Fiuggi Case)的

---

① Maria Vittoria Onufrio, The Constitutionalization of Contract Law in the Irish, the German and the Italian systems: is horizontal indirect effect like direct effect? InDret, Vol. 4, 2007, p. 11.

② Cass. 20 - 4 - 1994, n. 3775.

判决正是扩大解释说的具体实践。[1] 该案中,福佳市政厅与某私人公司签订了一份在该城市中开发矿泉水的合同。依据该合同,公司可以获得开发矿泉水并瓶装出售的许可,公司支付的许可费与瓶装矿泉水的价格相关联。在后来的一段特定时间里,公司为了向市政厅支付较低的费用,冻结了生产瓶装矿泉水的价格,尽管出现了货币贬值以及市场上矿泉水价格的持续增长,该公司瓶装矿泉水的价格依然稳定不变。市政厅遂起诉至法院,认为公司的价格政策与诚实信用原则相违背。法院判决市政厅胜诉,并认为虽然合同赋予了公司决定瓶装矿泉水生产价格的自由,但并不意味着公司能够摆脱诚实信用与公平原则的约束。《意大利民法典》所奉行的诚实信用原则应该成为合同法体系的内在限制因素,以此确保对形式上平等但实质上不平等的合同的有效矫正。同时,民法典中的诚实信用原则还应当与《意大利宪法》第2条中所规定的"团结"(solidarity)义务保持一致。

可见,"福佳"案中虽然有一方为行政机关,但该机关是以平等的民事主体身份参与到合同的订立当中的,可以说,该案的纠纷仅仅涉及私法上的权利、义务和责任的分配与归属问题。意大利最高院对"福佳"案的判决则是建立在诚实信用原则的基础之上的,但其对私法中诚实信用的解释又赋予了来自宪法中的"团结"义务另一层含义。正如《意大利宪法》第2条所述,"共和国承认并保障人们神圣不可侵犯的权利,不论作为个人还是在人格权得到表达的社会群体中。共和国期待政治、经济和社会团结的根本义务得到实现"。可见,该案的判决正是扩大解释说的代表性实践。该说通过对私法中开放性概念的延伸,将原本私法中不存在的宪法价值进一步融入其内,进而将宪法所确定的基本权利延伸至私法的判决之中。值得一提的是,与直接适用说中所分析的"担保"案不同的是:在"担保"案中,德国联邦宪政法院的判决则是建立在"自由权"的基础之上,它遵循了司法理念中对弱势群体关怀的人文主义精神;而"福佳"案中,意大利最高院的判决则是建

① Maria Vittoria Onufrio, The Constitutionalization of Contract Law in the Irish, the German and the Italian systems: is horizontal indirect effect like direct effect? p. 6.

立在“社会权”(social rights)之一的“团结权”的基础之上。[①] 可以说,德国“担保案”的判决更多地将对人权的保障融入私法当中,而意大利“福佳”案的判决则更多地将社会正义的理念纳入私法范围之内。但毫无疑问的是,无论是对人权的保障还是对社会正义的追求,它们都是宪法权利之下所确立和认可的基本原则。因此可以说,意大利最高院对“福佳”案的判决也是宪法权利适用于私法的一个重要实践。

(三)间接影响说

该学说在扩大解释说基础上又有所保留,认为宪法权利并不直接调整和规范私法领域,其作用只限于对私法的影响;私法仅仅具体表述为宪法权利如何适用及在多大程度上可以适用,而调整自然人、法人和其他组织间的民事纠纷只能运用具体的私法规则。可见,在扩大解释说当中,法官进行判决时会将该判决可能对宪法权利产生的影响纳入其考量范围,并且尽可能使依据私法规则作出的判决与宪法权利彰显的最高价值理念保持一致;而在间接影响说之中,私法只是被视为宪法权利背后所蕴涵价值的具体表现形式,并决定该价值在多大程度上可以受到尊重。简单地可以表述为私法其实就是宪法权利在部门法当中的有形表现,法官在对私人利益纠纷进行裁判时不需要再重新和过多地考量宪法所规定的权利。宪法权利要对私法实践进行适用的话,只能通过对现行私法规则进行重构而实现。

那么究竟宪法权利对现代私法规范是否也带来了这样的间接影响?众所周知,2008 年起草完成的《欧盟私法原则、定义和示范规则:共同参照框架草案》,也就是学界所谓的“欧盟民法典草案”已提交至欧盟审议。不论该草案最终是否能够通过,或者会以何种形式而被赋予效力,它也是由欧洲两百多位知名学者、律师和法官历时三十余年论争、四年起草的成果,体现了当下欧洲诸国最为普遍奉行的私法制度,当之无愧为目前国际上最为领先的民法典草案之一。如前所述,宪法权利对私法的影响可以说是现代私法发展的一个显著特点。“欧盟民

① Aurelia Colombi Ciacchi, Social Rights, Human Dignity and European Contract Law, Stefan Grundmann, *Constitutional Values and European Contract Law*, Kluwer Law International, 2008, pp. 153 – 154.

法典草案"作为21世纪起草的最具显著影响的草案,是否也将宪法权利的影响和作用融入到条文当中,从而达到在私法中对宪法权利进行适用的目标?本部分作者将从规则的解释、非歧视原则和合同有效性三个方面来诠释草案对宪法权利的融入,从而进一步揭示宪法权利对现代私法规范的具体影响和适用。①

1.规则的解释

《共同参照框架草案》第I.-1:102条"解释与发展"中,第1款规定草案中的规则应当得到独立的解释,并且应与草案的目标与原则保持一致;而草案的目标与原则在《共同参照框架草案》首要部分的"介绍"(introduction)中得到了详尽的阐述。正如起草小组所言,"对人权的保障、对团结和社会责任的提升、对文化和语言多元性的保护、对福利的保障和推动以及对内部市场的促进将是至高无上的原则"。② 可以说,草案的"介绍"部分将宪法权利所孕育的人权保障列为至高原则,第I.-1:102条(1)中又要求对草案的解释应当与前言中的原则保持一致,从逻辑上可以推导出,草案规则的解释应当与宪法权利相辅相成。可见,这是民法典草案深刻融入宪法权利的一个重要标识。

除此之外,该条第2款又进一步规定:"(本法条款)应当与任何适用的保障人权和基本自由的文件以及任何适用的宪法性法律保持一致而理解。"可见,草案采取了一个非常宽泛的构想,将当下以至于今后所有适用的有关人权保障的文件和规定都列为该草案应当考量的价值理念。但值得注意的是,草案条文的"解释规则"中要求与草案的原则和目标保持一致,而草案的原则和目标有多个,当宪法权利的保障与其他目标或原则,如内部市场的构建、文化多样性的保护等相互冲突时,宪法权利的适用是否应当让位于其他价值的主导,或者说如何在多重价值观之间寻求平衡,以及在何种程度上可以适用宪法权利的规则,在

① Junwei Fu, Modern European and Chinese Contract Law: A Comparative Study of Party Autonomy, Kluwer Law International, 2011, pp. 153-160.

② Christian von Bar & Eric Clive, Principles, Definitions and Model Rules of European Private Law: Draft Common Frame of Reference (DCFR), Full Edition, European Law Publishers, p. 88.

草案当中都没有给予明确表示。

2. 非歧视原则

草案第二编第二章为"非歧视"原则,通过五个条文对此原则进行了全面的阐述。第 II. -2:101 条要求当事人在提供货物、其他财产或服务上,不得基于性别、民族、种族的原因而歧视。第 II. -2:102 条则对"歧视"给予了定义。草案认为:如果某人在相似情况中得到了更少的优待或者与其他群体的人相比,相关的标准、条文、实践将某群人置于不利位置的话,就构成了草案中所指的"歧视"。第 II. -2:103 条则为非歧视原则的例外。该条将为追求"正当目标"(legitimate aim)而作出的不平等对待列为歧视原则的例外,但该"正当目标"必须在合理和必要的限度之内。第 II. -2:104 条为对歧视的救济。草案认为如果歧视一方没有损害到第六编"造成他人损害的非合同责任"的相关规定的话,第三编第三章的"不履行的救济"将适用歧视的情形。第 II. -2:105 条则是对举证责任的要求。该条认为,对于构成歧视的举证责任应当由主张受到歧视的一方承担。

可以说,"欧盟民法典草案"中所规定的非歧视原则正是对处于宪法地位的《欧共体条约》的具体实践。《欧共体条约》第 12 条规定了禁止民族的歧视,第 13 条规定了禁止性别、民族或种族、宗教或信仰、残疾、年龄和性取向的歧视,第 141 条还更加具体地规定了不论性别同工同酬的条款。可见,非歧视原则是《欧共同条约》已明确为应当遵守的原则之一,而欧洲联盟成立的基础则是《欧共体条约》。该条约在欧洲扮演着宪法性文件的作用。由此,从逻辑上可以认为,非歧视原则在欧盟框架下处于宪法所确立的权利或原则。"欧盟民法典草案"的目的之一是为今后正式"欧盟民法典"的颁布做准备,而民法典要获得欧洲政治上和社会上的广泛认可,必然要求与欧盟的宪法性文件保持一致。因此在民法典草案中,起草小组将欧盟所倡导的非歧视这一宪法性权利又更进一步融入条文之中,可以看作宪法权利在私法领域的又一具体表达。

3. 合同有效性

"欧盟民法典草案"第二编第七章第三节即是对"侵犯根本原则或强制性规则"的基本规定。第 II. -7:301 条规定:如果合同侵害到了欧盟成员国法律中被视为根本性的原则时,合同应当无效。而成员国法律中视为根本性的原则通常包含宪法所规定的有关国家政治、经济、文化等领域中的基本规则和公民的基本权利,以及与公共政策、善良风俗相关的基本制度。可见,宪法权利应当属于被各成员国视为根本原则的一部分,进而可以推导出,如果当事人订立的合同与各国赋予的宪法权利相违背时,合同也应无效。

值得注意的是,"欧盟民法典草案"并未对人法、强制性规则、不动产法等作出具体规定。由于欧盟对法律的统一并不能够触及各国的根本社会制度,而人法、强制性规则、不动产法很多时候与成员国的公共政策、善良风俗甚至政治体制存在密切的关联,欧盟对于私法领域内的统一也只限于能够对欧盟境内成员国间货物、人员、资本、服务自由流通带来障碍的法律,因此,"欧盟民法典草案"并未对涉及各成员国的根本社会制度的法律进行统一,而是将这些问题都留给了各成员国的法律自行解决。因此,草案只是规定了侵害到各成员国根本原则的合同或其他法律行为的效力,但并未对根本原则给予界定。但不论如何,宪法所确立的基本权利都属于根本性原则的一部分,第 II. -7:301 条的规定在一定意义上也可以说是宪法权利对私法规则间接影响的一种体现。

三、小结

由此可见,基于传统意义上的公法与私法的划分,处于公法领域的宪法权利与私法一直处于隔离状态。然而,近些年来,一些国家在纯粹的私法案例中适用宪法进行判决的现实,使我们不得不对宪法与私法的关系进行理性的思考和重新建构。

随着公私法严格划分界限的逐渐模糊,传统意义中的公法不干预私法的架构也逐渐得到解体。20 世纪 50 年代德国法院对吕思案的判决宣示了宪法所确立的基本权利应当是整个司法体系所应当遵循的基本价值理念,当严格通过私法的判决不能达到公正效果的时候,宪法不得不对此进行主动的干预,由此开创了宪法权利适用于私法判决的先河。而后,在意大利、荷兰、英国、爱尔兰等国都先后出现了不同程度宪法权利对私法案例干预的判决。因此,今天,当我们在面对宪法与私法的关系时，我们所要诠释的并非是宪法权利是否能够适用于私法，而是宪法权利在多大程度上可以以及如何适用于私法领域。

纵观各国宪法权利对私法影响的司法实践，我们不难总结出宪法可以通过三种途径对私法带来影响。直接适用说即认为宪法是所有部门法所应当遵循的基本价值理念，即使在纯粹的私法案例中，也可直接适用宪法的规定对其进行判决。德国20世纪90年代对“担保”案的判决正是该种思路的深刻实践。由于直接适用说对传统公私法的划分及宪法不直接适用于私法领域的理念带来严峻的挑战，更多国家的法官和学者或许更加愿意接受扩大解释说。即通过对私法中诸如“诚实信用”、“公序良俗”这样富有弹性的概念作出扩大解释，将原本在宪法中确立、在私法中没有的价值理念通过对这些开放性的概念作出扩大的解释而融入私法领域当中。意大利最高院20世纪90年代对“福佳”案的判决即是扩大解释说的代表性实践。然而，直接适用说与扩大解释说都呼吁在对私法案例进行审判时充分考量宪法中规定的基本权利，从某种意义上来讲，都与传统的宪法不干预私法的理念有所违背。因此，有学者也认为宪法权利对私法的适用应当仅仅表现在宪法对私法规范的间接影响上。可以说，私法规范其实就是宪法精神在私法中更为形象的表述方式，宪法权利能够在多大程度上得到尊重取决于私法规范的具体反应。在该说的倡导下，宪法权利并不能用于对私法案例的具体审判，它的影响和作用仅仅停留于制定和改变有效的私法规范。那么，究竟宪法权利是否可以通过该思路来影响私法，也许我们能从欧洲私法统一的基础上找到该问题的答案。

“欧盟民法典草案”作为21世纪以来最为先进的民法典草案之一，代表了现代私法的发展方向和最新价值理念。宪法权利对私法不断加深的影响可以说是现代私法发展的一个重要导向，那么试图代表欧洲各国私法最为奉行和普遍接受的理念的“欧盟民法典草案”是否也遵循了这一最新导向？是否也将宪法权利融入进了私法规范当中？本文通过对草案中有关解释规则、非歧视原则和合同有效性的规定，初步揭示了“欧盟民法典草案”对宪法权利充分考量的客观事实。草案中规定，对该法条款的解释应当符合草案确立的目标和原则，而对宪法权利的遵循正是草案所体现出的核心价值之一。可以说，对草案的解释应当与宪法性文件所确立的基本权利保持一致,正是宪法权利对草案的深刻影响之一。除此之外,处于宪法性地位的《欧共体条约》所确立的非歧视原则在草案的规范之中也得到了更加详细的表述。草案明确要求当事人在订立合同或其他进行法律行为时,不得基于性别、种族等对他人有歧视,可以说,该非歧视原则的表述是对宪法所确立的基本权利的进一步拓展。同时,宪法权利对草案的影响还体现于合同有效性当中。草案认为,当事人签订的合同如果与欧盟成员国最根本的原则相违背,合同应当无效;而各成员国中被视为最根本的原则,一部分则来自宪法所确立的基本权利。因此,在一定程度上可以说,通过具体的私法规范将宪法权利融入到私法当中正是宪法权利适用于私法的又一思路。

综上所述,以上三种宪法权利适用于私法路径的实践经验表明:基本权利所体现出的对人的尊重已成为各国法律体系所遵循的共同价值理念,是衡量各国建构和谐、安定社会的重要尺度。它秉承着以人为本的现代社会文明成果和价值观念,包含着人类对自由、平等的永恒追求,使人权、法治、宪政的核心历史世界观得到传承和延续。宪法权利不仅可以运用于公法领域,能够适用于公民与国家的对抗之中,同时在私法范畴内也可以起着对公民同样的直接约束作用。欧洲很多国家将宪法权利直接或间接适用于私法领域的实践和经验无不深刻表达了对人与生俱来的基本权利的认同和希求,其所沉淀出的对人性价值的终极关怀是现代私法区别于传统私法的核心命题,也是维系现代私法和社会文明得以前进的重要纽带!

(付俊伟,北京理工大学法学院讲师、法学博士。)

欧洲民法典草案解约宽限期通知制度研究*

王金根

目　次

* 本文系泉州师范学院2011年度校社科项目(项目编号:2011SK20)及2012～2014年度泉州师范学院青年骨干教师项目研究成果之一。

一、欧洲民法典草案宽限期通知制度意义

合同一旦成立并有效,双方当事人便应严格按照合同规定履行义务,然而,在现实交易中,总是会存在各种因素,导致一方当事人迟延履行、瑕疵履行甚至履行不能等。一旦发生不履行,且不存在免责事由的,则违约方应对对方当事人承担违约责任。然而,违约责任有多种,如损害赔偿、实际履行与解除合同等,非违约方对此有权自由选择具体救济措施,当然其必须满足所选择的具体救济措施要求。

就解除合同这一救济措施而言,因其最终的法律效果是要恢复原状(欧洲民法典草案,以下简称DCFR,第III. - 3:510条因履行而取得收益之恢复原状),与鼓励交易之精神不符,且易给违约方造成重大损失,故对此有着严格条件限制,一般只有在根本违约的情形下,非违约方才有权利解除合同。[①] 然而,根本违约与否有时甚是难以判断,尤其是在迟延履行情形下。[②] 一旦非违约方仅凭履行迟延而解除合同,在法院判定该迟延本身并不构成根本违约时,其反而应对违约方承担擅自解除合同之违约责任。为避免这一尴尬境地,宽限期通知制度应运而生。[③] 根据该制度,在违约方迟延履行时,非违约方可以设定一合理期限,要求对方在该期限之内履行合同义务,否则即可解除合同,而不必判断对方之迟延履行行为是否构成根本违约。

DCFR也分两条对宽限期通知制度予以了规定。其第III. -3:103条(确定额外履行期限之通知)规定:"(1)在不履行合同义务之时,债

---

① See Christian Von Bar, etc. ed. *Principles, Definitions and Model Rules of European Private Law, Draft Common Frame of Reference (DCFR): Articles and Comments*, [*Interim Edition, to be completed*], pp. 389 - 390.

② See *Commentary on the Draft Convention on Contracts for the International Sale of Goods prepared by the Secretariat (Secretariat Commentary) UN DOC. A/CONF.* 97/5 Article 43[CISG Article 47].

③ 当然,宽限期通知制度功能并非仅限于此,详见下文。See also Ole Lando & Hugh Beale ed.: *Principles of European Contract Law (Part Ⅰ and Part Ⅱ) (Combined and Revised)* [M], Kluwer Law International, 2000. pp. 374 - 375, and Secretariat Commentary UN DOC. A/CONF. 97/5 Article 43[CISG 47].

权人可通知债务人,允许其有一段额外期限履行义务。(2)在额外履行期限内,债权人可中止履行其相应之义务,并可要求损害赔偿,但不得采取任何其他救济措施。(3)如果债权人收到债务人之通知,表明债务人将不会在该期限内履行合同义务,或者在该期限届满时债务人仍未适当履行,则债权人可行使法律所规定之任何救济措施(any available remedy)。”第 III. -3:503 条(额外履行期通知后之解除合同)规定:“(1)在迟延履行不构成根本违约时,如债权人发出通知,给予债务人一段合理额外期限履行其义务,而债务人并未在该期限内履行合同义务的,债权人可以解除合同。(2)若所确定之期限不合理地短暂(unreasonably short),则债权人仅可在通知之时起经过合理期限之后解除合同(only after a reasonable period from the time of the notice)。”

从该两条条文规定来看,欧洲民法典草案宽限期通知制度可以适用于各种违约行为。但是,违约类型不一样,宽限期制度之具体条件与效果也不一样。

在违约方迟延履行合同时,根据 DCFR 第 III. -3:502 条(根本不履行时之解除合同)之规定,如果该迟延履行本身构成根本违约,则非违约方可立即解除合同。反之,如果迟延履行不构成根本违约,为解除合同,其可根据 DCFR 第 III. -3:503 条(额外履行期通知后之解除合同)之规定解除合同,即此时,宽限期通知制度赋予了非违约方额外解除合同之权利。既然该解除合同之权利是宽限期制度所赋予,而解除合同效果与鼓励交易之精神不符,且易给违约方造成重大不利,故法律应对宽限期通知制度设定较为严格条件,以避免制度之滥用而造成合同解除之泛滥。此种情形,应该是宽限期通知制度使用最多之情形。①

而其他违约情形,根据 DCFR 第 III. - 3:103 条(确定额外履行期限之通知)之规定,宽限期通知制度并未赋予非违约方任何额外之救济权利,相反,其反而限定了非违约方在宽限期期限之内某些权利之行使。但这仍不影响宽限期通知制度在这些违约行为类型下之适用。如在迟延履行明显构成根本违约时,非违约方仍可能并不期望立即解除

① See Ole Lando & Hugh Beale ed.:*Principles of European Contract Law*(*Part* Ⅰ *and Part* Ⅱ)(*Combined and Revised*)[M],Kluwer Law International,2000. p. 374.

合同,而是期望给予对方最后一次机会,要求其在一定期限内履行合同。宽限期通知制度能够实现上述要求,而又不导致非违约方在宽限期届满后丧失解除合同或要求实际履行之权利。[①]

又如,在瑕疵履行之情形,如该瑕疵并不严重,不构成根本违约,则非违约方可要求违约方在一定期限内对该瑕疵履行予以修理、修补。此时宽限期通知制度能够实现警告、通知违约方其仍期望获得正确履行之功能,从而使得违约方在对方行使实际履行救济措施前便主动对瑕疵履行予以补救。[②]

当然,因为宽限期通知制度在这些违约行为中并未赋予非违约方任何额外的救济权利,是否给予宽限期通知纯属非违约方之权利。故而,法律对此类宽限期通知条件并无特定严格要求。因此,笔者以下只对迟延履行构成非根本违约时(包括非违约方不确定对方是否构成根本违约时)之宽限期通知制度(以下简称"解约宽限期制度")进行阐述。

二、欧洲民法典草案解约宽限期通知具体要求

(一)要求履行合同的意图必须明确

在违约方迟延履行合同构成违约时,非违约方究竟会采取何种救济措施,是仅仅只要求给予损害赔偿还是会选择要求继续履行合同?选择不同,对违约方的影响自是不一样。如果仅要求损害赔偿,则违约方可将合同标的物另作处理,如转卖等;而如果非违约方要求其继续履行,则违约方必须为继续履行合同做好准备,如备货订舱。那么,非违约方究竟会如何选择,自是应当及时告知违约方。自然,宽限期通知中便应体现明确要求违约方履行合同之意图。应强调的是,该要求继续履行之意图必须是明确、肯定的,不得使用恳请性语言(precatory words),

① Christian Von Bar, etc. ed. *Principles, Definitions and Model Rules of European Private Law, Draft Common Frame of Reference (DCFR): Articles and Comments*, [*Interim Edition, to be completed*], pp. 356 – 357.

② Christian Von Bar, etc. ed. *Principles, Definitions and Model Rules of European Private Law, Draft Common Frame of Reference (DCFR): Articles and Comments*, [*Interim Edition, to be completed*], p. 357.

诸如“非常期望(*hope very much*)……”之类。[1]

(二)宽限期期限必须确定

除此之外,通知中要求违约方继续履行合同之期限应当是具体确定(fixing)的,或可以确定的,如“不迟于2012年3月1日”、“本宽限期通知发出后两个星期之内”等。该宽限期通知必须使理性之违约方无需进一步解释便可清楚明白该期限是其履行合同义务之最后机会,非违约方将不会在该期限届满后接受履行。[2] 自然,宽限期通知中便不得采取诸如“尽快”(as soon as possible)、“毫不迟延”(without delay)、“立即”(promptly,immediately)等模棱两可的表述。[3]因为首先,这种表述易导致违约方误认为该履行尚可无限期推延。[4]其次,如期限模棱两可,易给违约方造成误解,以为非违约方仅仅只是期望获得合同履行而已,其最终并不会行使解除合同这一“严酷”措施。[5] 最后,在给予宽限期通知后,违约方仍不履行或表示将不履行的,非违约方享有解除合同之权利,自然,非违约方何时有权解除该合同,该时间应当便于确定。[6]

---

① See Christian Von Bar, etc. ed. *Principles, Definitions and Model Rules of European Private Law, Draft Common Frame of Reference(DCFR): Articles and Comments*, [*Interim Edition, to be completed*], p. 395.

② See Michael Will, *Article* 47, Bianca-Bonell *Commentary on the International Sales Law*, Giuffrè: Milan(1987), available at: http://www. cisg. law. pace. edu/cisg/biblio/will-bb47. html.

③ See Christian Von Bar, etc. ed. *Principles, Definitions and Model Rules of European Private Law, Draft Common Frame of Reference(DCFR): Articles and Comments*, [*Interim Edition, to be completed*], p. 395.

④ See Christian Von Bar, etc. ed. *Principles, Definitions and Model Rules of European Private Law, Draft Common Frame of Reference(DCFR): Articles and Comments*, [*Interim Edition, to be completed*], p. 395.

⑤ See Chengwei Liu, *Additional Period(Nachfrist) for Late Performance: Perspectives from the CISG, UNIDROIT Principles, PECL and Case Law*, available at: http://www. cisg. law. pace. edu/cisg/biblio/liu4. html.

⑥ See Pilar Perales Viscasillas, *The Nachfrist Remedy*, presented in "*Celebrating Success: 25 Years United Nations Convention on Contracts for the International Sale of Goods*", available at: http://www. cisg. law. pace. edu/cisg/biblio/perales6. html.

(三)宽限期期限必须合理

宽限期之具体期限,非违约方有权自行设定,毕竟其是违约行为之受害方。但是,因为在履行迟延而不构成根本违约时,宽限期通知能够赋予非违约方解除合同之权利,自然,该宽限期之具体期限设定应当是合理的。[①][②] 所谓"合理"期限,属于不确定概念,具体应视个案案情而确定。如双方当事人就期限是否合理发生争议,应由法院或仲裁机构予以判定。当然,法院或仲裁机构在裁决时应考虑如下诸因素:[③](1)原合同所规定之合同履行期限,如果原合同期限偏紧,自然宽限期合理期限应偏短,如果原合同期限偏松,自然宽限期合理期限可以偏长;(2)合同标的性质,如货物或服务非常复杂,自然合理期限不应过短;(3)导致迟延履行之原因,与因故意或过失而忘记履行合同义务之违约方相比,因恶劣天气而迟延之违约方应当享有更长期限之通知;(4)非违约方对继续履行期限之需求,我们不能期待非违约方将授予超过其所能等待履行之合理期限;(5)违约方对继续履行合同所需求之期限[④];

① 换言之,如果非违约方能够证明违约方之迟延履行行为本身便构成了根本违约,则无需宽限期期限必须合理这一要求。因为原本非违约方即可立即解除合同,其该权利并非基于宽限期制度所产生。之所以给予宽限期,实际是非违约方给予违约方之让步而已。

② See Christian Von Bar, etc. ed. *Principles, Definitions and Model Rules of European Private Law, Draft Common Frame of Reference (DCFR): Articles and Comments*, [*Interim Edition, to be completed*], p. 395.

③ See Christian Von Bar, etc. ed. *Principles, Definitions and Model Rules of European Private Law, Draft Common Frame of Reference (DCFR): Articles and Comments*, [*Interim Edition, to be completed*], p. 395.

④ See CLOUT case No. 136 [Oberlandesgericht Celle, Germany, 24 May 1995], available at: http://www.unilex.info/case.cfm? id = 164. 在该案中,买方 1992 年 12 月 4 日发出通知,确定 1992 年 12 月 16 日为继续履行合同截止期限。法院最终裁决认为,要求卖方在 11 天内将机器从德国 X 港口运往埃及 Y 港口显得"过于短促"(possibly too short),因为运送取决于船舶航期及舱位。应说明的是,该案适用法律是 CISG,但 CISG 中解约宽限期制度精神和 DCFR 解约宽限期精神基本一样。具体比较可参见 Maryellen DiPalma, *Nachfrist under National Law, the CISG, and the UNIDROIT and European Principles: A Comparison*, International Contract Adviser (Kluwer), Vol. 5, No. 1 (Winter 1999) 28 – 38, see also Bruno Zeller, *GUIDE TO ARTICLES* 47 & 49(1)(*b*): *Comparison with Principles of European Contract Law* (*PECL*), available at: http://cisgw3.law.pace.edu/cisg/text/peclcomp47.html#er。

(6)有关贸易惯例等。

如果非违约方所设定之宽限期期限过于短暂,则其效果如何? 主流观点认为,期限不合理并不影响宽限期通知效果,但非违约方需解除合同的,则需经过合理期限后方可行使;否则,其应对过于仓促解除合同之行为承担违约责任,除非其能证明对方之迟延履行构成根本违约。① 为避免争议,DCFR 特就此问题作出了明确规定,第 III. -3:503 条(确定额外履行期限后之解除合同)第 2 款规定:"若所确定之期限不合理地短暂(unreasonably short),则债权人仅可在通知之时起经合理期限之后解除合同(only after a reasonable period from the time of the notice)。"从而,当宽限期期限不合理时,非违约方无需发出第二份宽限期通知以解除合同,只需等待第一份通知经过合理期限便可。

另外,如果非违约方所设定之宽限期期限过长,远超合理期限之要求,那么,其是否可在合理期限经过后便立即解除合同? 笔者认为,基于诚实信用与公平交易原则(DCFR 第 I. - 1:103 条)与禁反言精神,其无权立即解除合同,而必须等到所设定之宽限期届满方可,否则易给违约方造成不合理损害。

(四)宽限期通知形式

至于不符通知之形式,DCFR 第 I. - 1:109 条(通知)第 2 款规定:"通知得以任何与具体情况相适应之方式作出。"

据此,宽限期通知形式采自由原则,书面、口头等方式均无不可。② 但应强调的是,不管口头通知还是书面通知,均应符合当时之具体情况。在特定情况下,期望违约方信赖非违约方随便给予之"纯粹非正式说明"(purely casual remarks)并据此而采取一定行为,可能有违诚实

① 参见前述 CLOUT case No. 136 [Oberlandesgericht Celle, Germany, 24 May 1995]。在该案中,法院裁决认为宽限期期限过于短促,但这并不使该通知无效,只是该通知应延长至合理期限而已。所以,当买方在七个星期之后通知解除合同的,该解除有效。See also Landgericht Elwangen, Germany, 21 August 1995, available at: http://www.unilex.info/case.cfm? id = 164.

② See *UNCITRAL Digest of Case Law on the United Nations Convention on the International Sale of Goods Article* 47.

信用与公平交易原则[DCFR 第 I. - 1:103 条(诚实信用与公平交易)][①]

另外,口头宽限期通知存在一定缺陷,即难以举证证明。因此,从实用的角度考虑,非违约方最好在口头给予宽限期通知后,追加一份电传、传真或邮件以资证明。正如 Hirst 大法官所说,"电话也许是最佳的通知模式。但……应该在电话通知后发出一份电传,好作为证明。如果采取传真方式,则可以确保得以记录该电传时间信息,并获得对方回号,从而可以有效避免随后的任何争议"。[②]

三、欧洲民法典草案解约宽限期通知生效原则

通知生效原则有到达主义与发送主义之分,[③]两者区别的关键点在于,通知在途风险,包括迟延、传递错误、遗失等风险,究竟是由违约方承担还是由非违约方承担。如果由非违约方承担在途风险的,便为到达主义;如为违约方承担在途风险的,则属发送主义。[④]

大陆法系对于通知生效原则,一般采到达主义理论,如要约之生效、承诺之生效等。DCFR 也原则上采纳这一理论,其于第 I. - 1:109 条(通知)第3款规定:"通知自送达被通知人时起生效,但其规定迟延生效者除外。"

然而,在宽限期通知中,被通知之人属违约方,法律上规定由其承担通知传递风险应更为可取,毕竟与违约方相比,非违约方在法律上更应值得保障。[⑤] 加上宽限期通知制度本身之目的在于为非违约方提供

---

① See Ole Lando & Hugh Beale ed.: *Principles of European Contract Law* (*Part* Ⅰ *and Part* Ⅱ) (*Combined and Revised*) [M], Kluwer Law International, 2000. p. 129.

② See *Rafsanjan Pistachio Producers Cooperative v. Bank Leumi* (UK) Ltd [1992] 1 Lloyd's Rep. 513. 尽管 Hirst 大法官所说系针对信用证下卖方不符交单时银行通知问题,但大精神相同。

③ [德]彼得·施莱希特里姆:《〈联合国国际货物销售合同公约〉评释》,北京大学出版社2006年版,第75页、第84~87页、第113页。

④ 梁慧星:《民法总论》,法律出版社2001年版,第194页。

⑤ See Christian Von Bar, etc. ed. *Principles, Definitions and Model Rules of European Private Law, Draft Common Frame of Reference* (*DCFR*): *Articles and Comments*, [*Interim Edition, to be completed*], p. 368.

确定性,如果采到达主义,则非违约方无法确定宽限期通知是否到达,亦无法确定其何时开始有权在"宽限期内"中止履行或在"宽限期届满后"解除合同,[①]或行使法律所规定之其他救济措施。而只有发送主义能够真正实现宽限期通知制度为非违约方提供确定性这一目的。[②] 故此,DCFR 于第 III. - 3:106 条(不履行相关之通知)特别规定:"(1)当债权人因债务人不履行或预期不履行而向债务人发出通知,且该通知系恰当地发出或作出,则该通知在传送过程中的迟延或不准确或没有到达并不妨碍其生效。(2)该通知应从它在通常情况下本应到达的时间起生效。"

当然,从第 III. - 3:106 条之规定来看,宽限期通知传递风险由违约方承担是有前提的,即"该通知系恰当地发出或作出"。所谓"恰当地发出或作出",有两层含义:首先,非违约方必须确保其所发出的通知是可能被送达的。如在非违约方明知违约方所在国航空系统发生罢工时,便不得选择以航空信的方式给予宽限期通知,否则迟延或遗失风险便应由非违约方承担。[③] 其次,通知所选择之通讯方式必须"足够迅速"(fast enough)。如果根据客观情况通知需"尽速"(great speed),而非违约方采用航空邮件之方式便属不当。[④] 根据学理解释,即使非违约方通知之方式不够"迅速",但当(且仅当)宽限期通知实际到达违约方时,非违约方也有权认定其已发送通知。[⑤] 如双方当事人就宽限期通知是否"恰当地发出或作出"发生争议,原则上应由发出宽限期通知

---

① 非违约方原则上应当自解除权产生之日起合理期限内行使解除权,否则即丧失该权利[参见 DCFR 第 III. -3:508(3)]。

② See Ericson P. Kimbel, *Nachfrist Notice and Avoidance under the CISG*, available at:http://www. cisg. law. pace. edu/cisg/biblio/kimbel. html.

③ [德]彼得·施莱希特里姆:《〈联合国国际货物销售合同公约〉评释》,北京大学出版社 2006 年版,第 113 页。

④ See Christian Von Bar, etc. ed. *Principles, Definitions and Model Rules of European Private Law, Draft Common Frame of Reference (DCFR): Articles and Comments*, [*Interim Edition, to be completed*], p. 368.

⑤ See Christian Von Bar, etc. ed. *Principles, Definitions and Model Rules of European Private Law, Draft Common Frame of Reference (DCFR): Articles and Comments*, [*Interim Edition, to be completed*], p. 368.

之非违约方承担举证责任。①

宽限期通知之生效时间点,根据前述发送主义,自然应当是自发送之时起便生效,这与合理期限之起算点[第III. -3:503条(确定额外履行期限后之解除合同)第(2)款]自"通知之时"(after a reasonable period from the time of the notice)相一致。② 然而,对于宽限期传递过程存在迟延、遗失的,如果法律也同样强制自"发送"之时起生效,则即使对于违约方而言,也显得过于不公平。③ 因为毕竟宽限期通知制度本身能够赋予迟延履行但不构成根本违约中之非违约方额外解除合同之权利,为避免违约方与非违约方之间利益过于不平衡,DCFR第III. -3:106条(不履行相关之通知)特此明确规定:"(2)该通知应从它在通常情况下本应到达的时间起生效。"④

四、欧洲民法典草案解约宽限期通知效力

(一)宽限期内非违约方可中止履行并请求损害赔偿

之所以会存在解约宽限期,是因为违约方有违约行为在先。如果法律此时仍要求非违约方在宽限期内继续履行其所对应之义务,自是有违公平原则,并最终有可能置非违约方之利益于危境,因为一旦违约方最终拒绝履行合同,则非违约方在宽限期内所给予之履行便无法获

---

① See Pilar Perales Viscasillas, *The Nachfrist Remedy*, presented in "*Celebrating Success*:25 *Years United Nations Convention on Contracts for the International Sale of Goods*", available at:http://www.cisg.law.pace.edu/cisg/biblio/perales6.html.

② See Chengwei Liu, *Additional Period (Nachfrist) for Late Performance: Perspectives from the CISG, UNIDROIT Principles, PECL and Case Law*, available at: http://www.cisg.law.pace.edu/cisg/biblio/liu4.html.

③ 根据学理解释,迟延履行下解除合同宽限期通知制度对于因免责原因而造成之违约也同样适用{See Christian Von Bar, etc. ed. *Principles, Definitions and Model Rules of European Private Law, Draft Common Frame of Reference (DCFR): Articles and Comments*, [*Interim Edition, to be completed*], p. 395.},于此情形下之违约方,如要求其对迟延或遗失之宽限期通知也同样自发送之时起生效,其不公平性更是明显。

④ See Christian Von Bar, etc. ed. *Principles, Definitions and Model Rules of European Private Law, Draft Common Frame of Reference (DCFR): Articles and Comments*, [*Interim Edition, to be completed*], p. 368.

得对等价值;此时其利益又如何能获得完全保障,不无疑问。因此,DCFR 第 III. - 3:103 条(确定额外履行期限之通知)第 2 款明确规定:"在额外履行期限内,债权人可中止履行(withhold)其相应之义务……"这体现了诚实信用与公平交易精神。

其次,在宽限期内,非违约方仍可要求违约方承担损害赔偿责任,因为要求损害赔偿之权利与给予额外履行期限之间并不存在冲突。[①] 违约方并不会因为要承担损害赔偿责任而妨碍其按照原合同继续履行义务之准备行为,自然,在法律上也就没有必要在宽限期内保护其免于被追究损害赔偿责任;而且,我们也不能仅以非违约方已给予宽限期而认为其已经放弃追究违约方迟延履行合同之责任。对此,DCFR 第 III. - 3:103 条(确定额外履行期限之通知)第 2 款明确规定:"在额外履行期限内,债权人……并可要求损害赔偿……"且应强调的是,非违约方所得请求损害赔偿之范围,不仅限于给予宽限期之前之迟延履行所造成之损害,而且还包括在宽限期之内因迟延履行而遭受的损失。

(二)宽限期内非违约方不得行使与之相悖的救济权利

因为宽限期给予了违约方在该特定期限内继续按原合同履行义务之权利,自然,非违约方一旦给予违约方宽限期,便不得擅自行使与之相悖的救济措施,如解除合同或要求实际履行,否则即丧失依据宽限期而解除合同之权利。[②] 对此,DCFR 第 III. - 3:103 条(确定额外履行期限之通知)第 2 款规定:"在额外履行期限内,债权人可中止履行(withhold)其相应之义务,并可要求损害赔偿,但不得采取任何其他救济措施。"

这主要是因为违约方在收到宽限期通知之后便会产生合理信赖,信赖其仍可在该期限之内继续按照原合同履行,并有可能为此作出一定准备工作,甚至付出相当费用,如果非违约方突然改变主意而提前强

---

① See Christian Von Bar, etc. ed. *Principles, Definitions and Model Rules of European Private Law, Draft Common Frame of Reference (DCFR): Articles and Comments*, [*Interim Edition, to be completed*], p. 356.

② See *Valero Marketing & Supply Company v. Green Oy & Greeni Trading Oy*, U. S. District Court, New Jersey, 4 April, 2006, available at: http://www.unilex.info/case.cfm?id=1106.

制要求履行或解除合同,必然会给违约方造成意外损失。① 为保护违约方之善意、合理信赖,法律特作出如上规定,这也是诚实信用与公平交易精神(DCFR 第 I. - 1:103 条)的具体体现。②

这也就意味着,即使违约方之迟延履行本身已构成根本违约,但非违约方并未解除合同,而是给予宽限期通知的,则在该宽限期内,非违约方不得再基于该根本违约而立即解除合同;其必须要等到该宽限期届满违约方仍未履行时方可解除合同,除非在此宽限期之内,违约方还存在其他根本违约行为。③ 同样,如果在宽限期内违约方已履行合同但仍存有瑕疵,在宽限期届满之前非违约方仍可立即要求采取修理、更换等实际履行措施,因为这已是完全不同的另一违约行为了。

(三)宽限期内未履行或明白告知不履行时非违约方可解除合同或要求实际履行

非违约方给予宽限期之目的,便是期望违约方能够在宽限期内继续按原合同履行合同义务。一旦违约方未在宽限期内履行或明白告知其将不会在宽限期内履行合同义务的,则非违约方之目的落空,自然得立即解除合同或要求实际履行。④ 对此,DCFR 第 III. - 3:103 条(确定额外履行期限之通知)第 3 款规定:"若债权人接到债务人之通知,表明债务人将不会在该期限内履行,或在该期限届满时债务人仍未履行其义务,则债权人可行使法律所规定之任何救济措施。"第 III. - 3:503 条(额外履行期通知后之解除)第 1 款规定:"在迟延履行不构成根本违约时,如债权人发出通知,给予债务人一段合理额外期限履行其义

① See *UNCITRAL Digest of Case Law on the United Nations Convention on the International Sale of Goods Article* 47.

② See Christian Von Bar, etc. ed. *Principles, Definitions and Model Rules of European Private Law, Draft Common Frame of Reference (DCFR): Articles and Comments*, [*Interim Edition, to be completed*], pp. 356 - 357.

③ See Chengwei Liu, *Additional Period (Nachfrist) for Late Performance: Perspectives from the CISG, UNIDROIT Principles, PECL and Case Law*, available at: http://www.cisg.law.pace.edu/cisg/biblio/liu4.html.

④ See Christian Von Bar, etc. ed. *Principles, Definitions and Model Rules of European Private Law, Draft Common Frame of Reference (DCFR): Articles and Comments*, [*Interim Edition, to be completed*], pp. 357, 395.

务,而债务人并未在该期限内履行合同义务的,债权人可以解除合同。”

这里应注意的是,违约方仅仅声称其可能无法在宽限期内履行,或不确定是否将能在宽限期内履行,或单纯要求非违约方延长宽限期等,并不构成“明白告知不履行”,自然也就无法提前终止宽限期而提前解除合同或要求实际履行。①

(四)非违约方可以在宽限期通知中明确规定宽限期届满合同自动解除

当然,基于意思自治,非违约方可在宽限期通知中明确规定,一旦违约方未在宽限期内履行合同义务的,在宽限期届满时,合同自动解除,非违约方不再受合同拘束。② 对此,DCFR 第 III. - 3:507 条(解除通知)第 2 款明确规定:“如第 III. - 3:103 条(确定额外履行期限之通知)之通知规定,在债务人未于通知期限内履行合同义务时合同自动解除的,该自动解除自该期限或自给予通知之时起合理长期限届满(以较长者为准)时生效,而无需给予进一步通知。”

换言之,此时,宽限期通知承担了两项功能,其一是宽限期通知本身,其二是附条件解除通知(conditional notice of termination)。而自动解除之时间,则取决于宽限期期限是否合理。如果宽限期期限长度合理,则自宽限期期限届满之时起合同自动解除;而如果宽限期期限过于短暂而不合理,则基于 DCFR 第 III. -3:503 条(确定额外履行期限后之解除合同)第 2 款之规定,自给予通知之时起经合理期限届满时,合同自动解除。③ 当然,如前所述,在宽限期内如果违约方明白表示将不履行合同义务,该行为构成预期违约并具有导致提前终止宽限期期限

① See Chengwei Liu, *Additional Period (Nachfrist) for Late Performance: Perspectives from the CISG, UNIDROIT Principles, PECL and Case Law*, available at: http://www.cisg.law.pace.edu/cisg/biblio/liu4.html.

② See Christian Von Bar, etc. ed. *Principles, Definitions and Model Rules of European Private Law, Draft Common Frame of Reference (DCFR): Articles and Comments, [Interim Edition, to be completed]*, p. 395.

③ See Jonathan Yovel, *Seller's Right to Avoid the Contract in International Transactions*, available at: http://www.cisg.law.pace.edu/cisg/text/peclcomp64.html.

的效果,自然此时合同可立即自动解除而无需等到宽限期届满。①

然而,基于诚实信用原则(DCFR第I. - 1:103条),如果非违约方事实上知悉违约方在宽限期届满合同自动解除后仍正打算履行合同,则非违约方承担了在合理期限内通知、警告违约方其将不会接受履行之义务[参见第III. - 3:507条(解除合同之通知)]。同样,如果合同自动解除后,违约方询问非违约方是否将接受履行,非违约方也承担了在合理期限内通知对方其不再接受之义务。②

(五)宽限期届满后非违约方可再次设定宽限期

如前所述,宽限期是非违约方给予违约方按原合同履行义务之最后期限。然而,该最后期限系针对违约方而言,如果非违约方有现实需要或明确期望违约方履行合同义务,或违约方明确要求且非违约方同意,则其可在第一次宽限期届满后继续设定第二次宽限期甚至第三次、第四次。非违约方并没有在宽限期届满后解除合同之义务,是否解除,纯属其享有之救济权利。这是鼓励交易原则在宽限期通知制度中最好的体现。对此,Will解释说:额外(additional)期限并非最终(final)期限。的确,对于违约方而言,其必须将该宽限期通知视为其履行合同义务之最终期限,如该期限届满,其将面临合同被解除之风险,且无权期待额外之宽限期。但是,解除合同并不是自动的,也并未非违约方之义务。非违约方总是可以自由设定第二次、第三次甚至无数次宽限期,对其而言,额外期限并不意味着最终期限。③

同样,基于意思自治精神,非违约方也可在宽限期届满之前便延长该额外履行期限,而不论违约方是否有明确要求。无论如何,不管是新的宽限期,抑或是延长的宽限期,其都与首次之宽限期具有同一效力:

① See Jonathan Yovel, *Seller's Right to Avoid the Contract in International Transactions*, available at: http://www.cisg.law.pace.edu/cisg/text/peclcomp64.html.

② See Christian Von Bar, etc. ed. *Principles, Definitions and Model Rules of European Private Law, Draft Common Frame of Reference (DCFR): Articles and Comments, [Interim Edition, to be completed]*, p. 396.

③ See Chengwei Liu, *Additional Period (Nachfrist) for Late Performance: Perspectives from the CISG, UNIDROIT Principles, PECL and Case Law*, available at: http://www.cisg.law.pace.edu/cisg/biblio/liu4.html.

在宽限期届满后，非违约方可解除合同，但在此之前，其不得行使与之相悖的其他救济权利。①

（王金根，江西德安人，泉州师范学院陈守仁工商信息学院讲师，主要研究方向为民法学。）

① See Chengwei Liu, *Additional Period (Nachfrist) for Late Performance: Perspectives from the CISG, UNIDROIT Principles, PECL and Case Law*, available at: http://www.cisg.law.pace.edu/cisg/biblio/liu4.html.

美国法

从中美非公路用轮胎反补贴案到美国关税法修改的法律观察

王伟伟

目　　次

（一）关税法的修改的政治性

（二）关税法修正案内容的合法性

（三）关于税法溯及力的问题

六、结语

引子

美国近期修改关税法，引起国内学者、媒体和公众的关注。有媒体认为修法是“政治作祟”，有媒体称法案为“贸易黑哨”，官方甚至称之为不合规则。那么，美国关税法修改涉及哪些法律问题，关税法修改是否合法，是否背离法治的底线，这些问题值得关注。

美国关税法的修改动因来自联邦巡回法院作出的中美非公路用轮胎反补贴案判决。该判决被认为终结了反补贴税对非市场经济国家的适用，美国贸易部门认为该判决是错误的、有瑕疵的，并促成国会修改法律。因此，对美国关税法修改相关问题的探讨不能离开中美非公路用轮胎反补贴案，而该案涉及的主要法律问题即对非市场经济国家能否适用反补贴关税。

一、反补贴税对非市场经济国家的适用

（一）市场经济国家与非市场经济国家

市场经济国家与非市场经济国家的区分是一个法律问题。《美国关税法》对非市场经济国家有概念界定，即主管当局所认定的不在成本或价格机制上运转，因而其商品销售不反映其公平价值的国家。在确定非市场经济国家地位时考虑如下因素：该外国货币可兑换成其他国家货币的程度；该外国劳资双方可就工资水平进行谈判决定的程度；合资企业或其他外国公司的投资在该外国被允许的程度；政府对生产资料的所有或控制程度；政府对资源分配的控制程度，以及对企业的价格和产量的控制程度；其他管理机关认为合适的类似因素。[①]

上述关于非市场经济的概念和标准并不是清晰和明确的，而且具

---

① 19 U. S. C. A. § 1677a.

有“姓资姓社”的意识形态色彩。就政府与市场的关系而言,一方面,在发达市场经济国家管制普遍存在,国家对经济生活的介入甚至并不比转型的非市场经济国家弱,日本和法国对经济生活的介入是广泛而深入的,德国更是实行所谓的社会市场经济;另一方面,非市场经济国家普遍进行了市场导向的改革,中国所进行的市场化改革已取得很大成就,已有八十多个国家承认中国的市场经济地位。目前来看,所谓市场经济国家和非市场经济国家的区分是相对的,将中国作为非市场经济国家在很大程度上是不准确的。在市场经济地位的问题上掺杂着法律之外的政治的因素,意识形态和冷战思维的影响仍然挥之不去。

非市场经济地位往往成为美国等国实行贸易保护主义的借口和工具。在金融危机的背景下,美国所进行的关税法修改的目的就在于解决国内的就业和经济问题,这在美国贸易代表罗恩·柯克在国会所作的陈词上也有明确的体现。① 可以说,市场经济国家地位问题的政治色彩是显然的。

(二)反补贴税与非市场经济国家地位

在美国关税法上,市场经济与非市场经济国家地位的区分对于反倾销税与反补贴税的适用有重要意义。所谓倾销,即出口商以低于正常价格的价格向进口国出口商品,对进口国的的工业造成重大损害或重大威胁的不正当贸易行为。所谓补贴,即出口国的政府或公共机构向国内出口企业提供的,对进口国的工业造成重大损害或重大威胁的金钱或其他经济方面的支持。倾销是企业自身的行为,是低层次的不正当竞争;补贴是一种政府行为,可分为出口补贴和国内补贴,有助于企业获得额外的价格优势。两种行为都会对进口国国内的相关市场价格造成不当的影响,进而影响相关产业的发展。因此,倾销和补贴都是各国关税法征收补偿性关税的对象。

在反倾销税的征收上,市场经济国家与非市场经济国家区分的意义在于商品正常价格或公平价格的确定。在市场经济国家,倾销幅度通过出口国国内的价格减去在进口国的进口价格计算;在非市场经济

---

① Testimony of Ambassador Ron Kirk United States Trade Representative, February 29, 2012. waysandmeans. house. gov/UploadedFiles/kirktestFC229. pdf.

国家,因认为不存在通过市场而确定的合理的国内价格,其正常价格的确定不以国内价格为基础,而是通过其他方法,通常为替代国方法,而替代国是在个案中选择确定的。因而,市场经济国家地位与非市场经济国家地位给出口企业带来的反倾销调查风险的可预见性不同,非市场经济国家的反倾销税负担不具有事先的可预见性。[①] 更为重要的是,采取替代国方法,可能导致出口国倾销幅度被夸大计算,出口国的比较价格优势往往被抹杀,丧失价格的比较竞争优势。

在反补贴税的征收上,市场经济国家与非市场经济国家区分的意义在于反补贴税是否适用。因反补贴税针对的是政府扭曲市场价格的行为,而非市场经济国家被认为没有合理的或正常的市场价格,也就不存在扭曲的空间。虽然美国关税法没有明确规定,但在美国商务部及司法裁判的实践中,对非市场经济国家不征收反补贴税成为一种惯例。相反,在市场经济国家,政府补贴扭曲市场价格的可能性是存在的,补贴和倾销对价格变动的影响是可以区分的,在征收反倾销税的同时可征收反补贴税。有国外学者将不征收反补贴税作为非市场经济国家地位的好处来看待。[②]

之所以不对非市场经济国家适用反补贴税,其中一个重要因素是重复计算的问题。在市场经济国家,补贴和倾销是政府和企业的各自行为,能够区分开来,可以解决重复征税的问题。在非市场经济国家,由于选择替代国作为出口国国内商品的正常价格,政府补贴有可能已被替代价格所涵盖,再征收反补贴税就有可能构成重复计算。[③] 政府补贴可分为出口补贴和国内补贴,重复征税发生的确定性是不同的。在出口补贴,如替代国价格高于国内正常价格,反倾销征税的同时征收反补贴税,必然导致重复征税。在国内补贴,由于替代国价格不一定完全反映在倾销幅度之内,同时征收反补贴税只是有可能导致重复征税。

---

① Joseph A. Laroski, Jr. , A Love Story Nonmarket and Market Economy Status under U. S. Antidumping Law. 30 Law & Pol'y Int'l Bus. 369(1999).

② Joseph A. Laroski, Jr. , A Love Story Nonmarket and Market Economy Status under U. S. Antidumping Law. 30 Law & Pol'y Int'l Bus. 369(1999).

③ 陈立虎、赵艳敏:"美国对中国产品并用反倾销反补贴措施问题研究",载《安徽警官职业学院学报》2007 年第 6 期。

由于不能解决是否存在重复征税的问题,对非市场经济国家不适用反补贴税成为惯例。

(三)美国商务部观点的变化

美国关税法就反补贴税是否适用于非市场经济国家并没有明确的规定,但美国商务部和美国的法院一直不对非市场经济国家适用反补贴税。不过,早在1992年,美国商务部就发展出了一种非市场经济中存在个别市场导向产业的判定标准,依此可对非市场经济国家的产业并用反倾销与反补贴税。① 但由于该标准的严格性,直到2006年铜版纸案,美国商务部在实践中仍没有背离反补贴税不适用于非市场经济国家的立场。而在铜版纸案中,美国商务部主张,中国目前已与乔治敦钢铁案中非市场经济国家的计划指令经济模式不同,可以并用反补贴调查。

铜版纸案后,美国商务部在2007年的一份备忘录中对中国的经济进行微观分析后认为,虽然中国在反倾销法的目的上仍是非市场经济国家,但是由于中国的市场化改革,反补贴税法可以在某些领域适用。② 这似乎是说,在反倾销税上,中国是非市场经济国家,而在反补贴税上,中国类似于市场经济国家。此后,美国商务部频繁对华发起"双反"调查,并且在个案中作出对中国企业征收反补贴税和反倾销税的裁决。

而这其中,美国爱荷华州的企业申请对中国轮胎企业开展反倾销和反补贴的调查引发了一系列诉讼,并点燃了美国国会修改关税法的导火索。

---

① Preliminary Determination of Sales at Less Than Fair Value: Sulfanilic Acid from the People's Republic of China, 57 Fed. Reg. 9409, 9411(1992).

② Countervailing Duty Investigation of Coated Free Sheet Paper from the People's Republic of China—Whether the Analytical Elements of the Georgetown Steel Opinion Are Applicable to China's Present - Day Economy(Mar. 29, 2007), http://ia. ita. doc. gov/download/prc-cfsp/CFS%20China. Georgetown%20applicability. pdf.

二、中美非公路用轮胎反补贴案及其裁判

（一）案情及诉讼过程①

2007 年 6 月 18 日，美国爱荷华州的 Titan Tire 公司等提出对从中国进口的某些非公路用轮胎（新充气工程机械轮胎）采取反倾销和反补贴措施的调查申请。

2007 年 8 月 7 日，美国商务部对相关的商品展开反倾销和反补贴调查。作为调查对象被选定的三家生产者是河北兴茂轮胎有限公司、天津国际联合轮胎橡胶有限公司以及贵州轮胎股份有限公司，此三家公司为美国商务部选定的强制回应人（mandatory respondents）。② 其中 GPX 国际轮胎公司（以下简称 GPX）是一家拥有中国生产者兴茂全部股权的美国国内企业。

2008 年 2 月 20 日，美国商务部作出初裁，认定从中国进口的某些非公路用轮胎可能存在补贴，并在美国以低于正常价值的价格销售。

2008 年 7 月 15 日，美国商务部公布了该类从中国进口货物的反倾销、反补贴终裁结果。裁决中采用对非市场经济国家的计算方法，得出兴茂公司的倾销幅度是 29.93%，天津轮胎公司是 8.44%，贵州轮胎公司是 5.25%。同时，政府对兴茂公司的补贴幅度是 14%，天津轮胎公司是 6.85%，贵州轮胎公司是 2.45%。

2008 年 9 月 5 日，美国国际贸易委员会公布了肯定性损害终裁。

2008 年 9 月 9 日，美国 GPX 国际轮胎公司及中国河北兴茂轮胎有限公司针对反倾销裁定、反补贴裁定向美国国际贸易法院提起诉讼。

2009 年 1 月 20 日，美国国际贸易法院合并了关于反补贴和反倾销终裁的诉请。

2009 年 9 月 18 日，美国国际贸易法院作出判决，认为美国商务部不能向作为非市场经济国家的中国的企业征收反补贴关税。此后，美国商务部和美国支持征收反补贴税的制造企业向美国联邦巡回上诉法

---

① 龚柏华、孙灵瑶："美国国际贸易法院判定美国商务部对河北兴茂轮胎有限公司非公路用轮胎'双反'措施不当案评述"，载《国际商务研究》2009 年第 6 期。

② GPX Intern. Tire Corp. v. U. S. 645 F. Supp. 2d 1231.

院提出上诉。[1]

2011年12月19日,美国联邦巡回上诉法院维持了美国国际贸易法院的判决,但理由与美国国际贸易法院不同。[2]

(二)评价

1. 美国国际贸易法院的观点

美国国际贸易法院认为,美国《反不公平交易法》并没有禁止商务部向非市场经济国家征收反补贴关税,但是,商务部计算反补贴税的方法不具有合理性,即将处于反倾销规则下的拥有非市场经济国家地位的中国的企业的产品征收反补贴税的计税方法不具有合理性。[3] 法院认为,商务部的计算方法不能明确地避免重复征税的问题;相反,商务部的做法极可能导致重复征税。商务部对《反补贴税法》的解释是不合理的。

2. 美国联邦巡回上诉法院的观点

美国联邦巡回上诉法院同意美国国际贸易法院关于商务部《反补贴税法》解释不合理的结论,但其理由不同。美国联邦巡回法院认为,在1988年和1994年修订和重新颁布《反补贴税法》时,国会已经在立法上确认了之前一致的行政和司法解释,即政府支付(government payments)不能在非市场经济国家视为补贴,因此《反补贴税法》不能适用于非市场经济国家。[4]

3. 评价

美国国际贸易法院并没有排除商务部对非市场经济国家适用反补贴税法的可能性,只是认为美国商务部的做法可能带来重复征税,商务部无法证明不存在重复征税,而反倾销税或反补贴税不具有惩罚性。可以推断,按照美国国际贸易法院的观点,如果美国商务部采取合适的方法避免重复征税的问题,对非市场经济国家征收反补贴税将是不违反美国关税法的。

---

① GPX International Tire Corp. v. United States. 666 F. 3d 732.

② GPX International Tire Corp. v. United States. 666 F. 3d 732.

③ GPX Intern. Tire Corp. v. U. S.. 645 F. Supp. 2d 1231.

④ GPX International Tire Corp. v. United States. 666 F. 3d 732.

而美国联邦巡回法院则认为,根据对美国关税法的合理解释,不能得出美国关税法允许对非市场经济国家征收反补贴关税的结论;相反,作为美国关税立法者的国会不将《反补贴税法》适用于非市场经济国家的意图是明确的。如果商务部欲对非市场经济国家征收反补贴税,应通过国会修改法律实现。

美国国际贸易法院和美国联邦巡回法院对美国关税法的解释存在不同的观点,从判决来看,美国联邦巡回法院关于法律解释的结论更有说服力。同时,美国联邦巡回法院也认可美国国际贸易法院关于重复征税可能性的结论。可以说,两级法院指明了对非市场经济国家适用反补贴税的两个法律障碍。因此,美国商务部对非市场经济国家征收反补贴税既要解决重复征税的问题,也要解决非市场经济国家反补贴税的问题。这两个问题正是通过随后国会对美国关税法的修改而解决的。

三、美国关税法修改的直接动因

(一)美国贸易代表的国会听证

2012年2月29日,美国贸易代表罗恩·柯克在国会听证时发表演说,批评美国法院的判决损害了美国商务部的执法能力。他说到,美国联邦巡回上诉法院错误地裁判了中美非公路用轮胎案,认为美国商务部没有法律权限对中国和越南这些非市场经济国家征收反补贴税,这一有瑕疵的判决损害了商务部对不公平补贴进口商品危害的制裁能力。①

他请求国会关注此事并作出迅速的反应,对法律作出澄清,尽快对法院的有瑕疵的裁决(flawed ruling)通过立法加以纠正。②

(二)评价

1. 区分裁判的既判力和法律修正案

美国贸易代表对非公路用轮胎反补贴案的批评是严厉的,他认为

---

① Testimony of Ambassador Ron Kirk United States Trade Representative, February 29, 2012. waysandmeans. house. gov/UploadedFiles/kirktestFC229. pdf.

② Testimony of Ambassador Ron Kirk United States Trade Representative, February 29, 2012. waysandmeans. house. gov/UploadedFiles/kirktestFC229. pdf.

该判决是有瑕疵的,是错误的,是应予纠正的。然而,从法律上而言,他的言论可能是不恰当的,甚至是有瑕疵的。如果美国联邦上诉法院的判决存在错误,那么,这种错误应通过何种途径加以救济和纠正?呼吁国会修改法律是否是一种合适的救济方式?

对此,要区分法院裁判的既判力和法律修正案的区别。一项生效的判决固然是可以被评论的,但在法律上是有效的。基于美国判例法的先例原则,该项判决所确立的法律理由对之后的类似案件有法律拘束力。一项生效的判决所确立的规则是有效的,在法律上是没有瑕疵的,也不是错误的。

在判例规则和制定法的关系上,后来的判例可以修正制定法,制定法也可以修正之前的判例,法律的发展即是如此实现的。通过立法修正之前的司法判决所确立的观点,不意味着之前的判决就是错误的,更不意味着之前的生效判决是可以撤销或需要纠正的。除非后来的立法规定对之前的生效裁判有溯及力,区分法律修改和司法既判力是基本的法律原则。

2. 法院判决为立法修正留有空间

虽然不支持美国商务部的诉请,联邦巡回法院在非公路用轮胎案的裁判中提到,如果美国商务部认为法律应该修正,合适的途径是诉诸立法。① 而在乔治敦钢铁案中,法院已经认为,如果现有的救济不足以保护美国的工业免于外国的竞争,应提交国会由其采取额外的救济措施。② 美国联邦巡回法院确认了乔治敦钢铁案中法院的观点。

美国联邦巡回法院的裁判并不妨碍美国立法机构对法院裁决所确立的规则作出修正,法官在判决中对此已经明确。如美国贸易代表意欲呼吁国会纠正法院的裁判,则混淆了法律修改与裁判及判例之间的关系,在美国三权分立的宪法体制下是不尊重司法权权威的表现。当然,美国贸易代表也可能无意更改已生效的判决,但他的言论至少是不恰当的。而立法者是否打算、是否能够对之前的生效判决进行干涉,还需要在后文进一步探讨。

---

① GPX International Tire Corp. v. United States. 666 F. 3d 732.

② Georgetown Steel, 801 F. 2d at 1318.

无论如何,在美国贸易代表的倡议下,美国参众两院迅速作出了关税法修正,待奥巴马总统签署生效后,对非市场经济国家可以并征反补贴税在法律上将不再有悬念。

四、美国关税法修正案的内容①

(一)"双反"可以同时适用

1. 反补贴税可以适用于非市场经济国家

修正案在立法目的上明确,正是为将反补贴条款适用于非市场经济国家而制定。这是对美国联邦巡回上诉法院判决所确立的观点的回应和纠正。

2. 反补贴税和反倾销税可以同时适用于非市场经济国家

修正案共两条,第 1 条是反补贴税条款对非市场经济国家的适用;第 2 条是对非市场经济国家反倾销税征收相关程序的调整。这明确表明,"双反"可以同时适用于非市场经济国家,因为只有在同时征收反补贴税的情形才涉及反倾销税扣减或调整的问题。

(二)补贴额度的可确定原则

1. 补贴额度可确定原则

按照修正案第 1 条第 2 款的规定,如果主管当局无法确定出口国政府或公共机构对出口商品提供的补贴额度,且无法确定的原因在于该出口国的经济在本质上构成一个整体,反补贴税非必须征收。因此,如果主管当局无法确定补贴额度,则可以不征收反补贴税。

修正案条文的用语是主管当局"不是必须"(is not required)征收。如果当局仍然征收,则是否符合法律的规定? 从词义来看,是不违反法律规定的。但在无法确定补贴额度的情形,如何征收存在操作上的困难。

2. 非市场经济国家的判断

从条文的规定来看,不征收反补贴税并不是无条件的;不征收反补

---

① "To apply the countervailing duty provisions of the Tariff Act of 1930 to nonmarket economy countries, and for other purposes",载 http://www.gpo.gov/fdsys/pkg/BILLS-112hr4105ih/pdf/BILLS-112hr4105ih.pdf,最后访问日期:2012 年 3 月 16 日。

贴税的原因是法定的,即出口国的经济在本质上构成一个整体。而出口国的经济在本质上构成一个整体的经济模式属于完全的非市场经济的情形,即完全指令计划的情形。

因此,即使无法确定补贴额度,对于非市场经济国家尤其是转型经济国家应予征收反补贴关税的解释符合立法者的本意。

中国属于转型市场经济,无论如何不属于完全型指令计划经济,法案排除反补贴税适用的条款无法对中国适用。对中国征收反补贴关税,将符合该条的规定。

3. 实际意义

一方面,如果无法确定补贴额度,则如何征收反补贴税在实际操作上存在进一步澄清的必要;另一方面,又要求不予征收的原因在于非市场经济国家本质上经济构成一个整体,这表面上是给执法者制造了难题。

从条文的措辞似乎能够得出立法者的本意,即对能够征收反补贴关税的情形应尽量征收,只是对完全的计划指令经济模式国家可不予征收反补贴关税。这实际给美国商务部提供了广阔的执法空间。

立法者表现出一种"明知不可为而为之"的积极的征收姿态,这体现出立法的政治性。该法在实践中如何操作,还有待观察。

(三)扣减和避免重复征税原则

1. 反倾销税的调整

同时征收反补贴税和反倾销税,需要解决重复征税的问题。修正案第2条即在解决这个问题。该条规定了反倾销税的扣减规则:

首先,主管当局已针对进口商品征收反倾销税;

其次,被征收反倾销税的出口国支付了国内补贴,并且补贴导致进口价格降低;

最后,主管当局可以合理地确定国内补贴依照替代国价格原则所确定的倾销幅度的提高程度。

主管当局应当在反倾销税中扣减因补贴而导致的倾销额度增加的部分。

2. 扣减的限度

主管当局对反倾销税的扣减不能多于因国内补贴而计算的反补贴

税率份额。其意在表明反倾销税的扣减是有最大限额的，不能多于反补贴税的额度。

3. 与第 1 条的关系

修正案第 2 条的规定涉及反倾销税和反补贴税的扣减，其目的在于避免重复征税。重复征税是美国国际贸易法院反对《反补贴法》适用于非市场经济国家的主要理由，关税法修正案对这个问题作出了回应。

更进一步而言，在反倾销税中扣除出口国政府或公共机构的补贴额度，为反补贴税法的适用排除了双重征税的障碍。该条的立法目的仍在于反补贴税的征收，是配合修正案第 1 条规定的。

（四）法案的溯及力

按照修正案第 1 条(b)(1)、(2)、(3)，修正案适用于 2006 年 11 月 20 日及之后的与关税法相关的所有已启动的程序，及所有后续的诉讼以及所有系属于联邦法院的民、刑及其他一切程序或后续诉讼。

修正案对法的溯及力的问题作了规定，即本修正案对 2006 年 11 月 20 日及之后的相关程序和案件适用。

关税法修正案第 2 条(b)(1)、(2)、(3)也有关于溯及力的类似规定，但内容有所不同。

五、对美国关税法修改的评论

美国 1930 年的关税法不禁让人想起那个年代的大萧条和大危机，政府为拯救国内经济，高举贸易保护主义的大旗，在国际和国内舆论的反对声中通过了该法，但该法的通过反而导致美国经济的进一步衰退。在国际金融危机的背景下，美国又修改关税法，实属故伎重演。

（一）关税法的修改的政治性

不可否认，美国关税法的修改有政治背景，美国贸易代表罗恩·柯克在国会听证中的发言已经清晰地表明了这一点。而美国参、众两院迅速地通过该法，也不免让人怀疑美国国会急于求成的动机。从条文内容上来看，急于对非市场经济国家适用《反补贴税法》的意图也是明显的。关税法修正案有浓厚的政治色彩。

（二）关税法修正案内容的合法性

虽然法案有政治动因，但是美国国会修改关税法，宣布对非市场经济国家适用反补贴税，这并不违反美国的关税法和司法判例。为解决重复计算和双重征税的问题，修正案增加了扣减规则，排除重复征税，这至少在表面上表明“双反”规则是为了救济国内产业损害，不具有惩罚性。美国关税法修正案的规则至少表面上具有合法性。

不过，在使用替代国规则确定征收反倾销税的同时征收反补贴税，并在反倾销税中扣减反补贴税的额度，这在反倾销税征收能够实现完全救济的情况下属于不必要的行为。因此，问题的关键在于单纯征收反倾销税能否实现完全救济，美国对此的回答可能是否定的。

从条文来看，关税法修正案试图解决重复征税的问题，但“双反”并用在实际上会导致重复征税的极大可能。修正案在实际上并未提出新的解决重复征税的办法，而仅仅是表明重复征税的部分应予扣除。这有可能是一种表面文章，其背后加大征税力度、保护国内产业、排斥进口的真实目的溢于言表。之所以规定扣减规则，可能不在于解决重复征税的问题，而在于为反补贴税的征收排除法律障碍。

因此，关税法修正案主要是解决一个问题，即对非市场经济国家征收反补贴税。显然，如法院所言，美国国会有权通过这样的法案。

（三）关于税法溯及力的问题

1. 法不溯及既往原则

所谓法不溯及既往，粗略而言，即新法对公布或生效之前的人和事不适用。法不溯及既往是为各国所公认的法律原则。在刑法上，法不溯及既往更是与罪刑法定原则相关；美国宪法第 9 条第 3 款也规定联邦不得通过有追溯力的法律。

不过，美国联邦最高法院逐渐改变了法不溯及既往的审查标准。法官 O. Connor 在 General Motors Corp. v. Evert Romein 一案中指出：“经济立法的溯及力问题必须满足正当程序原则的检验，即立法者应以合理的手段追求合法目标。”①在 United States v. Carlton 一案中，法

① Steve Selinger, the Case against Civil Ex Post Facto Laws, the Cato Journal, Vol. 15, No. 2 - 3. 转引自闫海：“论溯及征税”，载 http://www.civillaw.com.cn/article/default.asp?id=16950，最后访问日期：2012 年 3 月 13 日。

官对议会通过的具有溯及力的法律的效力予以认可。①

法不溯及既往原则并没有得到绝对的适用,如果立法的目的是基于公共利益,则可以通过有追溯力的立法。从美国法的逻辑出发,如果法律瑕疵或漏洞被滥用成为攫取私益、损害公益的工具,就不应拘泥于溯及立法的限制,②新法可以对旧法的漏洞或瑕疵通过有追溯力的法案予以纠正。

2.《反倾销税法》的追诉适用

美国关税法修正案通过了有追溯力的立法,这是对法不溯及既往原则的背离。而立法者之所以通过具有追溯力的法律,理由可能在于认为美国的关税法存在漏洞或瑕疵,如修正案不规定为有追溯力不足以纠正既有规则适用所造成的损害,那么,该修正案的溯及效力在宪法上也不会为美国联邦最高法院所否定。

鉴于美国司法判例对法的溯及力的立场,具有追溯力的反补贴与反倾销税法的修正案不违背美国的法律。这再次说明,法律之内的空间有时甚至可以达到"游刃有余"的程度。

3. 美国关税法修改后的非公路用轮胎案

如果美国的关税法修正案对于之前的程序和案件具有溯及力,那么,已经为美国法院所作出的判决是否会被推翻?美国国际贸易法院和美国联邦巡回法院所作出的判决是否会被撤销?这涉及法的溯及力与司法既判力之间的关系。

在逻辑上,至少存在生效判决被撤销的可能性。按照美国贸易代表罗恩·柯克的说法,非公路用轮胎案的司法裁判是有瑕疵的、错误的。那么,基于对法律的统一适用和纠正错误司法判决的理由,推翻该案判决的可能性甚至是很大的,至少不能排除这种可能性。

美国实行三权分立和分权制衡的原则,司法权相对于立法权独立。

---

① Harold M. Somers, Retroactive Taxation: A Triumph of Law Over Economics? United States v. Carlton(1994),载 http://www.econ.ucla.edu/workingpapers/wp726.pdf,最后访问日期:2012 年 3 月 13 日。

② 闫海:"论溯及征税",载 http://www.civillaw.com.cn/article/default.asp?id=16950,最后访问日期:2012 年 3 月 13 日。

如果议会可以通过修改法律对抗司法权,干预已经生效的法院判决,这是否与三权分立原则相违背、是否符合美国法治和宪政的基本原则,可能还是值得深思的。因而,关税法修正案是否对已经生效的非公路用轮胎案发生溯及力,美国对此应慎重处理。

六、结语

美国关税法修改明确了反补贴税对非市场经济国家的适用,规定了反倾销税的扣减规则,解决了重复征税的问题。然而,这些规则主要是解决了能否征税的问题,作为表态性的立法,它还需要在执法和司法的过程中加以细化和完善。美国商务部与法官之间会在法律与政治的较量中,确立实践中的“活法”,而出口国及其企业在这一过程中将扮演何种角色,也非常值得关注。

虽然美国关税法的修改伴随着政治因素,但该法修改的前后仍然在法治的轨道上展开,不存在对法律的严重违反。虽然官方个别言论可能不恰当,司法裁判和法律修正案文本在法律上仍能成立。即使美国关税法修改可能会对某些出口国不利,但这些国家也只能在法律框架内作出反应。

美国关税法的修改已触及美国民主政治框架的基础,如果处理不当,宪法所确立的宪政体制将遭遇危机,对此美国政府应予重视。关税法修正案本身充满政治色彩和贸易保护主义色彩,这种阴云密布的感觉真有一种“山雨欲来风满楼”的架势。这也已经让法律人感到,作为一种“科学”的法律和法学,总要面对林林总总的“风吹雨打”。

(王伟伟,民法学博士,北京市社会科学院法学所助理研究员。)

美国反垄断私人民事赔偿诉讼中间接购买者的原告资格问题研究

彭兴华

目　　次

美国是世界上反垄断私人民事赔偿诉讼制度最发达的国家。美国《克莱顿法》第四部分规定，因反垄断法禁止的任何行为而在商业或财产方面受到损害的任何人都可以向联邦法院提起诉讼，要求三倍赔偿。

强制性三倍赔偿的规定极大地推动了美国的反垄断私人民事赔偿诉讼,使私人民事赔偿诉讼在美国的反垄断诉讼中占据重要位置,而间接购买者的原告资格问题则被称为美国反垄断私人民事赔偿诉讼中最复杂的问题之一。在 Illinois Brick Co. v. Illinois 案中,美国最高法院判决间接购买者在联邦法院不能对反垄断违反行为提起诉讼,即"间接购买者规则"。该规则由于存在诸多缺陷,长期以来一直受到广泛批评,因此美国许多州纷纷制定法律,赋予间接购买者以原告资格,其中有些州还规定了具体的途径以解决间接购买者诉讼所带来的难题。本文围绕美国反垄断私人民事赔偿诉讼中间接购买者原告资格及有关问题进行分析与探讨,以期对我国的立法与司法处理相关的问题有所裨益。

一、间接购买者规则的出现

间接购买者规则实际上是美国最高法院两个独立判决的结果:第一个判决允许直接购买者对非法的过高要价(overcharge)获得全部赔偿,不论成本是否已转嫁到下游的购买者;[①]第二个判决否定了下游购买者的诉讼原告资格,不论有多少过高要价已经转嫁给他们。[②]

(一)Hanover Shoe 案

间接购买者规则起始于 Hanover Shoe, Inc. v. United Shoe Machinery Corp. 案。United Shoe 公司被认定通过迫使鞋业制造商租赁——而非购买——其最好的设备以及其他的措施,非法垄断了鞋业制造设备市场。Hanover Shoe 公司,一家鞋制造商,而且是 United Shoe 公司设备的承租人,根据《克莱顿法》第四部分提起诉讼。在其抗辩中,United Shoe 公司辩称,Hanover Shoe 公司付出的任何过高要价并不构成《克莱顿法》第四部分中的损害,因为 Hanover Shoe 公司已将成本以更高的下游价格的形式转嫁给了其客户。

地区法院驳回了 United Shoe 公司的转嫁抗辩(pass-on defense)。法院推理到,当 Hanover Shoe 公司为机器而被索要了太多金钱时,其损害即发生了,而且,"至少在在损害方面,法律的普遍趋势还没有超

---

① See Hanover Shoe,392 U.S. at 489.

② See Ill. Brick Co.,431 U.S. at 746 - 47.

越第一步”,并因为“遥远的后果”而免除被告的责任。[①] 大法官 Byron White 的观点中,最高法院一致认为,无论非法高价何时被支付,也无论购买者随后的行为如何,都应认定《克莱顿法》第四部分的损害发生。[②] 因此法院认为,原告对经济损害获得赔偿并不限制被告对《克莱顿法》第四部分诉求的责任。[③]

法院的结论是基于两个功能目标:避免诉讼复杂性以及阻却功能(deterrence)。法院声明,即使允许转嫁抗辩,转嫁抗辩也难以适用。[④] 对转嫁的计算要基于“实际上不能确定的”因素,如价格决定中的其他投入、更高价格对销售量的影响以及产量变化对边际成本的影响等。[⑤] 法院推理,反垄断法的阻却功能一样受到影响,因为转嫁抗辩将减少直接购买者获得的潜在赔偿,并因而减少他们提起诉讼的动力。[⑥] 转嫁抗辩还会在为数众多的间接购买者之间将潜在的赔偿分散化,每个间接购买者“在诉讼中只有很少的赌金,也没有多少利益去尝试提起团体诉讼”。[⑦] 法院为“成本加成”合同留下一个例外,在这种合同中,间接购买者以固定的加价购买固定数量的产品,但这个例外说明了这个规则。法院推理到,既然根据这种合同,很容易证明直接购买者没有受到损害,那么拒绝转嫁抗辩背后的动机——害怕诉讼复杂性——则被破坏了。[⑧] 简言之,间接购买者规则及其限制强调了给予转嫁的损害以救济的判决是以实用主义和功能主义的原理为基础的。

(二)Illinois Brick 案

Hanover Shoe 案理论上的缝隙在九年后法院有关 Hanover Shoe 公

---

① See Hanover Shoe, Inc. v. United Shoe Mach. Corp., 185 F. Supp. 829 - 830 [quoting S. Pac. Co. v. Darnell-Taenzer Lumber Co., 245 U. S. 531, 533(1918)].

② See Hanover Shoe, Inc. v. United Shoe Mach. Corp., 185 F. Supp. 489 (majority opinion).

③ See Hanover Shoe, Inc. v. United Shoe Mach. Corp., 185 F. Supp. 490, 490 - 91 n. 8 (majority opinion).

④ See Hanover Shoe, 392 U. S. at 493.

⑤ See Hanover Shoe, 392 U. S. at 493.

⑥ See Hanover Shoe, 392 U. S. at 494.

⑦ See Hanover Shoe, 392 U. S. at 494.

⑧ See Hanover Shoe, 392 U. S. at 494.

司所提出的关键问题上产生分歧时再次出现,即下游购买者是否可以对转嫁给他们的过高要价提起诉讼。在 Illinois Brick Co. v. Illinois 案中,混凝土砖的间接购买者对制造商提起了诉讼,尽管间接购买者是通过承包商和其他的转销商购买了砖块。正如法院所解释的:“被指控的反垄断违反行为唯一可以损害调查对象的方式是所有或部分的过高要价通过石工和一般的承包商转嫁给了调查对象,而不是过高要价在销售的前两层即被吸收了”。①

以六对三的多数,大法官 White——九年前 Hanover Shoe 案判决的作者——否定了间接购买者的原告资格。自始至终,Illinois Brick 的观点与 Hanover Shoe 案的观点紧紧地缠绕在一起。大法官 White 的两步分析首先确定了对称规则:“在反垄断损害赔偿诉讼中,无论对转嫁应适用什么规则,它应平等地适用于原告和被告。”②换言之,如果转嫁抗辩不能用于对抗直接购买者提起的诉讼,那么下游原告也不能使用转嫁理由。大法官 White 推理到,在允许间接购买者提起诉讼的同时否定转嫁抗辩,产生了“被告承担多重责任的严重风险”。③

在限制于两个选择的情况下——“要么我们必须推翻 Hanover Shoe 案……要么我们必须排除间接购买者基于转嫁理论而寻求赔偿”——法院根据遵循先例原则完成了剩下的工作。转向 Hanover Shoe 案,法院回顾了该案的观点,并认为其结论是正确的。在再次强调计算转嫁损害的潜在复杂性时,法院推理道:“不论试图分摊过高要价在理论上是多么吸引人,它都将对三倍赔偿诉讼增加新的复杂性,并严重破坏其有效性。”④在强调阻却未来的反垄断违法行为的这一中心问题时,法院确认了 Hanover Shoe 案的结论,即在不同层次的间接购买者之间分摊潜在赔偿将削弱诉讼的动力。⑤

持反对观点的三个法官认为 Illinois Brick 案判决放弃了另一功

① See Ill. Brick Co. ,431 U. S. at 727.
② See Ill. Brick Co. ,431 U. S. at 728.
③ See Ill. Brick Co. ,431 U. S. at 730.
④ See Ill. Brick Co. ,431 U. S. at 737.
⑤ See Ill. Brick Co. ,431 U. S. at 734 – 735.

能,即对受到损害的当事人进行赔偿。[①] 大法官 Brennan, Blackmun 和 Marshall 认为,阻止间接购买者提起诉讼将使消费者最终承担反垄断损害,而无法获得救济途径。[②] 大法官 Brennan 认为,Illinois Brick 案的方法是迫使人们在确保赔偿功能与确保阻却功能之间进行取舍,[③]而且"从阻却功能角度而言,赔偿给了谁是无关的,只要有人矫正了违反行为"。[④] 事实上,大法官 White 同意赔偿功能是《克莱顿法》的功能目标之一,但"如果赔偿功能阻碍阻却功能,多数法官不愿意将赔偿原则推往逻辑的极端"。[⑤]

二、间接购买者规则的缺陷

否定间接购买者原告资格的间接购买者规则自出现后便受到了广泛的批评。其被证明不利于充分地便利反垄断法的私人执行,这种不充分性是从该理论不能推动反垄断法的三个关键性目标,即赔偿、阻却和节约诉讼来衡量的。Hanover Shoe 案和 Illinois Brick 案意图追求后两个目标而明确地放弃了第一个目标,但是即使对于其意图获取的目标,该理论也无法推动。因此该理论被批评为阻止而非促进反垄断的执行。

(一)放弃了赔偿

在 Illinois Brick 案中,多数与少数争论的中心是相对于赔偿,阻却目标具有首要性。异议者反对不给予受损方救济的规则,而多数派坚持原告资格规则必须刺激直接购买者执行反垄断法。[⑥] 但是该争论是以这一观念为前提的,即 Hanover Shoe 案导致了赔偿目标和阻却目标

---

① See Ill. Brick Co. ,431 U. S. at 748 – 749.

② See Ill. Brick Co. ,431 U. S. at 749,764.

③ See Ill. Brick Co. ,431 U. S. at 751 – 753.

④ See Ill. Brick Co. ,431 U. S. at 760.

⑤ See Ill. Brick Co. ,720 U. S. at 746 – 47.

⑥ See Compare Ill. Brick Co. v. Illinois, 431 U. S. 720, 749 (1977) (Brennan, J., dissenting) (stressing compensation as a functional objective), with id. at 745 (majority opinion) (emphasizing the need to decrease costs and concentrate benefits of bringing a treble-damages action to facilitate antitrust enforcement).

的不相容性,而多数派得出结论,阻却目标胜过赔偿目标。[①] 事实上,否定受损者的原告资格与《克莱顿法》意图达成的效果是明显冲突的,而且最高法院对阻却目标的的偏好并未消除赔偿目标的重要性。尽管间接购买者理论僵化为一个绝对的规则,即排除了对赔偿——阻却之间权衡最佳化的可能性或对两者基于个案进行平衡的可能性,但赔偿仍然是一个可取的目标。

作为一个门槛问题,毫无疑问,对受损方进行赔偿既是反垄断法私人执行隐含的国会动机,也是反垄断法一个有效的功能目标。在制定《克莱顿法》时,国会将其意图清晰地表达为“确保对每个人的正义……并给予受损方充分的赔偿”。[②] 这种对赔偿的承诺与法律的标准方法是一致的。矫正正义理论强调责任在修正一方施加给另一方的非正义时所发挥的作用,并确认给予受损方赔偿对非正义进行救济是中心性的。[③] 另外,即使是最早的法律功利主义理论也将对受损方进行赔偿视为增加个人预期功用的一种社会保险形式,无论事后的风险如何。[④]

通过仅赋予直接购买者原告资格,Illinois Brick 理论与这些原则有明显的紧张关系。首先,排除间接购买者的救济途径意味着正义没有给予每一个人,而且正如 Illinois Brick 案中的异议者所观察到的,直接购买者有能力转嫁非法过高要价意味着最终损害将仅仅落在没有救济途径的当事人身上,而赔偿到了受损害很少或没有受到损害的当事人手中。[⑤] 因此,该理论导致反垄断法对错误一方提供社会保险,这样即

① See Ill. Brick Co. v. Illinois,431 U. S. 746 – 747.

② See Brunswick Corp. v. Pueblo Bowl-O-Mat,Inc. ,429 U. S. 477,486 n. 10(1977).

③ See,e. g. ,Jules L. Coleman,Risks and Wrongs 317 – 18(1992). Corrective justice theory finds its origins in Aristotle's writings. See Aristotle,The Nicomachean Ethics 116 – 25 (Hugh Tredennick ed. ,J. A. K. Thomson trans. ,Penguin Books 2004)(1953).

④ See Oliver Wendell Holmes,Jr. ,The Common Law 94 – 96(Mark DeWolfe Howe ed. ,Harvard Univ. Press 1967)(1881). For a more contemporary utilitarian approach in tort law,see William M. Landes & Richard A. Posner,The Economic Structure of Tort Law (1987);Steven Shavell,Economic Analysis of Accident Law (1987).

⑤ See Ill. Brick Co. ,431 U. S. at 764(Brennan,J. ,dissenting).

使当反垄断违法者得到了适当的惩罚时，赔偿的分配也与社会优化所决定的相反。①

这一点 Illinois Brick 案的多数派都知道，而且法院是在赔偿目标和阻却目标之间取舍时进行了讨价还价。但是随着经济趋向于更加复杂化、分散化、国际化，这种讨价还价可能被破坏。法院所面对的，以及使赔偿目标和阻却目标的同步追求复杂化的问题是多层供应链的出现。在生产商—消费者两方当事人的交易中，赔偿和阻却这两个目标之间几乎没有紧张关系，因为在这种交易中，从反垄断违法者处直接购买产品的当事人同时也是消费者——在这种简单化的场合下（也仅仅在这种场合下），直接购买者是非法过高要价的最终受损者。但这种两方当事人的模型正变得越来越不常见。② Illinois Brick 案中判决为阻却目标而牺牲赔偿目标是有正当理由的，如果这种牺牲仅仅是偶尔的；但这已逐渐随着多层供应链变为规则而非例外——相应地间接购买者越来越多地成为转嫁的反垄断损害的承担者，间接购买者规则就变得对赔偿目标越来越不利。

Illinois Brick 案的法院有多明确地知晓其否定了对受损方的赔偿，这是不清楚的，但多层供应链的永久性——伴随着赔偿作为一个政策目标的持久重要性——要求原告资格规则对赔偿目标作更多的努力。同样重要的是，Illinois Brick 案中观点的争论可以被解释为一种共识，即对受损方进行赔偿和阻却违法者都是反垄断法的核心目标，因此，如果原告资格规则既追求赔偿目标也追求阻却目标，多数派与异议者之间的争论就可以避免。

（二）阻却不充分

如果间接购买者规则事实上确实可以促进阻却目标，那么其为了有利于实现阻却目标而放弃赔偿目标可能可以得到更多认同。但不幸

① See Gregory J. Werden & Marius Schwartz, Illinois Brick and the Deterrence of Antitrust Violations—An Economic Analysis, 35 Hastings L. J. 638(1984).

② See, e. g., Commodity Chains and Global Capitalism (Gary Gereffi & Miguel Korzeniewicz eds., 1994) (illustrating the rise of global commodity chains and the spread of multilevel, international production networks); Thomas L. Friedman, The World Is Flat: A Brief History of the Twenty-first Century (2d ed. 2006).

的是,目前其对反垄断违法者的阻却不足。

Illinois Brick 法院正确地认识到阻却目标是反垄断私人执行的一个关键性功能目标,而且是《克莱顿法》的一个明确目的。《克莱顿法》创设诉因的规定强调了国会的观点,即需要私人执行和公共执行以充分地管制反垄断违法者。① 同时,《克莱顿法》采用三倍赔偿救济的设计超越了简单的赔偿,提高了私人执行的阻却和惩罚效果。② 不惊奇的是,通过私人执行进行阻却完全符合强调对违法行为进行惩罚的侵权标准理论。③ 作为一个功能性问题,授权给享有一定的信息优势并往往具备比公共执行者更多人员和资源的私人执行者,可以提高对违法者进行阻却的可能性。④

关于 Illinois Brick 规则 能多有效地便利反垄断法私人执行的最初争论包含了激烈对立的观点,学术界的评论者也代表了两种观点,即 Landes 与 Posner 提出的观点和 Harris 与 Sullivan 提出的相反观点。规则的赞成者推理,直接购买者享有更多信息和动力,因此更可能发现和管制反垄断违法者。反对者认为直接购买者将大多数的过高要价转嫁给了其后的购买者,因此没有多少理由去追查违法者,并中断重要的供应关系。⑤ 双方都提出了有道理但未得到证实的观点。

最近学者越来越多地获得了实证依据,而且更多的结论指出,否定间接购买者的原告资格严重阻碍了反垄断执行。Herbert Hovenkamp

---

① See Brunswick Corp. v. Pueblo Bowl-O-Mat, Inc., 429 U. S. 477, 486 n. 10(1977).

② See Brunswick Corp. v. Pueblo Bowl-O-Mat, Inc., 429 U. S. 477, 486 n. 10(1977).

③ See Aristotle, The Nicomachean Ethics 116 – 125 (Hugh Tredennick ed., J. A. K. Thomson trans., Penguin Books 2004) (1953), at bk. V, ch. 4. See Jules L. Coleman, The Morality of Strict Liability, 18 Wm. & Mary L. Rev. 259(1976); Richard A. Epstein, Nuisance Law: Corrective Justice and Its Utilitarian Constraints, 8 J. Legal Stud. 49(1979); George P. Fletcher, Fairness and Utility in Tort Theory, 85 Harv. L. Rev. 537(1972); Stephen R. Perry, The Moral Foundations of Tort Law, 77 Iowa L. Rev. 449, 449 – 50(1992).

④ See Friedrich A. Hayek, The Use of Knowledge in Society, 35 Am. Econ. Rev. 519 (1945). See, e. g., Steven Shavell, Foundations of Economic Analysis of Law 578 – 579 (2004).

⑤ See William M. Landes & Richard A. Posner, The Economics of Passing On: A Reply to Harris and Sullivan, 128 U. Pa. L. Rev. 1274, 1278(1980).

引用了最近的微软反垄断诉讼作为实例，说明直接购买者可能会避免对大供应商提起诉讼，将反垄断损害转嫁给了最终消费者。[①] Landes 和 Posner 认为，当直接购买者合理预期诉讼可能成功时，他们将启动反垄断诉讼；与这一观点相反，Hovenkamp 认为微软软件的直接购买者认识到中断他们与微软有利可图的关系可能损害他们获得未来的微软产品。[②] 美国反垄断现代化委员会的听证也揭示了这种情况，即直接购买者无法追查潜在的反垄断违法者，而间接购买者反而可以第一个提起诉讼。[③]

还有一些学者进一步指出，间接购买者规则不仅无法阻止反垄断违法行为，而且事实上会鼓励反垄断违法行为。因为非法卡特尔和垄断者可以与直接购买者分享经济租金，而不必明确地将直接购买者纳入非法共谋（并威胁他们去抵制那些提起诉讼的人）。反垄断违法者可以操纵具有原告资格的唯一当事方的动机。这种安排复制了"Illinois 墙"，因为其将非法行为有效地置于反垄断私人执行的规制范围之外，利用了间接购买者规则的弱点，便利了反垄断违法者与直接购买者之间的策略性合作，而这种策略性合作实际上不可能被惩罚。[④] 最近的学术表明这种策略性共谋可以被各种分销机制有效地支持，包括操纵销售量以允许直接购买者分享因短缺所带来的利润。[⑤] 有证据

① See Herbert Hovenkamp, The Rationalization of Antitrust, 116 Harv. L. Rev. 917, 941 - 42(2003).

② See Herbert Hovenkamp, The Rationalization of Antitrust, 116 Harv. L. Rev. 917, 941 - 42(2003).

③ See Memorandum from the Antitrust Modernization Comm'n Staff to the Antitrust Modernization Comm'n Comm'rs 12 - 13 (May 4, 2006), available at http://www.amc.gov/pdf/meetings/CivRem-IndP_DiscMemo060504 - fin.pdf(summarizing testimony before the Commission).

④ See Maarten Pieter Schinkel, Jan Tuinstra & Jakob Ruggeberg, Illinois Walls: How Barring Indirect Purchaser Suits Facilitates Collusion (Amsterdam Ctr. for Law & Econ., Working Paper No. 2005 - 02, 2005), available at http://ssrn.com/abstract = 730384.

⑤ See Maarten Pieter Schinkel, Jan Tuinstra & Jakob Ruggeberg, Illinois Walls: How Barring Indirect Purchaser Suits Facilitates Collusion (Amsterdam Ctr. for Law & Econ., Working Paper No. 2005 - 02, 2005), available at http://ssrn.com/abstract = 730384.

进一步支持了该理论,因为在几个最近的高利润的非法卡特尔中,直接购买者都是重要的贡献者。[①]

另外,将间接购买者从潜在原告的范围中排除直接削弱了反垄断实施。由于最佳实施是对违法者进行处罚和发现违法行为的共同运作,妨碍原告提起诉讼必然将减少发现违法者的可能性。[②] 对卡特尔违法者的发现率估计处于10% ~20%的低水准。[③] 此外,被认定应受处罚的被告所支付的赔偿远远少于《克莱顿法》设想的三倍赔偿,而接近于单倍赔偿。[④]

由于存在这些阻止充分的反垄断管制的结构性问题,实证经验表明国际卡特尔没有得到充分管制就不令人惊奇了。最近的研究显示,卡特尔可以索取远高于罚款的平均过高要价。[⑤] 另外,与主张卡特尔行为内在不稳定的观点相反,对几个长期卡特尔的研究表明,随着时间推移,这些卡特尔变得更加稳定,在自我监控和逃避发现方面更加成熟,并施加了平均过高要价,这些平均过高要价随着卡特尔寿命的增加而增加。[⑥] 卡特尔活动在最近这些年里明显有所增加,一些学者也估计垄断化没有被充分地发现。[⑦] 但这种非法行为对反垄断法的执行努力是非常敏感的,因为最近的实证研究表明,在反垄断法执行力度大的

---

① See In re Brand Name Prescription Drugs Antitrust Litigation, Nos. 94 C 897, MDL 997, 1994 WL 663590(N. D. Ill. Nov. 18, 1994).

② See William M. Landes, Optimal Sanctions for Antitrust Violations, 50 U. Chi. L. Rev. 657(1983).

③ See, e. g., Maurice E. Stucke, Morality and Antitrust, 2006 Colum. Bus. L. Rev. 443, 458.

④ See Robert H. Lande, Are Antitrust "Treble" Damages Really Single Damages? 54 Ohio St. L. J. 115, 117 - 18(1993).

⑤ See John M. Connor & Robert H. Lande, How High Do Cartels Raise Prices? Implications for Optimal Cartel Fines, 80 Tul. L. Rev. 513, 522 - 523, 545 - 546(2005).

⑥ See Yuliya Bolotova, Cartel Overcharges: An Empirical Analysis 22, 44(Sept. 15, 2006)(unpublished manuscript, available at http://ssrn.com/abstract=931211).

⑦ See Daniel K. Tarullo, Norms and Institutions in Global Competition Policy, 94 Am. J. Int'l L. 478, 479 - 480(2000).

领域,卡特尔的过高要价会低一些。①

总之,Illinois Brick 案反映了美国最高法院的确信,即反垄断处罚与原告资格规则应设计于阻却反竞争行为,即使以受损者无法得到赔偿为代价。但现实中,间接购买者规则不利于对反垄断违法者的发现,并便利了违法者对反垄断法实施的逃避。

(三)增加了复杂性

美国最高法院明确地关注每个间接购买者案件中难以控制的诉讼复杂性。例如,Illinois Brick 案 的法院深深关注计算转嫁的要价以及在因一个反垄断违法行为而受到损害的多个受损者之间分配赔偿的复杂性。② 很大程度上正是对复杂性的反感迫使 Illinois Brick 案 的法院寻求反对间接购买者原告资格的规则,而且在 McCready 案和 UtiliCorp. 案中法院重申了这种关注。③ 对复杂性的反感从保存司法资源的动机而言是正当的,同时,额外的复杂性可能增加重复赔偿的风险,④并挫伤私人当事方的积极执行。⑤

但是,法院可能夸大了间接购买者诉讼所带来的困难。仅在 Illinois Brick 案件两年后,Harris 和 Sullivan 提出主张,认为尽管判决在销售链中追查具体的过高要价令人畏缩,但许多案件中该任务可以通过制度性的假定和理论分析而被简化。⑥ 最近,Hovenkamp 总结了计算转嫁的过高要价的各种被证实的方法,这些方法并不比反垄断诉讼中所要求的其他的常规裁决需要更复杂的分析,因此,间接购买者诉讼中的损害计算仍然处于反垄断法所能容忍的常规复杂程度内。

无论如何,反垄断诉讼已经——而且不可避免地与复杂的裁决交

---

① See Yuliya Bolotova, Cartel Overcharges: An Empirical Analysis 38 (Sept. 15, 2006) (unpublished manuscript, available at http://ssrn.com/abstract=931211).

② See Ill. Brick Co. v. Illinois, 431 U. S. 720, 737 (1977).

③ See Blue Shield of Va. v. McCready, 457 U. S. 465, 475 n. 11 (1982) and Kansas v. UtiliCorp United Inc., 497 U. S. 199, 208 (1990).

④ See Ill. Brick Co., 431 U. S. at 730 - 731.

⑤ See McCready, 457 U. S. at 475 n. 11.

⑥ See Robert G. Harris & Lawrence A. Sullivan, Passing on the Monopoly Overcharge: A Comprehensive Policy Analysis, 128 U. Pa. L. Rev. 272 - 273 (1979).

织在一起。[1] 即使是反垄断法裁决中最基本的任务,如确定相关市场,一般也要求耗费高昂的数据收集、对价格和交叉弹性缜密的实证分析和昂贵的专家证据。间接购买者诉讼中对损害的计算仅仅是增加了已经使反垄断实施复杂化的一系列裁决而已,而这些裁决法院和诉讼者可以合理地管理好;另外,美国州法院已经展示了处理间接购买者诉讼和计算转嫁的损害的能力。

更重要的是,Illinois Brick 案显著增加而不是减少了反垄断诉讼的复杂性。Illinois Brick 案废除法律使间接购买者可以提起联邦法院所禁止的诉讼,从而引发了平行的州诉讼,并导致了反垄断诉讼的混乱。平行诉讼使被告面对多个和同步的诉讼,使州法院接受重复诉讼,并导致管辖权和优先权问题上的法律混乱,[2]这种复杂性远胜于计算转嫁损害的复杂性。

间接购买者理论的教训不是法律应避免进行复杂的计算——相反,合理规则和兼并分析也包含着复杂性。减少复杂性和控制成本的更好途径是优化程序机制,可以合并因反垄断违法行为而引起的诉讼的体系,可以避免平行诉讼和重复诉讼、管辖混乱和法律的不一致性等目前烦扰反垄断诉讼的问题。即使合并诉讼可能增加个别程序的复杂性,但可以在节约有价值的司法和诉讼资源方面迈出重大的一步。

三、IBRs的有关条款

由于间接购买者规则存在诸多缺陷,美国许多州开始通过制定法律赋予间接购买者原告资格来推翻 Illinois Brick Co. 案的判决,这被称为 Illinois Brick 废止议案(IBRs)。目前美国的绝大多数州都制定了某些形式的 IBRs。由于政治因素、当地的商业利益、避免浪费性的、高成本的、冗长的重复诉讼的期望以及州本身的历史等各种原因,这些州的 IBRs 的具体规定有所不同。有些 IBRs 规定得比较简单,仅包含基本的条款;而有些 IBRs 规定得比较深入,除了基本的条款之外,还包括有

① See Ill. Brick Co. ,431 U. S. at 759(Brennan,J. ,dissenting).

② See Edward D. Cavanagh,Illinois Brick:A Look Back and a Look Ahead,17 Loy. Consumer L. Rev. at 27 - 31,33 - 34,41.(2004).

关州司法部长的独特作用的条款、直接购买者和间接购买者损害赔偿分配条款、损害加价推定条款、团体诉讼确认条款、损害证明条款等。下面本文将选择某些 IBRs 中的专门条款来分析美国的一些州是如何处理赋予间接购买者原告资格所带来的有关问题的。

（一）损害加价的推定与认定

反垄断违法行为所引起的损害加价或过高要价（过高要价即实际支付的价格与假如没有违法行为所应支付的价格之间的差价）的多少往往随着它在销售链的传递而变化。① 正如难以确定销售链的哪个层次吸收了非法过高要价的多少比例一样，也难以确定卖给直接购买者的过高要价是否随着其转嫁给间接购买者而变化以及多大比例的过高要价随着其转嫁给间接购买者而变化。② 直接购买者吸收了所有的或大多数的价格增长吗？卡特尔造成的加价往往是按照具体的美元金额传递到下一层次还是基于比例传递给下一层次？抑或是传递比率是在按具体美元金额的加价和按比例的加价之间？例如，假设批发商一般要价 1 美元，其零售商一般向消费者要价 2 美元。当批发商卡特尔将价格从 1 美元增加到 1.2 美元时，零售商平均将价格从 2 美元增加到 2.2 美元还是 2.4 美元，还是 2.2 美元至 2.4 美元之间的价格？换言之，随着其影响顺着销售链传递，卡特尔起初的加价是从 20 增加到 40，还是保持在 20，还是降低到 10？

对加价的数额及其在不同类型或不同层次的购买者之间的分配的计算目前都是基于个案进行的。2008 年欧盟白皮书所提议的方法，是假定整个过高要价都转嫁给了最终用户。③ 在美国恰当的案件中，运用相似的推定——可反驳的或决定性的推定——可以节约诉讼成本和时间，增加商业确定性，并为潜在的原告最佳地提供充分的动力起诉反垄断违法者。

---

① See Herbert Hovenkamp, The Indirect-Purchaser Rule and Cost-Plus Sales, 103 HARV. L. REV. 1717, 1726 (1990).

② See In re Brand Name Prescription Drugs, 123 F. 3d 599, 605 (7th Cir. 1997).

③ See Comm'n of the European Cmtys., White Paper on Damages for Reach of the EC Antitrust Rules s 2. 6 (Feb. 4, 2008), available at http://ec. europa. eu/comm/competition/antitrust/actionsdamages/files_white_paper/whitepaper_en. pdf.

同时,如果没有这种推定,当过高要价仅仅只影响一个零配件或一个要素时,受到损害的原告要证明过高要价传递的数额是特别困难的。这种影响往往难以发现,特别是当零配件只是最终产品的成本中不大的一部分时。[①] 下面的选择方案试图创造推定以相对公平和节省诉讼的方式简化问题。

1. 推定一定比例的过高要价传递

可反驳性地推定或决定性地确定因反垄断违法行为而引起的价格变化以与销售链该层次购买者获得的价格变化比例相同的比例传递给了销售链下一层次的购买者。

推定过高要价以相同的价格增长比例转嫁给了销售链的下一层次可以极大地简化和加速诉讼,并因此有利于受损者。例如,如果卡特尔将其产品出售给直接购买者时,将价格增长了20%,这意味着后面的每个销售者均被推定将产品价格增长了20%,因此最终用户将被推定为产品多付出了20%的金钱。这等同于推定零售商保持了同样的利润和加价;如果零售商在反垄断违法行为发生之前将批发商的价格增加了一倍,他们将被推定在反垄断违法行为发生之后将批发商价格增加了一倍。这种推定是可反驳的(可以被任一方推翻)或被宣称为不可反驳的、决定性的。

但是被告当然会认为以100%比例为基础的传递推定过于有利于消费者。例如,如果直接购买者被加价了20%,其也可能将价格提高20%出售给下一层次的购买者,此时被告就会反对以100%比例为基础的传递推定。相反,下面的变通对被告更加有利。

2. 推定按照具体的美元金额转嫁

推定或决定性地认定因反垄断违法行为引起的所有变化以反垄断违法行为直接引起的相同的价格变化和要求产品或服务的第一个购买者支付的相同的价格变化,按照具体美元金额计算转嫁给了销售链后面每一层次的购买者。

该建议意味着全部可收回的过高要价不被视为在销售链后面的任

---

① See William H. Page, Class Interpleader: The Antitrust Modernization Commission's Recommendation to Overrule Illinois Brick, 53 ANTITRUST BULL. 741(2008).

一层次有所增加或减少,事实上该推定是将存在的加价按照具体美元金额计算仅仅传递给了随后的间接购买者。例如,假定一产品在制造商处的竞争价格是1美元,在零售商处的价格是2美元。假定制造商卡特尔将价格从1美元增加到1.2美元,这种方案创设了一个假定,即零售价格增加了0.2美元(从2美元增加到2.2美元)。这实际上意味着商业中间人将其加价规则从100%降低到83%,这是一种更保守的推定。

3. 推定有关一要素或构成部分的产品或服务的任何过高要价都被转嫁了。

该推定是决定性的认定,即产品销售链的每一层次的购买者将因反垄断违法行为所引起的一要素或零配件的成本的增长而导致的其成本的任何及所有的增长都转嫁了。该数额被推定为与销售给第一购买者的要素或零配件的成本的变化相同,按照具体美元金额计算。

该推定可以美元金额或比例来表达。例如,假定消费者购买了安装有DRAM的私人电脑,而且DRAM的价格由于非法共谋增加了25美元;还假定安装有超竞争价格的DRAM的私人电脑是组装的,并被后面几个层次的销售者售出,而且消费者对私人电脑付出的共谋前价格是1000美元。这种规定创设了一种推定,即由于DRAM制造商的共谋,私人电脑的最终购买者(如以1025美元价格购买了电脑的人)多付了25美元。[①]

(二)损害的证明条款

与确定间接购买者的原告资格和计算损害有关的证明问题难以克服,以至于司法系统浪费了大量的时间和资源分析这些问题,而且法院得到的往往是不可预见的和不可靠的结果。[②] 这些问题在有关零配件的案件[③]和团体诉讼中[④]格外突出。美国州的IBRs所包含的推论和结

---

① These are simplified and highly stylized versions of the facts contained in In re DRAM Antitrust Litigation,536 F. Supp. 2d 1129(2008).

② See ABA Handbook,supra note 2,at 139 - 150.

③ See ABA Handbook,supra note 2,at 179 - 181.

④ See ABA Handbook,supra note 2,at 151 - 209.

论可能有助于克服这些困难。

1.规定不能因为被调查的产品或服务是受损者购买的产品或服务的一部分而否定受损者的原告资格

间接购买者的反垄断原告资格在 Associated General Contractors v. California State Council of Carpenters 案中被提及,[①]该案中法院否定了劳工协会的原告资格,部分是因为“协会既不是消费者,也不是贸易被限制的市场上的竞争者”。[②] 另外,协会损害的性质,被指控的反垄断违法行为与协会的损害之间关系的微妙及推测性特征,重复赔偿或赔偿复杂分摊的潜在性,以及被指控的共谋的更直接受损者的存在比对协会反垄断索赔的司法执行更重要。[③]

Associated General Contractor 案的因素有时被适用以否定购买了主要部分是反垄断违法行为标的之产品的受损者的原告资格。例如,在 re Dynamic Random Access Memory Antitrust Litig. 中,法官认为,原告没有充分地声明原告的损害是“反垄断意图阻止的类型”,因为法律要求原告是宣称的相关市场的参与者,而原告没有声明他们是消费者或是 DRAM 市场的参与者;相反,他们仅仅声明他们是附带于 DRAM 市场的二级市场(如计算机市场)的消费者。[④]

如果被遵循,该判决将否定零配件案件的间接购买者的原告资格。有人可能作出结论,认为该案的推理和结果与反垄断法的整体目标是相背离的。法院之所以作出结论,认为协会不应具有反垄断诉讼原告资格,是根据协会不是反垄断法意欲保护的实体类型的理论。但是从反垄断法保护消费者的任务出发,也可以决定安装 DRAM(或因非法共谋而被人为提高了价格的其他的零部件)的计算机的购买者值得反垄断法的保护。为了允许最终消费者获得赔偿,一州可能愿意忍受损害分析的复杂性,这些州可能愿意通过如下的条款而给予受损者原告

---

① See 459 U. S. 519(1983).

② See 459 U. S. 539(1983).

③ See 459 U. S. 545(1983).

④ See In re Dynamite Random Access Memory Antitrust Litig. ,536 F. Supp. at 1136 (footnote omitted)(citation omitted).

资格:法院应赋予包含有反垄断违法行为标的之零部件的最终产品的每个购买者原告资格,而无论购买者是否是反垄断违法行为标的的市场的消费者或参与者。当然,这种条款可以不赋予每个间接购买者原告资格,而无论他们距离反垄断违法行为多么遥远,因为剩下的Associated General Contractor案的要求(即损害是非推测性的、非重复性的,而且不过度复杂①)仍然存在。

2. 鼓励对损害计算使用基于团体的方法

一个州可以通过出台规定团体诉讼损害可在团体基础上进行计算,根据个人的购买或销售量在整个团体的购买或销售量所占比例进行损害分配的法律对诉讼予以简单化和分流,华盛顿州就采用了这种方法:在任何团体诉讼中,团体成员确认的损害事实及损害数额可以在团体基础上予以证明,而不要求每个团体成员对这些问题进行证明。在总计损害中,归属于团体中一成员的损害比例应与该成员的购买或销售量在团体的购买或销售量所占比例相一致。② 一个更简短的方案是:在任何团体诉讼中,有关团体成员的损害事实和损害数额可以总计方式予以证明;总计的损害额应在庭审后动议的程序中以公平合理的方式在团体成员中分配。

法院所要求的损害证明的个别化使以团体为范围的损害计算过于繁重和冗长,这种简化的规定是为了有效处理否定反垄断违法行为受损者获得赔偿的潜在的致命问题。③ 相对于一个坚持以个人为基础确定赔偿的方法,这种方法的缺陷是某些购买人得到赔偿过多,而某些购买人得到赔偿过少。但是整体上,这种方法从阻却角度而言是非常有利的。

3. 规定对反垄断违法行为的证明或对间接购买者整体的总计损害的证明已足以确认团体

前面已提及,证明损害是否已在销售链传递,或多大比例的损害已在销售链传递是非常困难的。一个相对简单的方法是像法律包含条款的方式一样处理构成这一问题的损害事实问题:为团体确认之目的,法

---

① See 459 U. S. at 543 - 545.

② See D. C. CODE ANN. s 28 - 4508(2005).

③ See ABA Handbook, supra note 2, at 151 - 209.

院应决定性地认定每个团体成员都因涉及团体成员所购买的最终产品或最终产品的零配件的反垄断违法行为而受到重大损害,无论这些团体成员是反垄断违法行为标的之产品或零配件的直接购买者还是间接购买者。

一种温和的做法是当原告"一般性地证明了团体成员吸收了至少一部分被指控的过高要价时,则允许团体得以确认"。[①] 因此,只要原告可以证明间接购买者作为一个整体受到了一些损害,团体即可被确认,原告不需要证明损害的大小。但是,该规定并不处理特定原告的损害的实际计算。

这里会出现一个相关的问题,即由于一些团体成员比其他的团体成员转嫁了更多的非法过高要价,或者作为直接购买者的团体成员可能有能力转嫁所有的过高要价,有些法院将拒绝确认团体。[②]

当团体成员因反垄断违法行为而不同程度地受到损害,因而每个团体成员是反垄断违法行为标的之产品或服务的直接或间接购买者时,法院不应否定团体确认。法院应确认团体,而无论特定的团体成员是否吸收了所有的非法过高要价,部分的非法过高要价,或完全没有吸收非法过高要价,或有些团体成员是否提高了非法的过高要价并因非法行为增加了其利润。

例如,假定卡特尔将批发价格从 100 美元提高到 120 美元,零售商在共谋发生前将产品以 200 美元的价格出售。[③] 这种规定即可避免法院在团体确认阶段因多少过高要价被具体的零售商吸收或其是否因共谋行为获利或受损的问题而陷入困境。

4. 推定因反垄断违法行为而受到影响的购买者只受到具体的小数额的损害

美国堪萨斯州和田纳西州的法律规定,反垄断行为的受损者可以

---

① See B. W. I. Custom Kitchen v. Owens-Illinois, Inc. , 191 Cal. App. 3d 1341, 1352 (Cal. App. Dist. 1 1987).

② See Valley Drug Co. v. Geneva Pharm. , Inc. , 350 F. 3d 1181, 1193 (11th Cir. 2003).

③ See ABA SECTION OF ANTITRUST LAW, INDIRECT PURCHASER LITIGATION HANDBOOK 13 - 25(2007).

“对其因被非法联合或托拉斯控制的货物销售中而付出的款项获得全部赔偿”。[①] 这种方法被视为相当于从立法上确定,因反垄断违法行为产品价格可能平均增长约50%,然后应三倍赔偿(以50%的价格增长为基础的三倍赔偿相当于该产品的超竞争成本)。堪萨斯州和田纳西州关于50%的推定略高于最近有关卡特尔过高要价的综合调查结果,该调查发现,历史上美国卡特尔平均将产品价格提高31%～49%。[②] 为了更准确地对反垄断受损者进行赔偿,包含这种推定的法律应选择小于50%的数字:当违法行为和损害事实得到证明后,应决定性地推定产品及服务的消费者和最终用户受到损害,而且损害数额应为消费者对产品或服务付出的价格数额的10%或原告可以证明的受损数额,以二者中较高的为准。

另一种方案只能创设可反驳的推定:当反垄断违法行为被证明后,应推定产品或服务的消费者及最终用户受到损害,而且应推定损害数额为反垄断违法行为提高或降低产品或服务的价格金额的10%或原告可以证明的受损数额,以二者中较高的为准。

还有一种方案可以特别地适用于零配件:当涉及一最终产品或零配件的违法行为被证明后,应推定该产品或服务的消费者及最终用户受到损害,而且应推定损害数额为违法者提高或降低产品或服务或零配件的价格金额的10%或原告可以证明的受损数额,以二者中较高的为准。

尽管实证结果可以证明30%的推定,但这些范例仅使用了10%的数据。之所以选择10%的数字,部分原因是美国关于卡特尔刑事违法行为的量刑委员会推定卡特尔将价格提高了10%。[③] 另外,既然以前

① See KAN. STAT. ANN. s 50－115(2005) and TENN. CODE ANN. s 47－25－106(2005).

② See John M. Connor & Robert H. Lande, How High Do Cartels Raise Prices? Implications for Optimal Cartel Fines, 80 TUL. L. REV. 513, 513(2006), available at http://papers.ssrn.com/sol3/papers.cfm? abstract_id = 787907.

③ See U. S. SENTENCING GUIDELINES MANUAL s 2R1.1 cmt. n.3(2005).

调查中79%的卡特尔将价格提高超出了10%,[①]选择该推定是因为其相对保守。

5. 鼓励法院使用数据样本技术以确定总计的团体损害

有些法院对使用数据样本技术以确定团体成员对过高要价承担的平均数额的方法过分敌对。另外,至少在一个州,即密歇根州,法院明确要求提供对个人的损害证明。[②] 但是如果被正确地适用,数据样本技术既是公正的,也有利于计算损害,该规定的目的是鼓励在适当的时候使用数据样本技术。例如,内华达州法律规定,损害的证明必须基于:

(1)数据或样本方法;

(2)对内华达州发生的销售的非法过高要价按比例分配;

(3)法院允许的其他合理的估计总计损害的方法。[③]

《克莱顿法》第4D部分包含了对该方法的变通,但它只适用于州司法部长对抗价格固定行为的诉讼:根据该标题下15c(a)(1)部分提起的诉讼,如果已确定被告达成了违反第一部分至第七部分的价格固定行为,损害可以通过数据或样本方法评估的总计方法,对非法过高要价的计算,或法院自由裁量允许的估计总计损害的其他合理方法予以证明和评估,而不需分别证明个人的索赔或损害数额。[④]

(三)直接/间接购买者损害赔偿分配条款

设计在直接和间接购买者之间分配损害赔偿的方法是为了使间接购买者在请求损害赔偿的同时确保直接购买者和间接购买者的损害赔偿加在一起只能是三倍赔偿。

这些选择方案不是被设计来增加被告对所有消费者的总赔偿额或增加阻却,其根本原因是人们相信,如果一个州允许直接购买者和间接

---

① See John M. Connor & Robert H. Lande, How High Do Cartels Raise Prices? Implications for Optimal Cartel Fines, 80 TUL. L. REV. 559 (2006), available at http://papers. ssrn. com/sol3/papers. cfm? abstract_id = 787907.

② See ABA SECTION OF ANTITRUST LAW, INDIRECT PURCHASER LITIGATION HANDBOOK 182(2007).

③ See NEV. REV. STAT. s 598A. 160(1999).

④ See 15 U. S. C. s 15d(2000).

购买者均获得三倍赔偿,这将构成重复赔偿,对直接购买者赔偿过多(这些购买者并未因反垄断违法行为受损很多或根本未受到损害),阻却过大,或两者皆有。[①]

下面的方法是处理直接购买者和间接购买者之间损害赔偿的分配问题的。从公平或赔偿的角度而言,分配损害赔偿是可取的,因为如果没有 IBRs,最终受损者往往无法就其损害获得补偿。它们隐含的原理正如 Areeda 所说,否定对从中间商处购买产品的消费者进行赔偿的困难是消费者受到损害,而且往往比中间商受损更大。间接购买者规则以实施反垄断法效率为名,对中间商赔偿过度,而对消费者赔偿不足。[②]

1. Hanover Shoe 废除议案

解决这种担忧并使直接购买者不可能获得过度赔偿的直接方法是华盛顿的法律:在涉及直接购买者和间接购买者的诉讼中,作为针对损害赔偿请求的部分或完整的抗辩,被告应有权证明非法的过高要价已经被转嫁给其他人(这些人自己有权获得赔偿),以避免重复赔偿。[③]

相似地,罗得岛法律规定:根据该部分提起的任何诉讼中,个人或公共机构没有与被告直接进行交易的事实不应阻碍或限制他们获得赔偿。但是,该法规定法院应从金钱救济的数额中将相同损害已受到赔偿的重复部分排除。[④]

这种类型的规定允许损害赔偿中的转嫁抗辩,因此事实上它拒绝了 Hanover Shoe 案中的考虑。

尽管这种方法解决了直接购买者和间接购买者之间损害赔偿的分配,但在一定情况下它可能改变赔偿总额。例如,直接购买者可能选择不起诉,因为他们有与反垄断违法者将来进行交易的需要而不敢起诉,或他们将大部分或全部的过高要价转移到了下一层次。在这些情况

① See, e. g. , Clayworth v. Pfizer, Inc. , 83 Cal. Rptr. 3d 45 (Cal. Ct. App. 2008).

② See 2 PHILLIP E. AREEDA, HERBERT HOVENKAMP & RODGER D. BLAIR, ANTITRUST LAW (2d ed. 2000).

③ See D. C. CODE ANN. s 28 - 4509 (b) (LexisNexis 2006).

④ See R. I. GEN LAWS. s 6 - 36 - 12 (g) (2006).

下,该规定会允许间接购买者获得赔偿,因此被告的赔偿总额将增加。

或者,在这种IBRs下,被告所支付的赔偿总额以及对未来反竞争行为的总阻却有时会减少。当直接购买者和间接购买者在决定是否起诉时,对直接购买者、间接购买者的第一层次、随后的间接购买者或销售链的两个或更多层次的购买者能否获得赔偿的不确定性将导致任一类的购买者拒绝提起诉讼。直接购买者和间接购买者都不太可能投资诉讼所需的大量时间和金钱,因为确实存在这种可能性,即法院可能将他们的努力所换来的一些或所有的成果判给其他类型的购买者。任何在不同类型的购买者之间可能引起争议诉讼的IBRs将不经意地挫伤私人诉讼,保护反垄断违法者,并使任何一方受害者都无法得到赔偿。讽刺的是,美国律师协会(ABA)最近的有关这种方法的法律规定"在开始不要介意哪一类原告得到赔偿,法院在确定责任和损害后可直接解决问题"①将导致诉讼下降,并因此减少赔偿和阻却。关于赔偿分配的斗争也可能导致浪费和诉讼冗长,并减少和迟延可能判决给任一类型的受损者的赔偿数额。

下面的选择方法通过推定或决定性地认定销售链的哪一层次吸收了过高要价而试图阻止这个问题发生(同时也达成其他任务)。

2. 规定可反驳的推定,即所有的损害转嫁给了最终购买者

例如,2004年2月ABA的讨论稿规定了如下内容:如果没有相反证据,应推定直接购买者所发生的全部非法过高要价都转嫁给了最终购买者,最终购买者在购买时,不以转售为目的,且不进行实质性地修改;否则作为针对赔偿请求的部分或全部的抗辩,被告应有权证明非法的过高要价已经转嫁给了其他人(这些人自己有权获得赔偿),以避免重复赔偿。②

① See American Bar Association's Antitrust Remedies Task Force Legislative Proposal, Discussion Draft(Feb. 2004)[hereinafter ABA Discussion Draft].

② See American Bar Association's Antitrust Remedies Task Force Legislative Proposal, Discussion Draft(Feb. 2004)[hereinafter ABA Discussion Draft].

欧盟提议了一种推定,即所有的过高要价转嫁给了最终用户。[①]这种法律规定可表达如下:应推定最终用户(即不以转售为目的的购买者)发生、吸收并最终支付了反垄断违法行为的所有损害。但是,销售链的其他所有购买者都可以试图反驳这种推定,并证明他们吸收了部分或全部的损害。

最终消费者支付所有损害的推定从赔偿角度而言是可取的,因为最终购买者往往是绝大多数过高要价的真正支付者;这也可以减少哪种类型的原告可获得赔偿的不确定性,并鼓励受损者提起诉讼。当然,这种方法的缺陷是受损的直接购买者将不太可能获得任何赔偿,而这是不可取的,因为直接受损者有时受到损害,而且他们往往具有最大的动力提起诉讼。另外,还可能发生有关这种推定是否可以被推翻的诉讼,由于这种诉讼是浪费性的、冗长的,且可能削弱两个层次的购买者提起诉讼的动力,因此具有明显的缺点,因而把推定变成决定性的认定将是有利的。

3. 以预设方式将损害赔偿判决给直接购买者和间接购买者

如果能将判决的总赔偿额分开,将总赔偿额的固定比例既判给直接购买者,也判给间接购买者,直接购买者和间接购买者之间的潜在斗争就可以最小化。这种预设的赔偿分开是基于公平或赔偿角度,因为很可能在许多或多数案件中,直接购买者和间接购买者都吸收了一些过高要价。预设的赔偿分开方法从阻却角度而言也是适当的,因为其给予了每一类型的购买者一定的动力去提起诉讼,相比对每一类购买者判决不确定比例赔偿的方法,这种方法给予他们的动力更多。另外,有时直接购买者有更多的动力提起诉讼,有时间接购买者有更多的动力提起诉讼,这种规定可以确保占据更有利位置的原告总是有动力提起诉讼,而且还可以将诉讼时间和成本最小化。

例如,法律可以规定可反驳性的推定,即直接购买者至少支付了三分之一的损害,间接购买者也至少支付了三分之一的损害。当进行三

① See Comm'n of the European Communities, White Paper on Damages for Breach of the EC Antitrust Rules, Section 2.6 at 7 - 8 (Feb. 4, 2008), http://ec.europa.eu/comm/competition/antitrust/actionsdamages/files_white_paper/whitepaper_en.pdf.

倍赔偿时,这意味着直接购买者和间接购买者都至少可以获得单倍赔偿。应推定,如果没有相反的证据,直接购买者承担了至少三分之一的损害,因此直接购买者应可获得至少三分之一的判决赔偿额;也应推定,如果没有相反证据,间接购买者承担了至少三分之一的损害,因此间接购买者应可获得至少三分之一的判决赔偿额;最后的三分之一的赔偿应由法院判决给最可能吸收了损害的购买者。所有计算的损害赔偿额在判决前将三倍加乘。

另一将赔偿分开的方法是50对50的方法:如果没有相反的证据,应推定直接购买者承担了一半的损害,因此直接购买者应可获得一半的判决赔偿额;如果没有相反证据,也应推定间接购买者承担了一半的损害,因此间接购买者应可获得一半的判决赔偿额。赔偿数额应是违法者将产品出售给第一购买者而提高或降低的价格数额的三倍。

另一选择是将三分之一的赔偿判决给直接购买者,将三分之二的赔偿判决给间接购买者。

4. 规定决定性而非推定性的赔偿分配

决定性的赔偿分配将避免大量争议性的、冗长的和耗费巨大的诉讼,这也可允许直接购买者和间接购买者将其努力集中于抵制违法者而非他们相互之间。如果不能保证每一类的购买者都可至少获得一些赔偿,直接购买者和间接购买者都没有足够的动力付出诉讼所需的充分的时间和金钱。这种方法从阻却角度而言是有效的,且是高度可取的,因其使直接购买者和间接购买者都有强大的动力提起诉讼。这种方法的缺陷是其可能导致对某些购买者赔偿过度,而对某些购买者赔偿不足。应决定性地认定直接购买者吸收了一半的损害,因此直接购买者应获得一半的判决赔偿额;也应决定性地认定间接购买者吸收了一半的损害,因此间接购买者应获得一半的判决赔偿额。所有赔偿额的计算应在判决前三倍加乘。

一种选择是将赔偿分为三分之一和三分之二的比例,另一选择是判决直接购买者和间接购买者获得单倍赔偿,并允许法院确定哪个购买者最有权获得剩下的单倍赔偿。应决定性地认定直接购买者承担了至少三分之一的损害,因此直接购买者应获得至少三分之一的判决赔偿额;也应决定性认定间接购买者承担了至少三分之一的损害,因此间接购买者应获得至少三分之一的判决赔偿额；最后的三分之一应由法院判决给最可能吸收了损害的购买者。所有赔偿额的计算应在判决前三倍加乘。

一个复杂的问题是，经常不止一个层次的间接购买者辩解其吸收了一些或全部的过高要价。不仅在直接购买者和间接购买者之间分配对过高要价的最终吸收是非常困难的，而且在不同层次的间接购买者之间分配对过高要价的最终承担也是很困难的。确定哪个层次的购买者承担了多少过高要价的诉讼将不利于诉讼的提起，这将导致阻却的减少；另外，诉讼涉及的费用可能减少受害的消费者可能获得的赔偿额。这些问题的解决方法是当存在多个层次的间接购买者时，应向每个层次的间接购买者判决单倍赔偿。这种法律规定可表达如下：当只存在一个层次的间接购买者时，应决定性地推定直接购买者和间接购买者均吸收了一半的损害。在这些案件中，直接受损者应获得一半的判决赔偿，间接购买者也应获得一半的判决赔偿。赔偿额应在违法者将产品出售给第一购买者时非法提高或降低的价格数额上加乘三倍。在涉及多个层次的间接受损者的案件中，应计算违法者引起的总损害或违法者的直接过高要价或过低要价。这应是违法者将产品出售给第一购买者时提高或降低的价格数额。该款项应判决给直接购买者和每一层次的间接购买者，但是该数额不应加乘。

如果最佳阻却是最高目标，这种方法有其优点，因为它给销售链每一层次的购买者一些损害赔偿，因此他们均有一些动力提起诉讼。但是如果最佳赔偿是最高目标，销售链最底端的最终购买者应获得赔偿的绝大部分，因为他们是无法转嫁过高要价的唯一层次。

根据这种方法，每一层次的购买者均有动力发现和起诉卡特尔，因为他们都被保证获得一些赔偿；相反，如果没有决定性的推定，则存在这种可能性，即由于害怕判决的赔偿落入其他类型的受害者手中，任一类型的受害者均不会提起诉讼。决定性推定的另一优点是诉讼成本将最小化，因为不同类型的受损者不会针对谁真正承担了多少损害而起诉相互对抗。

这种方法意味着有时判决的赔偿总额可能超过三倍赔偿，根据相关市场间接购买者层次的数目，赔偿额可能是四倍赔偿或更多。这种方案可能被视为两种观点的妥协,即赔偿总额不应超过传统反垄断法三倍赔偿的观点和根据反垄断法判决的名义上的三倍赔偿实际上仅构成单倍赔偿的观点的妥协。[①] 持后一观点的人认为,从最佳阻却的角度而言,并根据判决前利息的略去及依据反垄断法判决的三倍赔偿所应做的其他调整,[②]这种方法可以保证判决的赔偿总额更接近真正的三倍赔偿。

这种方法的缺点是对每一层次的购买者判决单倍赔偿,而无论购买者是否实际受损或受损的程度如何,这将导致某些购买者获得赔偿过多,而某些购买者获得赔偿过少。另一缺点是被告支付赔偿的多少将取决于购买产品或服务的间接购买者的层次的数目,这肯定会让人觉得奇怪和不公平:根据产品或服务是出售给一个、两个或三个层次的间接购买者,某些被告将支付三倍赔偿,而其他人将支付四倍赔偿或五倍赔偿。购买者层次的数目从阻却或公平角度而言不应是一个问题。

消除这一问题的选择方法是推定或决定性认定销售链的每一层次均平等地受到损害,并在销售链的不同层次中对三倍赔偿进行分摊:违法者引起的总损害或违法者的直接过高要价或过低要价应被计算。判决的赔偿额应是违法者将产品出售给第一购买者时非法提高或降低的价格数额的三倍加乘。赔偿额将在每一层次的直接购买者或间接购买者中平等地分摊,这样每一层次的购买者可以获得同等的赔偿额。

另一选择方法是对直接购买者判决单倍赔偿,对最后层次的间接购买者判决单倍赔偿,并将最后的单倍赔偿判决给最有权获得救济的一个或几个层次的购买者:违法者引起的总损害或违法者的直接过高要价或过低要价应被计算。判决的赔偿总额应是违法者将产品出售给第一购买者时非法提高或降低的价格数额的三倍加乘。应决定性地认定直接受损者和最后层次的间接购买者均有权获得单倍赔偿。

---

① See Robert H. Lande, Are Antitrust "Treble" Damages Really Single Damages? 54 OHIO ST. L. J. 115 (1993) [hereinafter Lande, Single Damages?], available at http://papers.ssrn.com/sol3/papers.cfm? abstract_id = 1134822.

② See Robert H. Lande, Are Antitrust "Treble" Damages Really Single Damages? 54 OHIO ST. L. J. 115 (1993) [hereinafter Lande, Single Damages?], available at http://papers.ssrn.com/sol3/papers.cfm? abstract_id = 1134822.

在涉及只有一个层次的间接购买者的案件中,间接购买者将获得单倍赔偿的二次判决;在涉及多个层次的间接购买者的案件中,法院应按照其认为适当的比例对直接购买者或最后层次的间接购买者或其他层次的间接购买者判决单倍赔偿。这些数额应与法院有关哪个层次的购买者吸收了违法行为的损害的认定相一致。

5. 法院指定"一推定性的总原告"

Barak D. Richman 和 Christopher R. Murray 建议由法院指定"一推定性的总原告"以处理直接购买者和间接购买者之间赔偿的分配,这种方法是以证券诉讼经常使用的方法为模型塑造出来的。[①] 他们建议:在反垄断诉讼启动且给予当事人适当通知后,声明受到损害的其他当事人可以在诉讼结束前参加进来,此时,法院应指定一个总原告。法院的指定应基于两个指导性原则:第一,推定有利于启动诉讼的当事人;第二,推定有利于要求最大数额赔偿的当事人。[②]

据解释,设计第一个因素是用于"提高潜在原告提起诉讼的动力",设计第二个推定是用于"确定最能处理诉讼并最能代表参加诉讼的原告的利益的当事人"。[③] 尽管有这些优点,这种方法也存在显著的缺点。首先,要求最大赔偿的原告并不必定是受到最大损害的原告,第一个提起诉讼的当事人可能也不是受到最大损害的当事人。其次,鉴于转嫁计算的复杂性,哪个层次的购买者实际上吸收了大多数过高要价可能无法立即被发现,这只能在冗长的调查之后被确定。最后,无论哪个层次的原告被指定为总原告,其都可能对其他层次的原告不公平。鉴于这些原因,直接购买者和间接购买者的情况可能与涉及证券的诉讼是不同的。

---

① See Barak D. Richman & Christopher R. Murray, Rebuilding Illinois Brick: A Functionalist Approach to the Indirect Purchaser Rule, 81 S. CAL. L. REV. 69, 93 - 97 (2007).

② See Barak D. Richman & Christopher R. Murray, Rebuilding Illinois Brick: A Functionalist Approach to the Indirect Purchaser Rule, 81 S. CAL. L. REV. 106 - 107 (2007).

③ See Barak D. Richman & Christopher R. Murray, Rebuilding Illinois Brick: A Functionalist Approach to the Indirect Purchaser Rule, 81 S. CAL. L. REV. 107 (2007).

四、对我国的启示

私人反垄断诉讼的原告资格对反垄断法的整体执行至关重要。商业领域是非常广泛的,而公共机构的资源是有限的,其对于潜在的违法行为的了解是衍生性的,其主要的关注对象也处于不断的变动之中。因此,在很多方面,处于查处反垄断违法行为最佳位置的往往是第一手经历反垄断违法行为的当事人。但是,私人反垄断诉讼对原告有很高的要求:他们的诉讼结果具有不确定性,而他们的查处行为往往耗费大量的时间和金钱。成功的反垄断诉讼所产生的巨大的社会价值以及私人执行的困难,包括发现秘密进行的非法共谋的困难,均有助于解释私人反垄断诉讼中原告资格对整体反垄断执行的重要作用。

(一)原告资格规则的设计应与反垄断法私人执行的目标及经济现实相一致

对私人原告资格规则的设计首先要确定反垄断私人执行的目标。赔偿与阻却是同等有价值的功能目标,二者对于有效的反垄断法执行而言都是不可或缺的。整体上,竞争法执行的目标是阻止和处罚反垄断法所禁止的违法行为,因此其追求的是避免反竞争行为及效果的发生,而这是通过创设和适用一套刑事和/或行政和/或民事制裁措施来实现的。私人执行在促进反垄断法的遵守方面可以发挥重要作用,因为私人执行潜在地增加阻却。只要还存在私人执行的空间,对反垄断法的违反就不一定必然导致公共程序并最终导致行政或刑事处罚。法院判处赔偿的行为具有与竞争当局施加处罚措施相似的效果。① 当事人被法院判处赔偿的可能性增加了阻却效果,②因而强化了竞争法。③

公共执行和私人执行可以相互补充,以确保私人利益有助于保护公共利益。但很显然,公共执行在解决某些公共利益关注,如确定最佳

① See C. Diemer, "The Green Paper on Damages Actions for Breach of the EC Antitrust Rules" (2006) 27 E. C. L. R. 309, 310 – 311.

② See Commission Green Paper on damages actions for breach of the EC antitrust rules COM(2005) 672 final, p. 3.

③ See Courage [2001] E. C. R. I – 6297 at [27].

罚款数额方面比私人执行更适合;[①]而且公共执行在通过行政或刑事处罚措施追求竞争法所保护的公共利益时,与通过民事制裁措施以保护竞争者和消费者的私人利益的私人执行是有明显区别的。[②] 因此,在探讨私人执行时,应考虑相比于公共执行,私人执行具有双重的目的:赔偿因反竞争行为而受损的当事人,通过阻止反竞争行为确保反垄断法的充分有效性。[③]

由于反垄断违法行为是侵权行为(在美国,反垄断违法行为是基本的联邦普通法侵权行为),反垄断的目标也应与侵权法的目标,即赔偿和阻却目标相一致。[④] 赔偿判决既对受损方进行了赔偿,又阻止了潜在的违法者。法律与社会对不公平的财产转移不会置之不理。[⑤] 价格固定或掠夺性定价的受害者感觉他们受到被告的侵犯,从受害者角度而言,对财产的剥夺与人身伤害一样真实而有害,因为其严重剥夺了受害者获利的能力。正如对原告的赔偿是经常被引用的、强有力的侵权责任政策,对原告的赔偿同样也是对反垄断违法者施加责任的原因之一。[⑥]

---

① See W. Wils, "Should Private Enforcement be Encouraged in Europe?" (2003) 26 World Competition 473, 480 – 486.

② See the views, including that of the Commission, reported by Komninos, "Public and Private Enforcement in Europe" (2006) 3 Comp. L. Rev. 5, 12.

③ See Commission Green Paper on damages actions for breach of the EC antitrust rules COM(2005)672 final, p. 4.

④ See RESTATEMENT (SECOND) OF TORTS s 901 (1982) (purposes for tort actions include compensation for harms, deterrence of wrongful conduct, and retaliation); Blair & Schafter, Antitrust Law and Evolutionary Models of Legal Change, 40 U. FLA. L. REV. 379, 385 – 87 (1988). The article explores the evolution of the common law and explains why efficient rules are litigated far more than inefficient rules. Id. at 379 – 81; see also Easterbrook, Is There a Ratchet in Antitrust Law? 60 TEX. L. REV. 705, 706 (1982) ("The Court has consistently drawn on the common law tradition... The common law evolves. .. in torts [and]... antitrust as well.").

⑤ See Dorman, The Case for Compensation: Why Compensatory Components are Required for Efficient Antitrust Enforcement, 68 GEO. L. J. 1113, 1117 (1980).

⑥ See Amanda Kay Esquibel, Protecting Competition: The Role of Compensation And Deterrence for Improved Antitrust Enforcement, 41 Fla. L. Rev. 153 (1989).

另一方面,强调赔偿目标而忽视阻却目标,也会与鼓励私人反垄断诉讼的需要相背离。以反垄断法群体诉讼为例,如果一个国家将赔偿与阻却确定为反垄断私人执行的功能目标,其群体诉讼则关注原告获得赔偿、违法当事人受到惩罚以及公司企业被阻止从事反垄断违法行为;被告付出的与每个原告获得的同等重要。但如果一个国家仅将赔偿作为反垄断私人执行的功能目标,其群体诉讼则仅关注每个原告获得多少赔偿。[①] 而事实上,在某些反垄断群体诉讼中,每个原告获得的赔偿可能是很少的,但由于原告人数众多,被告支付的赔偿总额却是惊人的,因此可以对反垄断违法行为起到强有力的阻却效果。如果缺乏阻却目标,此类诉讼的作用将被忽视。另外,也只有当阻却至少是反垄断私人执行中一个同等重要的目标时,鼓励原告提起诉讼的其他的程序机制才是适当的。[②]

间接购买者规则只允许直接购买者提起赔偿诉讼,那么最终吸收反垄断违法行为过高要价的间接购买者将无法得到赔偿。在生产商—消费者两方当事人的交易中,从反垄断违法者处直接购买产品的当事人同时也是消费者,是非法过高要价的最终受损者,在这种情况下,间接购买者规则不会阻碍赔偿目标。然而随着多方供应链日渐成为现代经济的规则而非例外,任何反垄断违法行为都可能不同程度地对多方当事人造成损害(这个问题在其他几个法律领域也存在,例如,大规模的侵权涉及单一的侵权行为人和多方受害者;证券职权违法行为损害众多持股人的利益;破产涉及与单一实体有关的多方当事人),间接购买者规则否定间接购买者的原告资格,就对赔偿目标的实现非常不利。

从阻却角度而言,最佳阻却目标往往通过直接购买者诉讼可以得到最好的实现,但在某些场合下,间接购买者诉讼才能最好地实现最佳阻却目标。因此,否定间接购买者的原告资格也不利于推动阻却目标。

---

① See Marc A. Sittenreich, The Rocky Path for Private Directors GeneralL: Procedure, Politics, And The Uncertain Future of EU Antitrust Damage Actions, 78 Fordham L. Rev. 2701(2010).

② See Marc A. Sittenreich, The Rocky Path for Private Directors General: Procedure, Politics, And the Uncertain Future of EU Antitrust Damages Actions, 78 Fordham L. Rev. 2701(2010).

直接购买者一般拥有较好的信息与动力，因而更有可能发现和监督反垄断违法行为。① 与间接购买者相比，他们处于更有利的位置以发现价格固定及其他的非法行为。② 他们能够更好地理解存在潜在的反垄断违法行为的市场，因为他们直接处理反垄断违法行为，并更有可能确定，如何时的价格增长是卡特尔而非更高的成本所导致的。另一对直接购买者诉讼产生作用的因素是，当法院试图确定如果过高要价经过销售链的每一层后将发生什么时，证据问题会加重。试图区分由于反垄断违法行为，谁付出了并付出了多少额外的价格——特别是由于价格影响了产品销售的数量——极大增加了诉讼时间与成本，并降低了诉讼的可预见性。所有这些因素都有利于直接购买者诉讼。

但是，也存在直接购买者没有动力对反垄断违法行为提起诉讼，或不愿意中断现存供应关系的情况。首先，直接购买者往往与违法者有持续的关系，他们可能是被调查的产品或服务的唯一供应商，且由于害怕报复而不愿意提起诉讼。③ 其次，有时候直接购买者可以将多数或所有的过高要价转嫁给销售链的下一层，在直接购买者没有失去多少或没有失去任何东西的情况下，他们提起诉讼的动力会较少。④ 另外，直接购买者可能会有动机与违法者策略性地共谋，并提高过高要价，这

① See For a thoughtful discussion and survey of the empirical evidence on these issues, see Barak D. Richman & Christopher R. Murray, Rebuilding Illinois Brick: A Functionalist Approach to the Indirect Purchaser Rule, 81 S. CAL. L. REV. 69, 93 – 97 (2007).

② See Barak D. Richman & Christopher R. Murray, Rebuilding Illinois Brick: A Functionalist Approach to the Indirect Purchaser Rule, 81 S. CAL. L. REV. 69, 93 – 94 (2007).

③ See Ill. Brick Co. v. Illinois, 431 U. S. 720, 746 (1977) ("We recognize that direct purchasers sometimes may refrain from bringing a treble-damages suit for fear of disrupting relations with their suppliers."); see also Barak D. Richman & Christopher R. Murray, Rebuilding Illinois Brick: A Functionalist Approach to the Indirect Purchaser Rule, 81 S. CAL. L. REV. 94 (2007).

④ See Herbert Hovenkamp, The Indirect-Purchaser Rule and Cost-Plus Sales, 103 HARV. L. REV. 1727 – 1728 (1990) ("In general, it appears that more of the monopoly overcharge is passed on than absorbed.").

样“直接受损者”可以从违反行为中获利。① 因此,有时候间接购买者会处于更好的位置来执行反垄断法。

在试图设计该领域的法律时,最佳的私人执行者有时是直接购买者,有时是间接购买者的事实是最令人烦恼的问题之一。任何只允许一种类型的原告(无论是直接购买者还是间接购买者)提起赔偿诉讼的法律框架都可能导致阻却功能不足;相反,给予直接购买者和间接购买者获得至少一部分赔偿的合理期待的法律体系则会给予最佳类型的原告及其律师提起诉讼的动力。

总之,间接购买者规则忽视了多方供应链在现代经济中的普及性,随着多方供应链现象已成为全球商业的主流,间接购买者规则越来越无法对反垄断违法行为的真正受害者给予应有的赔偿;同时,间接购买者规则也无法实现最佳阻却,不利于反垄断法的执行。因此,间接购买者规则是失败的。可见,原告资格规则应根据全球市场的结构性现实和反垄断法私人执行的持久性功能目标来构建,其应充分地反映反垄断法私人执行的目标,并体现反垄断法内在的精神与原则。

(二)具体的设想

美国许多州都已制定了 IBRs,但是它们的具体规定有所不同,这主要应归因于它们的目标和优先顺序的差异。前文对美国有关州在损害加价、损害证明和赔偿分配方面等不同规定的分析,均可以看出不同的方案背后隐含的政策考虑。而事实上,美国在这些方面的探索充分显示了法院处理间接购买者诉讼和计算转嫁的损害的能力,证明了间接购买者诉讼所带来的诉讼复杂性并非是不可克服的。换言之,间接购买者诉讼不仅具有理论上的正当性,也具有司法实践上的可行性,这无疑为我国的立法者和司法界处理相关的问题提供了有益的借鉴。从最佳阻却、赔偿最大化以及尽可能简化诉讼的角度出发,本人建议我国在有关间接购买者的相关立法与司法实践中,采用如下的做法:

1. 间接购买者的原告资格

反垄断法以保护消费者利益免受反竞争的私人行为损害为宗旨,

① See Barak D. Richman & Christopher R. Murray, Rebuilding Illinois Brick: A Functionalist Approach to the Indirect Purchaser Rule, 81 S. CAL. L. REV. 94 - 95 (2007).

法院也将实体法解释为禁止损害消费者利益的行为而非仅仅禁止损害竞争者或小企业的行为,[①]如果消费者不能对反垄断违法行为导致的损害提起诉讼,这将是非常荒谬的。因此,我国应赋予间接购买者提起诉讼索赔的权利,且不影响直接购买者的索赔。即法律应规定,因反垄断法所禁止或声明违法的行为而遭受财产或商业损害的任何人均有权提起诉讼,无论其是直接还是间接地与被告进行交易,且这种救济不能减少或抵销法律所提供的其他救济。

此外,从保护消费者利益的角度出发,我国也应赋予零部件购买者原告资格。即对于购买了包含作为反垄断违法行为标的之零配件或服务的最终产品的购买者,法律应赋予其原告资格,无论购买者是否是反垄断违法行为标的市场上的消费者或参与者。

2. 损害加价的转嫁

在此方面,建议我国可反驳性地推定过高要价按照具体的美元金额转嫁给了最终的间接购买者,即推定因反垄断违法行为而引起的所有价格变化以与反垄断违法行为直接引起的价格变化和出售给产品或服务的第一个购买者的价格变化相同的变化,按照具体的美元金额转嫁给了销售链后面的每一层次;该推定也适用于反垄断违法行为引起的产品或服务中的一个要素或零配件的成本变化而导致的任何及所有的价格变化。该变化的数额应被推定为与产品或服务中的一个要素或零配件出售给第一购买者的成本变化相同(按照具体的美元金额)。该推定是可反驳性的,如有相反证据可被推翻。

3. 损害的证明

对于一般的间接购买者诉讼,建议我国认定最终用户购买者受到了具体小数额的损害:当违反行为被证明后,产品或服务的最终用户应被决定性地认定受到损害,损害金额应被认定为反垄断违法者提高或降低产品或服务的价格金额的10%或原告可以证明的被损害的数额,以二者中较高的为准。无论反垄断违法行为发生在最终产品或服务的市场还是在要素、零配件或输入品市场,均应作出该认定。

---

① See John E. Lopatka & William H. Page, Monopolization, Innovation, and Consumer Welfare, 69 GEO. WASH. L. REV. 367, 373 - 376(2001).

鉴于损害计算问题在团体诉讼中格外突出,因此建议我国采用简化团体确认诉讼的认定或结论。

在任何团体诉讼中,团体成员所支持的损害事实和赔偿数额应在团体基础上予以证明,不需要团体的每个成员进行证明。每个成员应承担的损害比例应与该成员的购买或销售量相对于整个团体的购买或销售量的比例相同。

在确定总计的团体损害方面,应通过数据或样本方法、计算非法过高要价或法院自由裁量权所允许的估计总计赔偿的其他合理方法予以证明和评估,不需要分别证明诉讼所代表的当事人的个人索赔要求或赔偿数额。

4. 直接购买者与间接购买者之间的赔偿分配

对于赔偿分配,Hanover Shoe 废除议案可以解决直接购买者与间接购买者之间的赔偿分配问题,但这种途径的缺陷,即起诉阶段无法确定哪种类型的原告可获得赔偿,有可能导致诉讼下降,造成阻却不足。因此建议我国采用可反驳性的推定,推定过高要价全部转嫁给了最终的间接购买者。

在多方供应链普遍存在的情况下,最终的间接购买者往往是过高要价的最终承担者,推定过高要价全部转嫁给了最终的间接购买者符合经济现实,也可以减少哪种类型的原告可获得赔偿的不确定性,并鼓励受损者提起诉讼。但是,不排除直接购买者可能受到损害的情况,因此这种推定应是可反驳性的;如果推定被推翻,受损的直接购买者仍有可能获得赔偿。这样直接购买者和间接购买者均有动力提起诉讼。

(彭兴华,武汉大学法学院国际经济法专业博士,湖南省高级人民法院干部。)

资料

[美国]横向合并指南*

李 敏 李国海译

目 次

---

* 本文由湖南省教育厅科学研究项目“反垄断法公共实施机制的实证研究”资助,项目编号:11C1298。

本指南由美国司法部和联邦贸易委员会于2010年8月19日发布。

(三)同质产品的产能和产量
(四)技术革新和产品多样性
七、协同效应
(一)合并对协同行为的影响
(二)市场易受协同行为损害的证据
八、强势买方
九、进入
(一)及时性
(二)可能性
(三)充分性
十、效率
十一、破产的和现有的资产
十二、竞争买方的合并
十三、部分并购

一、概述

本指南概括描述了司法部和联邦贸易委员会("执法机构")适用于联邦反托拉斯法规定的实际或潜在竞争者之间的合并和并购("横向合并")的主要分析技术、实践和执行政策。① 相关的法条包括《克莱顿法》第7条、《美国法典》第十五卷第18条、《谢尔曼法》第1条和第2条、《美国法典》第十五卷第1条和第2条、《联邦贸易委员会法》第5条、《美国法典》第十五卷第45条。尤其是《克莱顿法》第7条规定:如果"在本国任何地区的任何商业领域或者影响商业的任何活动中,并购的效果可能实质性地削弱竞争或趋向引起垄断",那么此类合并应予禁止。

执法机构试图在避免不必要地干预有利于竞争或者中立于竞争的

① 本指南替代了1992年发布并于1997年修改的《横向合并指南》。本指南反映了执法机构现有的经验积累。执法机构于2006年发布的《横向合并指南评论》仍为本指南的有益补充。本指南将在必要的时候不断修订以反映执法政策的重大变化,阐释现行政策,或反映新的知识。本指南并未涵盖纵向合并或其他类型的非横向并购。

合并的情况下,识别和调查有损于竞争的合并。大多数合并分析必须具备必要的可预见性,这就要求通过将合并时很可能出现的情形与没有合并时很可能出现的情形相比较来评价。考虑到可预见性的这一内在要求,本指南体现了国会的立法意图,即合并的执行应在竞争问题产生之初就予以限制,而反竞争效应的确定性通常难以判断,亦非判断合并为非法所需要的条件。

本指南描述了执法机构常用以预测横向合并是否实质性地削减竞争的主要分析技术和主要的证据类型,无意描述执法机构如何分析非横向合并的案件,本指南试图通过提高执法机构作出执法决定的分析过程的透明度来帮助商业团体和反托拉斯从业者,也可以帮助法院在横向合并的情境下构建适当的框架以解释和适用反托拉斯法。

在阅读本指南时应注意的是,合并分析并非由统一适用一个简单的方法所构成。相反地,这是一个具体问题具体分析的过程,在此过程中执法机构以其丰富的经验为指导并运用大量的分析工具对合理获取的可靠证据进行分析,从而评价在限定期间内的竞争关系。对于本指南提及的案例,仅用于解释说明而非穷尽相关原则的适用。①

本指南的统一主旨是对产生、加强或者保护市场支配力或者便于产生、加强或者保护市场支配力的合并应予禁止,为了使指南的阐释更简单易懂,本指南将所有此类效应通称为强化市场支配力。如果一项合并很可能鼓励一家或多家企业提高价格、减少产出、缩减技术革新或者通过减少竞争限制或者竞争诱因导致消费者利益受到损害,则这一合并强化了市场支配力。在评估合并可能如何改变企业的行为时,执法机构主要专注于合并如何影响对于该企业而言最有利可图的行为。

合并可以仅通过消除合并当事人之间的竞争来强化市场支配力,即使该合并并未改变其他企业的行为方式也会产生这一效应,以这种方式产生的反竞争效应被称为“单方效应”。合并也可以通过增加竞争者之间的协同、一致或互助行为的风险来强化市场支配力,以这种方式产生的反竞争效都被称为“协同效应”。在任何特定案件中,可能存

① 本指南无意描述执法机构将如何对其决定提起诉讼的案件进行诉讼。尽管与指南内容相关,但执法机构既不确定也不穷尽执法机构可能引入诉讼的证据范围。

在一种或者两种效应,而且这两种效应之间的差别可能很模糊。

本指南主要描述了执法机构如何分析作为竞争对手的供应商之间的合并,这一合并可能强化他们作为销售方的市场支配力,销售方市场支配力的强化常常导致对消费者索取的价格的提高。为使阐释更简单,本指南一般使用"价格效应"一词来讨论分析。强化的市场支配力也可以表现为不利于消费者的非价格条款和条件,包括降低产品质量、减少产品种类、减少服务或缩减技术革新,此类非价格效应可能与价格效应同时存在,或者单独存在。当执法机构调查合并是否会导致实质性地削减非价格竞争时,他们运用类似于进行价格竞争评估所使用的方法。强化的市场支配力也更可能使合并的实体从事排除竞争的行为更有利可图且更有效率。无论强化的市场支配力如何显现出来,执法机构通常基于其对消费者的影响来评价合并。执法机构审查合并对直接消费者和终端消费者之一或者两者产生的效应,在缺乏相反的有力证据时,执法机构就假定对直接消费者产生负面效应时也会对终端消费者产生负面效应。

购买者加强市场支配力,有时被称为"买方市场支配力",也会如同卖方强化市场支配力一样产生负面效应。执法机构运用类似的框架分析作为竞争对手的购买者之间可能强化其市场支配力的合并,见第12条。

二、反竞争效应的证据

执法机构考察所有可以合理获取的可靠证据以明晰合并是否将实质性地削减竞争这一核心问题,本条探讨执法机构依其经验认为在判断合并可能引起的竞争效应时最有参考价值的几种证据种类和证据来源。本指南所列证据种类和证据来源并未穷尽,在特定案件中,可能只能获得某些种类的证据或者从某些来源获得可靠的证据。对于任一范围的证据,执法机构既考量表明合并可能强化竞争的证据,也考量表明合并将削减竞争的证据。

(一)证据类型

1. 已完成合并所显现的实际效果

在评价已完成的合并时,根本的问题不仅仅是该合并是否已经产生反竞争效应,也包括是否很可能在将来产生此类效应。观察到合并后涨价或其他不利于消费者的变化是非常重要的证据,执法机构评价这些变化是否是由合并产生的反竞争效应时,这些变化是决定性的证据。但是,或许是因为合并企业意识到执法机构可能进行合并后的反托拉斯审查而节制其行为,所以即使已完成的合并没有显现出此类效应,合并也可能是反竞争的。因此,执法机构也会考量与其评价未完成的合并时相同类型的证据。

2. 基于经验的直接比较

执法机构查询对于合并的竞争效应应参考具有参考价值的历史事件或"自然实验"。例如,执法机构可能审查近期的合并、进入、扩张或退出在相关市场中的影响;类似市场中的相似事件的效应也是具有参考价值的。

执法机构也会基于类似市场的差异来寻求可靠证据。例如,如果合并企业在某些地方进行竞争而在其他地方不存在竞争,那么比较其在竞争和不竞争的地区所索取的价格差别对于合并后的价格也是具有参考价值的。但是在某些情况下,价格是基于广泛的地理区域设定的,此类比较就不具有参考价值。执法机构也会审查类似市场中的价格如何随着这些市场中主要竞争者数量的变化而变化。

3. 相关市场中的市场份额和集中度

执法机构重点考察合并当事人在相关市场中的市场份额、集中度水平和由合并引起的集中度变化,见第 4 条和第 5 条。导致集中度明显增加和导致高度集中市场产生的合并都被假设为很可能强化市场支配力,但如果有有说服力的证据表明合并不可能强化市场支配力,那么这一假设可以被证伪。

4. 实质性的激烈竞争

执法机构考量合并企业是否已经成为或者没有合并的情况下很可能成为实质性的激烈的竞争者。对于评价由缺少竞争直接引起的消极单方效应,此类证据尤其相关,见第 6 条。此证据对市场界定也具有参考价值,见第 4 条。

5. 合并当事人的分割作用

执法机构考察合并是否会通过消除"背离"企业,如一家在市场中对消费者的利益起着分割作用的企业,来削减竞争。例如,一家合并中的企业有很强的主导地位,而其他合并中的企业威胁使用新技术或商业模式来破坏市场条件,他们的合并将导致实际或潜在的竞争损失。同样地,也可能激励合并企业率先削减价格或者进行其他竞争行为或者抵制产业价格上涨。基于其生产能力和快速扩大产量的动机而利用可得的产能规范价格的企业也可能成为背离企业,如同企业通常可以不屈从于在定价或其他竞争条件方面合作的主流产业行为模式。

(二)证据来源

在合并分析中,执法机构考察多种来源的证据。最常见的可合理获取的可靠证据来源于合并当事人、消费者、其他产业参与者和产业观察员。

1. 合并当事人

执法机构一般从合并当事人处获得获取重要信息,这样的信息以文件、证明或数据的形式表现出来,内容包含对竞争相关条件的描述,或者反映实际商业行为和决定。由常规程序生成的文件比在合并审查中作为辩护材料生成的文件更有证明力。关于市场运作和企业如何辨识和评价其竞争对手的产业条件描述文件具有参考价值,尤其是进行商业决策需要依赖于上述描述文件的准确性时。合并公司的商业决策对于判断产业条件具有参考价值。例如,如果某企业设定的价格远高于其增量成本,则通常说明该企业认为其消费者对价格并非高度敏感(而非出于反托拉斯顾虑,见第4.1.3条[①])或者该企业与其竞争对手正从事协同合作(见第7条)。增量成本由相关的产量增加和耗费的时间决定,如果产量大量增加并持续变化,则应包含某些固定用于产量少量增加或生产时间缩短的成本。

关于合并后合并当事人意图提高价格、减少产出或降低生产能力、降低生产质量或减少品种、撤回产品或延迟产品推出或停止研发努力的显性或隐性证据,或者是具备从事此类促成合并行为的能力的显性

① 高毛利通常产生于具有明显异质性的产品。只要供应商期望产品具有足够的异质性以获取足以支付固定成本的毛利,那么具有基本固定价格的产品一般都会得以发展。高毛利与现有企业赚取的竞争性回报一致。

或隐性证据,在评价合并可能产生的效应时具有很高的参考价值。同样地,执法机构也寻求合并可能产生效率的可靠证据。对于因具备与所探讨问题相关的职责、专业知识和经验而使其值得信赖的个人所提供的意见,执法机构将认真考量。交易的财务条款也可对竞争效应具有参考价值,如购买价格超出被并购公司的单独的市场价值可以表明并购公司正在支付额外费用以期减少竞争或实现效率。

2. 消费者

消费者可以向执法机构提供各种信息,从他们自身购买行为和购买选择的信息到他们对于合并产生的效应的看法。

消费者所提供的关于他们将如何回应涨价和受不同产品或供应商吸引的程度的信息,尤其是经其他证据如历史采购模式和行为确证时,这些信息可能是高度相关的。消费者也可以提供关于历史事件如新供应商进入的影响方面的有价值信息。

一个消息灵通且精于世故的消费者关于合并可能产生的影响的结论也可以在执法机构调查竞争效应方面帮助执法机构,因为消费者通常都会感受到有利于竞争和有害于竞争的合并后果。而在评价此类证据时,执法机构要注意消费者可能出于与合并所引起的反托拉斯问题无关的原因而反对或赞成合并。

当某些消费者表示对合并的竞争效应忧虑而其他消费者认为合并是有利的或中立的时,执法机构在使用消费者提供的信息时要考量这种分歧,并思考出现这种意见分歧的可能原因。例如,如果由于监管原因,某些消费者无法购买进口产品,而其他消费者可以购买,那么国内供应商的合并即使不会损害更多可灵活选择的消费者的利益,但是可能损害第一种消费者的利益,见第3条。

当合并企业的直接消费者与下游市场的消费者相互竞争时,尤其是直接消费者期望实施反竞争的涨价行为时,他们的利益可能与终端消费者的利益不一致。受到长期合同保护而免受反竞争效应影响或相对免受合并损害效应影响的消费者甚至会欢迎反竞争合并,此类合并使得该消费者较之于其下游竞争对手更具有竞争优势。

例1:作为合并的结果,消费者C将经历用于生产其终端产品的某输入端的涨价,其成本提高。而消费者C的竞争对手比消费者C更密集地使用该输入端,在两者的输入端价格同等增长的情况下,消费者C的竞争对手成本增加比消费者C更多。总地说来,即使合并实质性地削减竞争也会使消费者C从中获益。

3. 其他产业参与者和观察员

供应商、间接消费者、分销商、其他产业参与者和产业分析员也可以提供有助于合并调查的信息。销售与合并企业产品互补的产品的企业,其利益通常是与消费者的利益高度一致的,这也使得他们的意见更有价值。

来自合并当事人的竞争对手的信息也可以帮助阐明市场如何运作。竞争对手的利益通常与消费者的利益相背离,如果合并实体提高价格的话,消费者利益通常受损,但竞争对手通常获利,因此,执法机构并不常常信赖竞争企业关于合并效应的全盘意见。但是,竞争企业可以提供相关事实,而且甚至他们的全盘意见也是有益的,特别是在执法机构考察合并实体可能从事排除竞争行为时。

例2:合并中的企业A和B同在一个市场运作,市场中的网络效应显著,这就意味着如果任何企业控制了大量的市场份额或者与其他企业联合在总数上控制了大量的市场份额,则该企业的产品将明显更有价值。在合并前,企业与其竞争对手自发地相互联合。如果企业策划结束自发的联合进行合并,则合并将产生一个占有足够多份额的企业,其危险的结果将很可能是在该市场产生垄断性的支配力,竞争对手和消费者在阻止合并产生方面的利益将会高度一致。

三、目标消费者和价格歧视

当审查合并可能产生的反竞争效应时,执法机构将考察这些效应是否会因购买相同或相似产品的消费者不同而明显不同。当销售方可以实施差别对待时,如为获利对某些目标消费者提高价格而对其他消费者不提高价格,就可能产生此类差别对待的影响。存在价格歧视的可能性对市场界定(见第4条)、市场份额的衡量(见第5条)和竞争效应的评价(见第6条和第7条)也有影响。

当价格歧视可行时,即使不会对其他消费者产生反竞争效应,也会对目标消费者产生此类效应。即使因为其他许多消费者可选用替代产品,所以对所有消费者提高价格时无利可图,但是对目标消费者提高价格时仍然是有利可图的。当歧视可能合理发生时,执法机构将依消费者的不同类型分别评价竞争效应。执法机构可以获得消费者无法获得的与评价歧视是否合理可能有关的信息。

要使价格歧视可行,一般必须满足两个条件:不同的定价和有限的套利。

第一,进行价格歧视的供应商必须可以对目标消费者设定不同于其他消费者的价格,其中涉及识别个人消费者并对其设定不同的价格或者基于可以探察的特征而对不同类型的消费者设定不同的价格。

例3:供应商可以区分大买家和小买家。大买家比小买家更有可能自给以应对明显的涨价;即使大买家不受其害,合并也可能导致针对小买家的价格歧视,从而损害其利益。即使在大买家阶层和小买家阶层之间没有规模上的明显差异,此类歧视也会发生。

在其他情形下,供应商可能无法区分不同类型的消费者,但是可以提供多种产品,并基于消费者采购不同产品的决定来将消费者分类。

第二,目标消费者必须无法通过套利,即通过由或经其他消费者处间接采购,来对抗价格上涨。如果套利将使得保证条款无效或者使服务难以获得或者使消费者支付的费用过高,那么套利就难以进行。对于很多服务而言本身不可能进行套利,不同地理区域的消费者之间的套利会因交通成本过高而不可实行。规模不大的套利或许可行,但因费用过高或限制过多而无法阻止或对抗歧视性价格策略。

四、市场界定

当执法机构识别横向合并的潜在竞争问题时,市场界定具有两个作用:第一是市场界定有助于详细说明产生竞争问题的商业范围和国家区域。在任何合并执法行动中,执法机构通常要确定合并可能实质性削减竞争的一个或多个相关市场。第二是市场界定可帮助执法机构确认市场参与者和衡量市场份额和市场集中度,见第5条。市场份额和市场集中度的衡量本身并非终极目的,但在说明合并可能产生的竞争效应方面有所帮助。

执法机构的分析不需要从市场界定开始。尽管分析中有时需要对消费者可获得的竞争选择进行评价,但执法机构用以评估竞争效应的某些分析工具并不依赖于市场界定。

竞争效应的证据对市场界定具有参考价值,正如同市场界定对竞争效应有参考价值一样。例如,由于提供一组产品的重要竞争对手数量减少导致这些产品价格明显上涨的证据本身可以确定这些产品构成一个相关市场,也可以更直接地预示合并的竞争效应,从而降低从市场界定和市场份额方面进行推论的证据作用。

当分析表明市场为可选择的且合理可信的候选市场,且由此产生的市场份额对竞争效应的推论截然不同时,审查与这些效应有关的更直接的证据就尤有价值。

市场界定唯一注重的是需求替代因素,即消费者为应对价格上涨或者相应的非价格变化,如产品质量或者服务下降,而从一种产品替换至另一种产品的能力和意愿。供应商的回应行为在竞争分析中也很重要。这一内容在本指南阐述市场参与者的辨识、市场份额的衡量、竞争效应的分析和进入市场的条文中均有阐释。

消费者通常可以选择多种不同的替代品以替换合并企业产品,就地理位置或产品特性和认知而言,某些替代品更接近,而其他替代品更疏远。此外,消费者可以就不同产品分别评价其接近程度。当不同地理区域的产品或供应商在不同程度上互为替代时,就不可避免地将市场界定简化为界定市场中包含某些替代品而排除其他替代品,这样就无法囊括不同产品相互竞争方面的所有变动。下文所述的市场界定原则试图使这一不可避免的简化尽可能切实有用且具有参考价值。相关市场不需要精准的界标和界限。

广义地涵盖相对疏远的产品或地理替代品来界定市场可能导致错误地界定市场份额,这是因为疏远替代品的竞争意义不可能与其在宽泛市场中的份额相当。尽管将更远的替代品排除于市场外将不可避免地在某种程度上低估其竞争意义,但是较之于涵盖这些替代品并高估其竞争意义为与其在宽泛市场中的份额比例一致,这样可以更精确地指示合并的竞争效应。

例4:企业A和B为两家主要的摩托车品牌的销售商,提议进行合并。如果A品牌摩托车价格上涨的话,那么某些购买者将转而购买B

品牌的摩托车,而其他购买者将转而购买汽车,但是,摩托车购买者认为较之于汽车,B 品牌摩托车更类似于 A 品牌摩托车。汽车的销售量远远大于摩托车。如果评估市场份额时将汽车也包含在内将会极大地低估 B 品牌摩托车在遏制 A 品牌摩托车涨价方面的竞争意义,并极大地高估汽车的竞争意义。

在狭义界定的市场中不同产品的市场份额更可能确切反映这些产品相应的竞争意义,并通常更精确地反映临近替代品之间的竞争。因此,适当界定的反托拉斯市场通常排除了某些消费者在应对涨价时可能选择的某些替代品,即使这些替代品确实为这些消费者提供了选择。但是,如果被排除于相关市场之外的产品太多以致完全消除相关市场内产品之间的竞争也不会严重影响直接消费者或下游消费者的利益,那么对构成相关市场的这组产品的界定范围就过于狭窄了。假定垄断者测试测试(见第 4.1.1 条)试图确保候选市场的界定不会过于狭窄。

执法机构在评价不同的潜在候选市场时可灵活运用市场界定的这些原则。根据假定垄断者测试界定的相关反托拉斯市场并不总是直观的,且可能与产业成员所使用的"市场"一词不一致。

第 4.1 条描述了适用于产品市场界定的原则并指出执法机构通常如何运用这些原则,第 4.2 条描述了相同原则如何适用于地理市场界定。尽管为了使阐释简单明了而分别进行讨论,但要结合第 4.1 条和第 4.2 条所描述的原则来界定兼有产品和地理维度的相关市场,尤其是假定垄断者测试要运用一组产品和一个地理区域共同确定相关市场。

(一)产品市场界定

当一家合并企业销售的某一产品(A 产品)与另一合并企业销售的一种或多种产品竞争时,执法机构通过界定产品 A 的相关市场来评价该竞争的重要性。此类相关产品市场由包括产品 A 在内的一组替代产品构成。多个相关产品市场也可以由此确定。

1. 假定垄断者测试

执法机构运用假定垄断者测试来评价候选市场的产品组范围是否足够广泛以构成相关反托拉斯市场以及来识别可与合并企业所销售的某一产品合理替换的一组产品。

假定垄断者测试要求产品市场包括足够多的替代产品以便作为合并后市场支配力远远超过没有合并存在时的市场支配力的依据。具体而言,测试要求假定的利润最大化企业即这些产品目前和将来唯一的销售商("假定垄断者")并非基于价格管制的原因而很可能在该市场对至少一种产品,包括一家合并企业的至少一种产品,进行小而明显的非暂时性涨价("SSNIP")。[①] 为分析该问题之目的,产品在候选市场外的销售条件不变。SSNIP主要用来作为实施假定垄断者测试的工具而非对合并引起的涨价的容许限度。

并未涵盖消费者可选择的所有替代品在内的产品组也能符合假定垄断者测试的要求。即使消费者在应对涨价时可能大量选择产品组外的产品作为替代品,但假定垄断者测试仍然认定该产品组为相关市场。

例5:A产品和B产品被作为候选市场进行评测。每一产品售价为100美元,增量成本为60美元,销售量为1200单位。当产品A的售价每增加1美元而产品B价格不变时,产品A的销售量中将有20个单位的销售量转至候选市场外的产品,有10个单位销售量转至产品B。产品B的情况亦同。在这种情况下,经济分析显示控制产品A和产品B的假定利润最大化垄断者将提高这两种产品的价格10%至110元。因此使用5%进行SSNIP时,产品A和产品B满足假定垄断者测试的相关市场,而使用多达10%进行SSNIP则更是如此。当其中一种产品涨价时,即使该产品所损失销售量的2/3都流向相关市场外的产品,结果也是如此。

对合并企业提供的某产品适用假定垄断者测试来界定市场时,如果该市场中包括第二个产品,且有第三个产品可作为比第二个产品更接近于第一个产品的替代品,那么执法机构通常也将第三个产品纳入该市场中。如果作为应对第一个产品进行SSNIP的结果,第三个产品

---

① 如果由于假定垄断者控制大量替代产品之外的原因,在候选市场供应产品的企业的定价动机实质不同于假定垄断者的定价动机,执法机构将运用由候选市场中销售产品的企业(及其所有产品)组成的假定利润最大化卡特尔的概念。如果合并企业将产品销往候选市场外明显影响了其在候选市场内产品定价动机,那么这一方法就是最为适当的。这一情形可能发生,例如,如果候选市场为某耐用设备市场,而销售该设备的企业通过销售设备备件和提供设备服务获取了大量净收入。

由此获得的收入比第二个产品更多,则第三个产品为更接近的替代品。

例6:在例5中,假设产品A涨价时损失的一半单位的销售量都转至产品C(产品C的价格也是100美元),1/3的销售量都转至产品B,那么产品C是比产品B更接近于产品A的替代品。因此,即使产品A和产品B都符合假定垄断者测试的要求,产品C通常也会被纳入相关市场。

假定垄断者测试能够确保市场不至于被界定得过于狭窄,但也不会导致单一的相关市场。在通过界定市场和衡量市场份额以明晰竞争效应评价为目的这一首要原则的指导下,执法机构评价符合测试要求的相关市场内的合并。由于更多疏远替代品的相对竞争意义容易因其销售额而被高估,因此当执法机构依赖市场份额和集中度进行分析时,执法机构通常在符合假定垄断者测试的最小相关市场内进行分析。

例7:在例4中,将汽车纳入该市场将导致错误缩小摩托车生产商的市场份额。除非摩托车无法满足假定垄断者测试的要求,否则执法机构就不能在分析这个摩托车合并案件时将汽车纳入该市场中。

2. 基准价格和SSNIP大小

执法机构从没有合并的情况下最可能的价格着手适用SSNIP。如果不发生合并价格就不会改变,那么可以合并前的主要价格为基准价格。[①] 如果不发生合并价格也可能改变,如由于技术革新或市场进入而改变,则执法机构可以预测的未来价格作为测试的基准价格。如果不发生合并,价格可能由于合并前协作的破裂而下降,执法机构可以下降后的价格作为测试的基准价格。在某些情况下,执法机构运用的实施假定垄断者测试的技术将关注合并前企业和假定垄断者之间的不同动机,而不要求确定基准价格。

SSNIP意指候选市场内的企业对消费者所使用的产品或服务价值进行“小而明显的”涨价,由此引起对价格变化效应的关注,此效应类似于合并引起的明显削减竞争引起的效应。使用这一方法是因为通常能够将对消费者产生的“小而明显”的反价格效应予以量化并分析消

---

① 如果有问题行为导致的效应在评估时已经发生,用以评估非合并的反托拉斯问题的市场界定,如独占和或便于独占的行为,在这一方面将会不同。

费者可能的反应,而不是因为价格效应比非价格效应更为重要。

执法机构通常以消费者就合并企业赋予价值的产品或服务所支付价格的5%来进行SSNIP。但是,构成与合并所引起的明显竞争损失等同的"小而明显"涨价有赖于产业的性质和合并企业在其中的地位,执法机构可相应地使用多于或少于5%的价格增长来分析。当企业特定贡献价值的显性或隐性价格可通过合理阐释辨识,那么执法机构可基于该价格进行SSNIP。

例8:在两个石油管道企业的合并中,SSNIP可基于运输石油的价格而非石油本身的价格来确定。如果管道企业在一端采购石油而在另一端销售,那么运输石油的价格是隐性的,等于在输入端为采购石油支付的价格和在输出端为出售石油索取的价格之间的差额。管道企业销售的相关产品最好描述为"从A端至B端的石油管道运输"而非"B端的石油"。

如果评价时问题行为已经发生,则为评价非合并的反托拉斯问题如垄断或助长垄断行为而进行的市场界定将会不同。

例9:在两家从事对购自第三方的计算机进行安装的企业的合并中,SSNIP可基于其安装费用而非所安装的计算机价格确定。如果两家企业采购计算机并向其消费者收取组合价格,隐含的安装费用就等于向消费者收取的组合价格减去计算机价格。

例10:在例9中,假设合并企业为采购计算机所支付的价格是不透明的,但至少占其已安装计算机价格的95%,那么利润或隐含费用至多占该价格的5%。以消费者支付总价的5%进行SSNIP将使其安装费用或利润至少翻番。即使对于假定垄断者来说是无利可图的,而明显的竞争效果仍可能是有益的。如果SSNIP是基于消费者支付的总价,将使用较低的百分比。

3.实施假定垄断者测试

假定垄断者涨价的动机依赖于可能以候选市场中的产品为替代品来应对涨价的消费者范围和这些产品的边际利润率。增量单位所产生的边际利润率为增量单位的价格与增量成本之间的差额。执法机构经常评估增量成本,如使用合并当事人的用以制定商业决策的文件或数据进行评估;增量成本是基于被调查的涨价引起的产出变化来衡量的。

在考量消费者对于提高价格的可能回应时,执法机构重视所有可合理获得且可靠的证据,包括但不仅限于:

——消费者过去如何改变购买习惯以应对价格或条款和条件的相对变化;

——来自买方的信息,包括涉及其如何应对价格变化的调查信息;

——产业参与者的行为,尤其是:

• 卖方表明其有理由相信消费者如何选择替代产品以应对价格变化的商业决策或商业文件;

• 产业参与者在跟踪和回应某些或所有竞争对手价格变化时的行为;

——关于产品特征和成本及更换产品特别是将候选市场的产品更换为该市场外的产品时的延缓方面的客观信息;

——候选市场中一种产品单独涨价时所失去的销售百分比,该百分比被候选市场中的其他产品再获得,再次获得更高的百分比对假定垄断者而言将使涨价更有利可图;

——来自其他产业参与者,如互补产品的销售方的证据;

——法律或法规的要求;和

—— 在其输出市场中消费者所面临的下游竞争的影响。

在可以获得必要的数据时,执法机构也考虑用“关键损失分析”来评价这些数据在多大程度上支持由前述证据得出的推论。关键损失分析探讨在候选市场中就一种或多种产品进行至少一次 SSNIP 是否会导致假定垄断者的利润提高或降低。当这一“收支平衡点”分析与在第 4.1.1 条中假定垄断者测试要求的利润最大化分析结果不同时,合并当事人有时会将这类分析提交执法机构。涨价将提高以更高价格销售所获得的利润,但是该利润在消费者选择不以候选市场内的产品为替代品的范围内将被抵消。关键损失分析比较价格上涨导致的两种抵消效应的幅度。“关键损失”以利润保持不变时损失的销售单位数量来界定,而“预期损失”用涨价导致的假定垄断者预计将损失的销售单位数量来界定;如果预期损失少于关键损失,则涨价提高了假定垄断者的利润。

在评价预期损失时,执法机构考量前述消费者替代选择的所有证据。执法机构要求预期损失的评估与该证据一致,包括用来计算关键损失的候选市场中产品在合并前的毛利。除非企业正从事协同合作(见第7条),否则合并前的高毛利一般表明每家企业的产品分别面临对价格并非高度敏感的需求。[①] 因此合并前的高毛利表明更小的预期损失和更小的关键损失;合并前的毛利越高,为使候选市场满足假定垄断者测试而必须再获取的百分比就越小。

即使无法获得实施假定垄断者测试所必要数量的证据,测试的概念框架也可以提供有用的方法论工具来收集和分析与消费者替代选择和市场界定有关的证据。执法机构在可能获得的证据范围内采用假定垄断者测试,牢记市场界定的最终目的是用来帮助确定合并是否会实质性地削减竞争。

4. 目标消费者的产品市场界定

如果假定垄断者可以一组消费者为目标进行有利可图的涨价,那么执法机构可就被假定垄断者有利可图地单独进行至少一个SSNIP的目标消费者来辨识界定的相关市场。服务于目标消费者的市场也就是价格歧视市场。实践中,只有在执法机构认为对一组目标消费者产生反竞争效应为现实可能时,他们才认定其为价格歧视市场。

例11:玻璃容器有多种用途。为应对玻璃容器涨价,某些使用者将大量以塑料或金属容器替代,但婴儿食品生产商不会。如果假定垄断者可以单独定价并限制套利,那么婴儿食品生产商将容易受到玻璃容器针对性涨价之害。执法机构可将用于包装婴儿食品的玻璃容器界定为单独的市场。

当价格可单独协商且供应商拥有消费者信息,从而使假定垄断者可以识别可能为相关产品支付更高价格的消费者时,执法机构也常考量目标消费者的市场。如果可与消费者单独协商价格,假定垄断者测试可能表明相关市场狭窄至个人消费者(见第6.2条议价和拍卖)。尽管如此,执法机构通常就几组目标消费者界定市场,即根据消费者的类型,而不是逐个消费者来界定。执法机构这样操作就可以信赖合计

---

① 尽管毛利对进行假定垄断者测试而言较为重要,但高毛利本身并非反托拉斯问题。

的市场份额,在预测合并的竞争效应时也更有帮助。

(二)地理市场界定

如果地理位置限制了某些消费者替换某些产品的意愿或能力,或者限制了某些供应商为某些消费者服务的意愿或能力,那么可以从地理上界定受合并影响的竞争区域。供应商和消费者的地理位置都可能对此产生影响。执法机构在以地理维度和产品维度来界定相关市场时都运用第4.1条所描述的市场界定原则。

地理市场的范围通常取决于运输成本,其他因素如语言、法规、关税和非关税的贸易壁垒、风俗人情、声望和服务能力都阻碍了远距离的或国际的交易。外国企业的竞争意义可通过不同的汇率评估,特别是近期汇率波动起伏时。

不存在基于消费者所在地而进行的价格歧视时,执法机构一般基于供应商所处的地区来界定地理市场,详见第4.2.1条。在其他情况下,特别是如果以消费者所在地为基础进行价格歧视是可行的,如产业中通常使用的含运费定价的情形,执法机构可基于消费者所在地来界定地理市场,详见第4.2.2条。

1. 基于供应商所在地的地理市场

基于供应商所在地的地理市场包括进行销售的地区,这一类型的地理市场通常适用于消费者在供应商所在地接收货物或接受服务的情形,市场中的竞争者为在该地区有着相关产品、销售或服务设施的企业。某些从这些企业采购的消费者可能处于地理市场的界线之外。

假定垄断者测试要求位于该地区内现在或将来唯一的相关产品生产商为假定的利润最大化企业,其将在至少一个地区,包括合并企业的至少一个所在地,进行至少一个SSNIP。在此过程中,所有产品在其他地区的销售条款不变。单个企业可能在数个不同的地理市场运营,即使是单个产品也是如此。

例12:合并当事人均在X城有制造工厂,相关产品的运输费用高昂,供应商都是以在其所在地提货来定价。竞争对手的工厂在离此一段距离的Y城。控制X城所有工厂的假定垄断者可以在这些工厂实施有利可图的SSNIP。来自远距离工厂的竞争无法对抗价格上涨,因为来自远距离工厂的供应商需要支付高昂的运输费。相关的地理市场应以X城的工厂来界定。

当地理市场基于供应商所在地来界定时,地理市场内的供应商计算售价时无需考量购买产品的消费者所处的位置。

考量消费者对于候选地理市场内相关产品涨价时可能的反应时,执法机构将考虑所有可以合理获得的可靠证据,包括:

——不同地理位置的消费者以前如何变换采购行为以应对价格或其他条款和条件的相对变化;

——与价格有关的运输该产品的成本和难度(或消费者到销售商所在地的成本和难度);

——是否需要供应商当面为消费者提供服务或支持;

——销售商进行商业决策是否依据其对消费者在地理位置间切换选择以应对价格或其他竞争可变因素相对变化的预期的证据;

——从候选地理市场内的供应商转换到候选地理市场外的供应商所需要的成本和延误;和

——消费者在其输出市场面临的下游竞争的影响。

2. 基于消费者所在地的地理市场

当假定垄断者可能基于消费者所在地而实施歧视时,执法机构可基于目标消费者所在地来界定市场。[①] 这一类型的地理市场通常适用于供应商发送产品或服务至消费者所在地时。这一类型的地理市场包括进行销售的所有区域,该市场中的竞争者为在特定地区向消费者进行销售的企业。在相关市场销售的某些供应商的所在地可能位于地理市场界线之外。

假定垄断者测试要求位于该地区内现在或将来唯一向消费者供应相关产品的生产商为假定的利润最大化企业,其将就该地区的某些消费者实施至少一个SSNIP。如果相关市场的替代品或套利,如该地区内的消费者到该地区外购买相关产品,无法对抗涨价,那么该地区构成相关的地理市场。在此过程中,向该地区外所有消费者销售的产品条款保持不变。

---

① 对于在多个地区经营的消费者而言,仅有其所在地在目标区域范围的消费者属于该市场的范畴。

例13:消费者要求本地销售和服务。供应商在很多地理区域都进行销售和提供服务,且可以基于消费者所在地而实施歧视。地理市场可以消费者所在地来界定。

例14:每家合并企业都有一个单独的制造工厂,并向X城和Y城的消费者发送相关产品。相关产品的运输费用高昂。合并企业的工厂为目前离X城最近的,但离Y城的距离与其他许多竞争工厂一样。这一事实表明即使Y城的消费者不会受到合并损害,但X城的消费者仍可能受到合并的损害。由于这一原因,执法机构考量将相关地理市场界定为X城的消费者。因为控制该地区所有工厂的假定垄断者发现由于对Y城消费者的销售损失将导致对其所有消费者实施SSNIP时无利可图,所以基于销售方所在地界定合并企业工厂的周边地区并非相关地理市场,即使如此相关地理市场仍可如此界定为X城的消费者。

当地理市场基于消费者所在地来界定时,需考量对这些消费者进行的销售,而无需考量进行销售的供应商所处的位置。

例15:美国的消费者必须使用经美国法规批准的产品,外国的消费者使用的产品无需美国法规批准。相关产品市场由美国法规批准的产品组成,地理市场以美国消费者界定。外国供应商销往美国消费者的产品也在此市场内,这些外国供应商为美国市场的参与者,即使他们位于美国之外。

五、市场参与者、市场份额和市场集中度

执法机构通常认为市场份额和市场集中度的衡量为其进行竞争效应评估的一部分。为实现确定合并是否实质性地削减竞争这一终极目的,执法机构结合其他可合理获得的可靠证据来评估市场份额和集中度。

市场份额能直接影响企业的竞争动机。例如,如果为赢取新消费者而进行的减价也适用于企业现有的消费者,拥有较大市场份额的企业将比拥有较小市场份额的企业更加不愿意减价;类似地,即使拥有较小市场份额的竞争对手感到减价的压力,较大市场份额的企业也不会感到压力。市场份额也可以反映企业的生产能力。例如,拥有较大市

场份额的企业能够以比小企业更大的数量迅速扩大产出;类似地,较大市场份额也可能意味着低成本和/或有吸引力的产品。

(一)市场参与者

目前在相关市场获取营业收入的所有企业都被认定为市场参与者。纵向合并的企业在其产品准确反映其竞争意义的范围内也被认定为市场参与者。目前在相关市场并未获取营业收入,但是已经着手于近期进入该市场的企业也被视为市场参与者。

并非相关市场上的现有生产商而很可能在发生SSNIP时快速回应来直接造成竞争影响且不需要发生重大沉没成本的企业,也被视为市场参与者,这些企业被定义为"快速进入者"。沉没成本为无法在相关市场外重新获得的进入或退出成本。需要比较长时间方可进入以应对反竞争效应或者需要企业花费大量沉没成本方可进入的情形,见第9条。

生产相关产品而不在相关地理市场销售的企业为快速进入者。其他条件相同的情况下,如果企业临近该地理市场,则其很可能是快速进入者。

例16:A企业在X城和Y城之间种植西红柿。目前,该企业将西红柿运至X城,因为价格高2%。以前,该企业根据小的价差来变换运输的目的地。A企业很可能为Y城西红柿市场的快速进入者。

例17:B企业已经数次投标为S区的学校供应牛奶,而事实上也在某些临近区域供应牛奶。该企业从未在S区的学校得标,但足够资格为该地区提供服务而且经常近乎得标。B企业可被视为S区学校牛奶市场的快速进入者。

更常见的是,如果相关市场就目标消费者界定,而且生产相关产品而不向这些消费者销售相关产品的企业可以轻易且快速地开始向目标消费者销售,那么这些企业是快速进入者。

明显拥有必要的资产可快速在相关市场供货的企业也是快速进入者。在相对同质产品市场上,供应商竞争的能力主要依赖于其成本和生产能力而非其他因素,如经验或在相关市场的声望,有大量闲置生产能力或容易将目前在相邻市场的生产能力"转向",能够容易且有利可图地转换到相关市场的供应商,也是快速进入者。[①] 但是,闲置的生产能力可能是无效率的而且用于相邻市场的生产能力也可能无法获得,因此,企业仅有闲置或转向的生产能力并不足以使该企业成为快速进入者。

(二)市场份额

执法机构通常依据可以获得的数据对目前在相关市场生产产品的所有企业计算市场份额。如果其他市场参与者的市场份额可以如实反映其竞争意义的话,执法机构也计算其他市场参与者的市场份额。

市场集中度和市场份额数据通常是基于历史证据,但是,近期或正在发生的市场条件的变化可能显示特定企业目前的市场份额高估或低估了该企业未来的竞争意义。在计算和解释市场份额数据时,执法机构考量应合理预测近期或正在发生的市场条件变化的效果。例如,如果一项对长远的竞争生存能力至关重要的新技术可由市场上其他企业获得,但是某个特定企业无法获得,执法机构可推断该企业的历史市场份额高估了该企业未来的竞争意义。在切实可靠的情况下,执法机构将会把历史市场份额融入对未来的预测中。

执法机构基于在相关市场中最可能指示企业未来竞争意义的数据来衡量市场份额,这取决于所认定的竞争效应类型和数据的可获取性。特别是使用年度数据时,如果有数额较大的不频繁的单个交易,那么年度数据可能无代表意义,执法机构可基于更长期间来衡量市场份额。

在大多数情境中,执法机构基于其实际或计划在相关市场获得的营业收入来衡量每个企业的市场份额。在相关市场获得的营业收入往往最能衡量对消费者的吸引力,因为其反映了企业在现实世界中克服所有必要障碍以有吸引力的条款和条件为消费者提供产品的能力。在一个单位的低价产品可以替代一个单位高价产品的情况下,单价比营业收入更能衡量竞争意义。例如,如果低价的新产品实质性地削弱了老且高价的产品的营业收入,即使其营业收入相对较低,低价的新产品仍有很大的竞争意义。在消费者签署长期合同、面临转换成本或打算

① 如果这种类型的供应商替换在销售一种或多种产品的企业间较为普遍,那么为方便起见执法机构可使用总计的市场描述。

不时重新评估其供应商的情况下,近期从消费者处获取的营业收入将比总营业收入更好地反映供应商的竞争意义。

在同质产品市场,企业的竞争意义主要源于其为应对该市场内其他企业的涨价或减产而在相关市场快速扩大生产的生产能力和动机,因此,企业的竞争意义依赖于其已有的服务相关市场且足以使其扩大生产有利可图的生产能力水平。在此市场内,生产能力或后备能力能比营业收入更好地反映供应商未来的竞争意义,执法机构可使用这些方法计算市场份额。并非现有生产商的市场参与者也可被分配一定的市场份额,但只有在其竞争意义的衡量能够与现有生产商的竞争意义进行适当比较时才可实行。当市场份额基于企业可即时获得的生产能力进行衡量时,执法机构不会将不大可能用于应对相关市场SSNIP的已经投产的或在相关市场外获利较高的,或高成本的生产能力计算在内。

例18:地理市场界定为美国消费者。X企业在美国外生产相关产品,大部分产品销往美国外的消费者。在大多数情境下,X企业的市场份额将基于其销往美国消费者的销售额而非总销售额或总生产能力来计算。但是,如果相关产品是同质的,且X企业将快速地极大扩大对美国消费者的销售额,无需发生极大的沉没成本来应对SSNIP,执法机构将基于其可服务于美国消费者的生产能力来计算其市场份额。

当执法机构界定服务于目标消费者的市场时,与适用于这些消费者相同的原则也用于衡量市场份额。在大多数情境下,每个企业的市场份额都是基于其来自目标消费者的实际或计划的营业收入。但是如果这样做可以更精确地反映相关市场不同供应商的竞争意义的话,执法机构可基于来自更广范围的消费者的营业收入来衡量市场份额;如果这样做可以获得更精准的数据,也可使用来自更广范围的消费者的营业收入来计算。

(三)市场集中度

市场集中度通常有助于指示合并可能产生的竞争效应。在评价市场集中度时,执法机构考量合并后的市场集中度水平和合并引起的集中度变化两个方面。市场份额可能无法全面反映市场中企业的竞争意义或合并的影响,要结合竞争效应的其他证据来使用,见第6条和第7条。

在分析现有企业与近期或可能的进入者之间的合并时,在执法机构使用集中度变化来评价竞争效应的范围内,执法机构将使用预计的市场份额来分析。现有企业与近期或可能的进入者之间的合并可能带来明显的竞争问题。由此类合并导致的竞争削减更有可能是实质性的,现有企业的市场份额越大,潜在进入者的竞争意义越大,相对而言由该潜在进入者施加的竞争威胁也越大。

当市场份额在一段时间内尤其是相对价格或成本发生历史性变化而维持不变时,执法机构则更重视市场集中度。即使其价格相对于竞争对手已上涨,而企业仍保有其市场份额,那么该企业只受到有限的竞争限制,这将导致如果该企业的某个重要竞争对手由于合并而消失,那么其剩余的竞争对手不大可能弥补竞争损失。相反地,如果由于有竞争力的产品变化而导致竞争市场份额在短期内波动较大,即使高度集中的市场也可能是竞争非常激烈的。但是如果一家合并企业,或许因为其作为背离企业,其竞争极大地推动了这样的波动,执法机构将考量合并是否会通过该企业与其重要竞争对手的结合而强化市场支配力。

执法机构可使用市场中重要竞争者的数量来衡量市场集中度,当重要竞争者和小型竞争对手在市场份额上存在差距或难以衡量在相关市场的营业收入时,这一方法最为有用。执法机构也将合并企业合计的市场份额用以指示市场中其他无法立即弥补合并企业间由于合并而损失的竞争的范围。

执法机构经常计算市场集中度的赫尔芬达尔—赫希曼指数("HHI")。HHI是通过单个企业的市场份额的平方总和来计算的,① 因此相应地更加重视较大的市场份额。在使用HHI时,执法机构考量合并后的HHI水平和由合并导致的HHI的增加,HHI的增加等于合并企业产品市场份额的两倍。②

---

① 例如,市场中包括四家企业,市场份额分别为30%、30%、20%、20%,那么HHI为2600($30^2+30^2+20^2+20^2=2600$)。HHI的范围从10,000(在纯粹垄断的情形下)到趋近于0(在纯粹竞争的情形下)。尽管理想模式下应将所有企业纳入计算,但缺少小份额企业的信息也无关紧要,因为此类企业不会实质性地影响竞争。

② 例如,拥有5%市场份额的企业与拥有10%市场份额的企业合并将导致HHI增加100($5\times10\times2=100$)。

基于其经验,执法机构一般将市场分为三类:

——非集中市场:HHI低于1500

——中度集中市场:HHI为1500至2500

——高度集中市场:HHI高于2500

执法机构在其界定的相关市场运用以下一般标准:

——集中度的微小变化:HHI的增加少于100个点的合并不大可能产生反竞争效应,通常不需要进一步分析。

——非集中市场:非集中市场发生的合并不大可能产生反竞争效应,通常不需要进一步分析。

——中度集中市场:中度集中市场发生的HHI的增加高于100个点的合并可能引起重大竞争问题,并通常为审查的依据。

——高度集中市场:高度集中市场发生的HHI的增加为100至200个点的合并可能明显引起重大竞争问题,并通常为审查的依据。高度集中市场发生的HHI的增加高于200个点的合并将被假定为可能强化市场支配力,这一假定可被显示合并不大可能强化市场支配力的有力证据证伪。

尽管高水平的集中度确实会引起竞争问题,但是设定这些门槛的目的并非严格区分有利于竞争的合并与反竞争的合并,而是提供一种方法以识别某些不大可能增加竞争问题的合并和其他合并。对此,审视其他竞争因素是否确认、增强或抵消集中度增加的潜在损害效应是尤为重要的。合并后HHI和HHI的增加越多,执法机构对潜在竞争问题关注就越大,执法机构引入其他信息进行分析的可能性也越大。

六、单方效应

由于两个企业的合并而导致两者之间竞争消除可单独构成竞争的实质性减少。此类单方效应在相关市场的垄断性合并中最为明显,但不仅限于此类情形。由合并导致的可辨识效率是否可能减少或逆转反单方效应,见第10条。

本条中探讨的是几种常见的单方效应类型:第6.1条探讨异质产品市场的单方价格效应,第6.2条探讨买卖双方通过协商或者拍卖的方式确定价格的市场中的单方效应,第6.3条探讨相对同质产品市场上与产出减少或生产能力下降有关的单方效应,第6.4条探讨由于减少技术革新或减少产品多样性而引起的单方效应。这些效应并未穷尽可能的单方效应类型,例如,也可能发生排他性的单方效应。

合并可能导致竞争不同维度的不同单方效应。例如,合并可能在短期内引起价格上涨但不会引起长期的技术革新问题,或者是由于竞争对手将进行充分的技术革新竞争,或者是因为合并将带来可辨识的研发效率,见第10条。

(一)异质产品的定价

在异质产品产业,某些产品为非常临近的替代品,相互之间的竞争激烈,而其他产品为较远的替代品,竞争不那么激烈,如一种高端产品与另一高端产品的竞争比与其他低端产品的竞争更直接。

销售异质产品的企业之间的合并可通过合并企业单方将一种或两种产品的价格提高至合并前价格之上来获利而消除竞争。由于价格上涨导致的某些销售损失将转向合并伙伴的产品,而且即使在涨价因销售损失无法获得合并前的利润的情况下,视其相对差额而定,通过合并重获这些销售损失也可使涨价有利可图。

合并当事人所售产品之间的直接竞争范围是单方价格效应评估的关键。单方价格效应越大,就有越多合并企业所售产品的购买者认为另一家合并企业所售产品为其次优选择。执法机构考量所有可合理获得的可靠信息来评价合并企业所售产品之间直接竞争的范围,包括文件或言词证据,盈亏报告和折扣批准程序的证据,消费者的消费转换模式和消费者调查。所依赖的证据类型通常与涉及假定垄断者测试的消费者替代选择的证据类型大体重叠,见第4.1.1条。

合并后对一家合并企业所售的某产品进行实质性的单方价格提升通常要求明显有一部分采购该产品的消费者将以前由另一合并企业销售的产品视为其次优选择。但是,除非合并前的价格和增量成本差距较小,该部分消费者才不需要达到大多数。为此目的,增量成本以由价格变化所引起的产出变化来衡量。即使转向非合并企业所售产品的销售额多于合并伙伴以前所售的产品,合并也可对特定产品产生明显的单方效应。

例19:在例5中,在其他企业产品供应和价格既定的条件下,控制

A产品和B产品的合并实体可提价10%。在该例中,单独提价时,A产品1/3的销售损失转向B产品。需要进一步分析来说明重新定位、进入和效率。

在某些情形下,执法机构试图通过评估从一家合并企业所售的一种产品分流向另一家合并企业所售的另一种产品的比率来量化第一种产品和第二种产品之间的直接竞争范围。分流率为由于涨价引起的第一种产品的销售损失流向第二种产品的部分。一家合并企业所售产品和另一家合并企业所售产品之间的分流率对于评价单方价格效应非常有价值,分流率越高表明此类效应的可能性越高;合并企业所售产品和非合并企业所售产品之间的分流率至多具有次要的预测价值。

当合并使合并实体产生动机提高以前由一家合并企业所售产品的价格从而使销售额分流至以前由另一合并企业所售产品从而提高后种产品的利润时,将引起消极的单方价格效应。假设其他价格和产品供应不变,所提高的利润则等于流向后种产品的合并企业销售额的价值。流向一种产品的销售额的价值等于流向该产品的单位数量乘以该产品价格和增量成本之间的差额。在某些情形下,如果可获得足够的信息,执法机构将评估分流销售额的价值,用以指示合并施加于第一种产品的涨价压力。

基于分流销售额的价值来诊断单方价格效应不需要依赖于市场界定或市场份额和集中度的计算,执法机构更依赖于分流销售额价值而非HHI水平来诊断异质产品市场的单方价格效应。如果分流销售额的价值相对较小,就不大可能发生明显的单方价格效应。①

如果可以获得足够的数据,执法机构将构建用以量化合并导致的单方价格效应的经济模式。这些模式通常包括非合并企业的独立价格回应,也可包含合并特定的效率。这些合并模拟方法不需要依赖于市场界定。执法机构不能视合并模拟证据为确凿的,他们更重视的是其合并模拟是否持续地预见实质性的价格增长而非任何单个模拟的精确预测。

① 为此目的,分流销售额依据由于涨价导致的单位销售额的减少引起的营业损失比例进行衡量。营业损失等于该产品价格乘以该产品减少的单位销售数量。

如果非合并方提供了与合并企业所供应产品非常接近的替代品，则合并不大可能造成实质性的单方价格增长。在某些情形下，非合并企业可以重新定位其产品以提供更接近于合并企业产品的替代品。重新定位是供应方的回应，其评估类似于准入，考量因素包括及时性、可能性和充分性，见第9条。执法机构考量重新定位是否足以阻止或抵消异质产品合并所引起的明显反竞争的单方效应。

(二)议价和拍卖

在很多产业，特别是包含中间产品和服务的产业，买卖双方协商确定价格和其他贸易条款，在此过程中，买方通常与多个卖方协商，并使卖方相互竞争。某些结构复杂的竞争被称为拍卖。尽管纯粹的拍卖有时用于政府采购程序和其他程序中，而协商通常结合了拍卖的某些特征和一对一协商的某些特征。

两个竞争中卖方的合并可阻止买方在协商中使卖方相互竞争，这样可明显加强合并实体的能力和动机，促使其获取较之于不发生合并时合并企业可以获得的结果更有利于自己而不利于买方的结果。执法机构使用类似于第6.1条描述的方法来分析这一类型的单方效应。

这一背景下的反竞争单方效应很可能与合并前一个合并卖方赢得业务而另一卖方为其竞争者的情形出现的频率或可能性成正比。在满足消费者需求方面，竞争失利的合并企业超出其他供应商的优势越明显，则这些效应很可能越大；合并前中标获取的利润越高，则这些效应也往往越大。如果有许多同样地位的竞标者，则所有这些因素很可能是很小的影响因素。

这些反竞争的单方效应机制及其可能性的标记，根据所使用议价惯例、拍卖方式和卖方收集的关于其他方的成本及买方喜好等信息的不同而有所不同。例如，当合并卖方很可能知道哪些买方是其最优和次优服务的买方，所有反竞争的单方效应都容易针对这些买方；当卖方所知甚少时，此类效应更易于影响更广范围的买方。

(三)同质产品的产能和产量

在包含相对非异质产品的市场，执法机构可评价合并企业单方限制产出和提高市场价格时是否有利可图。企业可能使产能闲置，限制建设或抑制获取在不发生合并时本已获取的产能，或削减先存的产能；

企业也可将产能的使用从相关市场分流至另一市场以提高前一市场的价格。对这些抑制产出的不同模式的竞争分析可能各不相同。

单方抑制产出战略在以下情况下更可能有利可图:(1)合并企业的市场份额相对较高时;(2)合并企业已经以未受抑制产出影响的价格进行销售的产出份额相对较低时;(3)抑制的产出毛利相对较低时;(4)竞争对手的供货反应相对较小时;和(5)市场的需求弹性相对较低时。

合并可为合并企业提供通过涨价获益的更大销售基础或者消除可能扩大产量以应对涨价的竞争者。

例20:A企业和B企业均生产一种工业商品并提议合并。此商品的需求者对价格不敏感。A企业为市场主导企业,B企业生产大量产品,但由于其工厂成本高而毛利较低。其他供应商产能非常接近。合并企业有减少高成本工厂产量的动机,或许关闭某些产能,并提升剩余产出产品的价格。尽管合并企业将高成本工厂的产出转移至低成本工厂,但合并损害了消费者利益。

在某些情形下,在市场中有大量销售份额的企业与有大量富余产能的企业之间的合并可使抑制输出战略有利可图。① 即使有富余产能的企业只有相对较小的销售份额,如果该企业的扩张能力和因此防止价格上涨的能力可使拥有较大市场份额的企业的抑制输出战略无利可图,那么这种情形也可能发生。

(四)技术革新和产品多样性

竞争通常激励企业进行技术革新。执法机构将考察合并是否很可能通过鼓励合并企业将技术革新的努力减少至低于不发生合并时的水平来减少技术革新的竞争。技术革新的缩减可采用减少激励继续开发现有的产品或减少激励着手开发新产品的形式表现出来。

首先,如果至少一家合并企业正努力引进新产品以争取获得其他合并企业大量的营业收入,则这些效应很可能发生。其次,如果至少一家合并企业有能力在未来开发新产品以获取其他合并企业大量的营业

① 此类合并也可引起反协同效应,尤其是在有富余生产能力的被并购企业破坏有效协同的情形下。

收入,则很可能发生长期效应。因此执法机构也考量合并是否将通过使具备在特定方向成功进行技术革新的最强能力的非常少数几家企业中的两家相结合来缩减技术革新的竞争。

执法机构评估一家合并企业可能通过成功的技术革新而从另一合并企业获得的销售额的范围和合并后进行技术革新的动机低于不发生合并时技术革新动机的幅度。执法机构也考量是否可能通过将本来无法结合的互补产能合并,或由于其他合并特定原因而带来本来不会发生的技术革新,见第10条。

执法机构也考量合并是否可能促使一合并企业终止供应另一合并企业所售的相关产品。合并后多样化的减少可能是或不是反竞争的。当产品的多样性对消费者价值不大时,合并可能导致产品的有效统一;在其他情形下,合并可能通过鼓励合并企业重新定位其产品,使之相互更具异质性而增加多样性。

如果合并企业撤回某种大量消费者非常喜欢的本来可以获得的产品,则可能构成对消费者利益的损害程度超过该产品价格或质量产生的任何效应。如果存在此类效应的证据,执法机构可质询多样性的减少是否很大程度上是因为该合并导致的竞争诱因的丧失。以损失合并伙伴所售产品可获得利润为代价而从该产品获取的利润份额越大,则合并引发的淘汰某产品的反竞争动机越大或越可能发生。当合并通过将两种接近的替代产品置于同一所有权下而其中一种产品被淘汰将实质性地减少竞争时,合并通常也会导致剩余产品的涨价,但这并非反竞争效应的必要条件。

例21:A企业以高价销售一种高端产品,B企业以较低价格向对价格更敏感的消费者销售一种中端产品,其他几家企业销售低端产品。A企业和B企业共同拥有相关市场的较大份额。A企业提议兼并B企业并且不再生产B企业的产品。A企业期望保留B企业的大部分消费者,不认为合并后提高高端产品的价格是有利可图的,因为这样做将降低其保留B企业对价格敏感的消费者的能力。执法机构可推断B企业产品的撤销源于竞争损失并实质性地损害了消费者的利益。

七、协同效应

合并将通过引起或鼓励合并后相关市场企业间损害消费者利益的协同行为来减少竞争。协同行为包括只有顺应其他企业的行为才能使每家企业都有利可图的多家企业行为,这些行为削弱了企业通过削价竞争从竞争对手处赢取业务从而为消费者提供更有利交易的动机,同时也通过减轻企业对于可能失去消费者的担忧强化了企业提高价格的动机。

协同行为包括多种行为,包括企业如何开展竞争或抑制竞争的共同协议的明确磋商,此类行为本身通常违反了反托拉斯法。协同行为也包括类似的并未明确磋商但可通过探察并对破坏协同行为的背离行为进行惩罚来执行的共同协议。协同行为也可包含非依照先前协议进行的平行调整行为。平行调整行为包括每一竞争对手对其他企业的竞争举措的回应都是个别理性的,而非受反击行为或威慑行为的激发而为,亦非意图保持商定的市场结果,但是鼓励了价格上涨并削弱了降低价格或为消费者提供更好条款的竞争动机。协同行为包括非受反托拉斯法禁止的行为。

竞争企业从事协同行为的能力依赖于其竞争对手回应价格变化和其他竞争性主动行为的强度和可预见性。在此情形下,合并可能导致市场集中程度足以加强此类回应或足以使市场中的多家企业更确定地预测,从而影响市场中的多家企业而非合并企业的竞争动机。

(一)合并对协同行为的影响

执法机构检验合并是否很可能改变市场参与者的行为模式从而实质性诱发更多协同行为,试图识别合并如何通过增加协同行为的强度、范围或可能性来大大削弱竞争动机,但是协同的各种形式和合并引发反协同效应的风险不易量化或详细的论证。因此,执法机构使用市场集中度的方法(见第5条)并结合市场是否易受协同行为损害来评估协同效应的风险,见第7.2条。第7.2条的分析适用于中度和高度集中的市场,因为非集中市场不大可能受到协同行为的损害。

遵照《克莱顿法》早期的标准,即使没有切实的证据精确显示协同可能发生,执法机构也可依其认为存在协同效应引起损害的切实危险这一判断来质疑合并。如果满足以下三个条件,执法机构将可能质疑合并:(1)合并将明显提高集中度并导致中度或高度集中市场;(2)市场显示出易受协同行为(见第7.2条)损害的迹象;和(3)执法机构有确切理由推断合并将强化市场的易受伤害性。在易受协同行为损害的市场中,消除背离企业(见第2.1.5条)的兼并很可能导致反协同效应。

(二)市场易受协同行为损害的证据

如果相关市场中拥有多数份额的公司看似已从事影响相关市场的明示合谋,除非市场中的竞争条件发生了重大变化,否则执法机构将假定市场条件将引发协同行为。如果另一市场发生合谋时的显著特征类似于相关市场的显著特征,那么对之前发生在另一地理市场内的明示合谋将需要予以同等重视。相关市场中先前合谋企图的失败表明合并前合谋难以成功而非难以阻止这一合谋企图,而且合并将更有可能使这一企图成功实施。如果另一市场发生合谋时的显著特征非常接近于相关市场的显著特征,那么对另一产品市场中先前的合谋或企图进行的合谋亦应予以重视。

如果每个具有重要竞争意义的企业的重大竞争举措可被其竞争对手及时确定地获知,则该市场更易受到协同行为的损害。在提供给消费者的条款相对透明时,则更容易出现这种情形。对于相对同质的产品而言,价格透明的程度更大。即使交易条款不透明,关于服务特定消费者的企业特征的透明性也可以引发协同行为,如通过消费者或区域分配进行协同。供应商定期探查相互的价格或消费者都可以指出提供给消费者的条款为相对透明的。

如果某企业预期通过吸引其竞争对手的消费者的行为获得竞争回报将通过其竞争对手可能的回应行为而减少,则该市场更易受到协同行为的损害。如果企业预期其竞争对手的回应越强烈越迅速,就越可能出现这种情形。如果只有很少的主要竞争者,或者相关市场的产品相对同质,或者消费者认为可相对容易地更换供应商,或者供应商使用一致竞争条款时,企业更有可能预期竞争者将作出强烈的回应。

如果企业的销售量少且频繁而没有偶尔的巨额长期合同或者竞争对手作出回应前只有相对较少的消费者将转至该供应商,那么无论竞争对手如何回应,该企业更有可能不会采取竞争主动。如果企业与现状的利益关系很小,那么无论竞争对手将如何回应,企业都不大可能顾忌。例如,企业的市场份额很小,就可以迅速地大幅度扩张,既不受产量的限制也不受消费者不愿转换供应商或消费者难以信任传统小供应商的限制,这样的情形下企业不大可能受阻。如果相关市场的竞争具有飞跃的技术革新特征,以至于竞争者的回应将使成功的技术革新带来的收益基本不变,那么企业不大可能受阻于任何回应。

如果竞争对手回应涨价行为后,发起涨价的企业只失去了相对较少的消费者,那么该市场较容易受到协同行为的损害。类似地,如果率先为消费者提供较低价格或改良产品的企业在其竞争对手采取旨在吸引消费者的回应行为后能够保留的消费者相对较少,那么该市场较容易受到协同行为的损害。

执法机构认为如果参与者越坚持通过成功的协同行为获利,协同行为就越可能发生。一般协同行为越有利可图,市场的需求弹性就越小。

即使并非相关市场内的所有企业都从事协同行为,协同行为仍可损害消费者利益,但只有市场内大部分企业从事此类行为时,一般才可能发生明显的损害。对损害的预期依赖于相关市场内竞争动机被协同行为实质性地削弱的企业的共同市场势力,企业共同的市场势力越大,市场需求弹性越小。如果拥有较小市场份额并与协同行为的结果没有利益关系的其他市场参与者可以快速扩大其在相关市场的销售,那么这些企业可缩减企业共同的市场势力。

买方的特征和采购程序的性质可影响协同行为。例如,即使预见竞争对手将作出激烈回应,卖方仍有积极就一个大型合同投标的动机,尤其是在拥有较小市场份额的卖方可以现实地赢取此类大型合同的情形下更是如此。在某些情形下,至少在符合买方的要求时,通过选择以少数大合同而非许多小合同的方式招标或者通过使其采购决策对供应商公开,大买方可以战略性地逐渐削弱协同行为。

八、强势买方

强势的买方通常能与其供应商协商有利的条款,此类条款可反映为买方提供服务的更低成本,但也能反映卖方于己有利的价格歧视。

执法机构也考量强势买方限制合并当事人涨价能力的可能性。例如,如果强势买方有能力和动机纵向联合上游或赞助者进入,或者如果大买方的行为或存在削弱了协同效应,就可能出现这种情形。但是执法机构并不假定仅仅是强势买方的出现就预防了合并引起的反竞争效应。即使是能够协商有利条件的买方也会受到市场势力提升的损害。执法机构考察强势买方可获取的选择和这些选择可能因合并而如何改变,通常,对买方协商筹码有重要作用的供应商的消除将损害买方利益。

例 22:合并前,消费者 C 能够通过威胁将其大宗采购由一家合并企业转给另一家合并企业从而协商到比其他消费者更低的价格,而且没有其他供应商可以满足消费者 C 对于数量和可靠性的要求。合并很可能损害消费者 C 的利益。在这种情形下,执法机构可确定由消费者 C 和类似消费者组成价格歧视市场。合并预示着将结束以前的价格差别待遇以有利于合并企业。

此外,即使某些强势买方可保护自己的利益,执法机构也考量市场势力是否可能被用以针对其他买方。

例 23:在例 22 中,如果消费者 C 基于其将自给自足或将资助新的企业进入这样可信的威胁而获得较低的合并前的价格,消费者 C 的利益可能不会受到损害。但是,即使如此,其他消费者的利益仍可能遭受损害。

九、进入

第 6 条和第 7 条中对于竞争效应的分析侧重于相关市场中现有的参与者,该分析也包括几种形式的进入:可快速容易进入该市场以应对 SSNIP 的企业为市场参与者并可被分配市场份额,见第 5.1 条和第 5.2 条;合并前已着手进入该市场的企业通常也被视作市场参与者,见第 5.1 条。本条是关于合并引发的进入和先存进入计划的调整。

作为全面评估竞争效应的一部分,执法机构也考察相关市场的进入。只有预期的进入将阻止或对抗竞争效应问题而使合并不会实质性地损害消费者利益时,对相关市场的进入预期方可缓解对竞争效应问题的忧虑。

执法机构考察进入相关市场的实际历史并重视这一证据。在相关市场产品可获毛利非暂时增加而无法成功有效地进入意味着成功的进入是缓慢或困难的。现有企业的市场价值大大超过其有形资产的置换费用也表明这些公司拥有进入者难以拥有或需耗时置备的宝贵无形资产。

如果进入该市场非常容易,以至于与没有合并时的基本水平相比较,合并企业及该市场中剩余的竞争对手无法单独或联合有利可图地提高价格或减少竞争,合并就不大可能强化市场支配力。如果进入可以及时、可能并充分地在其强度、特性和范围方面阻止或对抗竞争效应问题,进入就是容易的。

执法机构审查进入者实际可能耗费的进入努力的及时性、可能性和充分性。进入努力是由企业为在市场中生产和销售而必须从事的行为。通过几个要素来考察进入努力,包括:计划、设计和管理;许可、审批或其他批准;生产设施的建造、调试和运转;推广(包括必要的引入折扣)、营销、配送和消费者满意度测试和质量要求。近期的进入案例,无论成败通常都为确定实际进入努力的要素提供了起始点,可对进入者要获得成败所必要的规模、是否存在进入阻碍、影响进入耗时的因素、与进入有关的成本和风险和进入者可现实获得的销售机会具有参考价值。

如果有效且有利可图的进入努力所需的资产可以广泛获得,执法机构将不需要试图确认哪家企业可能进入。一旦一些可识别的企业看似拥有必要的且其他企业没有的资产,或者具有强烈的进入动机,执法机构将重点对这些企业进行进入分析。在相邻或互补市场运营的企业或较大的消费者本身可能具备最佳的进入地位,但是,如果没有可靠的证据支持,执法机构不会假定在相邻市场运营的企业或较大的消费者将进入相关市场。

评估进入是否及时、可能和充分时,执法机构承认难以或不可能获得精确和翔实的信息。执法机构会考察与进入是否符合及时性、可能性和充分性条件有关的可合理获取的可靠证据。

(一)及时性

为了防止竞争效应问题,进入必须足够迅速以使所有引发这些效应并因此引起进入的行为无利可图,即使这些行为在进入产生效果前为有利可图的。

即使对进入的预期无法阻止竞争效应问题,合并后的进入也可对抗这些效应。这就要求进入者在相关市场的影响足够迅速,不论进入前产生了什么反竞争损害,消费者的利益都不会受到合并的重大损害。

进入者准备向消费者提供相关产品之前,执法机构不会假定进入者可对价格产生明显影响,除非有合理证据表明预期的未来进入将对价格产生此类效应。

(二)可能性

如果综合考量资产、生产能力、所需的资本和包含的风险,包括进入者需要发生的且如果后来退出将无法收回的成本,进入仍有利可图,则进入可能发生。有利可图取决于:(1)考虑到面对新进入者的障碍,进入者可能达到的产量水平;(2)考虑到进入本身对价格的影响,进入者在合并后的市场中可能获得的价格;和(3)进入者可能发生的单位成本,该成本取决于进入者运营的规模。

(三)充分性

即使进入及时且可能,也可能不足以阻止或对抗竞争效应问题。例如,在一个异质产品产业中,如果进入者提供的产品不是足够接近的合并企业所提供产品的替代品,因而无法使合并企业的涨价行为无利可图,那么进入就是不充分的。进入可能由于约束进入者进行有效竞争的各种限制而不具有充分性,如对处于最佳进入地位的企业生产能力的限制,或新进入者迅速扩张的声望障碍。具备了至少合并企业之一的规模和强度的单个企业的进入为充分的。如果一家或多家较小规模企业并非处于明显的竞争劣势,那么此类企业的进入为充分的。

十、效率

竞争通常激发企业内部提高效率。尽管如此,合并对经济的首要益处是其促使明显效率的产生并加强合并企业的竞争能力和动机,从而导致价格的降低、质量的改进、服务的加强或新产品的开发。例如,合并产生的效率可通过允许两家无效率的竞争者组成更有效率的竞争者,如通过合并使得资产互补,从而强化竞争。在单方效应的情境中,增量成本的减少可降低或消除合并企业提高价格的动力,即使这一效应并不即时直接影响价格,效率也可导致新产品的产生或产品的改进。在协同效应的情境下,增量成本减少可通过促使背离企业降低价格或创建新的背离企业使得协同行为更不可能或削弱其效果。即使通过合并产生的效率加强了企业竞争的能力,但是,合并也有其他削弱竞争并使合并反竞争的效应。

执法机构只采信那些可能通过所推荐的合并实现而不可能不经过所推荐的合并或者具有类似反竞争效应的手段实现的效率,这些效率被称为合并特定的效率。① 在作出决定时仅考量合并企业在商业环境中面临的现实选择,执法机构并不拘泥于限制性减少的纯理论选择。

效率难以证实和量化,部分原因是由于与效率有关的许多信息仅为合并企业所掌握;此外,基于合并企业的诚信并合理计划的效率可能并未实现。因此,合并企业有义务提供事实证明效率主张以便执法机构可通过合理手段证实其声称的所有效率的可能性和强度、每一效率何时如何获得(及其成本)、每一效率如何加强合并企业竞争的能力和动力以及每一效率为何是合并特定的。

如果效率主张为含糊的、投机的或无法通过合理手段证实的,那么这些效率主张将不被考虑。效率预测,尤其是该计划在一般商业计划过程之外产生的效率预测被视为值得怀疑的。相反地,由类似的过去经历证明的效率主张更可能被采信。

可辨识的效率为已被证实且非由反竞争的减产或降低服务引起的合并特定效率。可辨识的效率通过合并产生的或在获取这些效率时发生的成本网络评定。

如果根据可辨识效率具备的特性或强度判断合并不大可能在相关

① 如果效率可通过缓解竞争问题的现实选择来实现,如资产剥离或特许经营,那么执法机构不会认为效率是合并特定的。如果合并仅影响了效率何时实现而非效率是否可实现,那么仅有时间因素为合并特定的效率。

市场为反竞争的,那么执法机构不会质疑合并。[①] 为作出必要的决定,执法机构需考量可辨识的效率是否足以抵消合并对相关市场内消费者利益的潜在损害,如通过阻止该市场价格上涨的方式。[②] 在进行这一分析时,执法机构不会仅仅比较可辨识效率的强度和缺乏该效率时可能对竞争产生的损害的强度。合并潜在的反竞争效应越大,可辨识效率也必须越大,就必须对消费者利益产生更多的影响以便执法机构推定合并不会对相关市场产生反竞争效应。当合并潜在的反竞争效应可能特别大时,就必须有异常大的可辨识效率来防止合并反竞争。在适用这一方法时,执法机构要牢记反托拉斯法将竞争而非内部的运营效率置于保护消费者利益的首要地位。

依据执法机构的经验,在缺乏效率的情况下可能产生的反竞争效应也不大时,效率在合并分析中就很可能有不同的考量。效率几乎从不用以证明合并为垄断性的或趋于垄断性的。正如反竞争效应可引起多种行为维度,如定价或新产品研发,效率亦可引发多种维度;类似地,如果基于较低价格提出的效率主张是建立在降低产品质量或减少消费者喜欢的产品品种的基础上的,那么这样的效率主张可被反驳。

执法机构已经发现某些类型的效率比其他类型更具有可辨识性和重要性。比如,由转变以前由各企业分别所有的设备的生产使合并企业减少生产的增量成本所产生的效率,更容易证实且不大可能是由反竞争的减产所产生的。其他效率,如与研发有关的效率,具有潜在的实质性但是通常不易证实且有可能为反竞争的减产的结果;而其他效率,

---

① 执法机构通常评价每一相关市场内受合并独立影响的竞争,并且在该合并很可能在任何相关市场为反竞争时通常将质疑该合并。但是在某些情形下,执法机构将依其起诉裁量权考虑非严格限定于相关市场内但该与相关市场密不可分,以至于在不牺牲其他市场内效率的情形下无法通过部分资产剥离或其他补救措施切实可行地消除相关市场内的反竞争效应的效率。当密切联系的效率强而相关市场内可能的反竞争效应弱时,该效率最有可能导致不同结果,从而该合并有可能为总体上有利于消费者的。

② 执法机构通常着重考虑基于短期的分析结果。执法机构也考虑对相关市场的价格没有短期、直接影响的可辨识效率的效应。(由于消费者利益的实现或取得的延迟,而导致)从效率获取的利益延迟,(该效率)为次要考虑,因为对其预测不太精准,也更困难。与在短期内固定的成本相关的效率不大可能使消费者在短期内获益但能使消费者长期获益,例如,如果该效率使新产品引进费用更低。

如与采购、管理或资本成本有关的效率,不大可能为合并特定的或重要的,或由于其他原因也不可辨识。

在评价合并对技术革新产生的效应时,执法机构认为合并企业从事研究或开发的能力更有效率,这种效率可激发技术革新但不影响短期的定价。执法机构也考察合并企业获取更多由其技术革新带来的收益的能力。因为特许经营和知识产权条件可影响企业获取更多由其技术革新带来的收益的能力,所以特许经营和知识产权条件对于调查而言也很重要。因为研究和开发成本的节余难以证实或可通过反竞争的减少技术革新活动来实现,因此研究和开发成本的节余为重要的但并非可辨识的效率。

十一、破产的和现有的资产

无论上述分析结果如何,如果如下文所述一家企业即将发生破产将导致该企业资产退出相关市场,那么合并不大可能强化市场支配力。一般情形下的极端情况为合并企业的竞争意义下降——将退出企业的计划市场份额和竞争意义为零。如果相关资产将退出市场,合并后消费者利益并不比合并被禁止的情形下更恶化。

执法机构一般不采信破产企业资产将退出相关市场的主张,除非满足以下情形:(1)近期宣称破产的企业无法完成其财政义务;(2)该企业无法依照《破产法》第十一章的规定成功地重新组建;和(3)虽经善意努力而未能找到合理的途径使其有形和无形资产保留在相关市场上,且对竞争的危害比所推荐的合并稍轻。①

类似地,如果并购一个倒闭的分公司将产生竞争风险,那么合并不大可能造成竞争损害。执法机构一般不采信破产分公司资产将退出相关市场的主张,除非满足以下两个条件:(1)运用反映真实的经济成本的成本分摊规则,发现该分公司的营业持续负现金流量,而且这一负现金流量并未非为企业利益证明为经济上合理的,如增加了互补市场上

---

① 以高于资产清算价值的价格购买破产公司资产的要约应被视为合理的可选择要约。清算价值为资产用于相关市场外所值的最高价值。

的销售额或者加强了消费者的好感;[①]和(2)破产分公司的所有人虽经善意努力而未能找到合理的选择使其有形和无形资产保留在相关市场上,并对竞争的危害比所提议的合并稍轻。

十二、竞争买方的合并

竞争买方的合并可以加强买方市场的市场支配力,正如竞争卖方的合并可以增强卖方市场的市场支配力一样。买方市场支配力有时被称为"买方势力"。

为评价合并是否可能增强买方市场的市场支配力,执法机构基本运用上述在评价合并是否可能增强卖方市场的市场支配力时所描述的框架。在界定相关市场时,执法机构重视卖方应对假定垄断者支付的价格下降时可以获得的选择。

如果供应商有许多有吸引力的产品或服务销售途径,那么买方市场的市场支配力并非重大的问题。但是,当情况并非如此时,执法机构将推断竞争买方的合并很可能以损害卖方利益的方式削减竞争。

执法机构区分削减竞争引起的对卖方的效应和以其他方式引起的效应。并未加强买方市场的市场支配力的合并可导致合并企业支付的价格下降,例如,减少交易成本或允许合并企业享受基于数量的折扣优势。非由市场支配力增强引起的合并企业所支付价格的下降在评价合并的效率时非常重要,见第10条的探讨。

执法机构不认为短期的购买数量减少为合并是否增强买方市场支配力的唯一或最佳的指示。执法机构也不严格地或主要地基于合并企业进行销售的下游市场中的效应来评价竞争买方之间合并的竞争效应:

例24:合并企业A和B为相关农业产品地理市场仅有的两个买方。他们的合并将加强买方势力并压低向农民支付的产品采购价格,从而导致农民的财富流向合并企业和无效率地减少供应。即使合并不

① 由于母公司可在母公司与其子公司和分公司之间分配成本、营业收入和公司内交易,所以执法机构要求获得这两个方面的证据,且该证据并非仅仅基于可为表明负现金流或预期退出相关市场的目的而准备的管理方案。

会导致合并企业输出价格的增加,也可能产生此类效应。

十三、部分并购

在多数横向合并中,两个竞争者同归于一个所有权下或控制下,完全或永久消除相互竞争。竞争的消除为合并分析的基本要素。但是第1条涉及的法定条款也适用于企业对其竞争者部分并购。因此执法机构也审查弱势地位者包括竞争企业的并购,即使此类弱势地位者并不必然或完全消除交易各方之间的竞争。

当执法机构确定部分并购导致对目标企业的有效控制或实质上涉及目标企业的所有相关资产时,他们就像分析合并一样分析该交易。但是并不引起有效控制的部分并购也可能引起重要的竞争问题,要求进行某种程度上截然不同于全部合并或涉及有效控制的部分并购的分析。并购后各方关系的细节和这些细节可能如何影响竞争是至关重要的。当执法机构考量部分并购将通过何种方式影响竞争时,他们一般关注三个主要效应:

第一,部分并购可通过使并购企业有能力影响目标企业竞争行为的方式减少竞争。在目标企业享有投票权或特定管理权,如任命董事会成员的权利,将产生此类影响。由于并购企业可利用其影响引导目标企业弱化与该并购企业的竞争或协同目标企业与并购企业的行为,所以此类影响可削弱竞争。

第二,部分并购可通过减少并购企业竞争动力的方式减少竞争。并购竞争中的弱势方可能明显减弱并购企业积极竞争的动力,因为其分担了竞争中遭受的损失。即使部分并购无法影响目标企业的行为,也将引起并购企业竞争动力的减少。较之于完全合并的单方竞争效应,这一效应可能因所有权并不完全而减弱。

第三,部分并购可通过向并购企业透露目标企业非公开的、具有竞争敏感性的信息而减少竞争。即使缺乏影响目标企业行为的能力,可获取具有竞争敏感性的信息的途径也能导致消极的单方或协同效应。例如,可加强两家企业协同其行为的能力,并更快且更有针对性地作出对其他协调的回应。如果交易也便于具有竞争敏感性的信息从并购企业流向目标企业,则协同效应的风险更大。

像合并一样,部分并购潜在的反竞争效应差别很大,相应地,必须审查每一特定事实以评估损害竞争的可能性。因为部分并购通常不能产生与合并有关的多种类型的效率,执法机构考察部分并购是否可能产生可辨识的效率。

（李敏,中南林业科技大学政法学院讲师,中国社会科学院研究生院博士研究生。李国海,中南大学法学院教授,法学博士,博士后。）

图书在版编目(CIP)数据

民商法论丛．第51卷/梁慧星主编．—北京:法律出版社,2012.9
ISBN 978-7-5118-3863-6

Ⅰ.①民…　Ⅱ.①梁…　Ⅲ.①民法—研究—文集②商法—研究—文集　Ⅳ.①D913.04-53

中国版本图书馆CIP数据核字(2012)第192270号

民商法论丛(第51卷)　梁慧星 主编　责任编辑 刘彦沣　装帧设计 李 瞻

开本 A5　**印张** 15.375　**字数** 437千
版本 2012年9月第1版　**印次** 2012年9月第1次印刷
出版 法律出版社　**编辑统筹** 学术·对外出版分社
总发行 中国法律图书有限公司　**经销** 新华书店
印刷 固安华明印刷厂　**责任印制** 陶 松

法律出版社/北京市丰台区莲花池西里7号(100073)
电子邮件/info@lawpress.com.cn　销售热线/010-63939792/9779
网址/www.lawpress.com.cn　咨询电话/010-63939796

中国法律图书有限公司/北京市丰台区莲花池西里7号(100073)
全国各地中法图分、子公司电话:
第一法律书店/010-63939781/9782　西安分公司/029-85388843
重庆公司/023-65382816/2908　上海公司/021-62071010/1636
北京分公司/010-62534456　深圳公司/0755-83072995

书号:ISBN 978-7-5118-3863-6　**定价**:45.00元
(如有缺页或倒装,中国法律图书有限公司负责退换)